日本語はしたたかで奥が深い

くせ者の言語と出会った〈外国人〉の系譜

河路由佳 著

研究社

はじめに――日本語と出会った〈外国人〉

一五七七年、織田信長が安土城に移り天下統一を目ざしていたころ、ポルトガル人宣教師にまじって十六歳の少年、ジョアン・ロドリゲス（一五六一～一六三三）が長崎の港に降り立った。ポルトガルのリスボンを出発して地球を半周、およそ二年におよぶ航海の果てである。航行中、嵐と病気、飢えに苦しんで命を落とす人もあり、目的地に着いたら最後、二度と故国にもどれないと覚悟しなければならなかった。

十六歳のロドリゲスがなぜ、何を目的にこのような過酷な旅に身をまかせたのか。

ロドリゲス研究の第一人者、マイケル・クーパー（邦訳：一九九一）によるとポルトガルのベイラという田舎町で生まれたロドリゲスの生年は一五六一年と推測されているものの、詳細は不明である。アジアへ赴く宣教師たちは、雑用係として孤児院の少年を伴うことがあったというから、あるいはロドリゲスもそうであったかもしれないが、本人は神の召命を受けて船に乗ったと語ったという。教育らしい教育を受けた気配のないこの少年は、十九歳でイエズス会に入会、九州、豊後《ぶんご》の修練院（コレジョ）でラテン語と日本語を学び、日本語にたぐいまれなる才能を発揮した。やがて、優れた通辞《つうじ》（通訳）として三十三年間を日本で暮らす。ロドリゲスという名の宣教師はほかにもいたため、区別するため彼に付けられた呼び名は「ロドリゲス・ツズ（通辞）」であった。

ロドリゲスは何しろ日本語に堪能で、豊臣秀吉や徳川家康とも親しく交わった。クーパーによると、やがてキリスト教を厳しく取り締まる秀吉も家康もロドリゲスには丁重な態度で接し、ロドリゲスに向かってその信仰を難じたことはない。日本にはすでにいくつかの宗派がある。まして〈外国人〉が何を信じるかは自由である。しかし、それを日本人に広められることで、日本の文化が衰えていき、ゆくゆくは自分たちを脅かす力になることは封じたかった。

一五九七年、秀吉が命じたキリスト教信徒への処刑、いわゆる「二十六聖人の殉教」のとき、ロドリゲスはその場で死にゆく殉教者たちを慰める役割を任じられた。殉教者らは左の耳たぶを削がれて町を引き回された挙句、十字架にかけられた。ロドリゲスが慰める中、四人の刑吏《けいり》が槍で全員のとどめをさしたという。殉教者にはロドリゲスがコレジョでともに学んだ日本人、三木パウロも含まれていた。ロドリゲスにとって生涯、忘れることのできない事件であった。

ロドリゲスの名を世に知らしめたのはその著述『日本大文典（*Arte da Lingoa de Iapam*）』（一六〇四〜一六〇八、土井忠生［訳］一九五五）と、それを元に初学者向けにまとめた『日本語小文典（*Arte Breve da Lingoa Iapoa*）』（一六二〇、池上岑夫［訳］一九九三）である。全三巻にわたる『日本大文典』は日本語の文法を詳細に説明しているばかりか、方言や敬語など日本語のさまざまなバリエーションにも触れ、詩歌も紹介し、日本語の妙を味わいつくすかのようである。ロドリゲスが、学習の目標として示したのは「典雅で上品な日本語」であった。『日本語小文典』には日本語学習の極意なども書かれている。

クーパーによると、ロドリゲスはこれらを独りで一から作り出したのではない。日本での宣教が始まった直後に来日したドゥアルテ・ダ・シルヴァが一五六四年に日本語の文法書を作り、同じく初期の宣教に尽くしたファン・フェルナンデス（一五二六?〜一五六七）が辞書と文典を編集し、それらを参考にして、ロドリゲスの哲学の師であったアントニオ・プレネスティノが野心的な文典を著したといった集積があった。その実物は今日残っていないが、こうした業績を参照しつつ、ロドリゲスが金字塔を打ち立てた（二〇六〜二〇七頁）。

十七世紀初めに書かれたこの文典は、その後、外国人の入国が著しく制限される「鎖国」時代の日本とヨーロッパの人びとをつなぐ窓のような役割を果たしていく。

ドミニコ会の宣教師、スペイン人のディエゴ・コリヤード（一五八九?〜一六四一）が、一六一九年にキリスト教が禁じられている日本に布教のため潜入し、一六二二年十一月に身の危険から日本を離れて後、ロドリゲスの『日本語小文典』を参考に七十五ページの小冊子、『日本文典』（一六三二）をローマで刊行した。「日本の外に居て日本語を学び知りうるように」（大塚高信による訳文、五頁）と書かれている。草稿はスペイン語、刊行はラテン語であった。日本語学習の場は、こうして日本を飛び出した。このコリヤードの著作を参考に、一七三八年、スペインのフランシスコ会宣教師オヤングレンの著したスペイン語による『日本語文典』がメキシコで刊行された。そして、原著の刊行後、実に二百年余りが過ぎた一八二六年、今度はフランスで東洋学者のランドレス、レミュザによってフランス語訳が作られ、ヨーロッパにおける日本語学習、日本語研究の礎となった。

〈外国人〉が日本に来ることの叶わなかった「鎖国」の時代、ヨーロッパで日本語と出会い、日本へ行かずして日本語を学んだ人がいる。日本へ来ようとした人もいる。やがて開国、明治時代には、日本語を学んでから日本へ来た人、日本で日本語を学ぶ人が、続々と現れてくる。

一方、日本と地理的に近く歴史的文化的に密接な関係のある朝鮮、中国では、さらにさかのぼる交流の歴史があり〝日本語に出会った〈外国人〉〟がいる。同じく日本の北の隣国ロシアには、また別の事情があり、多くの〈外国人〉が日本語に出会ってきた。こちらの歴史も古く分厚い。

〝日本語に出会った〈外国人〉〟には、布教や商業、外交や勉学その他、何らかの事情で日本で暮らすことになった〈外国人〉、また、日本の国外で通商、外交、戦争などを目的に日本語を学ぶことになった〈外国人〉、たまたま図書館で未知の言語、日本語の本に出会い研究にとりくんだ〈外国人〉など、さまざまな人がいる。私たちの使っている日本語には、こうした人びとが気持ちを込めて使って、味わってきた歴史がある。

日本で暮らす〈外国人〉がますます増えていく今日、〈外国人〉は、これからの日本語文化を共に支えていく仲間として大切な役割を担っている。〈外国人〉を含めた私たち一人ひとりが、日本語を自覚的に使い合い育てていくことが、これからの社会を、そしてその社会における日本語をより豊かなものにしてゆくことにつながるのではなかろうか。

本書では、そうした期待をこめて、過去にさかのぼり、それぞれの時代に〝日本語に出会った〈外国人〉〟に、会いに行こうと思う。第一章では、七世紀から十七世紀半ば、江戸時代の初めまでの千年ほどの期間に点在する魅力的な〈外国人〉を訪ねる。第二章では、十七世紀から十九世紀、〈外国人〉が日本に来るのが難しくなった江戸時代に、日本語の聞こえない遠い地で日本語に親しみ、大きな功績を残した人びと、第三章では、十九世紀から二十世紀初め、開国前夜から昭和初期にかけて日本の内外で日本語に出会った人びとを訪ね、そうした人びとが著した日本語文学の一部を鑑賞する。第四章では、一九三〇年代から一九四〇年代半ば、国際化が進み戦争が展開する時代状況の下、日本の支配する領域の拡大とともに国内外で飛躍的に増えた〝日本語に出会った〈外国人〉〟の中の印象的な人びとに近づき、彼らの紡ぎだす日本語の表現を味わう。第五章では、戦後早期から一九八〇年代に戦争をぐって内外で活躍した人びとを訪ねてその日本語に耳を傾け、第六章では一九九〇年代から現在へと歩みを進め、続々と生まれてくる日本語文学の一部を鑑賞する。現在に近くなればなるほど〝日本語に出会った〈外国人〉〟の数は増え、多様性に富んでくる。本書では、文学的な営みに重点をおいた。

法務省による、二〇二二年六月現在の在日外国人数は二九六万二千人ほど、厚生労働省によると、日本で働く外国人の数は二〇二〇年十月現在一七二万人余りで、新型コロナウイルス感染症の流行の影響を受けながらも過去最高を記録し、日本で学ぶ外国人留学生は、その後、コロナ禍の影響で少し減少するが、二〇一九年五月一日現在では三一万二二一四人を記録した。日本で学ぶ〈外国人〉の子どもたちも増加傾向にある。国際交流基金による「海外日本語教育機関調査」も二〇二一年度調査は新型コロナウイルス感染症の流行の影響で少し減少するが、一つ前の二〇一八年度調査では、日本語教育の行われている国・地域の数は一四二で過去最高、学習者数は三八五万一七七四人にのぼっていた。

国の内外で、大勢の〝日本語に出会った〈外国人〉〟が、日々新たに生まれ、それぞれの人が自分の日本語を話したり書いたりしている。耳をすませば、彼らの日本語が聞こえてくるはずだ。

なお、本書で取り上げる山括弧つきの〈外国人〉は、国籍や民族の如何を問わず、言語だけに着目した呼称である。乳幼児期に自然に習得する言語（母語）ではないもう一つの言語として日本語に新しく出会い、使ってきた人びとを指す。特にこうした人びとを指す適当な呼称がほかになく、「外国人」ではなく「外語人」といった造語も頭をよぎったが、人を区別する言葉をいたずらに増やすのは建設的とは思えず、迷った末、誰もがイメージしやすい「外国人」を応用し、山括弧つきで〈外国人〉として用いることにした次第である。本書でこの言葉を使うときは、国籍や人種、民族だのを問題にするのではない。日本国籍をもっている人も、日本人の祖先をもっている人もいる。また、本書で〈日本人〉というときは、一般に日本人と呼ばれる人の中でも日本語母語話者を指している。現実には日本語を母語としない「日本人」もいるし、「日本人」の定義は一定ではない。そのあたりについて、混乱のないよう丁寧に書こうと思っている。この点を、どうか、ご了承いただきたい。

目　次

はじめに――日本語と出会った〈外国人〉　i

序　章　古代から現代に至る日本語使用領域と日本語　1

第一章　いにしえの達人たちの日本語――七世紀〜十七世紀半ば（古代から江戸時代初めまで）　7

1　渡来人や通訳たちと日本語　7

＊古代の日本語と漢字　7／＊日本に漢字を伝えたと言われる渡来人、王仁　9／＊『日本書記』に現れた新羅の人びと　11／＊『万葉集』と渡来人　13／＊和歌を詠まなかった秦朝元　17／＊仮名の誕生　18／＊「光源氏」が鴻臚館に訪ねた高麗人占い師　19／＊平安時代の渤海や新羅、また奄美、蝦夷の通訳　20／＊中国における日本語学習――鄭舜功による『日本一鑑』　22／＊朝鮮通信使の日本語学習――康遇聖の『捷解新語』　24／＊朝鮮通信使と漢詩　27

2　西洋人宣教師と日本語　29

＊遠く離れた人びとが出会った大航海時代　29／＊フランシスコ・ザビエルによる布教活動の始まり　30／＊ザビエルの日本語習得――ヤジローとの出会い　32／＊日本語学習環境を整備したヴァリニャーノ　37／＊宣教師

らの学習成果 39／＊「キリシタン版」——イエズス会による日本語の印刷物 41／＊キリシタン版『平家物語』と『伊曾保物語』 43／＊画期的な辞典『日葡辞書』 46／＊ロドリゲスと『日本大文典』 48／＊ロドリゲスの日本語教育観を示した『日本語小文典』 52

第二章 いにしえの達人たちの日本語2——十七世紀半ば〜十九世紀初め（江戸時代） 55

1 「鎖国時代」の来日外国人 55
＊「鎖国時代」の来日外国人と日本語 55／＊日本語を学びとった出島のオランダ商館滞在者 57／＊ルーツを求めて来日したマクドナルドの日本語 61

2 ロシアの日本語学習者 63
＊漂流民によってロシアへ伝えられた日本語 63／＊日本語教師になった漂流民 64／＊『レキシコン』を作った漂流民の息子、タターリノフ 65／＊露日辞書を作った実業家レザノフ 68／＊ゴシケーヴィチの作った大規模な和露辞典 72

3 ヨーロッパの日本語学習者 75
＊ヨーロッパの人びとにとっての日本語 75／＊シーボルトが持ち出した大量の日本語書籍 76／＊『日本文典』を著したホフマン 79／＊仮名連綿体活字を作った東洋語学者プフィッツマイヤー 82／＊早熟の天才的な日本語学者レオン・ド・ロニー 85／＊イタリアの日本語研究者アンテラモ・セヴェリーニ 90／＊ヨーロッパ

諸語に翻訳された『浮世形六枚屏風』と『養蚕秘録』　93／＊文久遣欧使節を日本語で出迎えた人びと　97／＊琉球語を学んだ宣教師たち　103

第三章　いにしえの達人たちの日本語3——十九世紀〜二十世紀初め（開国前後〜昭和初期）　106

1　近代の来日外国人たちの日本語　106
＊近代日本の「国語」としての日本語　106／＊「国語」としての日本語普及　107／＊開国前夜に来日した宣教師たち——ヘボンとブラウン　109／＊外交官や通訳、お雇い外国人たちの日本語——オールコック、サトウ、アストン　113／＊博言学者、チェンバレン　119／＊接触場面で使われた「横浜ことば」　122／＊日本の正教会の創設者ニコライ　125／＊小泉八雲と妻セツのフォリナー・トーク　127／＊上田萬年と翻訳論争をしたカール・フローレンツ　130／＊板東俘虜収容所で日本語を教えたクルト・マイスナー　133
2　海外の日本語教育の草創期を築いた人びと　137
＊ヨーロッパの研究者たちの日本語——ランゲ、プラウト、ラムステッド、アグノエル　137／＊ベルリッツ『日本語教科書　ヨーロッパ版』に登場するベルリッツ　146／＊五十歳を過ぎて古典読解力を身につけたジェームズ・マードック　150
3　「もう一つのことばとしての日本語」による日本語文学　154
＊周作人の短編小説——「サイダー売り」　155／＊エリセーエフの手記——「赤露の人質日記」　158／＊エロシェ

ンコの童話――「狭い檻」 163／＊ネフスキーの論文――「月と不死」 168／＊知里幸恵の翻訳――『アイヌ神謡集』 172

第四章　戦時体制下の〈外国人〉の日本語――一九三〇年代～一九四五年夏　178

1　戦時体制下の日本語普及と学習者たち　178
＊国定教科書の記述に現れる日本語学習者たち　178／＊一九三〇年代以前の国定教科書　179／一九三〇年代から一九四五年に至る国定教科書　180／＊国定教科書に描かれていない日本語学習者たち　186

2　日本語で活躍した人びと　189
＊パラオから来た「留学生」――エラケツ、マリア　189／＊日米の戦争中に日本語の力を生かした日系二世や日本育ちの人びと　198／＊戦時下に中国の軍隊で日本語を教えた元留学生――王学文、汪大捷　204

3　戦時体制下の日本語文学　210
＊台湾の風車詩社の活動と林修二の詩　210／＊朝鮮の詩人、李箱　215／＊金史良の小説――「光の中に」 216／＊ヘルマン・ホイヴェルスの戯曲――「細川ガラシア夫人」 220／＊金素雲の訳詩――『朝鮮詩集』より　225／＊尹徳祚の短歌――『月陰山』より　230

第五章　戦後の〈外国人〉の日本語文学――一九四五年夏～一九八〇年代　234

1　敗戦のもたらした価値観の転換　234
＊「単一民族・単一言語国家幻想」の誕生　235／＊最後の国定国語教科書にみる日本語への自信喪失　237
2　戦後、日本語を使って活躍した人びと　242
＊「満洲」で学んだ日本語をモンゴルで教えたソヨルジャブ　242／＊「日本人」として身につけた日本語を中国で教えた陳信徳　245
3　戦後の日本語文学　249
＊呉濁流の評論――『夜明け前の台湾』　250／＊宣教師カンドウによるエッセイ――「きのうきょう」　254／＊ネラン神父によるエッセイ――「おバカさんの自叙伝半分」　258／＊パラオの人びとの愛唱歌――「ひなんばだより」「レモングラス」など　260／＊戦後台湾の『台湾万葉集』――呉建堂、黄得龍、黄霊芝　265／＊黄霊芝のエッセイと小説　275／＊ドナルド・キーンの文学評論――『日本文学を読む』　281

第六章　現代の〈外国人〉の日本語文学――一九九〇年代以降　287

1　留学生の増加と来日外国人の多様化　287
＊「留学生一〇万人計画」「同三〇万人計画」による在日留学生の増加　287／＊来日外国人の多様化に伴う日本社会の多文化多言語化　289／＊多言語・多文化共生社会と「移動する子どもたち」の活躍　290
2　元外国人留学生による日本語文学　296

＊マーク・ピーターセンのエッセイ――「小指に結んだ赤い糸」 297／＊ボヤンヒシグの詩とエッセイ――『懐情の原形』 299／＊田原の詩――『石の記憶』 302／＊アーサー・ビナードの詩――『釣り上げては』 305／＊マブソン青眼の俳句 307／＊ドゥーグル・J・リンズィーの俳句 309／＊デビッド・ゾペティの小説――「いちげんさん」 312／＊楊逸の小説――「ワンちゃん」 314／＊シリン・ネザマフィの小説――「サラム」「白い紙」 317／＊モハメド・オマル・アブディンのエッセイ――『わが盲想』 320／＊カン・ハンナの短歌――『まだまだです』 324／＊金時鐘と短歌 327／＊李琴峰の小説――「五つ数えれば三日月が」 329／＊グレゴリー・ケズナジャットの小説――「鴨川ランナー」 333

終章 〈外国人〉とこれからの日本語 337

＊日本語と他言語との間に生きる葛藤は「対岸の火事」か 337／＊帝国主義的な言語教育の「誤った思い込み」 339／＊日本語文学をめぐる「誤った思い込み」 342／＊言語は「ツール」ではなく「果実」 346／＊〈外国人〉と日本語の未来 348

あとがき 351

参考文献一覧 353

凡例

引用に際しては、以下の原則に従った。

・旧仮名づかいを新仮名づかいに改めた。読みやすさのために適宜漢字をあて、濁点や句読点を加える場合がある。

・ただし、文語文の場合は旧仮名づかいのままとし、現代語訳を付した。

・「常用漢字表」に掲げられている漢字は新字体に改めた。

・固有名詞、専門用語など読みにくい語には現代仮名づかいで振り仮名を付した。

序章　古代から現代に至る日本語使用領域と日本語

古代から現代まで、日本語と出会った〈外国人〉を訪ねるにあたって、あらかじめ共有しておきたいのが、日本語使用領域の変遷である。日本語は日本という国の領域内で教育、政治、法律など行政関係でも、一般の人びとの生活でも用いられてきた。その「日本という国の領域」は、古代から現代にいたる千三百年ほどの間に、ダイナミックな変遷を遂げてきた。このことを念頭においておかないと、話が混乱する場合があるので、あらかじめ確認しておきたい。

古代日本については、南方系の縄文人に続いて北方系の弥生人がこの極東の地に流入してきたという説が有力である。両者は異なる文化を持ち込んだ。言語においても南方系のオーストロネシア語族の言語を基層とし、北方系のアルタイ諸語が流れ込んで独自の言語が形成されてきたと考えることができる（沖森二〇一〇、一五頁）。これが、今日私たちが日本語と呼ぶ言語の始まりである。やがて、古代の中国・朝鮮との接触を通して中国由来の漢字を取り入れて表記法を整え、千三百年にわたって変化しながら書き継がれた書物が、遺されている。

本書で扱う七世紀ごろからの日本語の使用領域の変遷のあらましを三枚の図を使ってたどっておこう。これらの図は、井上史雄『日本語の値段』（二〇〇〇）に示されている三枚の図に基づき、本書のために改めて作成したものである。

図1は本書の第一章、第二章の時代、即ち七世紀ごろから十九世紀、明治中期ごろまでの領域を示している。奈良時代以前の四世紀から七世紀にかけて、大和朝廷は日本列島の支配を次第に固め、支配領域を広げていった。そこに含まれない東日本の言語についてははっきりしないが、江戸時代には、北海道を中心に樺太、千島を含む「蝦夷地《えぞち》」と呼ばれた地域には主として現在のアイヌの系統の人びとがいて、アイヌ語に類する言語を使って生活していたようである。

一八七五年には明治政府が小笠原に調査団を派遣し、翌年、それまで所属が明確ではなかった小笠原島の日本統治を各国に通告し、日本人の入植が始まった。また、一八七九年には、琉球王国が沖縄県として日本の版図《はんと》に組み込まれた。明治中期までの領土を示す太

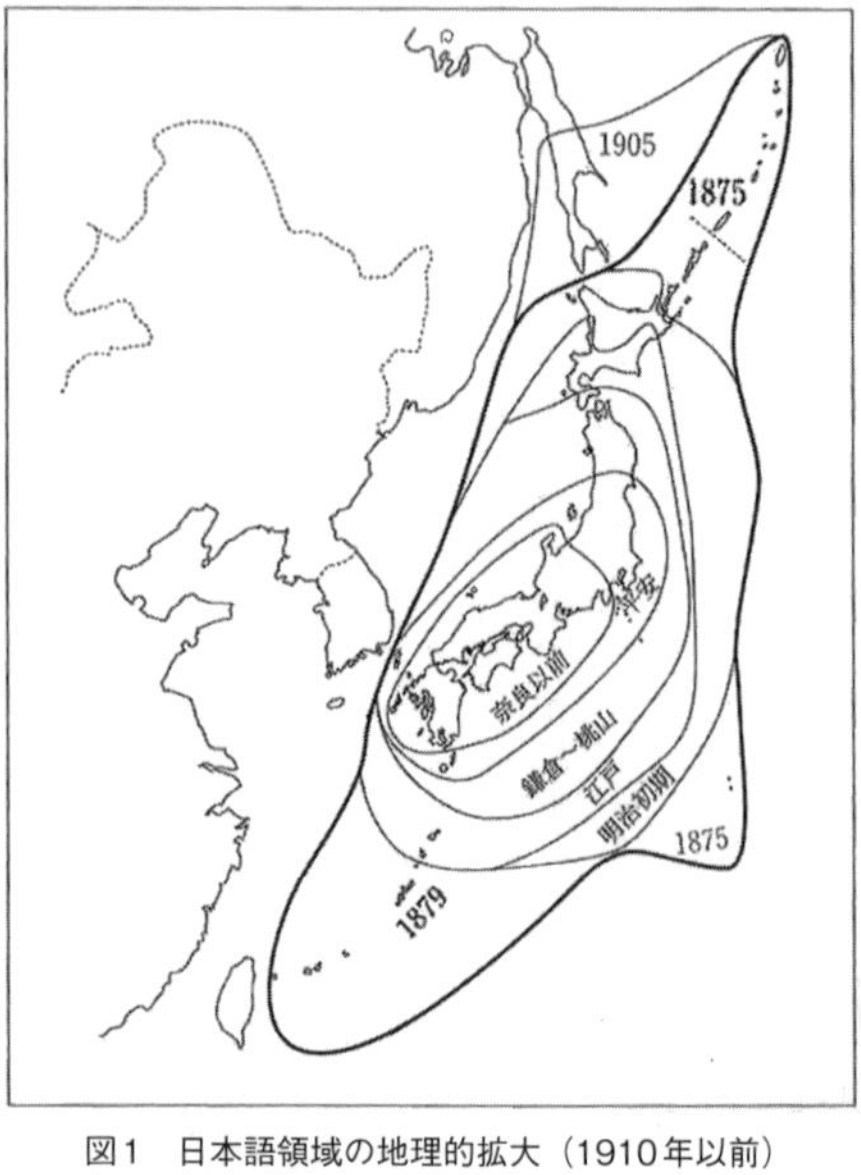

図1　日本語領域の地理的拡大（1910年以前）
（井上史雄（2000：56頁）をもとに作成）

線の内側が、現在、日本政府が主張する日本の領土とほぼ重なっている。

図2は、その後の日本語領域の拡大を示している。本書の第三章、第四章で扱う時代である。日清戦争後の一八九五年に台湾が、日露戦争を経て一九一〇年には朝鮮半島が日本の統治下におかれた。一九一四年に第一次世界大戦が始まると、日本はドイツ領であった「南洋群島（サイパン、ヤップ、パラオ、トラック、ポナペ、ヤルート）」を占領し、翌年には南洋群島小学校規則を公布して日本語による初等教育を始めた。一九一八年にドイツが降伏、一九二〇年に国際連盟が発足した。このとき、日本（大日本帝国）は、イギリス、フランス、イタリアと並ぶ常任理事国であった。「南洋群島」は、国連による日本の委任統治領となった。やがて一九三三年に日本は国際連盟を脱退するが、そのあとも「南洋群

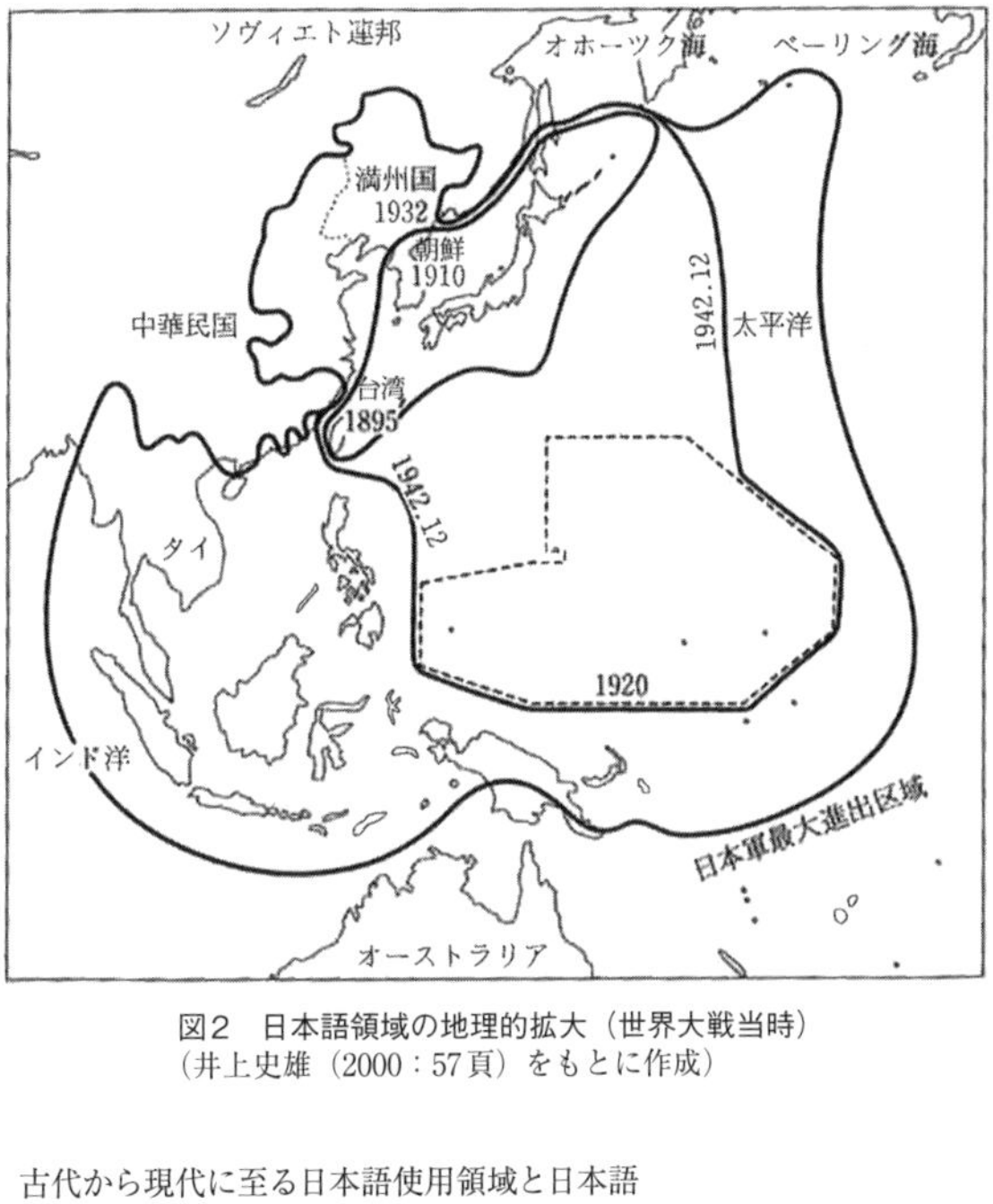

図2　日本語領域の地理的拡大（世界大戦当時）
（井上史雄（2000：57頁）をもとに作成）

島」の日本統治は継続した。島によって言葉の異なっていたこの地域では、入植者が多かったこともあって、日本語が共通語として機能していた。この時期、これらの地域は日本の統治下にあった。日本の支配領域では「国語」としての日本語が教育や行政に用いられるという原則は、明治以来現在に至るまで基本的に変わっていない。

さらに、この図には一九三二年の「満洲事変」から一九四五年八月にアジア・太平洋戦争が終結するまで、いわゆる十五年戦争の時期に占領した地域が加わる。一九三二年に中国東北部に日本陸軍の強い影響下に「建国」された「満洲国」では、日本語は主要な言語と位置づけられた。その後、日本軍は中国の東北地域をはじめ各地の重要都市を占領し、やがて一九四一年十二月にアジア・太平洋戦争が始まると、東南アジアから太平洋地域を占領するに至る。多くが欧米列強の植民地になっていたこの地域一帯を「大東亜共栄圏」とし、欧米の言語ではなく同じアジアの日本語が共通語であるべきだという考えによって、日本は日本語普及を推進したのだった。圏内にあっては、唯一の独立国タイも、例外ではなかった。

これらの地域は植民地と違って日本の領土ではないから、日本語が「国語」と呼ばれることはなかったが、この図には「大東亜共栄圏の共通語」として日本語普及が進められた最大領域を示した。

図3は、一九四五年八月、アジア・太平洋戦争の終結以降の日本語領域の縮小と拡大を示したもので、本書の第五章、第六章で扱う時期にあたる。

一九四五年夏の敗戦によって、日本の領土はほぼ江戸時代の領域にもどり、その領域を越えて進められつつあった日本語普及事業は継続不能となった。しかし、すでに日本語を学んだ人びとが、図2の領域に大勢いたということを忘れてはならない。言語は本人の努力なしには身につかず、そうして身につけた言語はその人のものである。この人たちの中には、戦後も日本語を仲間うちの共通語として使い続けたり、日本語日本研究に従事して、次の世代に日本語、日本学を伝えて、各地の日本語教育や日本学研究の発展を促したりした人がいる。現在、海外の日本語学習者の多い地域は、図2の領域とほぼ重なっている。そして、各地で日本語を身につけた人びとの中には、日本語で文学作品を味わったり、日本語の歌やマンガ、アニメを楽しんだりする人は多く、そこから自ら日本語で詩や小説、エッセイを書いたり日本語の歌を作ったりする人も生まれている

　戦争が終わって、奄美群島、小笠原《おがさわら》諸島、沖縄県はGHQ（連合国総司令部）の統治下におかれた。やがて、一九五二年のサンフラ

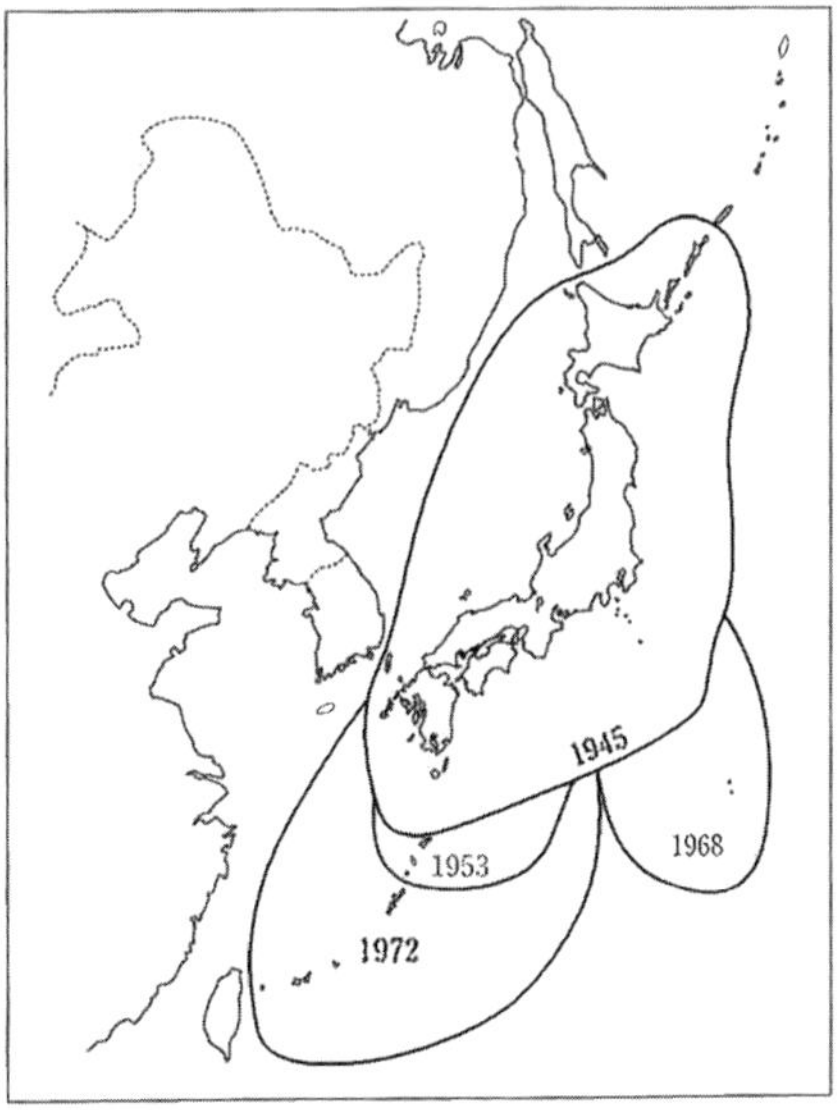

図3　日本語領域の地理的拡大（1945年以後）
（井上史雄（2000：56頁）をもとに作成）

ンシスコ条約発効後間もない一九五三年十二月に奄美群島は日本に復帰した。が、小笠原諸島は一九六八年六月までアメリカの信任統治領であり続け、欧米系住民以外は上陸を認められず、その間は学校の授業も英語で、日本語での授業は行われなかった。

沖縄県の日本復帰は一九七二年五月のことである。沖縄県ではＧＨＱも本土に準じる内容で教育が行われることを認めたので、日本の教科書を使って日本語で学校教育が行われた。こうして現在、日本の領域はほぼ明治中期の領域にもどった形となっている。

この域内の共通語は日本語で、ＮＨＫ放送などで使われる標準的な話し言葉（共通語）が教育の基準にもなっているが、日常の話し言葉は、地域によってさまざまである。それが、日本語の中の地域語（方言）かそれとは別の言語と考えるべきかを区別する客観的な線引きは難しいが、二〇〇九年にユネスコは、日本の言語のうち八つの言語（アイヌ語、八重山《やえやま》語、与那国《よなぐに》語、沖縄語、国頭《くにがみ》語、宮古語、奄美語、八丈語）を「消滅の危険のある言語」に指定した。ただし、文化庁のウェブサイトに掲載されている調査報告書等によると、現在、日本政府は、アイヌ語以外は日本語の方言ととらえる見解を示している。

本書で扱う「日本語に新しく出会った〈外国人〉」には、日本語領域の拡大に応じて新たに日本語を学校で学ぶことになった人びとも含まれる。また、これらの図の外にあって、外国語として日本語を身につけた人びと、そうした地域から日本へやってきて日本語を身につけた人びとも含まれる。

第一章　いにしえの達人たちの日本語

——七世紀～十七世紀半ば（古代から江戸時代初めまで）

1　渡来人や通訳たちと日本語

＊古代の日本語と漢字

遅く見積もっても十万年ほど以前から人はことばを話していたと考えられているが、文字の歴史はそのうちの最後の五千年ほどに過ぎない。この文字によって、ことばは空間も時間も超えて伝わるようになった。過去の人びとのことばは、書かれたものから知るほかはない。

古代の日本語は、話しことばとして使われてきたものの書いて残す術を持たず、人の口から出る順に消えた。人の記憶には残っただろうが、それもその人とともに消えていった。やがて、日本語にも文字がもたらされ、現存する最古の書物は千三百年余り前に成立した『古事記』（七一二）である。

日本語を書き表す文字は、仮名が発明されるまでは漢字しかなかったため、『古事記』も、同じく八世紀に成立した『日本書紀』『風土記』『万葉集』も、漢字だけを使って書かれている。漢字は、もともと中国語を書き表すための文字で、文法も発音も全く違う日本語を書くには無理がある。それで日本においても、正式な記録は中国語、即ち漢文で書くことが長く行われたりもした。中国語の文法語法に則った漢文ばかりではなく、日本語の要素の交じった和化漢文も見られる。漢字を同じ意味の日本語、つまり今日私たちが〈訓読み〉と呼ぶ方法で読むことも行われ、書き表すべき対象や状況に応じて漢字の使い方が工夫された。中でも、『古事記』や『万葉集』などで古代歌謡や和歌の発音を記す文字としての万葉仮名は、漢字を発音だけを示すものとして用いるという日本語に即した漢字使用の工夫の一つで、平安時代に仮名の発明へと発展する。

七世紀初めから九世紀末まで、日本から中国（隋・唐）へ遣隋使、遣唐使と呼ばれる使節が派遣されていた。当時の僧は日本においても中国語や梵語《ぼんご》（古代インドのサンスクリット語）の仏典を同時代の中国語音で学んでいたため、ある程度、中国語の話しことばの学習にもなっていたのではないかと推測されている。遣隋使、遣唐使には通訳も随行し、中国語会話に不自由な人も少なくなかったことがわかるが、空海（七七四―八三五）は中国での意思疎通に支障のないほどの中国語会話力を持っていたという。この時代の人びとにとって漢字漢文と中国語は、現在の私たちが思うより近いものであったようである。

このころ、正式な書きことばに漢文が用いられていたのは日本だけでなく、日本と交流が盛んだった渤海《ぼっかい》（七世紀末から十世紀初頭にかけて朝鮮半島北部、現中国東北部から現ロシアの沿海地方にかけて存在した国家）や朝鮮半島でも、文字言語には漢字漢文が用いられていた。漢字は東アジア一帯の書きことばのリンガフランカ（母語の異なる人びとの間で意思疎通のために用いられる言語）だった。

ところで、本書で扱おうとするのは「日本語」の表現活動である。日本の漢詩文はそれに含まれるだろうか。日本では『万葉集』より漢詩文集『懐風藻《かいふうそう》』（七五一）が少し早く作られ、公文書は漢文で書かれ、仮名が発明されてのちも近代に至るまで、日本の人びとの文学として漢詩文は読み継がれ書き継がれてきた。近代文学の担い手、夏目漱石や森鷗外、正岡子規など明治の文人たちは漢詩文に親しみ自ら作ってもいた。〈日本人〉の教養の一部だったのである。

漢詩文は古くは中国語の決まりのままにそのまま、つまり漢字の音読みだけで読まれることもあったようである。これが日本語かといわれると、そうでない気もする。しかし、漢詩文に返り点や振り仮名、送り仮名などの訓点をつけて読む読み下し文は、日本語の文法に落とし込むわけだから、日本語である。明治時代に一般に用いられた「普通文」と呼ばれる文語体――たとえば福沢諭吉の『学問のすすめ』の有名な冒頭、「天は『人の上に人を作らず、人の下に人を作らず』といへり」といった文章――は、漢文の読み下し文の文体から生まれたと言える。現在も中学校や高等学校で「国語」の教科書に現代文、古文と並んで漢文が入っているのは、そのためである。漢文は、「国語」の一部なのである。

読み下し文で読む漢文は、「国語」、つまり日本語の一部で間違いない。日本語は漢詩文（の読み下し文）ぬきには考えられない。古代から日本語に接した〈外国人〉にとっても、漢詩文は避けては通れなかった。

＊日本に漢字を伝えたと言われる渡来人、王仁

日本語について、最も古い記録は中国の文献に記された地名や人名で、三世紀末の「魏志倭人伝《ぎしわじんでん》」（『三国志』の「魏書《ぎしょ》」の「東夷伝《とういでん》」の倭人についての記述）に「邪馬台《やまたい》」「卑弥呼《ひみこ》」などが見られる。やがて中国や朝鮮半島の人びととの交流の中で中国の漢字が日本に伝わり、日本語も書き表すことが可能に

なったのである。記紀の記述によると、漢字を日本に伝えたのは七世紀半ばまで朝鮮半島に存在した古代国家、百済《くだら》から日本に渡来した王仁《わに》という人物である。実在したかどうかは定かではないものの、古くからの伝説的な人物で、『日本書紀』などの伝えるところでは、中国から百済に移住した家系の人で、日本の王の求めに応じて、百済の国王によって多くの漢籍とともに遣わされ、日本の人びとに漢字と漢籍を伝えた。その後、日本で文書の作成などに携わる書首《ふみのおびと》という役職ができたが、この職務を担ったのは、王仁の子孫にあたる帰化一族であったという。

王仁は、『古今和歌集』の「仮名序」で「浅香山《あさかやま》の歌」と並んで「歌の父母」のような存在だと紹介されている「難波津《なにわづ》のうた」の作者であるとも伝えられている。

難波津に　咲くやこの花　冬ごもり　今は春べと　咲くやこの花

というこの和歌は、王仁が、難波高津宮《なにわたかつのみや》で仁徳《にんとく》天皇の即位を祝って贈ったものとされている。平安時代以降、和歌で「花」といえば桜だが、この古歌における「花」は大陸文化伝来の「梅」である。百済の人びとは中国から朝鮮半島に伝えられた中国文化をも合わせて日本にもたらした。

この歌を、古くは万葉仮名で書いて手習い（習字の練習）に使ったことは発掘された奈良時代の木簡《もっかん》からも跡付けられている。「左久也己能波奈《さくやこのはな》」というように書かれている。

紫式部の『源氏物語』の「若紫」の巻では、後に紫の上となる少女の幼さを、養育者の尼君が「まだ「難波津」さえ満足に書けない」と表現している。この歌は七世紀末から十世紀半ばまで手習いに使われていた。現代でも、慣例として競技かるたの試合の始めにこの歌が詠みあげられている。千年を超える長期にわたって、特別な役割を与えられ、広く人びとの間に伝えられてきた古歌である。

なお、手習い歌は、その後、十二世紀の初めを境に四十七の仮名のすべてが一度ずつ使われるいろは歌が難波津の歌に代わって使われるようになった（森岡二〇〇六）。

板垣俊一（二〇一四）は「難波津の歌」は単なる習字の手本ではなく和歌の手本でもあったと考えられると述べている。漢字とともに日本に文字文化をもたらした渡来人が、日本の文芸に指導的な役割を果たしたとしても不思議はない。和歌の「父母」として手本にするテキスト、「難波津の歌」が百済からの渡来人、王仁によってもたらされたという伝承は、和歌文学をはじめとする古代の日本の文化への渡来人の役割の大きさを物語っている。

＊『日本書紀』に現れた新羅の人びと

『日本書紀』（七二〇）、『続日本紀《しょくにほんぎ》』（七九七）をはじめとする古代の文献に現れる来日外国人は、中国の古代国家、隋や唐のほか、朝鮮半島の新羅《しらぎ》、百済《くだら》、高麗《こうらい》、任那《みまな》、耽羅《たんら》（済州《チェジュ》島）のほか、吐火羅《とから》、舎衛《しゃえ》という名の地域からもやって来て、朝廷のもてなしを受けている。ほかに現在では日本の一部となっている掖玖《やく》（屋久島）、多褹《たね》（種子島）、阿麻美《あまみ》（奄美大島）からやってきた人びとのほか、隼人《はやと》、蝦夷《えぞ》と呼ばれた人びととの交流も記録されている。現在、これらの地域の人びとは日本語を使う〈日本人〉だが、当時、彼らは大和《やまと》のことばを知らず、コミュニケーションに支障をきたすこともあったようである。

現代でも、ある言語を方言と考えるか別の言語と考えるかには、政治的な区分や意識がかかわっている。ＮＨＫラジオ放送の始まりは一九二五年のことで、それ以前は日本国内であっても、音声の「共通語」を共有するのは難しかった。

『日本書紀』には四五三年に允恭《いんぎょう》天皇の葬儀に新羅《しらぎ》から訪れた人が、大和三山の畝傍《うねび》山を賞賛しようとして「うねび」と言ったつもりが「うねめ」と発音してしまい、天皇の女官である采女《うねめ》と密通したかのように受け取られてしまったというエピソードが記されている。あとで誤解だと判明するのだが、あらぬ疑いをかけられた新羅の役人は怒って貢の品と船の数を減らしたという（保坂二〇〇〇）。唇音のバ行とマ行、また前舌母音の「イ」と「エ」の混同は今日でも一部の日本語学習者に観察されるもので、この逸話にはリアリティがある。

新羅からは日本語学習を目的とする役人も継続的に来日していたようである。『日本書記』には六八〇年十一月に「習言者《ことならいびと》三人」が来たこと、『続日本紀』には七三九年の正月に天武天皇の朝賀の参列者に「新羅学語」が含まれていたこと、七六〇年九月には、新羅から朝貢に来た使いが、日本の風俗言語を知る人がいないので「学語二人」を遣わす、と伝言したことが、書かれている（桜井一九九四）。「習言者」も「学語」も、日本語研修生を指すようである。彼らがどのように日本語を学んだのか関心がもたれるが、当時の正式な書き言葉が中国語であったことを考えると、日本へ来て学ぶ彼らは日本の風俗とともに話し言葉を実地で学んで身につけたのではないだろうか。

日本側でも新羅のことば、唐のことばを学んで通訳として働く人びとがいた。遣隋使、遣唐使には通訳が同行している。通訳や外国人使者の接待には、渡来系の氏族があたることが多かった。七六一年の記録には、美濃《みの》、武蔵《むさし》の未成年者、それぞれ二十人に「新羅語」を習わせたという記録がある。当時の政府の方針で、美濃・武蔵には新羅からの渡来人が住んでいたので、これは渡来人家系の若者が選ばれたことを意味するだろうと保坂秀子（二〇〇〇）は述べている。彼らは日本生まれの日本育ちで、日常語としては日本語を使っていたと思われるが、ルーツの言語である新羅語の学び手としてふさわしいと思われたとしても不思議はない。このとき、日本の朝廷が新羅語の通訳を必要としたのは、新羅との戦いに備えるためであった。新羅の文化に通じた人材は、有用だと考えられたのだろう。

古今東西、言語学習の主な動機、目的には、外交、文化交流のほかに、布教、通商、そして戦争（への備え）がある。

＊『万葉集』と渡来人

『万葉集』に登場する人名には、大陸から渡来してきた人びとやその子孫たちが多く含まれている。ただし、万葉歌人の中に帰化系の人びとの占める割合は研究者によって六〜七パーセント（梶川二〇一二）から十六パーセント（星野一九八〇）と幅がある。例えば、「貧窮問答歌《ひんきゅうもんどうか》」などで有名な万葉歌人、山上憶良《やまのうえのおくら》を百済からの帰化人の二世であると考える研究者もいるが、異論もある。古いことでもあり、なかなか特定は難しいようだが、帰化系の人びとが無視できない数、『万葉集』で活躍しているのは間違いない。大半は百済からの人びとであるという。

ただし、ほとんどがルーツこそ海外に持つものの日本生まれの人びとで、日本語は母語のひとつであった可能性が高いともいう。そうすると、「もうひとつの言語として日本語を身につけた人（本書でいう〈外国人〉)」にはあたらないのだが、古代の日本文化一般がそうであるように、和歌においても渡来系の人びととの関係がぬきさしならないものであることを見ておくのは、大事なことだと思える。

例えば、『万葉集』巻六に登場する葛井連広成《ふじいのむらじひろなり》は百済からの渡来系の人で漢詩文にも通じ、『懐風藻』に漢詩二編を載せている人物である。天平二(七三〇)年、大伴旅人《おおとものたびと》が九州大宰府にいたころ、広成は、朝廷からの訪問者の一人として訪問した。旅人のもとでの饗応の場で、突然、和歌を詠めと言われ、とっさに、次の即興歌で応えたとある。『万葉集』の作品は、すべて漢字で書かれていて読み方に諸説あるが、ここでは佐佐木信綱編『新訂新訓 万葉集』の読みによって、現代の読みやすい漢字仮名交じりの表記で示すことにする。振り仮名は現代の仮名遣いで示す(作品のあとの数字は旧国歌大観番号である)。

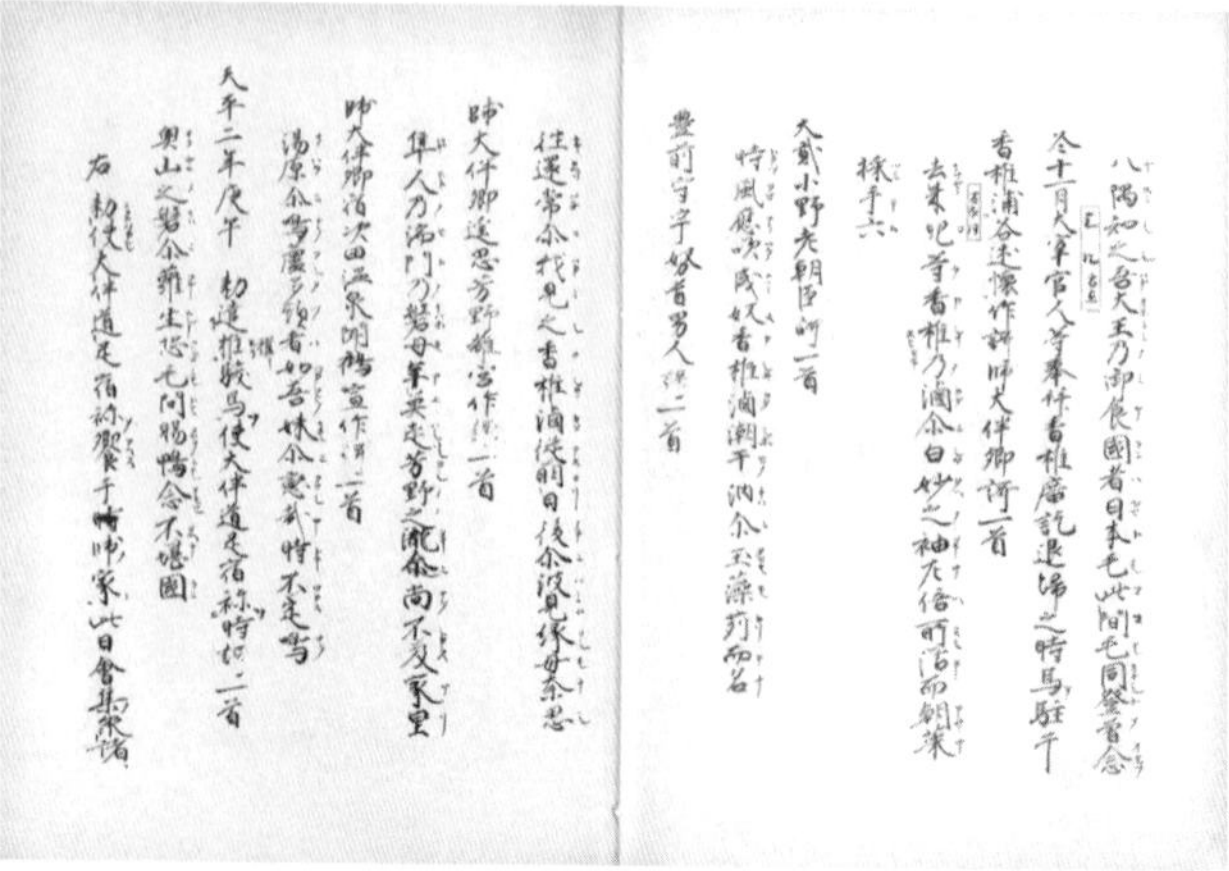

図1『万葉集：西本願寺本』巻6
佐佐木信綱／武田祐吉編(1933年、竹柏会)
国立国会図書館デジタルコレクション(https://dl.ndl.go.jp/pid/1242401)

奥山の磐《いわ》に苔生《こけむ》し恐《かしこ》くも問ひたまふかも思ひあへなくに　［九六二］
（奥山の岩に苔がむして神さびて恐ろしいように、恐れ多くも、歌を詠めとの仰せですか。準備もございませんのに。）

上の句の山の奥に宿る神々への畏敬の念を表す部分は、巻七の作者未詳歌「奥山の岩に苔生し恐《かしこ》けど思ふ心をいかにかもせむ（恐れ多いと思う気持ちをいかがいたしましょうか）」［一三三四］とほぼ同じフレーズを使っている。このような材料となるフレーズは当時、和歌の教養として共有されており、即興歌で当意即妙に使ってみせるのも技の一つだった。そうして下の句で自分の心境を述べる。楽屋落ちのような内容だが、即座に応じた鮮やかさが目をひいたようである。

この広成は、天平八（七三六）年冬十二月、宮廷の歌舞所《うたまいどころ》の人たちを家に集めて、風流人士の宴を開いたことが同じく巻六に記されている。広成は、次の古歌を示して、これに和するよう人びとに促した。

我が宿の梅咲きたりと告げやらば来《こ》とふに似たり散りぬともよし　［一〇一一］
（私の家の梅が咲いたと人に知らせたら、見に来いというようなものだ。花は散ったとしてもかまわない。）

春さらばををりにををり鶯《うぐいす》の鳴く我が島ぞやまず通はせ　［一〇一二］
（春が来たら枝がたわむほど花が咲き、鶯の鳴く私の庭です。何度でもおいでください。）

板垣俊一（二〇一四）はこれについて、以下のように述べている。

外交や、朝廷の文書の作成や解読に関わり、また文雅の業にもたずさわった渡来系氏族たちは、和歌を詠むこと、唱うことにもまたこのように深く関わっていた。これは倭国の朝廷に仕えて生きて行こうとする彼らにとって必須の営為だったからである。

（「渡来系古代人と万葉集の短歌体即興歌」一〇頁）

『万葉集』の渡来系歌人は少なくないが、多くは当時の教養をふまえた標準的な作品で、それらを見ると、今日の私たちは、外来者であるにもかかわらず日本語の伝統的文芸をよく学んで習熟したものだと思いがちだが、それは違うようである。当時、日本の政治家や教養人は漢詩も和歌もたしなんだ。漢詩は渡来系の人びとのほうが得意だったかもしれない。先に見たように、和歌の手本たる「難波津の歌」が渡来人、王仁の作品であると伝えられていたことも考えあわせると、古代日本では、人びとは渡来人のもたらした漢籍を渡来系の人びととともに享受し、その中から和歌は醸成されてきたのだという考えに至る。万葉集研究の第一人者である中西進も、百済文化の移入が万葉歌の誕生の大きな契機となったとする見解を述べ（中西一九六三）、和歌の起源を東アジアとの文化交流の中に見出している。また、漢字だけで書かれた万葉集の原本は巻子本（巻物）であったと推測され、中国の書物の影響によって生まれたものである（小川二〇一〇）。書物にして残されなければ、私たちは読むことができなかった。

＊和歌を詠まなかった秦朝元

『万葉集』に現れる渡来系の人名のうち、明確に大陸生まれの来日一世であることがわかっているのが秦朝元《はたのあさもと／ちょうげん》である。秦朝元は日本人の父、辨正《べんせい》が遣唐使として唐に留学していたときに現地の女性との間に生まれ、現地には兄もいたが、兄と父が唐で亡くなったのち、七一八年に遣唐使の帰国船で日本に渡ってきたという（保坂二〇〇〇）。十歳前後だったようである。『続日本紀』によると、七二一年に元正《げんしょう》天皇より、学業に優れ模範とすべき者として褒章を受けている。

しかしながら、『万葉集』の巻十七に描かれた様子は気にかかる。天平十八（七四六）年正月、雪の日に太政天皇の呼びかけで酒宴が催され、居並ぶ人びとが雪を題として和歌を詠んだとき、朝元は詠めなかった。そこで、大臣橘《たちばな》卿が戯《たわむ》れて、「歌を賦《よ》むに堪《あ》へずは、麝《じゃこうじか》を以てこれを贖《あがな》へ（和歌を作るのが難しければ、お国の名産である貴重な香料、麝香《じゃこう》を代わりに持ってきなさい）」と言ったというのである。

『万葉集』に現れるこの時期、朝元は来日後すでに三十年が経過し、日本で押しも押されもせぬ地位を築いている。日本語には不自由のなかったものと思われる。渡来人であることが、和歌が詠めない理由とは言えないとの見方もあるが（保坂二〇〇〇）、中国人の母のもとに生まれて十歳前後まで中国（唐）にいたことを考えると、母語は中国語であろう。父の国の言語である日本語を、あるいは子どものころから習い親しんでいたかもしれないが、和歌を苦手としたとしても不思議はないのではないだろうか。

朝元については、『続日本紀』に、聖武《しょうむ》天皇の命で「漢語（中国語）」の通訳養成のために二人の弟子をとって教えたという記録もある。七三二年の遣唐使の派遣には入唐《にっとう》判官として同行、現地では唐の玄宗《げんそう》に大切に迎えられ賞賜《しょうし》を与えられた。成人になっても中国語を保持したバイリンガルで、その力が重用され、両国で大切に遇されたようである。まして当時、唐といえば豊かな文化を湛えた先進国である。『万葉集』に記された戯れは、朝元が中国につながる貴重な人物であることが深く認識されていたからこそのものだったのかもしれない。

今日ＪＳＬ（Japanese as a second language）の子ども（日本語環境で日本語を第二言語として学ぶ外国から来た子ども）と呼ばれる子どもと同じ境遇の朝元が、『万葉集』の時代に活躍していたのは、興味深いことである。

＊仮名の誕生

平安時代には、漢字の草書体から平仮名が誕生し、和文を自由に書き記すことができるようになった。公的な記録は漢文で書くのが正式であるとされる習慣は、その後も長く続いたが、仮名文字によって話しことばとして使われてきた従来からの日本語が書きやすくなり、紫式部『源氏物語』や清少納言『枕草子』など宮廷に仕えた女性たちによる文芸作品や、『古今《こきん》和歌集』を初めとする勅撰和歌集《ちょくせんわかしゅう》（天皇の命令で編纂された和歌集）など仮名文字（平仮名）主体で書かれた名作が生まれた。平仮名の誕生とほぼ同じころ、漢文を読み下《くだ》す際に補う日本語の助詞や活用語尾などを表す記号として、漢字の一部を省略した片仮名も誕生している。

平安時代の日本語の文法体系は整然としていてほとんど例外がない。また、『古今和歌集』の和歌や『源氏物語』などの散文に見られるような巧みな修辞法も出そろった。中学校や高等学校の古文で、この時代の文章を用いて文語文法の品詞分類や活用を調べた経験のある人は少なくないだろう。文法規則にぴったりあてはまって、例外がないことを実感したのではないかと思う。明治前半まで模範とされてきたいわゆる「文語」の文体は、この平安時代の話し言葉に基づくものである。いわゆる歴史的仮名遣いは、今日でこそ発音と表記にずれが生じているが、平安時代の発音は表記とほぼ一致していた。『源氏物語』などは表記と発音の一致度が高いと考えられている。

このあと、江戸時代の散文の文章などは、教科書の文法規則からはみだし、例外だらけになってしまい、明治以降、改めて文語文法と口語文法に分けて仕切り直すことになる。

＊「光源氏」が鴻臚館に訪ねた高麗人占い師

奈良時代から平安時代にかけて、唐や新羅、渤海からの使節を迎える迎賓館を兼ねた宿泊所として、九州・筑紫《つくし》（福岡）、難波《なんば》（大阪）、平安京に鴻臚館《こうろかん》が設置されていた。ここは、一時的に滞在する外国からの客人と日本人との交流の場であった。例えば、八八二年十一月十四日、八九四年十二月二十九日に第三十回、第三十二回目の渤海使を迎えて鴻臚館で催された歓迎の宴は、華やかなものだった。このときの渤海大使は優れた詩人として知られる裴頲《はいてい》で、迎える側として日本朝廷に選ばれたのは、菅原道真《すがわらのみちざね》、島田忠臣《しまだのただおみ》、紀長谷雄《きのはせお》など日本を代表する漢詩の名手たちだった。鴻臚館では彼らの間で漢詩の贈答が行われた（湯沢二〇一〇）。

物語の中のことではあるが、『源氏物語』第一帖「桐壺」に鴻臚館が出てくる。鴻臚館に滞在している高麗《こま》の人相占い師の元へ、帝が幼い光源氏を訪問させるのである。高麗人の占い師は光源氏を見て、「帝となる人相を持っているが、そうなると国が亡びるかもしれない」と言った。これを聞いて帝は、光源氏に（臣籍降下を意味する）源氏を名乗らせることにしたというエピソードで、光源氏の波乱含みの人生の始まりを表す印象的な導入部である。この高麗人の占い師も光源氏に漢詩を贈っている。

東アジアの国の間での外交に有用な文化的教養として漢詩が大きな力をもっていたことは間違いない。漢詩は、中国や朝鮮半島からくる客人と日本の文化人たちとを友好的に繋ぐ潤滑油の働きをしていた。

しかし、この占い師の話し言葉はどうだったのだろうか。占い師が日本語に堪能で、日本語で会話ができたのかもしれないし、新羅語か中国語の通訳を介して会話をしたのかもしれない。幼い光源氏が中国語を理解した可能性も全くないわけではない。『源氏物語』の作者はこのことには触れていない。交渉の内容に大きな関心がもたれるとき、言語の問題が捨象されてしまうことは、現代でもよくある。あえて語られなくても、実際にはさまざまな場面で通訳が活躍していた可能性がある。その通訳が、外国ルーツの人であるとしたら、それは「もう一つの言語としての日本語」を使った彼らの働きである。

見てきたように、朝鮮半島と日本との交流は、朝鮮半島に新羅《しらぎ》、高句麗《こうくり》、百済《くだら》の三国が存在した七世紀半ばまでは特に盛んだったが、七世紀半ばに新羅が統一して以降、八世紀に入ってからは、両国の政府間交流は断絶の時代を迎えた。このあと、再び朝鮮との友好的な交流関係が盛んになるのは江戸時代のことである。

＊平安時代の渤海や新羅、また奄美、蝦夷の通訳

広い地域からやってきた客人と迎えた日本人との間の話し言葉について、『延喜式《えんぎしき》』には迎えた渤海や新羅からの使節に「訳語《やくご》」と呼ばれる通訳が随行していたという記録がある。湯沢質幸『古代日本人

と外国語――東アジア異文化交流の言語世界』（二〇一〇）を紐解くと、当時のさまざまな資料によって知られる言語交流の様子がうかがえる。

渤海への使節団の通訳として、春日宅成《かすがのやかなり》という中国語に優れた人物が任命されているのを見ると、日本と渤海の間の外交用語は話し言葉においても中国語だったようである。が、日本でも渤海でも一般の人びとがみな中国語に堪能だったわけではなく、相互に行き来するとなれば、正式な場面での中国語だけでは対応できない場面もあったに違いない。日本語と渤海語の間をつなぐ通訳も、また存在したようである。日本の渤海語学習については、『日本紀略』の八一〇年五月二十七日の記述に、何らかの理由で渤海から亡命してきた下級官僚の高多仏《こうたぶつ》を、日本朝廷が越中《えっちゅう》（現在の富山県）に住まわせて、「習《しゅう》語生《ごしょう》」らに渤海語を教えたことが書かれている。「習語生」は語学研修生だと思われ、こうして学んだ者が通訳になったのだろう。

先に、新羅系の若者に新羅語を学ばせた例や、日中の両親の間に生まれた秦朝元が中国語を教えていた例を紹介した。日本では奈良時代から朝廷の事業として中国語通訳の養成が行われていたようである。ほかの言語においても、出自がその言語にかかわる人材や帰化人などが活躍したのではなかろうか。

ところで、興味深いことに、『延喜式』によると、遣唐使に中国語通訳だけでなく「新羅語」「奄美語」の通訳も随行している。湯沢質幸（二〇一〇）は、当時の航海は風雨や潮の流れの影響を受けやすく、途中で臨時に別の地に寄港したり漂着したりした場合に備えたのだろうと述べている。

冒頭に地図で確認したように、奈良時代、平安時代の日本の領域は、現在よりも狭い。奄美は当時は新羅と並ぶ異国で、奄美語には「奄美訳語」とされる通訳を必要とした。

『続日本紀』の七二二年四月の記録には、「陸奥蝦夷《むつえぞ》」と「薩摩隼人《さつまはやと》」を征討した将軍や功ある蝦夷と合わせて、「訳語」にも勲位を授けたと書かれている。『延喜式』に蝦夷の「訳語」について書かれているのをみると、この「訳語」は「蝦夷」の言葉との通訳だと考えられる。

薩摩は古くから日本の令制国《りょうせいこく》（律令制に基づく地方行政区分）の一つだが、蝦夷は、日本の朝廷が自分たちの勢力の及ばない本州の東北地域（現在の関東地方と東北地方）や北の海を隔てた地（現在の樺太・北海道）などに住む人びとを、自分たちとは異なる文化・言語をもつ人びととして呼んだ呼称である。この言語は現在のアイヌ語につながる言語であろうと考えられている。アイヌ語は日本語とは異なる言語である。

なお、遣唐使が八九四年に停止されてからの中国との交流として、十世紀に九州・博多を拠点として盛んにおこなわれた日宋《にっそう》貿易がある。宋から博多に大勢の貿易商がやってきて住みつき、市民レベルでの交流が盛んに行われた。生活者として日本で暮らし、日本人と交流していた宋の人びとの中には、日本語を身につけた人もいたに違いない。そして中国にルーツをもつ人が、中国語通訳として働くこともあったようである。江戸時代の長崎の唐通事《とうつうじ》（中国語通訳）も中国系の人びとだった（若木一九九七）。渡来系の人びとはこうしてそのルーツの文化、ことばを生かした役割を果たしてきた。

＊中国における日本語学習――鄭舜功による『日本一鑑』

外国語として日本語を学ぶ教育施設は、日本国内では十六世紀のキリシタン宣教師らのコレジョが記録に残る最初の例だが、古代から交流の盛んだった中国、朝鮮にはそれより早く存在した。

その学習の跡を示すものとして、中国には明代《みん》（十四世紀半ば〜十七世紀半ば）に、日本をはじめモンゴルや琉球、ベトナム、ビルマ、朝鮮など周辺各国からの使節団を接待する外務機関「会同館」の通訳らが学習書として使った語彙集、『華夷訳語《かいやくご》』の中の日本語版にあたる『日本館訳語』が十六世紀につくられており、五六六語の語句が収録され、中国語による音写と訳が付けられている（劉二〇〇五、六九頁）。『華夷訳語』の「華夷」には、進んだ中国とその他の後れた周辺国といった意味合いがあり、中国中心の東アジアの国際秩序がしのばれる。優位にある大国の人びとが、遅れた周辺国からの使節団を接待するために相手の言語を学習したのである。日本語のほかに、モンゴル語やウイグル語、朝鮮語、ビルマ語、タイ語など十以上の言語の語彙集の中には、琉球語を扱う『琉球館訳語』もあった。

ほかに、より豊かに語彙を収録し発音記述にも優れた鄭舜功《ていしゅんこう》による『日本一鑑《にほんいっかん》』（一五六六頃）がある。鄭舜功は広東の人で一五五五年に朝命を受け、当時猛威を振るっていた倭寇《わこう》の禁圧を求めるとともに日本の実情を観察することを目的に来日したのだが、豊後《ぶんご》の大友氏に拘禁され、一五五七年にやっと帰国できたという人物で、日本に滞在している間、戦国時代の日本の様子とそこで使われる生きた日本語をしっかり観察し記録した成果を持ち帰った。しかし、帰ってみると彼を推薦した総督は失脚していて、鄭舜功は成果が認められなかったばかりか、牢に入れられ七年間を獄中で過ごさなければならなかった。ようやく釈放されて後、彼が力を傾けて日本について知るところを書き、倭寇平定の抱負を述べたのが『日本一鑑』である（劉二〇〇五）。付録に「寄語《きご》」として、天文、地理、時令、人物、宮室、器用、鳥獣、花木、身体、衣服、珍宝、飲食、文史、声色、干支、卦名、数目、通用の十八に分類された日本語の単語、合計三四〇四語が、中国語の漢字による音訳付きで掲載されている。

＊朝鮮通信使の日本語学習——康遇聖の『捷解新語』

一方、朝鮮においては朝鮮の通訳養成機関である司訳院《しやくいん》で、すでに一四一四年から正式に日本語が教えられていて、一四九二年には対日交渉用の会話文をおさめた教科書『伊路波《いろは》』が編集されていた。

実は、「鎖国」時代と呼ばれる江戸時代にも、二〇〇年余りの間に十二回にわたって、朝鮮通信使が両国の平和的善隣関係のための文化交流事業としてやってきた。この朝鮮通信使の外交交渉ための日本語学習書として長く使われたのが、全十巻の会話集『捷解新語《しょうかいしんご》』（一六七六）で、康遇聖《カンウソン》（一五八一～?）が日本滞在期間に観察した日本語に基づいて作られたものであった。原本は平仮名で十七世紀の日本語を活写している。

康遇聖は、豊臣秀吉の朝鮮出兵に際して十二歳のときに捕虜となって日本に連行された人物で、十年間を日本に幽閉されたのち、家康による戦後処理政策の一環としての捕虜送還事業に際して釈放されて帰国し、司訳院の通訳官となった。不本意極まる日本滞在であったはずだが、康遇聖は多感な時期を過ごした日本の習俗や言語に精通し、その経験と能力を積極的に生かして人生を拓いた。一六一七

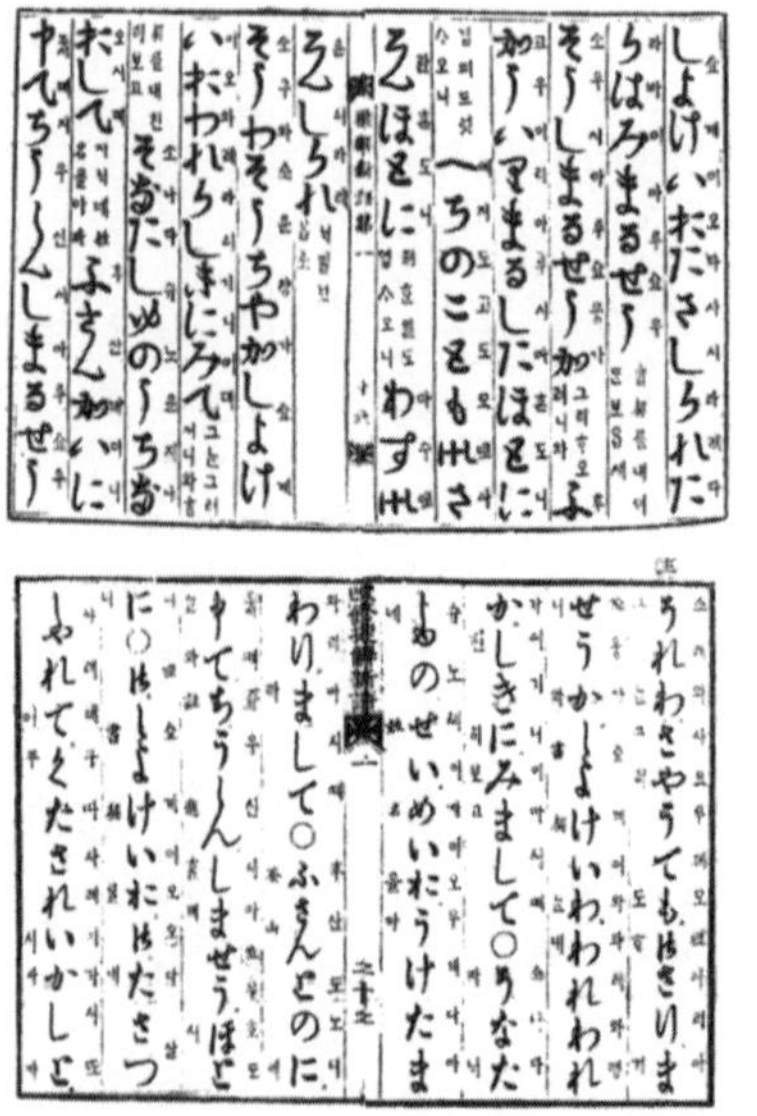

図2　康遇聖『捷解新語』（上）：原本（1676年）、（下）：二回目の改修本（1781年）
京都大学国語学国文学研究室編『三本対照捷解新語 本文篇』（1972年、京都大学国文学会）より

年、一六二四年、一六三六年の三回、朝鮮通信使訳官として公式に来日し、両国間の外交業務を務めた。『捷解新語』は、朝鮮通信使の用いる改まったやりとりが平仮名で書かれ、ハングルによる音注が付されている。司訳院の教科書として長く使われたが、時代を経るにつれて日本語そのものも変化したため、改訂が重ねられた。一七四八年に第一次改修本、一七八一年に二回目の改修本、さらに一七九六年にはその日本語本文を抜粋して漢字仮名交じり表記に改めた『捷解新語文釈』が刊行されている。例えば、原本では「そうわそうちやかしよけいおわれらしきにみて、そなたしゆのうちなおして」とある部分は、改修本では「それわさやうてもごさりませうか、しよけいわわれわれがしきにみまして、そなたしゆのせいめいをうけたまわりまして（それは左様でも御座りましょうが、書契は我々が直に見まして、そなた衆の姓名を承りまして）」と滑らかになっている。日本語の変化を反映するとともに、彼らの記録した日本語の精緻化も図られたものと思われる。これを読むと、当時の通信使と彼らを迎えた日本の人びととの会話の様子がうかがえる。それは同時代の書き言葉に比べて、現在の私たちのことばに近い。

巻十まであるうちの巻九に「和語謙讃」とあるのは、日本語を謙遜したり褒めたりする会話といった意味合いだろう。林義雄［編］『四本和文対照 捷解新語』（二〇〇六）によって書き抜いてみる。「主」とあるのは朝鮮通信使、「客」が彼らを迎える日本人の側である。当時の会話の様子を想像するのが目的なので、四本の中で最も古い一六七六年の原刊活字本に基づきつつ、読みにくい部分は改修本を援用し、読みやすさのために表記を現代のものに改めて示す。

主　この先にも我らここもとへ参って、おのおのご指南を得て、ちっと言葉も慣れたれども、

客　つねづね使わんから、年にましてこう御座るにより、心中に申したいこともえ申し得ませいで、存じながら無道なる仕合せ、恥ずかしさ、海山に存じまっする。〔…〕

主　こなたの御ことばの舌がいちだん柔らかく御座り、またご挨拶のことばの様子が、まことに日本めいて、みなみな奇特と感じまっするに、あまり御謙退なされまっするな。〔…〕

客　そうおしゃるにより、かたじけなうござる。我らも日本口を人ごとに習いやすいと言うをまことにしたに、いかにしても、暗闇に道を進むやうに、習うほどあとへしさるやうにござって、こなたの日本口つかわしゃるを聞けば、聞きしらんながらも神妙にこっそ思いまっすれ、このうらやましさを譬えるかたもござらんが、定めて習わしゃる秘密の口伝もござろうほどに、あわれ、教えさっしゃれいかし。

主　さて、そなたは面白い人じゃ。化かす道具もなうて、人を化かす人じゃ。

客　なぜにこうなぶらりゃるか。まことに私も日本口を稽古しはじめて、今がもはや十年あまりにもなるが、げに、これほどならばと思うこと少しものうて、常々これをくやむばっかりの我を、そなたの仰せらるるは、日本口を無類の上手のように褒めらるるにより、定めてなぶらるるように思われまっする。されども腹も立てられず、ことごとしゅう、おかしいことでござる。

朝鮮から来た通信使が、日ごろ使い慣れていない日本語では、なかなか思うように話せないと言えば、迎えた日本人は、ことばだけでなく挨拶のマナーまで日本風が身についていてすばらしいと称え、言われた通信使が、日本語は学習しやすいと人がいうから本気にしてやってみたら、真っ暗な道を進むようで学べば学ぶほど後退するかのように感じられる、秘訣を教えてほしい、と言う。その次の台詞「さて、そなたは面白い人じゃ」は、狂言のせりふ回しが聞こえてくるようである。

化かす道具もなしに人を化かす面白い人じゃ、と言われた通信使は、うまくもない日本語を大層上手だというように褒められるのはからかわれているような気がするけれど、褒められて腹をたてるわけにもいかず、おかしなことだ、と言う。打ち解けた楽しそうな会話の場面である。ほぼ同時代のものだから、狂言のせりふと似ているのも道理である。彼らはこんな風に話していたのだろう。

＊朝鮮通信使と漢詩

朝鮮通信使は、日本の文人と漢詩を交わすこともよくあった。一七一九年に朝鮮通信使に随行した申維翰《シンユハン》（一六八一〜？）による紀行文『海游録《かいゆうろく》』によると、彼らは江戸の公式な社交の場で日本の文人たちと「長短律及び絶句」を互いに詠みかわし、高尚な遊びを楽しんでいる。申は日本の詩人たちの作品に感心したり批評を述べたりし、筆談による会話が弾んだ様子を綴っている。そうした記録をも含むこの紀行文はさまざまな形の漢詩をたくさん挟んだ漢文で書かれている（『海游録』の日本語訳［一九七四］の姜在彦《カンジェオン》氏による訳注より）。朝鮮の人びとは漢詩には長じていたため、日本人が彼らに漢詩を書いてもらいたいと願うこともあったようである（李《イ》一九九七）。

漢詩に比べて、和歌や発句（俳句）は公式なものではなかったようだが、それだけに個人的な挨拶として効果的に使われることもあったようだ。李元植《イウォンシク》『朝鮮通信使の研究』（一九九七）に引用されている江戸時代中期の通信使の趙景安《チョキョンアン》の和歌と俳句は次のようなものである。読みやすさのために（仮名遣いは旧仮名遣いのまま）表記を少し改めて示す。

秋はなほ　夕まぐれこそ　ただならね　荻の上風《うわかぜ》　萩の下露
青柳も　手を伸ばしてや　水の月
浮き草や　今朝はあちらの　岸に咲く

『枕草子』で清少納言が書いた「春はあけぼの」「秋は夕暮れ」はその後長く、日本の人びとの美意識として受け継がれるが、この和歌もこれを受けている。秋の夕暮れのすばらしさはさまざまに詠み尽くされてきたが、この作品の下句の対になっているところは漢詩の対句を思わせて、日本人の作風を真似るだけではない自在さを感じさせる。俳句ものびのびと詠んでいる。

菅宗次《しゅうじ》氏の所持する短冊に書かれた朝鮮通信使の随員、朴徳源による俳句と短歌も面白い（菅二〇一二）。読みやすさのため表記を整えて示す。

泰平や具足の餅のかびるまで
はるをしる竹のまがきの朝露は　千代も変はらぬ色や添ふらん

これらは日本人のいう朝鮮紙を短冊の大きさに切ったものに、見事な仮名書きで書かれているという。

第九代将軍職を継いだ徳川家重への賀詞ということで、御代を長かれと寿《ことほ》ぎ祝う気持ちを餅にカビが生えるまで、千年も変わらない、と巧みに伝え、家重を喜ばせたであろう様子が想像される。俳句や和歌による挨拶は外交辞令として効果を上げたに違いない。

2　西洋人宣教師と日本語

＊遠く離れた人びとが出会った大航海時代

かつて、島国日本の人びとにとって外国と言えば唐天竺《からてんじく》、つまり唐（中国）と天竺（インド）であった。平安時代末期に成立した『今昔物語集』は、天竺、震旦《しんたん》（中国）、本朝（日本）の三部で構成されているが、これが当時の人びとがイメージした全世界であった。その世界観を一変させたのが、大航海時代と呼ばれる十六世紀、はるばる地球の裏側から日本へやってきたヨーロッパの人びとである。一五四三年、種子島にポルトガル船が漂着して日本に鉄砲を伝えたのがその始まりである。

一五四九年には、イエズス会宣教師のフランシスコ・ザビエル（一五〇六〜一五五二）が鹿児島に来て、布教を始めた。イエズス会は原則として布教活動に現地のことばを使う。インドを拠点に東南アジアや中国への布教活動もそれぞれの言語で行われた。日本布教に際しては日本語を身につける必要があったわけである。それは彼らにとって大変な努力を必要とするものだった。それでも、布教という明確な目的を持ち、神に導かれ、その信仰に支えられての学習は大きな成果を上げた。彼らは、日本で最初の日本語教育機関であるコレジョを開設し、日本語をローマ字という日本語にとって全く新しい文字で書き表すこともした。彼らは日本に印刷機をもたらし、「キリシタン版」と呼ばれる印刷物において、ローマ字だけでなく、漢字仮名交じりの筆書きの文字を印刷用の活字にするという前代未聞の企ても実現したのだった。このことは後のち、欧米の日本語学習者に大きな恩恵をもたらすことになる。

＊フランシスコ・ザビエルによる布教活動の始まり

イエズス会宣教師による日本での布教活動のきっかけは、南インドのゴアで活動していたフランシスコ・ザビエルが、マラッカで日本人のヤジロー（一五一二頃〜一五五〇頃）に出会ったことにある。この人の名前は、ザビエルの書簡に書かれたとおりに音読すればアンヘロ、これをアンジローと推定するものもあるが、日本語に堪能であったジョアン・ロドリゲス（一五六一〜一六三三）の書いた『日本教会史』では「ヤジロー」である。彼が『日本語小文典』において日本人の名前について、「再び」の意味を持つ「ヤ（弥）」に「太郎、次郎、三郎、・・・十郎」をつける名前を紹介している（池上岑夫［訳］『日本語小文典（下）』一三〇頁）ことを考えると、「弥次郎」という漢字が想像されるが、ここではヤジローと書いておく。

この二人は、なぜ巡り合えたのだろうか。吉田小五郎『サヴィエル　新装版』（一九八八）によりながらたどってみる。

バスク地方と呼ばれるスペインとフランスの国境にまたがる地域にあった小王国ナヴァーラ（ナバラ、ナバル、ナバールとも）の首相の六人の子どもの末っ子として生まれたザビエルは、スペインとフランスとの戦争によって自国が滅ぶという経験をした。王は命を落とし、悲嘆に暮れた父は一五一五年に亡くなった。兄たちの戦い空しく城は破壊され、母の家だけが残った。幼いころより優秀だったザビエルは、この悔しさを胸に家の再興を志し、哲学と神学を学ぼうとパリ大学に進学したのである。ザビエルはここで、勉強にもスポーツにも張り切って友人も大勢できたのだが、中でも同室生、アルプスの羊飼いの息子、ペドロ・ファーベル（一五〇六〜一五四六）と同じバスク地方出身のイグナチオ・デ・ロヨラ（一四九一〜一五五六）との出会いが運命を変えた。ザビエルとファーベルは屈強な心身を備えた二十三歳の若者だったが、ロヨラは三十八歳で、戦傷によって足が不自由だった。

当時のヨーロッパは宗教改革に揺れていた。十六世紀前半にドイツに始まった宗教改革は、ヨーロッパのカトリック教会を揺るがし、彼らは自分たちの信仰を守るためにも、新しく発見される異教徒たちの国へ、彼らの信じるキリスト教を布教しなければならないと考えた。ヨーロッパの人びとにとって、一四九二年のコロンブスによる「アメリカ大陸発見」、一四九八年のヴァスコ・ダ・ガマによるインド航路の開拓で知られる大航海時代は、それまでの世界観を大きく広げるもので、キリスト教を知らない人びとの住む遥かな国へ、自ら乗り出していくことを可能にしたのだった。

ロヨラはファーベルとザビエルをその仲間に引き入れようとした。遠い異教徒の国に布教に行く人には、篤い信仰心や深い学識のほか、強い精神力、そして丈夫な体に恵まれていることも必要で、ザビエルはそのすべてを備えていた。ファーベルはすぐその気になったが、ザビエルは簡単にはいかなかった。ロヨラは、執拗なまで熱心に働きかけた。やがてロヨラの指導のもと、ザビエルは四十日間の黙想をして、神に導かれ神に尽くすべく選ばれた人間に生まれ変わったという。一五三八年八月、ポルトガル王ジョアン三世がインドへの布教のために派遣する人材をロヨラに求め、白羽の矢の立った二人のうち一人が病気で行けなくなったので、急遽ザビエルが呼ばれた。ザビエルはインド行きを承諾した。

ロヨラとザビエル、ファーベルが他の四人の同志とともに、全世界の人びとをキリスト教に導くことを目的に創設したイエズス会は、一五四〇年九月、教皇パウルス三世より認可を受け、一五四一年四月四日、ロヨラが総会長に就任するのを見とどけて、ザビエルは四月七日にインド行きの船に乗った。危険だと反対する友人も多い中、神への奉仕と、異教徒の魂の救済のために、遥かな旅路についたのである。

*ザビエルの日本語習得――ヤジローとの出会い

その後、ザビエルがヤジローに会って日本へ来るまでの経緯を、彼の書簡とロドリゲスの『日本教会史』の記述からたどってみよう。ザビエルとヤジローの邂逅はロドリゲスの生まれる前だが、ロドリゲスの知るところがわかりやすく整理されている。

二人がマラッカで出会うのは一五四七年十二月下旬のことである。

ザビエルは一五四八年一月二十一日付のイエズス会宛の手紙で、ポルトガルの商人たちから日本の話をきいたこと、その日本から来たヤジローという日本人がポルトガル商人に連れられて会いに来たことを書き送っている。ヤジローとはポルトガル語で意思疎通ができた。もし、ほかの日本人もヤジローのようだとしたら、新しく布教しようとしている地域の人びとの中で、日本の人びとは最も知識欲が旺盛だとザビエルは書いている。ザビエルは、日本に渡ってからも日本人や日本の文化を尊重し続けた。最初に出会ったヤジローの印象がその姿勢を決定づけたのかもしれない。

さて、ザビエルのこの日の手紙には、ヤジローが会いにきた経緯について、彼が青年のときに犯した罪について神からの赦しを得たいと思ったのがきっかけだとある。ヤジローがイエズス会総長宛てに書いた一五四八年十一月二十九日付の手紙の中の告白から、ロドリゲスが理解したところでは、鹿児島生まれの彼は、青年時代から数々の悪徳を働いてきた。地獄に落ちることを恐れて悔いていたとき、ポルトガル人の商人からデウスの御法、すなわちキリスト教の話を聞いた。ヤジローは鹿児島にいたときからポルトガル商人らとの交流を通してポルトガル語が話せたようである。マラッカへ行けば、その御法を教えてくれる人がいると聞いて、ヤジローはポルトガル人商人とともにマラッカへ向かった。キリスト教の神に罪の許しを請うためであった。

ザビエルは勉強熱心なヤジローを見込んで、日本伝道の通訳に育てようとゴアのコレジョ（学林）、聖パウロ学院に入学させ、キリスト教の教理とポルトガル語を学ばせた。ヤジローは非常に賢く、パードレ（司祭・神父）がマタイ福音書を説くのを二度聞いただけで、すべてを記憶したという。洗礼を受けたヤジローには「パウロ・デ・サンタフェ」という洗礼名が与えられ、ザビエルの書簡では「パウロ」と書かれるようになるが、混乱を避けるためここではヤジローと呼び続ける。

ヤジローによって日本への理解を深め、日本での布教に希望を抱いたザビエルは、ヤジローの案内で一五四九年八月十五日に鹿児島の港に着き、いよいよ日本布教にのりだした。ザビエルの来日初期、キリスト教の教義の多くを日本語に翻訳し、日本語で人びとに教えを説いたのはヤジローだった。この時期のザビエルの手紙には、日本語のできない歯がゆさが書かれている。

〔…〕私達は、日本人の前に、恰《あたか》も木像の如く立っているに過ぎない。〔…〕言葉を了解することができないから、所詮私たちは、沈黙している外はない。今私たちは、日本語を学ぶために、子供にならなければならない。(一五四九年十一月五日、鹿児島で書かれたゴアの全会友宛て書簡より。)

(『聖フランシスコ・デ・ザビエル書簡抄(下)』四三頁)

ヤジローはキリスト教の教えを日本語に通訳、翻訳するに際して、仏教用語で訳すことがあった。例えば神を「大日《だいにち》」と翻訳し、ザビエルもこのことばを使ったところ、真言宗の僧が同じだと喜んだので、ザビエルが驚いて調べてみたところ、真言宗の大日とキリスト教の神は全く異なるものだと分かった。以後、ザビエルは、神にはラテン語やポルトガル語の発音を移した「デウス」を当てるよう改めて、ほかにも教会用語の翻訳には、「バテレン(司祭)」「イルマン(修道士)」といったように原語の音訳が使われるようになった。

二年半ほどたった一五五二年一月二十九日付の書簡を見ると、ザビエルは日本語の不自由を克服したようである。日本は「何処へ往っても、同じ一つの国語が語られていて、その習得もそんなむつかしいものではない」(『聖フランシスコ・デ・ザビエル書翰抄(下)』九五頁)と書き、

〔…〕日本人は、私の見た他の如何なる異教国の国民よりも、理性の声に従順の民族だ。非常に克己心が強く、談論に長じ、質問は際限がない位に知識欲に富んでいて、私たちの答に満足すると、それをまた他の人びとに熱心に伝えて已《や》まない。〔…〕私たちの言葉が彼らに深い感銘を与えている。

（同書、一〇八〜一〇九頁）

と書いている。日本語で直接日本人と話し合えるようになったようである。さて、この手紙では、ヤジローに代わって日本語への翻訳者として若きイルマン（修道士）、ジョアン・フェルナンデス（一五二六？〜一五六七）が登場している。スペインのゴルドバ出身のフェルナンデスは青年時代に東洋布教を志し、インドでザビエルらと合流し、ともに日本へやってきた。彼はいち早く日本語を覚え、流暢に日本語を操った。来日して二年余りたった一五五一年十月二十日付の書簡に「予はすでに国語（日本語）に通じゐたるがゆえに彼（質問に来た日本人）の通訳を勤《ママ》めたり」（『イエズス会士日本通信〈上〉』三〇頁）と書いている。このころ、ヤジローは郷里、鹿児島でザビエルらと別れ、以後の通訳は、フェルナンデスが務めた。

　ザビエルは自分の仲間内に出す書簡でも、日本の文化やことばへの理解に努めていて、拒否感や抵抗感をあらわにすることはほとんどない。文字についても、日本ではシナ（中国）の字（漢字）と日本の字（仮名）が使われていて、「日本人の大部分は男も女も読み書きができる」と述べ（『聖フランシスコ・デ・ザビエル書翰抄（下）』一一七頁）、日本の漢字について「不思議に思われること」を次のように書いた。

　言葉が非常に異なるので、シナ人と日本人とは話をすると、お互いにわからない。けれども、シナの字を識っている日本人は、シナ人の書いたものを読むこともできるし、よく了解もする。しかし、それを話すと少しもわからない。〔…〕日本人がそれを読むときには、日本の言葉で読み、シナ人はシナ語で読む。〔…〕私たちは日本語で、此の世界の創造と、キリストの生涯の凡ての玄義についての書物を著した。また、その同じ本を、シナ文字で書いた。これはシナへ往ったとき、シナ語を覚えるまで、私たちを了解させることに役立つだろう。

（『聖フランシスコ・デ・ザビエル書翰抄（下）』一三七〜一三八頁）

ザビエルは中国語と日本語が全く異なるにもかかわらず同じ漢字を使っていることに関心を持ち、日本人の漢字の音訓の読み分け、漢詩文の読み下しなど日本の漢字文化もよく理解していたようである。当時も、日本の文化人の教養は漢詩文だったから、ザビエルらにとって、漢詩が分かると相手の歓心を買えるメリットもあっただろう。日本の教養人との交際には、漢詩や和歌に通じることが大切だという心得は、朝鮮通信使と同様、キリシタン宣教師にも共有されていたようである。漢字で書いたものは中国布教でも使えそうだ、とザビエルは次なる利点を見出し、あくまでも前向きである。

イエズス会宣教師ルイス・フロイス（一五三二〜一五九七）の一五六四年十月三日付の手紙によると、日本語の達者なフェルナンデスは、宣教師の日本語学習書のための日本語文法の本と日本語とポルトガル語の対訳辞書を作成したようである。

この編纂に六、七か月を要せしが、デウスの御慈悲によりこれを完了し、然も、その説教および通常の任務を少しも怠ることなかりき。この書は国語（日本語）をもって霊魂に実を結ばしむるため当地に最も必要なるものの一つなり。（この辞書の編纂には六、七か月かかったが、デウスの慈悲のおかげでこれを完了したばかりか、説教はじめ通常の任務を少しも怠ることがなかった。この本は、日本語を使って「霊に実を結ばせる（信仰を伝える）」ため、この地に最も必要なものの一つである。）

（『イエズス会士日本通信〈上〉』三八九頁）

と報告している。これらの書は現存しないが、こうした努力の蓄積によって宣教師らの日本語学習は成果を上げたものと思われる。フェルナンデスは、日本語で「デウス」のことを語りながら平戸の僧院で生涯を閉じたという。

＊日本語学習環境を整備したヴァリニャーノ

ザビエルの来日から三十年後の一五七九年七月二十五日、ナポリ出身のイタリア人のイエズス会巡察師アレッサンドロ・ヴァリニャーノ（一五三九〜一六〇六）が島原半島南端口《くち》ノ《の》津《つ》港に入港した。ヴァリニャーノの『日本巡察記』は松田毅一、佐久間正による編訳がある（桃源社、一九六五）。編者、松田毅一氏による冒頭百ページ余りにわたる「日本巡察師ヴァリニャーノの生涯」は、諸資料に基づいてまとめられた労作である。以下、この伝記を含め、この書に従ってヴァリニャーノの当時の事情をたどる。

図3　ヴァリニャーノ

ヴァリニャーノはその数年前から日本へ向けて二四名の司祭と修道士を日本に送り込んでいた。日本教区の責任者をしていたフランシスコ・カブラル（一五二九〜一六〇九）に、彼らの日本語学習のため、最良の教師をつけるように求めていたが、日本人とのコミュニケーションがうまくとれなかったカブラルは、それを叶えていなかった。ヴァリニャーノが遺憾の意を示すと、カブラルはこれを一笑して、「あなたは日本語を知らないのだ。日本語は才能のある者でも告解を聴くのに少なくとも六年かかり、説教をするには十五年以上を要する」と言い、日本での布教に消極的な姿勢を見せたという（松田一九六五、五三頁）。

イエズス会の布教のはじまりから三十年を経たこのころ、日本のキリスト教徒の数は約一〇万人になり、九州地方から中部地方（美濃、尾張）に至る地域にキリスト教徒の宗団がいくつも形成されていた。しかし、ヴァリニャーノの見たところ、イエズス会の修道士らで日本人以外に満足に日本語の操れる者はいなかった。ヴァリニャーノは、カブラルに問題があったと考え、一五八一年に彼を解任した。

ヴァリニャーノは一五八〇年に豊後国《ぶんご》（今の大分県）に聖職者養成の神学校であるコレジョ（学林）を設立し、日本語やラテン語の学習もできる体系的な教育課程を整備した。これが、日本国内で日本語が組織的に学ばれた最初の教育機関である。コレジョの整備によって、以後、新人のイエズス会士は一年間、日本語学習に専念することが可能となり、上級の宣教師や日本語研究者はさらに一〜二年の学習期間が与えられるようになった。

ヴァリニャーノは日本人や日本の文化に高い価値を認めた。日本語については、イエズス会への報告書『日本要録』に「口語と文語は異なるし、男女は非常に異なった言葉を話す。書く言葉の中にもまた少なからぬ差異があって、書状と書物とでは、用語が異なる。つまり、これほど種類が多く優雅であるので、それを習得するには長期間を必要とする」（『日本巡察記』一九七頁）と書き、その複雑さに圧倒されつつも、「知られている諸言語の中で最も優秀で、最も優雅、かつ豊富なものである」と積極的にとらえ、その学習環境の整備に力を入れたのだった。

また、イエズス会ではこれまで日本人がラテン語やポルトガル語を学ぶことを奨励していなかったが、ヴァリニャーノは日本人の言語学習能力を高く評価し、日本人修道士に積極的にこれらを学ばせた。コレジョより年若い生徒を対象とした初等教育機関、セミナリヨを安土城下や九州の有馬《ありま》などに設立し、ここで学んだ日本の少年の中から、伊東マンショ、原マルティノ、中浦ジュリアン、千々石ミゲルを一五八二年、天正遣欧少年使節としてヨーロッパに派遣したのもヴァリニャーノである。

＊宣教師らの学習成果

ヴァリニャーノはその後、一五九〇年、一五九八年と三度来日した。特に二回目には印刷機を持参し、日本に印刷文化をもたらしたことがよく知られている。また、若狭《わかさ》生まれの医師、養方軒《ようほうけん》パウロ（一五一五頃〜一五九六）を日本語の教師として招くなど人材をそろえて、「キリシタン版」と呼ばれる日本語学習のための文典や辞書、読み物の印刷を実現し、学習環境を飛躍的に高めた。

こうして優れた教師や学習書を備えた学校を整備した結果、イエズス会の宣教師らの日本語学習は目覚ましい成果を上げたようである。一五九二年十一月の日本副管区耶蘇会の伴天連《ばてれん》および伊留満《いるまん》名簿によると、日本教区所属の外国人イエズス会士六四名のうち六一名は日本語を解する者で、「極めて僅に解する者」一名、「いくらか解する者」三名のほかは、「普通に解する」二五名、「よく解する」一五名、「甚だよく解する」一七名で、注記に「日本語の懺悔を聴き日本語で説教する者」「日本語を甚だよく解しその言葉で講義する者」「日本語を解し、日本語で説教し、かつ日本文を極めて立派に綴る者」と具体的に書かれていて、水準の高さが知られる（土井一九七一、一二〜一三頁）。彼らの大多数が日本人の懺悔を聴いたり説教をしたりしたという。特に信徒が自分の罪を告白する懺悔を聴くことは重要な任務だったが、各地の信徒の話し言葉にはさまざまな方言も含まれ、あまり教育を受けていない人から高い教育を受けた人までいて、幅広いバリエーションを聴いて理解する必要があった。また、説教をするにはキリスト教の教義を正しく伝えるだけでなく、日本人の異教徒の心をひき耳を傾けさせるだけの魅力ある話し方が求められた。（土井一九七一、一四頁）信ずる神のため、故国を遠く離れた異教徒の地で彼らはどれほど刻苦勉励したことだろう。

ヴァリニャーノは、イエズス会の総長にあてた一五九五年一一月二十三日付の書簡で

> 同僚達は日本で文法書と辞典を作製したのみならず、多数の書物を印刷した。これにより、彼等は日本語は容易に習得できるようになり、たとえ優れた能力を持たない者でも、一年と経たぬ中に告解を聴き、日本人と交際することができるようになった。かなりの才能がある者なら一年以内に説教することさえ可能である。
>
> （松田一九七五、五四〜五五頁）

と報告している。

＊「キリシタン版」――イエズス会による日本語の印刷物

キリシタン版は十六世紀末から十七世紀初めにかけての二十年ほどの間に、イエズス会によって日本で刊行されたローマ字、または漢字・仮名で印刷された書籍の通称で、五〇点余りを数える。コレジョはこの間、長崎、天草と場所を移すが、一五九〇年にヴァリニャーノのもたらした印刷機を使って日本語学習書をはじめとするキリシタン版を次々に送り出した。

ヴァリニャーノは一五九一年十月六日付のマニラのイエズス会院長宛書簡で次のように報告している。

> 本年、日本語で種々なる書物が印刷された。日本語を習う西欧人の吾々に大いに役に立つローマ字本及び信者用の国字本が印刷された。これらローマ字本及び国字本は印刷機がなかったので、現在まで欠けていたものである。かくて信者に必要な又適当な事柄を加えた問答体の『どちりな』が印刷された。
>
> （『ビブリア』第二四号、三八頁［大内田二〇〇九、三〇頁より］）

注目されるのは、最初からローマ字と国字、つまり漢字仮名交じりの表記とが、並立していたことである。アルファベットの活字は彼らにはなじみのもので、日本語は彼らによってはじめてローマ字で書かれた。これは来日宣教師たちには便利だったに違いない。しかし、日本の信者にとって全く見慣れず読みにくいものであった。当時、日本語の書物は墨で書かれた写本や頁ごと版木に彫る版画のような木版印刷で、文字を組む「活字」は存在しなかった。アルファベットとは比べ物にならない数の漢字と仮名の活字を作るのは気の遠くなるようなことだったであろうに、ヴァリニャーノらは怯むことなく、これに挑んだ。「国字本」の作業にあたったのは、木版印刷の経験のある「十名の日本人神弟」で、彼らは美しい漢字仮名交じり表記を再現し、縦に流れるような風情を残す活字を作ったのだった。ヴァリニャーノの書簡に書かれた「どちりな」はローマ字によるキリスト教の教義『ドチリナ・キリシタン』（一五九二）と国字本の『どちりな・きりしたん』を指すようである（大内田二〇〇九、三〇〜三一頁）。

　確認されている最古のキリシタン版は一五九一年刊の『サントスの御作業のうち抜書』で、日本語に訳したのは日本人の養方軒パウロと息子のヴィセンテであった。

　キリシタン版といえば、キリスト教の教義の書のほか、読み物としての『平家物語』（一五九二）、『伊曽保《いそほ》物語《ものがたり》』（一五九三）が有名である。語り掛けるような話し言葉の文体が、ローマ字で記されているので、当時彼らが目標とした標準的な話し言葉の発音、話し方がよくわかる。一五九八年に刊行された『落葉集《らくようしゅう》』は漢字の字書で、日本語の漢字と仮名で書かれている。漢字の字体は、やや崩して次の画とつなげるように書く草書体《そうしょたい》である。仮名文字もそれに見合った曲線的な書体で、変体《へんたい》仮名《がな》が用いられている。アルファベットと異なり、日本の漢字・仮名の印刷に

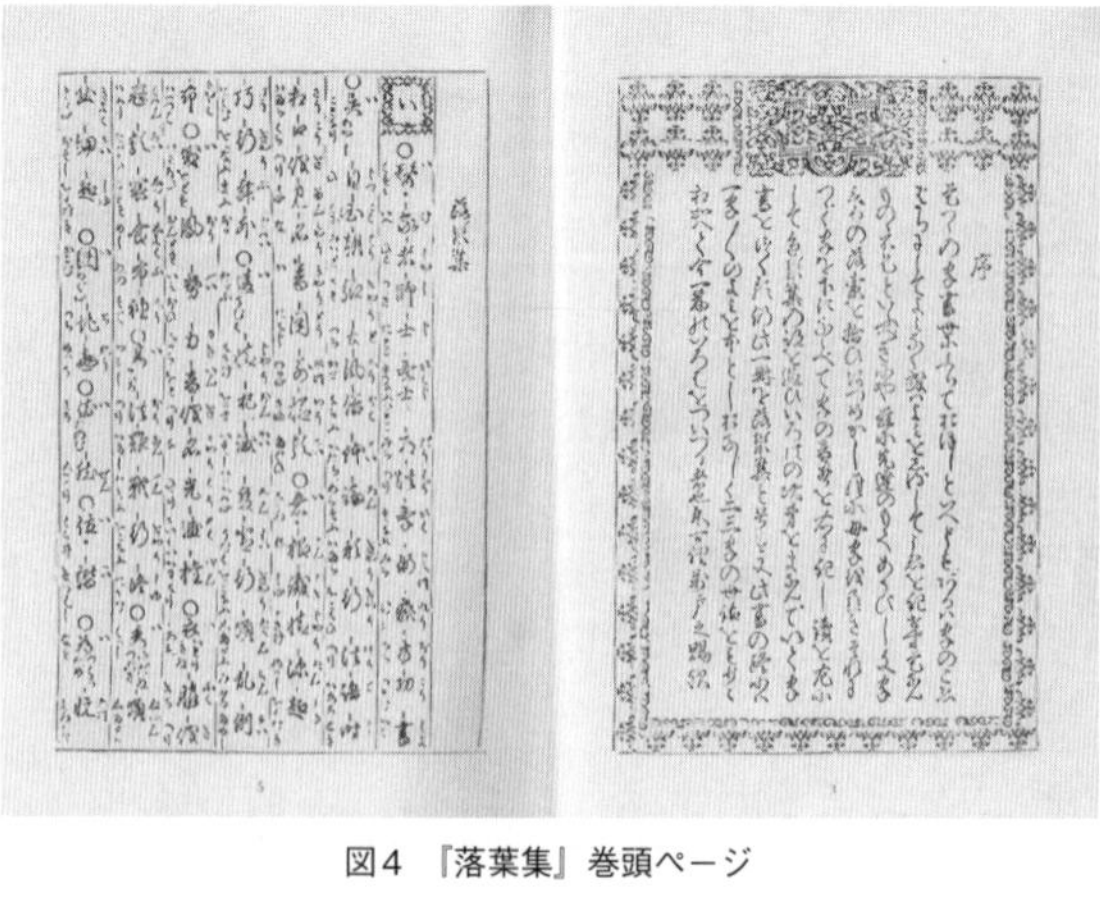

図4　『落葉集』巻頭ページ

は夥しい活字が必要だった。ヴァリニャーノはこれを作った日本人の職人の優秀さを称えている。印刷されたものであっても今日の私たちにとって草書体は読みにくいものである。まして、墨で書かれた手書きの草書体は読むのが難しい。当時の彼らが日本語を読もうとすると、それを読むほかなかったのだから、大変な困難を乗り越えたものである。印刷された草書体は、形がそろっている分、読みやすかったかもしれない。

漢字字書である『落葉集』のはじめには、すでに存在する「こゑ（訓読み）」か「よみ（音読み）」のどちらかしか記していないものと違って、この字書はその両方を示したところに特色があると書かれている。二三〇〇字余りの漢字が扱われ、音読みから漢字の形を調べ、そこで訓読みもあわせて知ることができる。また、巻末に付された「色葉字集」を使うと、訓読みから漢字の字形を調べて音読みをも知ることができる。キリシタン宣教師らのニーズに応じたもので、こつこつと漢字を学んだ彼らの苦労が思われる。このあと、当時、一般の教養として広く流通していた朗詠用の詩文集『和漢朗詠集《わかんろうえいしゅう》』なども漢字と仮名の活字で印刷された。

こうした書物を紐解くと、当時のキリシタン宣教師らが出会い、自ら学んで使っていた当時の日本語が偲ばれる。彼らが日本語で創作したものが残されているわけではないが、彼らが学び、使っていたであろう日本語を想像しながら、キリシタン版の日本語を味わってみよう。

＊キリシタン版『平家物語』と『伊曾保物語』

琵琶法師の語り物として語り継がれた『平家物語』は、「祇園精舎《ぎおんしょうじゃ》の鐘の声、諸行無常《しょぎょうむじょう》の響きあり」

という荘重な書き出しが有名だが、キリシタン版は、平易な話し言葉による会話で綴られている。扉に大文字と小文字を取りまぜて「NIFONNO COTOBATO Hiſtoria uo narai xiran to FOSSVRV FITO NO TAMENI XEVANI YAVARAGVETARV FEIQE NO MONOGATARI（日本のことばとヒストリアを習い知らんと欲する人のために世話に和らげたる平家の物語）」と書かれているのが読めるだろうか（図5）。キリシタン版のアルファベット綴りはこのように特徴のあるものであった。現代語に置き換えると「日本の言葉と歴史を学ぼうとする人のために日常の話しことばにして易しくした平家物語」といった意味になる。全体が、聞き手の右馬之允《うまのじょう》と語り手の喜一検校《けんぎょう》の対話で進められる。検校は盲人の最高位の役職である。『平家物語』を語る琵琶法師は盲目の僧であった。喜一検校は琵琶法師という設定だろう。右馬之允が検校に質問して、話を聞き出していく。読みやすさのため、ローマ字の本文を、現代一般的な表記法に書き換えて、一部を示す。（亀井高孝／阪田雪子〔翻字〕『ハビヤン抄キリシタン版平家物語』に基づいた）。

図5　ハビヤン抄キリシタン版『平家物語』扉
ハビヤン著、亀井高孝／阪田雪子翻字『ハビヤン抄キリシタン版平家物語』(1966年、吉川弘文館)より

右馬之允　検校《けんぎょう》の坊、平家の由来が聞きたいほどに、あらあら略してお語りあれ。

喜一　やすいことでござる。おおかた語りまらしょうず。まず、平家物語の書き初めにはおごりを極め、人をも人と思わぬようなる者はやがて滅びたという証跡《しょうぜき》に、大唐、日本《にっぽん》においておごりを極めた人びとの果てた様体《ようだい》をかつ申してから、さて、六波羅の入道、前《さき》の太政大臣《だじょうだいじん》清盛公と申した人の行儀不法《ぎょうぎふほう》なことをのせたものでござる。

（右馬之允　検校どの、平家の由来が聞きたいと思いますので、およそのあらましを語ってくださいませ。

喜一　おやすい御用です。ざっとお話いたしましょう。まず、平家物語の書き出しには、おごりを極め、人をも人と思わないような人間はやがて滅びてしまうのだという証拠として、まず、中国と日本においておごりを極めた人びとの亡び果てた事例を紹介してから、六波羅の入道、前《さき》の太政大臣《だいじん》平清盛という人の行いの良からぬことを語るものでございます。）

本文はこのような平易な文体だが、巻頭に日本人の不干斎《ふかんさい》ハビアン（一五六五〜一六二一）による格調高い文語の前書きがある。それによると、ハビアンは宣教師の日本語学習のために「この平家をば書物のごとくにせず、両人相対して雑談をなすがごとく（この平家物語を書物の書き言葉にはしないで、二人の人が向かい合って雑談するような話し言葉で）」書くように命じられたという。会話体で書くという意匠は、イエズス会からの要請で、宣教師たちの実用書としての役割が目指されたのだろう。これを学んだ宣教師たちは、こんな調子で日本語を話していたものと想像される。

『伊曾保物語』は、現在も世界じゅうで読まれているイソップ寓話のキリシタン版である。寓話と呼ばれる短い物語にはそれぞれに、人の世をうまく生きるための教訓が含まれている。説教めいた要素もあり、宣教師たちのテキストにふさわしいと考えられたかもしれない。

例えば、犬が川に映った自分の影を見て、その犬の咥えている肉を奪おうと吠え、自分の肉をも失ってしまうという寓話の「下心（教訓）」は、「Tonyocuni ficare, fugiona cotoni tanomiuo caqete vaga teni motta monouo torifazusunatoyucoto gia.（貪欲に引かれ、不定なことに頼みを掛けて我が手に持った物を取り外すなということぢゃ。）」とある。宣教師たちは、こんな調子で日本の人びとに話していたのだろう。

このようにキリシタン版に刻まれた彼らの話し言葉を読むと、狂言の台詞が聞こえてくるような気がしないだろうか。この時代の話し言葉を狂言が伝えてくれていることが改めてありがたく思われる。

＊画期的な辞典『日葡辞書』

キリシタン版には優れた辞書や文法書が含まれる。『拉葡日《らぽにち》対訳辞書』（一五九五）は、定評のあったイタリアの『ラテン語―イタリア語対訳辞典』に基づき、約三万語のラテン語にポルトガル語・日本語の対訳を付け、日本語を学ぶ外国人宣教師やラテン語、ポルトガル語を学ぶ日本人信徒のために作られた。

さらに画期的な成果として話しことばを中心に文章語、方言、女性のことば、子どものことばなどを含む約三万三千語を収録した『日葡《にっぽ》辞書』（一六〇三）がある。ポルトガル式のローマ字で日本語の単語がアルファベット順に並べられ、それぞれの活用や例文が示されていて、これらのことばを理解するだけでなく、実際に使うための実用性が追求されているのがわかる（図6）。

最初のページを開くと、最初の「A」は「ア」で、「日本語の五つの母音ア、イ、ウ、エ、オの第一の母音」、次の「Aa」は「アア」で「悲しみの感動詞。例、「ああ、悲しいかな（ああ、悲しいことよ）。また時としては驚嘆の感動詞。「ああ、夥しや（ああ、何と大きなことよ）」、また喜びの感動詞。〔……〕またこの語は、人の言ったことに同意したり、是認したりするときに「そうだ」と答える助辞である」と、丁寧に説明されている。記述は緻密で、イエズス会の人びとの熱意と努力に加えてラテン語学など西洋の学問に裏打ちされた専門性が感じられ、十六世紀末から十七世紀初めの生きた日本語の語彙構成、発音や用法を今日に伝えるものとして、極めて高い資料的価値をもっている。『日葡辞書』はこのあと、ドミニコ会がスペイン語に翻訳した『日西辞書』が一六三〇年にマニラで刊行され、さらに原本と『日西辞書』の両方を参照しながらレオン・パジェス（一八一四〜一八八六）がフランス語に翻訳した『日仏辞書』が一八六二年から一八六八年にわたって刊

VOCABVLARIO
DA LINGOA DE IAPAM
com adeclaração em Portugues, feito por
ALGVNS PADRES, E IR-
MAÕS DA COMPANHIA
DE IESV.
COM LICENÇA DO ORDINARIO,
& Superiores em Nangasaqui no Collegio de Ia-
PAM DA COMPANHIA DE IESVS.
ANNO M.D.CIII.

DOS VOCABVLOS
QVE COMEÇAM POLLA
LETRA.
A

図6　『日葡辞書』（上）：扉、（下）：巻頭ページ
土井忠生ほか編訳『邦訳　日葡辞書』
（1980年、岩波書店）より

行された。『日葡辞書』は、ヨーロッパに、広く生きた日本語を伝える役割を果たしたばかりか、現代、そして未来に向けて、当時の日本語の生きた記録を残してくれた。

＊ロドリゲスと『日本大文典』

ここで、「はじめに」で紹介したジョアン・ロドリゲス（一五六一～一六三三）による『日本大文典』（一六〇四）と、『日本語小文典』（一六二〇）に、改めて触れておきたい。十六歳で来日し、三十年間日本に滞在したロドリゲスの日本語能力は抜群で、ヴァリニャーノの通訳を務めたほか、豊臣秀吉の知遇を得て何度か会って話しているし、徳川家康の通商代理として生糸貿易にも関わったのだが、やがて、キリスト教への圧力の高まる中、商行為や政治への深い関与が問題とされて、一六一〇年にマカオに追放され、『日本語小文典』はその後、マカオで刊行された。

『日本大文典』の諸言には、日本のイエズス会の長老は、この国のことばを学習しやすくするために文典を組織して印刷することを長く希望していたので、それに応えようとしたと説明されている。ロドリゲスは、ラテン語文法を応用したヨーロッパの言語分析の手法で日本語を分析的に記述し、その発音をポルトガル式

ARTE DA LINGOA DE IAPAM COMPOSTA PELLO
Padre Ioão Rodriguez Portugues da Cõpanhia de IESV diuidida em tres
LIVROS.
COM LICENÇA DO ORDINARIO, E SVPERIORES EM
Nangasaqui no Collegio de Iapão da Companhia de IESV
Anno. 1604.

図7　ロドリゲス『日本大文典』扉
土居忠生訳注『日本大文典』（1955年、三省堂）より

のローマ字表記によって正確に記録した。この労著は三巻にわたっており、第一巻では名詞、動詞の活用や品詞論を扱い、第二巻は統語論を中心に敬語や方言やアクセントを説き、第三巻は各種の文書の文体や、誓紙や願書、訴訟の書き方など宣教師が備えておくべき教養となる情報がまとめられている。ロドリゲスは身につけるべき目標を「典雅で上品な日本語」だと考えた。第三巻の文体論においてロドリゲスが、自分たちが学ぶべきは「舞の文体」であるとして次のように述べているのは印象的である。読みやすさのために、表記を現代のものに改めて示す（以下、同様）。

舞の文体は、日本で通用している甚《はなは》だ丁寧で上品な談話と同じである。話しことばと書きことばとを混合したものであって、誰にでも理解される。この文体は、一種の音調や歌の調子で朗誦されるように非常な技巧が加えてあって、その話が色々な感情を喚《よ》び起して、人に快感を与えることを目的とするのが普通である。〔…〕立派なことばで広く通用するものを学ぶべき我々は「舞」や「草子」などの学習に没頭しなければならない。

（土井忠生［訳］一九九二、六六四頁）

広く一般市民に愛される芸能のことばは、誰にでも理解できる共通語のような役割を果たすことがある。それは繰り返し聞き、暗誦するに足る典雅な美しいことばでもあった。このように考えるロドリゲスが日本語の文芸に無関心であったはずがない。当時の文化人たちの教養である漢詩と和歌にも通じていたようで、『日本大文典』の第二巻に「日本の詩歌について」という一章がある。冒頭に「日本では殊に貴族とか大名とか公家とかの間で作らないものはないほど詩歌が尊重されているので、ヨーロッパ人がそれをいくらか知っておくようにするために」（六四六頁）解説すると断って、当時の日本の教養としての詩歌について目配りよくまとめている。

まず、日本の詩歌には大きく分けて二種類、漢詩文と和歌がある。漢詩文には五言八句、七言八句、五言四句の詩と七言四句の絶句があり、二つの対になる五言（漢字五つ）か七言（漢字七つ）を並べた連句がある。その平仄の規則などもロドリゲスは解説している。一方、和歌のほうは、五・七・五・七・七の短歌が主だが、同じ形で風刺の張り紙などに書かれる落書とか、狂歌、また、少し異なる韻律を持つ踊り歌や小唄などの歌謡、そして連歌もあると説明する。

漢詩の漢字の平仄の決まりなどを述べつつも、漢詩には日本語の読み下し文がローマ字で書かれ、「ここでアルファベットで示すのは朗詠することばの発音を示すものだが、こう書くと、漢字の平仄の規則などは分からなくなる」と、丁寧に説明している。日本の漢字事情を知らなければ理解が難しいと思われるが、これに先立つ一五九八年には漢字字書の『落葉集』、一六〇〇年には漢字を使った表記によるキリシタン版の『和漢朗詠集』も刊行されていた。理解の届く読者も少なからず存在したのだろう。漢詩は当時の日本の文化人との交際には必須の教養であった。ロドリゲスが引用する作品も大半が『和漢朗詠集』によっている。種々の宴などで朗詠を聴くこともあったに違いない。そうした付き合いの中で、あるいはロドリゲスも一節、吟じることもあったかもしれない。

ロドリゲスが『和漢朗詠集』の漢詩や和歌のほかに、当時の人びとの間に広く知られていたのだろうと思われる作品を丁寧に紹介しているのは興味深い。

まず漢詩で、「七言八句」の例として最初に紹介されているのは、無常を悟るための仏教の修行とされる「九相詩《くぞうし》」の初めの「新死相」である。人の遺体が時につれて朽ちていく様子を九段階に分けて漢詩と和歌で表現したのが九相詩で、「新死相」は、その最初の段階、死んで間もない状態である。キリシタン版の『和漢朗詠集』にも「九相詩」が載せられていて、彼らがこれに関心をもっていたことが分かる。日本の人びとの死生観や道徳観を象徴する作品で、ロドリゲスらキリスト教宣教師が、如何に当時の日本人の教養の熟知に努めたかが知られる。

和歌についても、『和漢朗詠集』に載っている『万葉集』や『古今和歌集』などの有名な作品だけではなく、おそらく当時民間によく知られていたのであろう作品を丁寧に味わっているのが目を引く。

わけて吹く　風こそ憂けれ　花ともに　散らでこのはは　など残るらん

という作品を、「子を失って憂いに沈んでいる母親」の作品であると紹介し、表面的には「風が木の葉を残して花だけを吹き散らしてしまったのはなんと悲しいことだろう」と読めるが、「このはは」に「木の葉は」と「子の母」を重ねている、と説明する。無常の風は死神であり、母を残して子を連れ去った死神の無慈悲を嘆いているというのである。音素の数の少ない日本語には同音異義語や似通った発音のことばが多い。和歌では、この短い詩形に重層的な意味をもたせるのに掛詞や縁語という独特の技巧として発達してきた。ロドリゲスらにとって、この現象はとても興味深いことだったようである。

こうした彼らの努力があって、十七世紀の初めには日本全国にキリスト教信者数は約七〇万人にも及んだが、その影響が大きくなるにつれ、日本の伝統的な社会の秩序を乱すと警戒され、キリスト教徒への迫害が強まった。一五九七年には、長崎であのロドリゲスが立ち会った悲惨極まる二十六聖人の殉教事件があり、一六一二年には江戸幕府からキリスト教禁止令が出され、宣教師らは日本を去ることを余儀なくされた。

＊ロドリゲスの日本語教育観を示した『日本語小文典』

ロドリゲスが日本を追放された先のマカオで一六二〇年に出版した『日本語小文典』には、『大文典』になかった新たな項目として「日本語を学習し、教授するに最も適した方法について」という章が加わり、ロドリゲスの日本語教育観が展開されている。

ロドリゲスは、日本語に熟達する条件として、良い教師、良い書物、良い順序と学習法、の三つを挙げた。「良い教師」は「生まれつきの日本人で文字や言語に関する学識を持ち、文法規則にも通じ、種々の文体や歴史に精通している者」ということで、元医師であったパウロや禅僧であったハビアンは、この条件にあてはまる。興味深いのは「良い書物」で、ロドリゲスがこれまでに刊行されたキリシタン版の「我々の書物を日本語に翻訳したもの」や「我が会の日本人がヨーロッパ人の日本語学習用に口語体に改めた多数の物語」や、「我々の文字で印刷された口語の「平家物語」など会話書の類」について「絶対に用いてはならない」と強く否定しているのが目を引く。

ロドリゲスは「単に聞いてわかるための日本語、或いは告解を行なうための日本語の習得を目標とする者」ならそういった書物でよいが、自分が考えている学習者は「日本語で説教し、文章を綴り、異教徒の間にあってデウス（神）の法についての教師となるべき者」なのだと説明する。そうした高い志を持つ人びとはキリシタン版ではなく、日本人の間でも高く評価されている古典をこそ読むべきだと、ロドリゲスは主張する。古典には、日本語の美しさ、優雅さ、正しさのすべてが含まれているからというのである。また、ロドリゲスは、漢字仮名交じりの日本の表記法に日本語の本質があると考え、漢字の学習を怠ってはならないと釘を刺す。ローマ字書きのキリシタン版は、特に話しことばの学習書として効果をあげていたはずだが、一度ローマ字に慣れてしまうと漢字を含む日本の文字表記に移るのに困難がある。あるいはロドリゲスの身近にもそうした事例があったのかもしれない。三つ目の「良い順序と学習法」では、「初期はまず、正確な発音の習得に努める。文法は書物の講義の中で覚えるのがいい。作文の基礎を作るためには初めは口語の作文を練習するが、後には文語文を。できるだけ頻繁に長い文を綴る練習をするのがいい」と説明している。現在にも通じる議論である。

このように、日本においては息の根を止められたかのように見えた宣教師の活動だったが、それでも、ドミニコ会のスペイン人宣教師ディエゴ・コリャード（一五八九？〜一六四一）は、一六一九年にキリスト教が禁じられている日本に潜入し、長崎一帯で布教活動を行ったのである。身の危険から一六二二年十一月には日本を離れ、後にロドリゲスの『日本語小文典』をラテン語に訳し、新たな知見を加えた『日本文典』（一六三二）を刊行し、さらにその後、フランシスコ会の宣教師オヤングレン（一六八八〜一七四七）が、宣教師としてフィリピンに滞在中に日本語の学習に励み、日本に来ることは叶わなかったにもかかわらず、『日本語小文典』のスペイン語訳にあたる『日本語文典』（一七三八）をまとめた。そして、一八二五年には、フランスで東洋学者のクレール・ドランドレス（一八〇〇〜一八六二）とジャン゠ピエール・アベル゠レミュザ（一七八八〜一八三二）によってフランス語訳が刊行され、ヨーロッパにおける東洋語学者や日本語学者の間に広まり、「鎖国」時代の日本について研究が進められたのだった。こうして、ロドリゲスの『日本語小文典』は、ヨーロッパの日本語学習の礎となった。

ところで、キリスト教宣教師が日本の文字を「悪魔の文字」と言ったという話を聞いたことがある人がいるかもしれない。異教徒の心を占めるものを「悪魔」と呼ぶことは、イエズス会の宣教師らの書簡などでもよく見られるが、日本の文字を「悪魔の文字」とはっきり書いたのはオヤングレンである。『日本語文典』の冒頭で、オヤングレンは彼が「中国文字や日本文字」を扱わない理由について、「それらの文字をすべて理解するのに一生涯をかけても足りないからである。思うに、この〔文字の〕無秩序は、聖なる福音伝道者を混乱させ困惑させるために悪魔が密会で決定したものに相違ない。」(岡本信照〔訳〕二九〇頁)と書いているのである。日本へ来ることができず、日本人との交流も限られていたであろうオヤングレンにはそう思われたかもしれないが、日本で活動したイエズス会の宣教師によるキリシタン版では、『落葉集』(一五九八)や、『和漢朗詠集』(一六〇〇)だけではなく、『どちりな・きりしたん』(一五九二頃)、『ぎやどぺかどる』(一五九九)、『こんてむつすむん地』(一六一〇)など、彼らの教義に関する本にも、美しい仮名と漢字の草書体で印刷された本が存在するところを見ると、血のにじむような努力で高い日本語能力を身につけ、これらを読みこなすことのできた宣教師も少なからずいたのに違いない。彼らが書物を残したのは、次の時代の宣教師らに引き継ぐためでもあっただろう。彼らにとって日本での布教の道が断たれたことは、どんなに無念だったことだろう。

日本に再びキリスト教の宣教師たちがやってきて熱心に日本語を学ぶのは日本の開国前夜、二五〇年ほど後のことである。

第二章　いにしえの達人たちの日本語2

——十七世紀半ば〜十九世紀初め（江戸時代）

1　「鎖国時代」の来日外国人

＊「鎖国時代」の来日外国人と日本語

「鎖国」をしていたと言われる江戸時代だが、外国人との交流が全くなかったわけではない。第一章でみた朝鮮通信使らは朝鮮との窓口、対馬《つしま》から入ってきたが、ほかにも、琉球との間に開かれた薩摩《さつま》、アイヌとの間をつないだ松前、そしてオランダ人や唐人との間に開かれた長崎と四つの窓が開いていた。かつて交流の盛んだった中国とは、倭寇《わこう》に苦しんだ明《みん》が日本船の出入りを禁止して以来、正式な国交が途絶えたが、やがて、江戸時代の後期から幕末にかけて、活発になる欧米との交渉の窓口は長崎だった。

幕府は一六三四年から二年間で長崎に「出島《でじま》」と呼ぶ扇形の人工

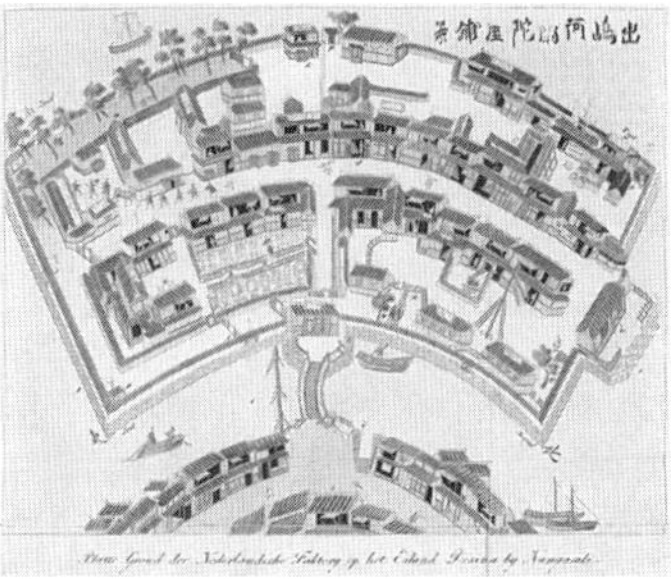

図1　長崎出島

島を作ってポルトガル人に管理させたものの、彼らの影響力への警戒が強まり、一六三九年には南蛮《なんばん》（ポルトガル）船の入港を禁止してポルトガル人を国外追放としたため、出島は一時無人状態となった。やがて、一六四一年に平戸にあったオランダ東インド会社の商館（オランダ商館）が出島に移され、オランダ商館関係の人びとが暮らすようになる。それから約二百年間にわたって、この人工島での交流が日本のヨーロッパとの接点となった。

一般に、一六三九年の南蛮船入港禁止から一八五四年の日米和親条約締結まで、外国との交流の制限されたこの時期を「鎖国」と呼ぶが、このことばは、ドイツ人医師エンゲルベルト・ケンペル（一六五一〜一七一六）が著した『日本誌』（一七二七）の中の「日本において自国人の出国、外国人の入国を禁じ、又此国の世界諸国との交通を禁止する理由」という意味を持つ論文名を、長崎のオランダ通詞《つうじ》、志筑忠雄《しづきただお》（一七六〇〜一八〇六）が「鎖国論」と訳出したことに始まると言われる。「鎖国」ということばが、一般に使われるようになるのは、明治時代以降のことである。

さて、この時期のオランダ商館の人びとは日本語を学んで使っていたかというと、必ずしもそうではなかった。彼らと日本人の交流には日本人のオランダ通詞が介在するのが普通で、公式文書の翻訳や重要な情報の伝達、交渉の場での通訳は通詞たちが独占していた。オランダ船が長崎に入るに当たって、幕府は、世界の情報を記した「オランダ風説書《ふうせつがき》」を幕府に提出させる約束をした。オランダ語で書かれた「風説書」の和訳、「オランダ風説書和解《わげ》」を作るのは、オランダ通詞の仕事だが、松方冬子（二〇一〇）によると、彼らは独占的に情報操作を行って利益を得たりすることもあったという。幕府がオランダ人の日本語学習を禁じていたわけではないが、世襲《せしゅう》の職であったオランダ通詞たちが、自分たちの利益を失うことを怖れ、オランダ人の日本語学習を実質的に妨げていたようである。オランダ側に日本語の通詞はおらず、公的にオランダ人が日本語を使う場面はなかった。

それでも、オランダ商館の中には、秘かに日本語を研究し、日本語の資料を収集してヨーロッパに持ち込み、帰国後に日本や日本語に関する書物を著した人物がいたのである。

＊日本語を学びとった出島のオランダ商館滞在者

長崎出島の三学者と呼ばれるのは、先ほど触れたドイツ人のエンゲルベルト・ケンペル（出島滞在期間は一六九〇～九二）のほかに、『日本植物誌』（一七八四）を著したスウェーデン人のカール・ツンベリー（一七四三～一八二八、出島滞在期間は一七七五～七六）、そして、ドイツ人のフィリップ・フランツ・フォン・シーボルト（一七九六～一八六六、出島滞在期間は一八二三～二八）で、三人ともオランダ人ではないが、オランダ商館の医師だった。彼らはそれぞれ、滞在中に観察した日本の自然や言語をヨーロッパに向けて報告した。ケンペルは日本語に堪能で、五代将軍綱吉《つなよし》との謁見の際に日本語で話したと伝えられている。ツンベリーはスウェーデンのウプサラ大学の紀要に、ラテン語で長崎の話しことばを報告したというから、長崎

図3　フィリップ・フランツ・フォン・シーボルト

図2　カール・ツンベリー

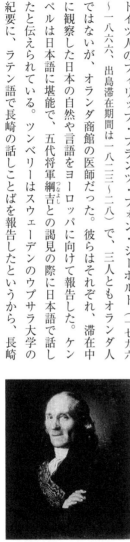

のことばが話せたかもしれない。シーボルトは、私塾である鳴滝塾《なるたきじゅく》の門下生や日本の学者らと交流し、在任中に『日本語要略』（一八二六）を著したほか、帰国後には、三六七枚もの大型図版を収め、後に大きな影響を与えた大著『日本《にっぽん》（Nippon）』（一八三二〜一八五二）のほか、『日本植物誌』（一八三五）、『日本動物誌』（一八三三〜五〇）を出版した。シーボルトは門下生にオランダ語を教え、オランダ語で日本の事情を報告させたりしていた。オランダ語の話せる日本人に囲まれていたから、本人が日本語を話さなくても意思の疎通に不自由しなかった可能性がある。

　さまざまな功績の中でも、日本語に関するシーボルトの最大の功績は、帰国途中に偶然出会ったヨハン・ヨーゼフ・ホフマン（一八〇五〜一八七八）に日本語研究へのきっかけを与えたことだろう。ホフマンは、後にオランダのライデン大学で初めての日本語研究者となり、ヨーロッパの次世代の日本語研究の指導的役割を果たす人物で、本章第三節で改めて扱う。

　杉本つとむ『西洋人の日本語発見』（一九八九）にはこうした出島の商館関係者による活動とその著作物が詳しく紹介されている。この本によると、『日本風俗図誌』（一八二二）を著したオランダ、アムステルダム生まれのオランダ商館長イサーク・ティチング（一七四五〜一八一二）、『日本風俗備考』（一八三三）を著した商館員のファン・フィッセル（一八〇〇〜一八四八）も、日本滞在中に日本語をよく観察している。フィッセルは日本語の書きことばと話しことばには大きな落差のあることを指摘しつつ、著書の中に会話集を加えている。紹介されている内容の一部を引用して、彼らの会話の様子を想像してみよう。原文はローマ字だが、表記を現代一般に使われているものに置き換えて示す。

誰がうちおるか?
人がおる?
それは誰であろうか?
どういう人であるか?
近く寄れ。
わたくしが呼んだ。
おまい、わからんか?

(杉本一九八九、一〇六頁より)

先にみてきたキリシタン宣教師や朝鮮通信使の改まった話し言葉に比べると、丁寧度の低い短いことばが並んでいるが、重要で複雑なことがらにはオランダ語を使っていた彼らが、生活の中で便宜的に使う場面を想像すると、現実味がある。

幕末最後のオランダ商館長ドンケル・クルチウス(一八一三〜一八七九)は、自作の『日本文法試論』の草稿を、オランダのホフマンに送って指導を仰いだ。これは、クルチウスが生活の中で観察した話し言葉を長崎通詞《つうじ》の名村八右衛門の協力を得てまとめたもので、「見てしもうておった(見てしまった)」「よかではなかか(いいではないか)」など、生きた長崎の話しことばが書かれている。ク

図4 ドンケル・クルチウス

ルチウスは、自分が三年がかりで学んだ日本語が、この本を使うと三か月で学べるし、通訳のみならず一般庶民、商人たちとの会話にも役立つと自信のほどを見せている。彼は三年がかりで長崎ことばを独学で身につけて、長崎の人びとと話せるようになったのだろう。ホフマンは、言語の専門家ではないオランダ商館長が実地で観察した長崎の日本語を記録したことに敬意を払いつつも、これを「長崎の通俗的な話しことばに限定された不完全なものである」として多くを補った。ついに一度も日本に来ることのなかったホフマンだが、古今の日本語文献を渉猟《しょうりょう》し学識を深めていた彼は、長崎に滞在し現地のことばしか知らなかったクルチウスよりはるかに日本語について総合的な知識をもっていたのである。クルチウスの『日本文法試論』は、ホフマンの補訂を経て一八五七年に刊行された。ホフマンには不満に思われたであろうが、長崎は欧米からくる外国人の滞在場所で、彼らと出会う日本人は長崎の人だったから、クルチウスが記述した長崎の話し言葉には相応の実用性があったものとも思われる。

クルチウスは、ペリー来航前後の幕府とオランダとの交渉の場面で活躍した。一八五六年に日蘭和親条約、一八五八年には日蘭修好通商条約を締結に導いたばかりか、幕末に次々と長崎に現れたロシア艦隊やイギリスの東インド艦隊らと長崎奉行所の意思疎通を図るのに尽力し、交わす文書の原案にも意見するなど、日本の開国に大きな役割を果たしている（フォス美弥子［編訳］一九九二）。一八五八年の日米修好通商条約の踏み絵廃止の条文（条約第八条第二項）にはクルチウスが長崎奉行所と交渉した踏み絵の廃止が反映されたようである。クルチウスは双方の意思疎通のための言語の学び合いの大切さを訴え、日本人のオランダ語学習、オランダ人の日本語学習の道を広げることに尽力し、開国後もオランダ最初の駐日外交官として日蘭間の交渉役を続けたのだった。

『日本文法試論』は、オランダの対日交渉にあたる人物の育成に貢献しただけでなく、これを監修したホフマンを刺激し、名著『日本文典』（一八六七／六八）を著す言動力を提供したことの意味も大きい。

＊ルーツを求めて来日したマクドナルドの日本語

個人的事情から、危険を冒して鎖国時代の日本に上陸したラナルド・マクドナルド（一八二四～一八九四）が手書きノートに書き残した日本語も、「youka（良か＝良い）」、「ftoka（ふとか＝大きい）」など、長崎方言をベースにするものだった。

アメリカインディアンの母親を持つマクドナルドは、白人と異なる自分の風貌の特徴から、母方のルーツが日本にあると思い込み、その地を訪ねようと、一八四八年六月末に、アメリカの捕鯨船から小船を出し、漂着を装って北海道の利尻島《りしりとう》に上陸し、捉えられて長崎へ送還されたのだった。座敷牢に入れられはしたが、ちょうど、日本の外交に必要な外国語がオランダ語から英語へと移りつつあったこの時期、長崎奉行からオランダ通詞の森山栄之助《えいのすけ》らに英語を教えることを命じられ、日本で最初のネイティブの英語教師として、思いのほか重

図5　ラナルド・マクドナルドの手書きの対訳単語帳
『マクドナルド　日本回想記』（1979年、刀水書房）81頁より

宝されることとなった。その一方で、マクドナルドは彼らから日本語を教わり、約五〇〇語の日本語の単語を英訳と並べて手帳に書き残したのだった。

ウイリアム・ルイスによる『マクドナルド「日本回想記」——インディアンの見た幕末の日本』（村上直次郎［編］富田虎男［訳訂］一九七九）に掲げられているマクドナルドの手書きの文字を読みとると、「こまか（小さい）」、「覚えわりい（覚えが悪い）」などのほか、「さようなら」にあたるものが「あたくら」とある。（八一頁）。編者が「またくら」だろうか、と注記している。「また来るよ」の意味の「また来《く》らあ」だとしたら、座敷牢のマクドナルドに会いにくる日本人が別れ際に、このことばをマクドナルドにかけて去る光景が思い浮かんでくる。この単語集を見る限り、マクドナルドの接していた日本語は改まった堅苦しい言葉ではなく、打ち解けた話しことばだったようである。

帰国後、マクドナルドは『日本回想記』を著した。日本で初めてのネイティブの英語教師となったマクドナルドは、アメリカに日本の情報をもたらした初めてのアメリカ人でもあった。

一八四九年四月にアメリカに送還されるまで、彼の日本滞在はわずか十か月間だったが、彼にとっては命を賭して渡った甲斐のある生涯忘れられない思い出となった。英語の上達が早く感受性が鋭敏な通詞たちに教えるのは楽しく、特に森山は優れていたとマクドナルドは書いている。このあと一八五三年、ペリー来航の際に英語の通訳として活躍したのはマクドナルドに教わった森山たちだった。

2　ロシアの日本語学習者

＊漂流民によってロシアへ伝えられた日本語

日本語のテキストの方言といえば長崎方言だけではなく、十七世紀末から十八世紀にかけて、たまたま日本の各地からロシアに流れ着いた漂流民たちは、それぞれ出身地のことばを伝え、それが日本語として学ばれたのだった。例えば、一七二九年、十一歳の時に漂着したゴンザ（一七一七〜一七三九）は薩摩方言話者で、彼がボグダーノフに協力して作成した『新スラヴ・日本語辞典』（一七三八年に完成。手稿本）では「黒い→クロカ」「そのように→ソゲン」「心配する→シェワヤク」など、薩摩方言の特徴が認められた。また、一七四四年に南部藩の佐井港（青森県下北郡）から漂着したサノスケ（ロシア名、イワン・イワノーヴィチ・タターリノフ）が、ロシア人女性と結婚して生まれたアンドレイ・タターリノフが一七八二年に完成させた露日辞典『レキシコン』の日本語には「おまえ→オマイ（omai）」、「何処へ→ドゴサ（dogosa）」、「伯母→ウンバ（umba）」など東北方言の特徴が認められる（村山一九六五）。

交易の範囲を広げて領土を拡張しつつあったロシアは、十七世紀半ばにはカムチャツカ半島を領土に収め、航行に必要な物資の補給基地や緊急時の避難港として、南に隣接する日本を重要視するようになった。十八世紀にはアリューシャン列島からアメリカ大陸のアラスカを植民地化し、そこを拠点とした毛皮貿易の市場としても日本に関心を寄せ、情報収集のためにも日本語学習の必要性が認識されるようになっていた。とはいえ、「鎖国」下の日本から、正式に日本人の日本語教師を求めることは不可能だった。そこで、日本から流れ着いた漂流民に、彼らの日本語教師としての仕事を与えたのである。

＊日本語教師になった漂流民

ロシアに流れ着いた漂流民のうち、最初の日本語教師といわれるのは、一六九七年、ロシアの探検家ウラジーミル・アトラソフ（一六六一頃〜一七一一）が、貿易を拡大しようとカムチャツカ半島を探検中に出会った大坂商人デンベイ（伝兵衛）である。デンベイは大坂から江戸へ向かう途中、暴風雨に遭って一六九六年六月ごろにカムチャツカ南部に漂着し、住民に捕らえられたが、アトラソフに発見されてモスクワへ送られた。一七〇二年一月にピョートル大帝はデンベイを呼び、ロシア語の読み書きを習得して子どもに日本語を教えるよう指示した。それで、デンベイは一七〇五年にサンクト・ペテルブルク（以下、本書では通称のペテルブルクを用いる）に移って航海数学学校内の日本語学級で（ルィービン二〇〇六、二六三頁）、数名に日本語を教え始めたのだった。

一七二九年六月、薩摩の若潮丸《わかしおまる》の漂流民がカムチャツカに流れ着き、現地の人びとから迫害を受けたが、生き残った三十五歳の商人ソウザ（一六九三〜一七三六）と十一歳の炊事係ゴンザが救出されてペテルブルクへ送られた。そして、一七三四年、女帝アンナに謁見したあと、ロシア正教の教えを授けられた。少年のゴンザは神学校に引き渡されて、ロシア語文法を学び、一七三六年に勅令でペテルブルク科学アカデミーに日本語学校が付設されると、二人は日本語教師になった。主幹はアンドレイ・ボグダノフ（一六九二〜一七六六）で、生徒は、ピョートル・シェナヌイキンとアンドレイ・フェネフの二人だった。ところが、ソウザはほどなく病死した。一人遺されたゴンザは、ボグダーノフの指導と協力によって、一七三八年に『露日《ろにち》語彙集』（四〇項目）と『日本語会話入門』（項目別の六一九例の会話集）、続けて一七三八年には世界初の露日辞典である手稿本の『新スラヴ・日本語辞典』（一万二千語を収録）のほか、

『友好会話手本集』などを作成したが、一七三九年に無念にも二十一歳の若さで病に斃れた。ゴンザの日本語訳は、「自慢する」に「ワガコト　フォムル（自分のことを褒める）」、「子は誰にとっても可愛いものである」に「コワ　フィヤット　ダレヂェム　ムゾカモン（子は…誰でもかわいいもの）」を当てるといったもので、幼くして薩摩を離れたゴンザが話し相手もいない異国で独り故郷のことばを絞り出した様子が偲ばれる。生徒のシェナヌイキンとフェネフはこれを学んだわけである。彼らは一七四二年に通訳として日本探検隊に加わったが、その日本語には薩摩訛りがあったに違いない。シェナヌイキンとフェネフは、一七四七年に陸奥国南部領《むつのくになんぶりょう》（青森県下北半島）の多賀丸《たがまる》の漂流民九名がオホーツクに漂着したときも、通訳に当たった。

＊『レキシコン』を作った漂流民の息子、タターリノフ

ペテルブルクの科学アカデミー付設日本語学校は、一七五三年にイルクーツクに移されて、イルクーツクの航海学校付設日本語学校となった。漂流民の仲間が教師に加わり、一七六三年には日本語講師七名、生徒十七名と最盛期を迎えた。が、生徒は通訳として代わる代わるカムチャツカに派遣されたりしたため、一七七二年には四名に減少。この間、イルクーツク日本語学校の教師たちは簡単な『日本語単語集』『日本語会話集』などを編纂し、ロシアの人びとの日本語学習に貢献した。

その後、それらを参考にして日本語学校の生徒、アンドレイ・タターリノフ（一七五二〜?）が『レキシコン』と題した露日辞典を編纂し、一七八二年に科学アカデミーに提出したのである。『レキシコン』には、約一千のロシア語の単語に日本語訳をロシア文字と平仮名で示したものに、五十の会話文が

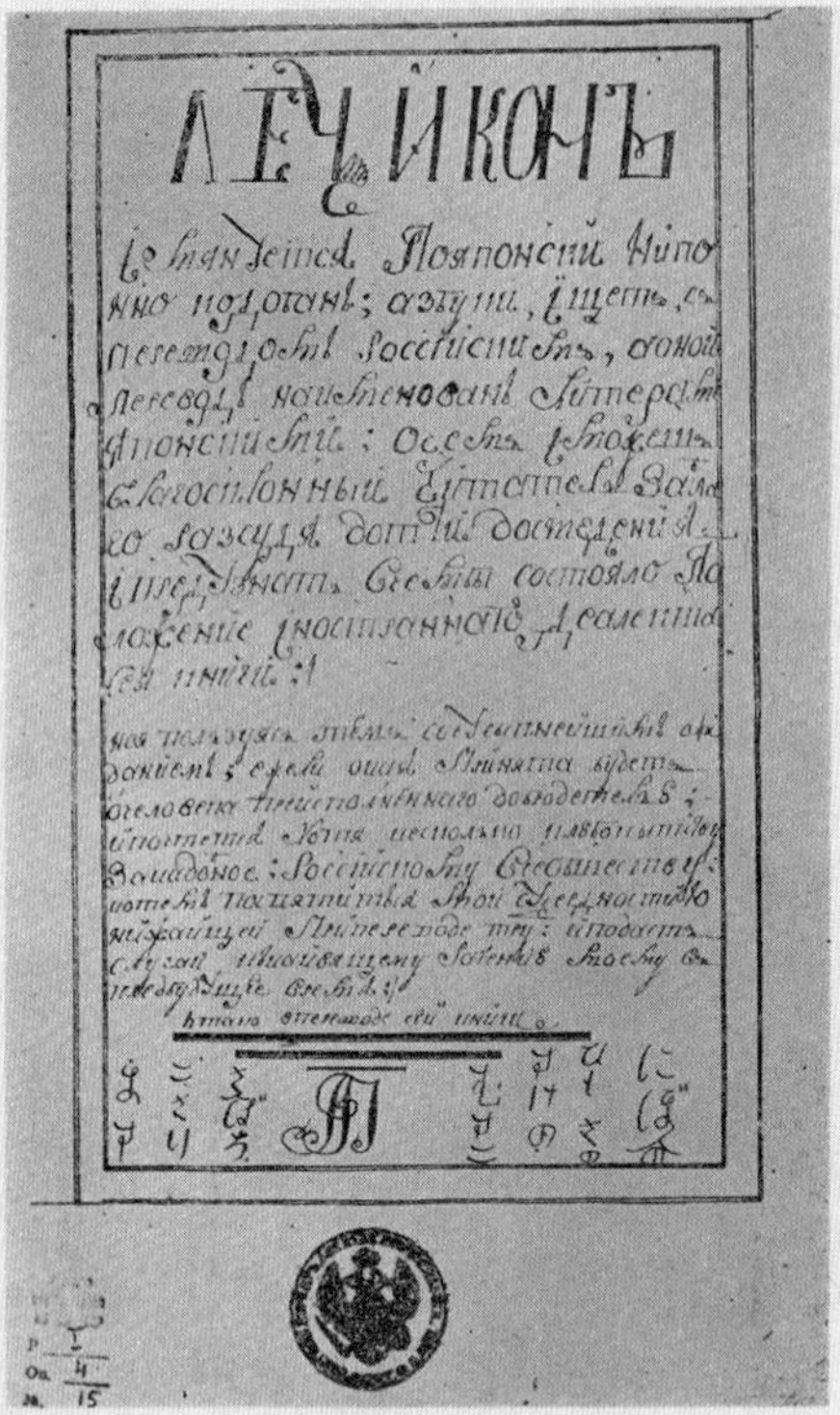

「レクシコン」の序文

図6　アンドレイ・タターリノフ『レキシコン』序文
村山七郎『漂流民の言語』（1965年、吉川弘文館）132頁より

ついている。タタ—リノフは日本語教師をしていた南部藩、現在の青森県下北半島から着た多賀丸の漂流民三之助とロシア人の妻との間の息子で、日本名を「三八《さんぱち》」と言った。『レキシコン』の序文のページの下の方に、右側から平仮名で「にぼんの／、ひと　さの／すけの／むすこ／さんばち／こさります（日本人の三之助の息子、三八でございます）」と読める。父三之助（ロシア名：イワン・タタ—リノフ）は彼が十三歳のときに死亡していた。タタ—リノフはどんな思いで、訪ねることも許されない亡き父の故国のことばを学び続け、学習書を作り上げるまで没頭したのだろうか。

村山七郎（一九六三）によると、『レキシコン』の日本語はタタ—リノフの父の出身地、現在の青森県下北郡佐井村の方言を反映している（八九頁）。彼らの使った話し言葉をしのぶために、『レキシコン』の会話篇からいくつかの例文を見てみよう。村山氏のロシア語訳とローマ字表記から、読みやすい表記に置き換えて示す。括弧の中は、ロシア語からの現代語訳だが、読みやすさのために、少し改めた。

いづ、あの人、ここに　村さ、来ました。（いつあの人は、この村に到着しましたか。）
聞かないで　どごさでも、いぎましぇん。（許可なしにはどこへも行きません。）
かだじぎないこどが　ないば　礼の　でましぇん。（しかるべき理由なしに褒章は与えられません。）
ほどげ　くれるがくれないが、あでに　しましぇん。（彼は神意を当てにしません。）

共通語の「この村へ」にあたるところが「この村さ」、「どこへも」が、「どこさでも」といったところは下北方言だという。あとの二つは共通語に置き換えると「忝いことがなければ褒美は出ません」

「(彼は)仏が(慈悲を)くれるかくれないか、あてにしません。」となるだろう。タタ―リノフが、父の生前の思い出やその友人たちのことばから、その会話を再現しようとした温もりのあることばである。

井上靖の小説『おろしや国酔夢譚《すいむたん》』には、一七八三年に伊勢からアリューシャン列島のアムチトカ島に漂着した神昌丸《しんしょうまる》の漂流民、大黒屋光太夫《だいこくやこうだゆう》らのもとに、タタ―リノフが訪ねてくるシーンがある。光太夫らには日本人には見えない風貌の青年が片言の日本語を使って、自分の父は日本人だといって彼らに親しみを寄せてくるのに、光太夫らは驚きとまどうが、時間をおいて、何ともいえない愛おしさがこみあげてくる。タタ―リノフの書いた平仮名の「さんばち/こさります」を見て『レキシコン』の日本語を読むと、井上靖が綴ったこのシーンが目の前に浮かんでくるようである。

神昌丸の漂流民のうち、光太夫と磯吉《いそきち》は帰国を懇願し、エカチェリーナ二世はこれを受け容れ彼らを送還する機会に日本との通商関係を開こうと翌一七九二年に遣日使節団を送った。これを率いたのはアダム・ラスクマンで、多賀丸の漂流民に日本語を習ったトゥゴルフが通訳として同行した。トゥゴルフの日本語は下北《しもきた》訛りを帯びていたことだろう。通商交渉は進められなかったが、光太夫と磯吉は無事に帰国を果たし、ロシア事情やロシア語を紹介して日本におけるロシア理解を促進した。

*露日辞書を作った実業家レザノフ

光太夫らの帰国から間もない一七九五年六月、善六《ぜんろく》を含む宮城県石巻《いしのまき》の若宮丸《わかみやまる》一行が漂流の末オホーツクに着いた。後に若宮丸一行は、ロシアに帰化した四名と、日本への帰国を望む十名とに分かれた。帰化を勧めたのは、既に帰化していた日本語学校の教師たちで、帰化を選んだ善六は日本では禁じられているキリスト教会の一つであるロシア正教徒となり、イルクーツク日本語学校の教師になった。

このころ、アリューシャン列島では毛皮王と言われたグリゴリイ・シェリホフが、貿易拡大のため日本との通商交渉を強く望んでいたが、一七九五年にシェリホフが四十歳で亡くなると、その意志は娘婿のニコライ・レザノフ（一七六四〜一八〇七）が受け継いだ。一七九八年にレザノフは露米《ろべい》会社（極東と北アメリカでの植民地経営と毛皮交易を目的とした国策に基づく会社）を設立し、物資補給と毛皮の販路拡大等を目的とした世界周航船に帰国を望む若宮丸の漂流民を乗せて、彼らの送還と引き換えに日本との通商交渉を進めようとした。そこに、善六も通訳として乗り込んだのだった。この航海中に、善六の協力を得てレザノフが作成したロシア文字による『露日辞書』は、善六の故郷、石巻の方言を反映しつつ、レザノフが長崎滞在中に長崎方言等によって増補したもので約五〇〇〇の日本語単語が収められている。（村山一九六五、浅川／ディーナ二〇一五）。合わせて著した『日本語学習の手引き』の最後の章には会話文が収められている。ここから、彼らが日本語で話す様子を想像してみよう。冒頭部分を、表記を現代のものに改めてしめす。括弧の中は、そこに対照されているロシア語の現代日本語訳で、江口泰生（二〇一二）によっている。

どこへ行きまする？　（どこへいらっしゃるのですか？）
私、行きます、ねんごろの家へ。　（友達のところへ行きます。）
あの人、どこに住みます？　（彼は、どこに住んでいるのですか？）
近くござる、城の。　（宮殿のそばです。）

あの人、何と言いまする、名は？（彼の名は？）

私、忘れました、あの人の名を。（私は彼の名を忘れました。）

あれでござりませんか、昨日ここに来ましたのは？（昨日ここに来た人ではありませんか？）

その人でござる。（その人です。）


丁寧な話し方で、必ずしも石巻のことばというわけでもなさそうである。善六は、イルクーツク日本語学校の同僚で伊勢出身の新蔵と親しくしていた。伊勢は石巻より都に近く、その日本語はより標準的であったと言える。善六は種々の情報を勘案し、できるだけ標準的なテキストをと心がけたのだろう。それにしても、特徴的なのは語順である。「私、行きます、ねんごろの家へ」といった語順は、ロシア語の語順の影響を受けている。ほかにも「お礼を申します、おまえ様に」とか、「いくらほどござりまするか、貫目（重さ）は？」「その織物はいくらほどござりまする、広み（幅）は？」など、通常の日本語の語順を逆にした「倒置法」の多用が目立つ。自然会話には現れるものの、会話の教科書では珍しい。彼らにとって易しく、かつ、目的を果たすことのできる彼らの日本語だったかもしれない。

木崎良平『仙台漂民とレザノフ』（一九九七）によると、長崎でレザノフを迎えた文人の蜀山人《しょくさんじん》（大田直次郎）の『魯西亜人聞書』に一八〇四年秋、長崎に降り立った時、レザノフは日本語を話したと書かれている。この時、日本人側の通訳はオランダ通詞で、ロシア側は、ドイツ出身でロシアで働いていた博物学者ラングスドルフ（一七七四〜一八五二）がオランダ語とロシア語の間を通訳した。善六は日本語とロシア語を直接結ぶ通訳ができたはずだが、ここでは表に出ていない。

その日は寒かった。レザノフは通訳に「ロシア語と日本語、どちらで話しましょう」と聞き、通訳が「ロシア語で」というと、日本語ができることを誇示するかのように、にっこり微笑んで「今日は寒かり、寒かり（寒い、寒い）」と、日本語で言ったのだという（木崎一九九七、一二四頁）。レザノフは、交渉そのものに日本語を使う必要はなかった。善六との学習で身につけた日本語がロシア語の語順だったとしても、レザノフと日本の人びととのコミュニケーションの潤滑油として、十分に役立ったに違いない。

一八〇五年の初冬、善六と新蔵が教えていたイルクーツク日本語学校に、ロシアに招聘されたドイツ生まれの東洋学者、ユリウス・ハインリヒ・クラプロート（一七八三〜一八三五）がやってきた。イルクーツク滞在中に入手した林子平《はやししへい》による地誌『三国通覧図説《さんごくつうらんずせつ》』（一八七五）をフランス語に翻訳するにあたって協力を求め、新蔵がこれに応えたことが、「訳者による序文」に書かれている（一八三二年に刊行）。漂流民の日本語教師が、ヨーロッパではじまったばかりの東洋語学の日本語研究の第一歩を後押ししたのは、興味深いことである（桂川甫周［著］宮永孝［解談・訳］『海外渡航記叢書1　北槎聞略』の宮永による解説より）。

レザノフの長崎での交渉は失敗した。長崎奉行は漂流民は受け取るが、通商関係は認めないと突っぱね、絶望したレザノフは、アレクサンドル一世に「武力による対日通商関係樹立」を上申し、これをきっかけに、一八〇六、七年のロシア船による樺太、択捉島、利尻島襲撃事件が起きた。

幕府はロシアの襲撃への報復として、一八一一年に艦長ゴロウニン率いる軍艦ディアナ号を襲い、ゴロウニンらを松前に幽閉、ロシア側はゴロウニンらの救出のために、その年に流れ着いた摂津国《せっつのくに》の商船歓喜丸の乗員を送還することとし、副艦長のリコルドが日本に上陸したが、ゴロウニン救出はならず、報復として蝦夷地の商人、高田屋嘉兵衛《かへえ》を捕らえた。このときにロシア側の通訳をしたのは善六で、嘉兵衛とリコルドの間に信頼関係ができた。彼らの尽力で、一八一三年九月、ゴロウニン等は解放され、歓喜丸の漂流民らの帰国も実現し、両国の険悪な関係は一時休止となり、通訳をした善六の功績も讃えられた。後にゴロウニンは、日本での経験を『日本幽囚記』と題する手記にまとめて一八一六年、官費で出版し、日本や日本人の実情を伝える貴重な文献として、ロシアの人びとに影響を与えることになる。

それから間もない一八一六年七月、新蔵の死後、教師が善六ただ一人になっていたイルクーツク日本語学校はシベリア総督の意向を受けて閉鎖され、日本との交渉も中断されることとなった。日露和親条約が締結されるのは、一八五五年、アメリカのペリー提督が日米和親条約を締結した翌年のことである。

＊ゴシケーヴィチの作った大規模な和露辞典

イルクーツク日本語学校の閉鎖から半世紀余りが過ぎた一八七〇年、ペテルブルク大学東洋学部の選択科目として日本語の授業が始まった。この時、最初の日本語教師を務めたのが、ロシアの外務省で通訳をしていた日本人、橘耕斎《たちばなこうさい》（一八二〇〜一八八五）である。橘耕斎は、一八五五年、三十五歳のときに、日露和親条約の締結を実現したプチャーチン使節団と出会い、その船の荷物に紛れてロシアに密航した。何らかの罪を犯して逃げていたという説がある（中村一九七〇）。橘耕斎は船内で、プチャーチン使節団に中国語通訳として参加していたヨシフ・ゴシケーヴィチ（一八一四〜一八七五）と出会った。そして、ロシア入国後、外務省アジア局に勤めた耕斎はロシア正教に入信、ゴシケーヴィチによる和露辞典『和《わ》魯通言比考《ろつうげんひこう》』（一八五七）の編纂に協力したのである。

　橘耕斎は、ペテルブルク大学で、一八七〇年の秋から一八七四年に帰国するまで、週に二回の日本語の授業を担当した。同大学の日本語研究、日本語教育はその後、断続的に続き、数々の優れた日本研究者を輩出することになる。

　橘耕斎が協力したゴシケーヴィチの『和魯通言比考』は、幕末のロシアで印刷された見出し語数が一万八千を超える大規模な和露辞典である。イロハ順にカタカナで書かれた日本語の単語の見出しの下に漢字表記が示され、ロシア語訳が書かれている。カタカナも漢字も端正な楷書である。巻末には、漢字の楷書、行書、草書の書体が並べて示される。江戸末期、彼らが読むべき日本語はこうした書体のものだった。中表紙の『和魯通言比考』という書名の日本語は行書、橘耕斎の名は草書であろう。流麗な筆跡である。

　岩井憲幸の翻訳でその「序文」を読むと、日本語の文字や発音、文体についての専門的な詳しい解説があるばかりか、「ヨーロッパにおける日本語研究」という節を設けてロドリゲスの文典の系列の緒言語によるバリエーション、また本書では次節で述べるロニーの

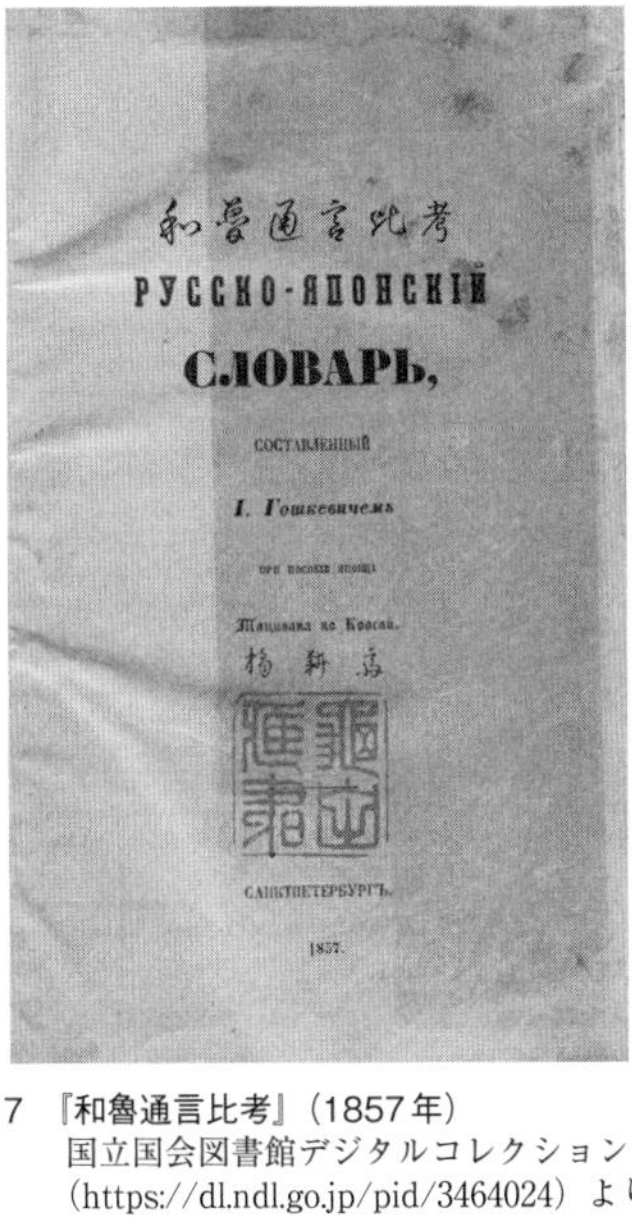

図7　『和魯通言比考』（1857年）
国立国会図書館デジタルコレクション
（https://dl.ndl.go.jp/pid/3464024）より

文典、プフィッツマイヤーの辞書など、同時代に集めうる情報を集めて解説している。

しかし、編纂を始めた時点では、それらを知らなかったのだという。彼は日本を訪れたときに実地に日本語に触れ、その知識を蒐集することから日本語研究を始めたのだった。「長崎の日本人通詞たちは自国語についての知識をあたえることにあらわな嫌悪を示した」が、この辞書は、二つの不幸に遭遇したことで完成することができたという。

ディアナ号が下田に停泊していた一八五四年十一月四日に安政の大地震が発生、その津波によってディアナ号は大破した。生き残った乗組員たちは幕府の協力を得て西伊豆の戸田《へだ》でヘダ号を建造し、三組に分かれて帰国することになった。最初のグループは米国商船で、二番目はヘダ号で、そしてゴシケーヴィチと橘耕斎を含む最後のグループは、一八五五年六月一日にドイツ商船グレタ号で帰国の途についたものの、途中で英国軍艦に拿捕《だほ》され、捕虜として英国軍艦に移された。当時、ロシアはクリミア戦争によってイギリス、フランスと敵対関係にあったのである。

ゴシケーヴィチは、この不幸としか言いようのない出来事あればこそ、この辞書が完成できたのだという。まず、ディアナ号の不幸では日本人の世話になり親しく交流することができ、日本人から辞書なども贈られた。中でも瓜生政和《うりうまさやす》の『真艸《しんそう》両点　数引節用集』は大いに参考になった。キリシタン文献やシーボルトの『日本動物誌』『日本植物誌』も参照した。「本質的な援助」になったのは、「幸運なめぐりあわせ」による「橘耕斎の口頭による説明と解釈であった」とゴシケーヴィチは述べている。

橘耕斎は、明治になってキリスト教の禁教が解けてから、一八七三年に岩倉使節団を率いてペテルブルクに来た岩倉具視《ともみ》に勧められて翌年九月、十九年ぶりに帰国した。五十四歳であった。その後、仏教に改宗し、ロシア政府の年金で静かに暮らしたという（中村一九七〇）。

3　ヨーロッパの日本語学習者

＊ヨーロッパの人びとにとっての日本語

中国、朝鮮、そしてロシアは地理的に日本から近く、人的交流もあり、通商、国防などの目的においても、言語を学びあうことに実用性があった。しかし、ヨーロッパは、遠かった。それでも、かつてヨーロッパから日本にやってきたキリシタン宣教師らには、日本での布教という使命があった。では、ヨーロッパ在住の人びとにとってはどうだろう。日本語は努力して学ぶ価値ある言語だったのだろうか。

ヨーロッパの人びとに日本の情報を伝えたのは十三世紀末にアジア諸国を旅したベネチア商人、マルコ・ポーロ（一二五四～一三二四）で、彼の語った内容を記述したのが『東方見聞録』である。この本はフランス語で書かれたが、翻訳されてヨーロッパで広く読まれた。伝聞による「黄金の国ジパング」という不確かな情報が、彼らにもたらされた最初の日本のイメージだった。

日本語に向き合ったヨーロッパの人びとについては、十六世紀後半から十七世紀前半に至るキリシタン宣教師、十七世紀後半から幕末にかけての長崎出島のオランダ商館関係者など、日本に足を踏み入れ実地で日本語を学び使ってきた人びとを紹介してきた。彼らによって、『日葡《にっぽ》辞書』（一六〇三）をはじめとするポルトガル語やラテン語と日本語を結ぶ辞書や学習書が多く作られたが、これらがヨーロッパの日本語学習を促したかというと、必ずしもそうではなかった。例えばポルトガルにおける日本語学習は、国際交流基金の調査では一九九〇年に始まったとあり、ヨーロッパの中でもかなり遅い。

在日ヨーロッパ人が伝えた日本の文物はヨーロッパの人びとにエキゾチックな魅力あるものとして歓迎されたが、ヨーロッパで日本人と現地の人が出会う場面では、ヨーロッパの言語が使われるのが普通で、日本語は実用的とは言えなかった。

そんな中で、十九世紀には、ライデン大学のヨハン・ヨゼフ・ホフマン（一八〇五～一八七八）、オーストリアのアウグスト・プフィッツマイヤー（一八〇八～一八八七）、フランスのレオン・ド・ロニー（一八三七～一九一四）ら特別な才能と情熱をもって日本語にのめりこんだ人物が異彩を放つ。彼らは、日本人のいない環境で、教師もなく日本を訪れることもなく、古今の日本語文献から高い日本語能力を身につけ、優れた翻訳や学習書、辞書を著した。大量の日本語の書物が、彼らを育んだのである。

＊シーボルトが持ち出した大量の日本語書籍

日本の書籍や文物を大量にヨーロッパに送り出したのは、日本のオランダ商館の関係者だった。中でもシーボルトの持ち出した書籍や文物は途方もない数だった。

一八二八年、シーボルトが国禁を侵して日本地図を国外に持ち出そうとした事件はシーボルト事件として知られている。この事件では、彼に協力した幕府天文方の高橋景保《かげやす》（一七八五～一八二九）が処刑されるなど日本の蘭学者らが弾圧を受け、シーボルトは追放されるが、シーボルトの集めた膨大な資料の多くは既に送り出されていて影響を受けなかったという。シーボルトがこれほどまでに熱心に送り出した背景には何があったのだろうか。

シーボルトは、妻のタキや娘のイネを大切に思い、周囲の日本人と信頼関係を結び、日本を愛していたことは疑いない。ただ、彼がオランダ商館医として長崎へ赴任する際にオランダ東インド会社のバタヴィア総督から与えられた使命の中には、日本調査が含まれていた。松井洋子（二〇一〇）によると、当初彼に託された任務は、日本の植物や動物に関する標本を本国に送ることで、そのための資金が投じられたという。その後、彼自身が蒐集する資料の幅を広げていった。その一環で、危険を承知で地図に手を伸ばしたようである。シーボルトは一八五九年に許されて再来日し、一八六二年から翌年にかけてオランダ領東インドのバタヴィア経由でヨーロッパに帰るが、このときも大著『日本（NIPPON）』の完成に必要な多くの資料を持ち帰った。過剰だったかもしれないが、私利私欲のためではない。

シーボルトのコレクションは、植物標本や、陶器、家具や道具類、また浮世絵をはじめとする美術品など多岐にわたり、これらの多くはオランダのライデン大学やライデンの複数の博物館、ドイツのボーフム大学、ボン大学、ミュンヘン国立図書館、オーストリアのウィーン国立民族学博物館などのほか、イギリス、フランスでも保管されている。これらがヨーロッパの日本理解を促した。

シーボルトは自ら開いた私塾、鳴滝塾《なるたきじゅく》の塾生にオランダ語を

図8　シーボルト『NIPPON』永代橋から江戸の港と町を望む
「福岡県立図書館デジタルライブラリ」より

教え、塾生によるオランダ語のさまざまな調査報告も貴重な資料となった。シーボルトの代表作である『日本（NIPPON）』は本文と図版より成る。図版は美しい手彩色の石版画で縦約六〇センチ、横約四〇センチの大型本である。一八三二年から二十年ほどにわたってライデンで二十分冊に分けて、それぞれ少部数発行されたのが最初で、現存するものに豪華な製本のものがあるのは、購入者が後に製本したものだという。少しオランダ語を交じえたドイツ語で書かれている。

斉藤信［訳］『江戸参府紀行』（一九六七）は『日本』の第二章の全訳である。シーボルトと日本各地の人びととの交流場面の記述を見ると、江戸をはじめシーボルトの赴くところで出会う知識人たちとはオランダ語で会話ができたようである。シーボルト自身は、高いレベルの日本語に習熟していたわけではなく、彼が収集した夥しい日本語の書籍を、シーボルト自身は読み解く術をもたなかった。

しかし、彼がもたらした夥しい日本語の書物に心を奪われた特別な才能によって読み解かれ、その後のヨーロッパにおける日本語・日本研究の扉が開かれたことの意義の大きさは測りしれない。

それまでヨーロッパの東洋学といえば、先に大量に持ち込まれていた中国書籍を通して行われる中国研究が主であった。一八二三年にフランスの東洋学者ジャン＝ピエール・アベル＝レミュザやドイツ出身の東洋学者ユリウス・ハインリヒ・クラプロートらを中心に、パリに創立されたアジア学会では、中国、インド、アラビア、トルコの文化や言語について優れた研究が生まれつつあったが、これに日本が加わるのは、シーボルトらによる日本語書籍の導入あってのことである。アジア学会では重要な事業のひとつに日本語の解読を挙げ、ロドリゲスの『日本語小文典』（一六二〇）の東洋学者クレール・ド・ランドレスによるフランス語訳（一八二五）は、これを受けて作られた。クラプロートが漂流民の新蔵に力を借りて林子平《しへい》の『三国通覧図説』（一八七五）の翻訳（一八三二）をしたのも、こうした文脈でのことだった。

＊『日本文典』を著したホフマン

一八三〇年の夏、国外追放で日本を離れ、ヨーロッパへ帰る途中のシーボルトは、たまたま立ち寄ったベルギーの港町アントウェルペンのホテルの食堂で、同郷の若者、ヨハン・ヨゼフ・ホフマンに出会った。このとき、ホフマンは二十五歳で、歌劇団の巡業中だったが、食堂で周囲の人びとに日本について語るシーボルトの話を聞いて、ホフマンの方から協力を願い出たのだという。この偶然が、ヨーロッパにおける近代の日本語研究を大きく動かす第一歩となった。宮永孝「ヨハン・ヨゼフ・ホフマン――ライデンの日本語学者」（一九八四）によりながら、ホフマンの人生をたどってみよう。

ホフマンは一八〇五年にドイツのヴュルツブルクで生まれて十分な教育を受け、ヴュルツブルク大学ではギリシア・ラテンの古典文学や言語学に関心を寄せたが、芸術的な才能と天性の美声に恵まれていたことから歌手となり、足かけ五年ほど歌劇団で仕事をしていたのだった。シーボルトと出会って日本研究に光明を見出したホフマンは歌手をやめ、日本語を一から学びはじめた。シーボルトは帰途に寄ったオランダ東インド会社の拠点バタヴィア（現在のインドネシアの首都ジャカルタ）で知り合った博学な華僑の郭成章《かくせいしょう》を、中国語の解読と翻訳の協力者として伴っていた。ホフマンはまず、郭成章から中国語を学び、その中国語を介して日本語を学び、努力の甲斐あって中国語も日本語も自由に読めるようになった。

シーボルトはホフマンに『日本』に必要な日本語資料の翻訳を一任した。その後ホフマンはシーボルト、郭成章と共に、植島昭武『和漢音釈書言字考』（一七一七）を解説をつけて翻刻（一八三五、一八四一）し、この書を含む『日本叢書』全六巻を出版した。その功績から一八四六年にオランダ政府の日本語翻訳官に任命される。そして、一八五五年にはライデン大学の正教授としてヨーロッパで初めての日本語研究・教育の専門職に就いたのだった。オランダにいち早く日本語の専門職が設置された背景には、オランダ領東インド（ほぼ現在のインドネシアに当たる地域）の存在がある。地理的にも日本や中国に近いこの地域の宗主国であるオランダには、この地域に日本語や中国語の翻訳官を派遣する必要があった。ライデン大学におけるホフマンの仕事は、この翻訳官の養成を目的とした点で、実用性が認められたのだった。ホフマンは『蘭英和商用対話集』（一八六一）といった実用的な教材も著したが、代表的な著作は何といっても『日本文典』（一八六七）である。

先に長崎のオランダ商館長クルチウスの『日本文法試論』（一八五七）をホフマンが補訂したことを紹介したが、そこでも披瀝されているホフマンの日本語学の体系はここに結実した。一八六七年にオランダ語、一八六八年に英語で出版され、一八七七年にはドイツ語版も出た。三五〇ページに及ぶ大作で、

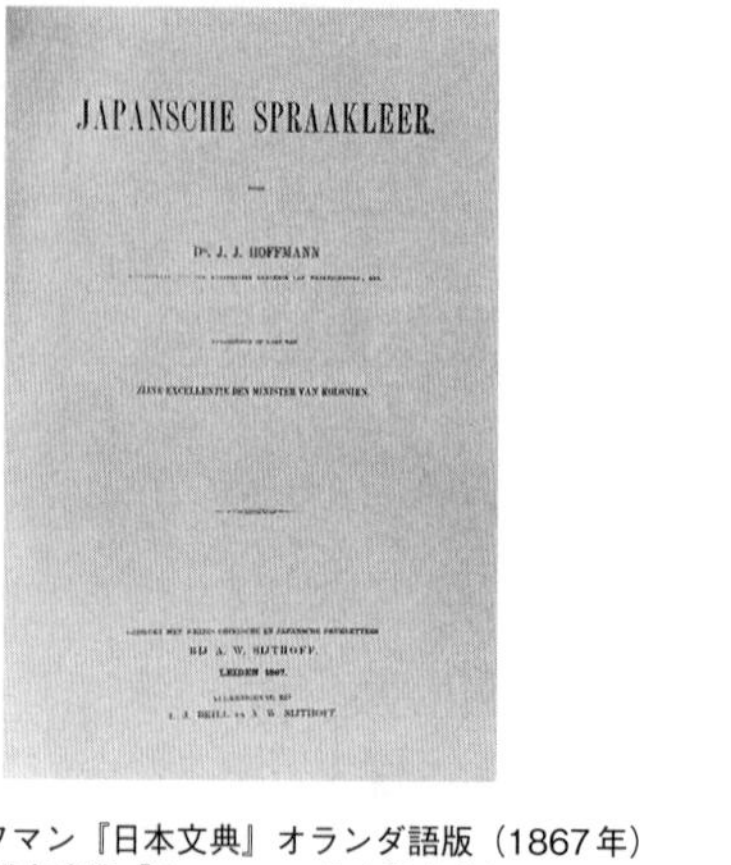

図9　ホフマン『日本文典』オランダ語版（1867年）
三澤光博訳『ホフマン　日本語文典』
（1968年、明治書院）口絵より

本論の部分は品詞別の文法論だが、日本の文字やアクセントやリズムにも言及している。著者ホフマンによる「諸言」では、本書がすでに存在している諸本の焼き直しではなく全くのオリジナルで、古典語については多年にわたる日本文学研究の成果を、そして現代の話し言葉については、日本へ行ったことこそないが、フランス、イギリス、オランダにやってきた日本人との交際を通して彼らの日本語の話し言葉を観察した成果を踏まえていると述べられている。

のちにホフマンは幕府がオランダに派遣した海軍伝習所の留学生や遣欧使節団の通訳をつとめ、彼らの日本語に接する機会を持った。交流のあった人びとに、西周《にしあまね》(一八二九〜一八九七)や榎本武揚《えのもとたけあき》(一八三六〜一九〇八)、津田真道《まみち》(一八二九〜一九〇三)らがいる。ホフマンは日本からの遠来の客を心から歓迎した。例えば文久《ぶんきゅう》遣欧使節団(一八六二年)を手厚く接待したのもホフマンで、このことについては後で改めて述べる。中国語を身につけ日本の漢文も深く理解し、漢字を書くことができたのが、日本人との筆談によるコミュニケーションにも役立ったようである。

ホフマンは日本語に、地域による方言はもちろんのこと、社会的な階級によっても異なる多様なバリエーションがあることに触れている。すべてのことばは「生存すべき権利」をもっていて、それを話す人との交流に役立つだけでなく、比較言語学にとっても大切だと学問的な意義をおさえつつ、自分たちが教養ある日本人と接する際には「一般的なまた丁寧な言葉によってのみ」それが許されることに慎重な気配りが必要だと実用的な観点も忘れない。ここでホフマンが外国人が日本語を学ぼうとするのを「嫌悪しながら見ている現在の日本人」には、日本語対話の参考書を作る協力は望めないから書籍から会話を集めて研究し、西洋人の自分たちが作り上げるほかないと書いているのは日本人には耳が痛いが、

「鎖国」時代の日本語研究者としての自負でもあっただろう。

当時のヨーロッパで、ホフマンは日本語文献を読みこなせる学者として知られていたので、日本語の文献資料の多くはまずはライデンのホフマンのもとに持ち込まれ、ホフマンによって図書館や博物館に収められた。オランダ商館長クルチウスの『日本文法試論』がホフマンに送られたのもその一例である。

＊仮名連綿体活字を作った東洋語学者プフィッツマイヤー

十九世紀のヨーロッパ中央に一八〇四年に成立したオーストリア帝国は、その後一八六七年にはさらに領域を広げてオーストリア＝ハンガリー帝国（一九一八年まで）となり、ヨーロッパの心臓部に広がっていた。シーボルトの次男ハインリヒ（一八五二～一九〇八）は、オーストリア＝ハンガリー帝国公使館に勤務し、膨大な日本関係の収集品をオーストリア皇帝に献上し、その書籍が、帝国図書館に収められた。これによって日本語研究の成果をあげたのがアウグスト・プフィッツマイヤー（一八〇八～一八八七）である。

プフィッツマイヤーはプラハで医学博士の学位を取得した後、東洋語への強い関心から一八三八年以降はウィーンに定住して、オーストリア帝国図書館の東洋の書籍によってトルコ語、アラビア語、ペルシャ語、中国語に加えて日本語、アイヌ語にも習熟し、それらの言語で書かれた文献を読み解いて研究した（高松一九九六B）。一八四七年に彼によって翻訳・翻刻された柳亭種彦《りゅうていたねひこ》『浮世形六枚屏風《うきよがたろくまいびょうぶ》』（原著は一八二一年）は、日本語の原書から西洋語への初めての翻訳であると言われる。プフィッツマイヤーはその序文に、江戸で出版されたものを、ウィーン王立印刷所の可動活字印刷で翻刻したと記している。

江戸で出版された『浮世形六枚屏風』は当時一般的であった木版印刷で、絵と文字（漢字と仮名）の一体化した一枚が、版木に彫られて印刷されている。仮名や漢字を当時の日本では、一文字一文字区切らずに続けて書くのが一般的であった。プフィッツマイヤーは、これを活字で表現しようと志し、木版印刷の雰囲気を再現すべく、ウィーンで新しく続け文字、即ち「連綿体」の活字を作ったのである。漢字と仮名の活字としては第一章で述べたように十六世紀末の日本のキリシタン文献があり、その職人たちの技術が用いられたとされる十七世紀初めの美しい木活字による嵯峨《さが》本『伊勢物語』の例もある。しかし、キリスト教の禁教に伴って技術者はいなくなり、その後の日本では木版による印刷が主流になっていた（大内田二〇〇九）。二百年以上を経て、遠く離れたウィーンで、また異なる味わいをもつ独特の連綿体活字が作られたのは驚くべきことである。

図10　柳亭種彦『浮世形六枚屏風』
1812年の日本の木版印刷による永寿堂版（左）と1847年のウィーン版（右）
張秀民ほか著『活字印刷の文化史』（2009年、勉誠出版）158～159頁より

連綿体活字の仮名は、同じ音でも数種類の変体仮名が用いられ、文脈や文字の流れに応じて文字が自然に見えるように下に続く筆遣いを持つもの、上から続く筆遣いを持つもの、上下に続く筆遣いを持つもの等、平仮名だけでも三九六の活字が作られた。それらを組み合わせた結果、すべての仮名は中央で縦につながって流れる美しい書体に仕上がっている。

なお、一八六二年に文久遣欧使節団はフランスを訪れたとき、「帝国印刷所」を訪ね、日本の高官の名前が漢字と片仮名で印刷されるのを見ている。帝国印刷所は、日本語、中国語、朝鮮語、琉球語、アイヌ語も印刷できたということで、日本の文字は草書体も備えていた（宮永二〇〇六、九二頁）。原本の味わいを再現する審美眼を持つヨーロッパの日本語学の懐の深さがしのばれる。

プフィッツマイヤーは傑出した日本語力を持ちながら、大学に正式な職を持つよりも自由に研究、鑑賞し、翻訳活動を行うことを選んだので、ウィーン大学に正式な日本語講座が開かれることにはならなかったようだが、ウィーン大学で東洋諸語を教える中で、一八四三年から一八四八年の間、日本語を教えていた事実が確認されるという（パンツァー一九九四）。そうであれば、これはロシアを除くヨーロッパの公的機関で日本語教育が行われた事例として、ライデン大学のホフマンに先立つ事例となる。

プフィッツマイヤーはウィーン革命（一八四八年）のあと大学を去ってからは、シーボルトが持ち帰った書籍をもとに「日本最古の詩＝万葉集」（一八四九）で万葉集の一部を訳出したほか江戸文学、歌舞伎脚本など数々の翻訳や、アイヌ語や日本語についての研究を行った。中でも特に目を引くのは『日本語辞書』第一冊（一八五一）である。高松政雄（一九九六B）によると、「私が差し当たり自身の使用のために編せる手書きの辞書には、四万語以上の語彙が含まれる」といった本人の証言などから、原稿は揃っていたものと推察されるが、実際に刊行されたのは全体の四十分の一ほどの第一冊だけで、「いろは順」に並べられた日本語にドイツ語と英語の語釈、解説が付されている。大規模な日本語辞書となるはずだったが、ひとえに経済上の理由で日の目を見なかったのだという。その後、約七十年間、ウィーン大学で日本語が教えられることはなかった。

*早熟の天才的な日本語学者レオン・ド・ロニー

ホフマンやプフィッツマイヤーと同じく、生涯日本の地を踏むことのなかった天才的な日本語学者にフランスのレオン・ド・ロニー（一八三七〜一九一四）がいる。ロニーは博識な考古学者の父のもと、幼い頃からラテン語をしつけられた。一家は一八四八年、パリで二月革命に遭遇、家族はロニーに職能をつけさせようと奉公に出し、ロニーは若くして製本、植字の技能を身につける一方で、父から数学や生物学、植物学の手ほどきを受け、夜学で植物学を学んだりした。何を学んでもその理解の早さは周囲を驚かせたそうである。

一七九五年にパリに創立された国立東洋語学校では、トルコ語、アラビア語、ペルシャ語、ギリシア語、ヒンドスタニー語などの講座が開かれ、一八四三年に新たに中国語が加わった。ロニーは、一八五二年、十五歳で国立東洋語学校に入学し、中国語を習得した。植物学への興味から中国の植物や医薬を学ぶ本草学《ほんぞうがく》に関心をもったのがきっかけだという。その後、シーボルトがもたらした日本語文献で日本語を独習した。日本には日本独自の本草学もあり、中国の書籍についての研究書もある。ロニーは独習の成果として十七歳で『日本語学習に必要な基礎知識の要約』と『口語・文語日本語入門綱要』

を著した。二年後に刊行した『日本語考』（一八五六）の序文で、ロニーはその独習法を開陳した。それによると、ロニーは試行錯誤の結果、シーボルトとホフマンが翻刻した江戸時代の節用集『和漢音釈書言字考』を選び、この本に現れる単語をカードにとってアルファベット順に並べ替え、キリシタン宣教師の語彙集などをつきあわせて作成した自作資料と王立図書館内の書籍を研究することで日本語文法を再構築することに成功したという。この時期のロニーの日本語学習はもっぱら日本語文献の解読を目的としていたが、日本から来た文久遣欧使節団に、通訳・接待係として交流する機会を得て、会話の日本語を吸収し、以後は会話にも関心を広げた。

一八六三年、国立東洋語学校に日本語講座が開設され、ロニーがその指導者となった。ロニーによる同年五月五日の開講の挨拶によると、日本語を学んで得られる効用は次のとおりである（森川一九八三より河路が要約整理）。

一　蒙古《もうこ》系言語と比較することで、蒙古系民族の起源解明に役立つ可能性がある。
二　日本語の漢語研究が古代中国語研究に役立つ。
三　仏教研究に役立つ。
四　日本独自の多様で豊かな「文学」が解読できる。
五　本草学や養蚕術など日本の伝統産業に関する知識を得るのに役立つ。

これはフランスの例ではあるが、当時のヨーロッパにおける日本語のニーズがうかがえるようである。

実用目的よりは学問的な目的であると言えるが、最後の項目は実用性に訴えている。十九世紀の半ば、それまで東洋の学問・文化の中心であった中国がアヘン戦争をはじめとする対外戦争や太平天国の乱などの内乱で混乱が続き、ヨーロッパの東洋文化への関心が日本に移ったのだった。ロニーの関心もまだ見ぬ日本への思いに傾いた。

また、一八五〇年代、フランス、イタリアでは、原因不明の蚕《かいこ》の病気によって養蚕業が打撃を受けたのをきっかけに、品質の良い日本産の蚕種の輸入の必要が生じていた。それで日本語で書かれた養蚕、蚕糸の専門書を読むために日本語が有用だと考えられた。本草学はいわゆる東洋医学で使われる薬に関する学問だが、日本独自の発展を遂げ、書物も多かった。日本語学習の動機が、日本の質の良い生産物に刺激されることは珍しくなく、現在では日本のアニメやマンガ、ゲームなどが目立っているが、ヨーロッパにおける初期の事例が養蚕学と本草学であったのは興味深い。

ロニーは開講の挨拶の中で、本書でも紹介してきた先人の日本語学の成果を網羅的に紹介し、シーボルトの収集した膨大なコレクションが、欧米の日本理解を飛躍的に発展させたことにも触れている。そして、日本の「文学」を次のように語っている。

> 日本人ほど豊かで、多様性のある独自の文学を持っている国民はアジヤにはありません。印刷所と書店がこれほどの活動を示している国はありません。〔…〕日本列島の人びとは熱烈に読書を好んでおります。とりわけ、婦人たちは余暇の大部分をそれに費やしています。（森川一九八三、二五頁）

ところで、この「文学」はどうやら広い範囲の書物を指すようで「日本文学のすべての部門の中で、博物学と医学ほど豊かに表現されているものは、恐らく全くないでありましょう」とあって、ロニーの学習の入口が博物学であったことを思い出させる。シーボルトのもたらした書物の中の日本の科学は、欧米の東洋学者たちにとって魅力的だったようである。ロニーは養蚕の専門書も翻訳している。ロニーは、この演説の終わりの方で

> 今日、東洋の諸国民のなかで日本の国民のみが勢力と活力に満ち、未来に向かって自己自身の意思で高速度で前進しています。〔…〕それ故、日本語の研究は様々な理由で時宜を得ており、また、疑いもなく将来性があります。（森川一九八三、二八頁）

と熱っぽく語っている。早熟のロニーはこのときまだ二十代の若者だった。

ロニーは段階を追って習得できる三年制の三系列の日本語コースを作り、その教材として全二十巻の『日本語実用教程』を独力で著した。その内訳をみると『日本語考』『日本文法の基礎』『口語和仏辞典』『口語仏和辞典』『初級口語読本、付録和仏単語集』『初級口語作文教本、付録仏和単語集』などに始まり『草書辞典』『書簡・外交文書提要』『日本文学選集』『日本詩華集』と、豪華なラインアップで、その尋常ならざる能力と熱意に圧倒される。

一八六九年にロニーが刊行した『文安本日学始《ぶんあんぽんにちがくはじめ》』（書名はロニーによる日本語）にはロニーは、中国語や日本語は「数千の異なった文字からなる書き言葉が、恐るべき仕方で初歩のテキストの解読を混乱させ

る」ので、最初は、会話だけで、文字の学習は先延ばしにしたほうがいい、なぜなら、「書き手次第で複雑多様なその文字は、よほど日本語をよく知り、予備知識に助けられて何とかそれを読み解くもの以外には解読不可能なほどである」からだと述べている。

　ここでロニーのいう日本の文字は、筆で続けて書かれたものを指すのはいうまでもない。現在では一般の日本の人びとに読むのが難しいこれらの文字を、ロニーは読みこなすだけでなく、自分で書くこともあった。和歌をはじめとする日本の詩歌を集めた『詩歌撰葉』（一八七一）には、古歌を紹介したあとで自作の次の和歌を、崩し字で漢字仮名交じりと仮名書き、ローマ字書きを上下に並べて示し、解説している

冬《ふゆ》の野《の》の　木《こ》の葉《は》に似《に》たり　我《わ》が命《いのち》　敢《あえ》なき風《かぜ》に　散《ち》りや行《ゆ》きなん　羅尼《ロニー》

（まるで冬の野の木の葉のようだ。私の命ははかない風に散っていくのだろうか　ロニー）

この本を刊行した年、早熟のロニーはやっと三十四歳だが、なんとも寂しげな荒涼とした作品である。

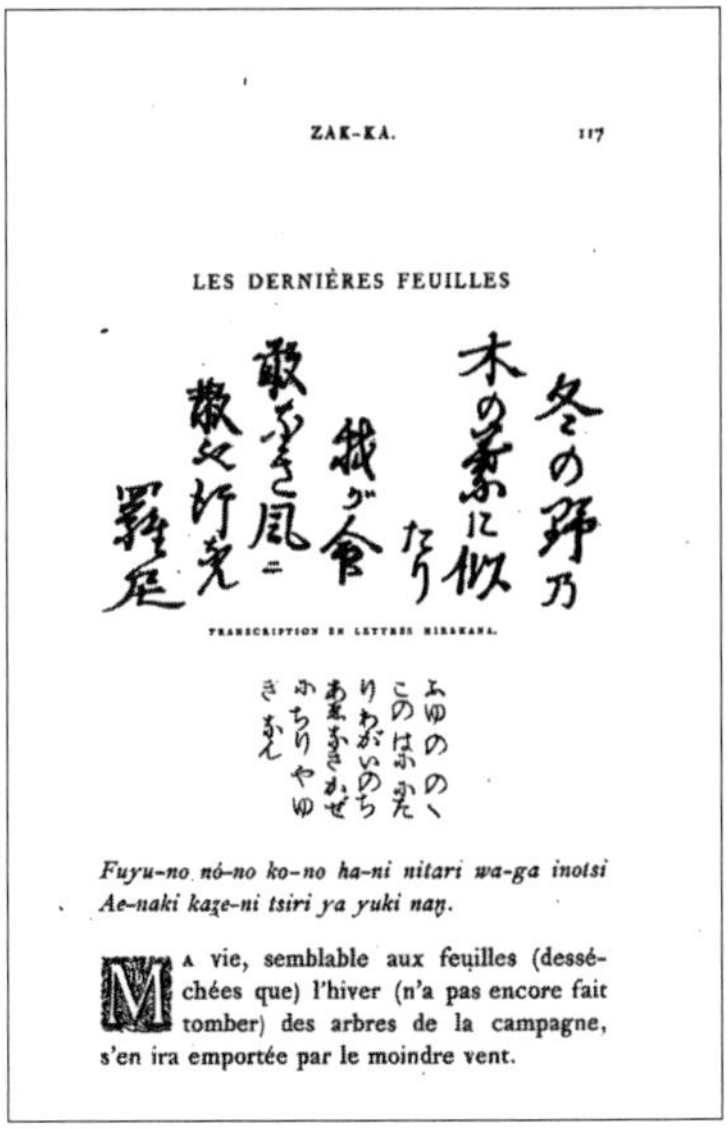
ZAK-KA.　117

LES DERNIÈRES FEUILLES

TRANSCRIPTION EN LETTRES HIRAKANA.

Fuyu-no nó-no ko-no ha-ni nitari wa-ga inotsi
Ae-naki kaze-ni tsiri ya yuki naṉ.

MA vie, semblable aux feuilles (desséchées que) l'hiver (n'a pas encore fait tomber) des arbres de la campagne, s'en ira emportée par le moindre vent.

図11　『詩歌撰葉』（1871年）にある
ロニー自作の和歌（177頁）

ローニが日本語研究を深めれば深めるほど、それを理解する人が周囲にいないヨーロッパで孤独を深めたであろうことは想像に難くない。この和歌の淋しさはそうした心境を反映したものだろうか。あるいは、これがロニーの理解した日本の和歌らしい風情で、その伝統に連なってみたものだろうか。

ロニーは、一九〇七年、定年で退職するまでここで日本語を教え、来日外交官の中には、ロニーに教わった人も少なくない。ロニー自身は生涯、日本に来ることはなかったが、その功績により一八八三年、日本政府から勲四等旭日小綬章を授与された。

さて、私が二〇〇九年二月にフランス国立東洋言語文化学院（INALCO）を訪問した折、図書館でロニーの著作を閲覧させてもらいつつ聞いたところでは、ロニーは晩年、縁を切ったかのように日本語から離れたのだという。仏教研究に関心を移したという説もあるようだが、ロニーが晩年にいかなる境地に至ったものか、説明できる人はいなかった。

＊イタリアの日本語研究者アンテラモ・セヴェリーニ

ロニーに日本語の手ほどきを受けた初期の人物に、イタリアのアンテラモ・セヴェリーニ（一八二七〜一九〇九）がいる。彼がパリに滞在したのは一八六〇年から三年間で、一八六三年に帰国すると同時に、文部大臣の命によってフィレンツェの王立高等研究所に創設された日本語を含むアジアの言語と文学の講座の担当者となった。これは、ロニーの日本語講座開講と同じ年で、イタリアでの公的な教育機関における日本語講座の最初である。

セヴェリーニは中部イタリアの村に生まれたが、医師であった父がマチェレータ市の医師に任じられたため、幼い時期に一家でこの都市に移り住んだ。幼い頃からギリシアやラテンの古典に夢中になって机を離れないこと、家族が心配するほどであったという。マチェラータ大学では、法律を専攻、優秀な成績で二十歳で卒業すると、同大学で、統計学や歴史を教えたのだというから幅広い学識を備えていたようである。一八五八年まで市の図書館の副館長も務めた秀才であった。

一八六〇年にイタリア政府が東洋の語学研究のための奨学金を与えるということで、希望者に選抜試験が行われ、セヴェリーニが合格した。既に触れたように、一八五〇年ごろからフランス、イタリアの養蚕業は蚕の伝染病に苦しんでいた。そうした状況も東洋の言語の専門家を必要とする後押しになったかもしれない。セヴェリーニは文部大臣の命でパリに赴き、著名な中国学者のスタニスラス・ジュリアン（一七九七〜一八七三）に中国語を学び、次にロニーに日本語を学んだのであった。三年の留学期間における彼の中国語、日本語の上達ぶりは周囲を驚かせた。そうして一八六三年、帰国すると同時に、特に彼のために新設されたフィレンツェの王立高等研究所の東洋の語学・文学講座を任された。吉浦盛純（一九六八）によると、セヴェリーニは日本語講読教材として、『赤穂義士伝一夕話《いっせきわ》』（山崎美成［編］一八五四）、和歌の教材として『古今集遠鏡《とおかがみ》』（横井千秋［編］一七九三）を使ったらしい。前者は、セヴェリーニによるイタリア語訳（一八八五）もある。

セヴェリーニは約三十年にわたって後進の指導をしながら、翻訳、研究に大きな足跡を残した。セヴェリーニが習得した言語は、中国語、日本語のほかにも、現在の呼称で、トルコ語、ミャンマー語、タイ語など、そのほかヨーロッパの諸言語も操れたという。一八七六年、『イタリア東洋学雑誌』という研究誌を創刊し、付属の印刷所に漢字の活字をそろえたので、漢字の入ったテキストもここで作れるようになった。もの静かな彼は、一八八〇年ごろに体調を崩しそれから十五年ほど研究活動のできない時期を経験するが、その後復活し、七十一歳で亡くなるまでこつこつと教育、研究に勤しんだ。彼は日本訪問を希望し、友人と共にその計画を具体化したことがある。しかし、友人の事情で流れてしまい、ついに生涯、来日の機会は得られなかった。

セヴェリーニの著作のうち、初期のものに『十四世紀の日本の公子とその宮廷』がある。内容は浅野内匠頭《あさのたくみのかみ》を中心とするいわゆる赤穂義士四十七士の話で、日本語教材として使用した『赤穂義士伝一夕話』などを参照したようだが、実は十八世紀初めの話であったと後に知ったらしい。次にオーストリアのプフィッツマイヤーが翻訳、翻刻した柳亭種彦『浮世形六枚屏風』を日本語の原文からイタリア語に翻訳（初版一八七二）した。プフィッツマイヤーに敬意を払いつつもその誤訳を指摘している。『竹取物語』の原文からのイタリア語全訳（一八八一）は中でも大きな仕事である。タイトルにヨーロッパで初めて翻訳された九世紀の物語と添えられ、序文に『源氏物語』の作者紫式部がこれを「すべての物語の祖《おや》」と呼んでいることを紹介している。W・G・アストンの著作から、この物語の重要性を知ったのだという。病気から復帰後に発表した「日本の真珠」（一八九四）という論文は、古今和歌集を

図12　セヴィリーニが訳したイタリア版『浮世形六枚屏風』の扉
吉浦盛純『日伊文化史考』（1968年、イタリア書房出版部）口絵より

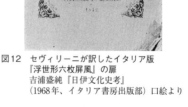

中心とする日本の和歌をギリシアやラテンの詩と比較して論じたもので、和歌のリズムを知るためにローマ在住の日本人に朗読してもらったという。遺品の中に漢字を調べるための辞典の原稿があり、生前、家族にこれが政府によって出版されることを希望すると言い残したそうだが、出版されたという情報はないと、吉浦盛純（一九六八）は述べている（三九頁）。

＊ヨーロッパ諸語に翻訳された『浮世形六枚屏風』と『養蚕秘録』

この時期に、日本人が紹介したのではなく、彼らが見出してドイツ語やフランス語、イタリア語、英語に次々と翻訳した日本語の本に、柳亭種彦『浮世形六枚屏風』（一八二一）、そして上垣守国《うえがきもりくに》『養蚕《ようさん》秘録《ひろく》』（一八〇二）がある。いずれも日本では特に高く評価されているものではない。当時、ヨーロッパでこれほど読まれたこれらの本はどんなもので、何がそれほど彼らをひきつけたのだろうか。

『浮世形六枚屏風』も『養蚕秘録』も、シーボルトが一八三〇年に日本を去る時に、オランダに持ち帰った本の目録に含まれている。両者とも、丁寧な挿絵が美しい木版印刷の和本である。

プフィッツマイヤーが『浮世形六枚屏風』のドイツ語訳と翻刻を世に出したのは一八四七年で、日本でいえば幕末である。そして翌一八四八年、かのホフマンによって『養蚕秘録』のフランス語訳が出版された。これらがそのあと、ヨーロッパの複数の言語に翻訳されていく。

『浮世形六枚屏風』は絵を歌川豊国《うたがわとよくに》が描いている。ページいっぱいに描かれた絵の余白に文字が配されている木版刷りの草双紙《くさぞうし》（十七世紀後半から明治初期まで人気があった挿絵入り仮名書きの通俗小説）で、絵の魅力も大きい。六巻本といっても、絵を除けば『近代日本文学大系 柳亭種彦集』（一九二六）で三七ページに収まるほどの短編である。プフィッツマイヤーが翻刻までしたのは、この木版印刷の絵と文字の絡みに魅力を感じたことも大きかったのではないだろうか。

物語の内容をかいつまんで述べると次のとおりである。

まず、大磯で十四歳の侍の息子の島之介が、大人に叱られて姿を消す。次の場面は八年後。奈良の出茶屋でみさをという十七、八の少女が琴を弾いて往来の人にお金を乞うている。米商人《こめあきんど》の青年、佐吉が彼女を見初める。しかし、みさをは家族を援けるため、自ら百両で身を売って姿を消す。難波の芸子となったみさをは小松と名を変えた。佐吉は小松と会ってみさをと知り、百両で身請けして一緒になろうとするが、誤ってその百両を失い、絶望して小松と心中をはかろうとする。聞こえてくる浄瑠璃の「曽根崎心中」に合わせるように死出《しで》の道行（死んで冥土へ行こうとする旅）をしていたところ、なくした百両を拾った人が現れ、事なきを得る。佐吉は実はかつて姿を消した侍の息子、島之介であった。二人は無事婚礼をあげ、幸せに暮らした。

奇妙な因縁話を絡めた他愛のない筋だが、七五調を基調とした美文調の語り口が耳に心地よく、聞こえてくる浄瑠璃（三味線を伴奏とする人形芝居の語り）という設定で近松門左衛門《ちかまつもんざえもん》の名作、「曽根崎心中《そねざきしんじゅう》」の有名な道行が語られる。

此《こ》の世のなごり夜もなごり、死にに行く身をたとふれば、あだしが原の道の霜、一足づつに消えて
ゆく、夢の夢こそあはれなれ、あれかぞふれば暁《あかつき》の、七ツの時が六ツ鳴りて、残る一ツが今生の
鐘の響きの聞きをさめ。

（この世もこれで終わり、夜も果てる。死にに行く身の上を例えるなら、一足ごとに消えてゆくあだしが原の道の霜のようで、夢の中の夢のようにはかないもの。ああ、数えると、暁の七つの鐘が六つ鳴り、残る一つが、この世で聞く最後の鐘の音になる。）

これを訳す翻訳者は、腕が鳴ったことだろう。これもこの作品の魅力の一つだったかもしれない。

プフィッツマイヤーのドイツ語訳のあと、一八六九年には横浜で英訳が出たが、これは一八五一年にアメリカでウィリアム・ターナーという人物がジャーナルに載せた梗概をそのまま使ったもので、この梗概はドイツ語訳、即ち、プフィッツマイヤーの翻訳からの展開だという（佐藤一九六九）。一八七一年にはロンドンの研究誌にマランによる英文の全訳が「日本の少女、みさを」という題で発表された（幣原一九五六）。一八七二年にはイタリアでセヴェリーニによるイタリア語訳が、原文から改めて作られた。セヴェリーニの訳は挿入された「曽根崎心中」の道行の名文など、詩的な雰囲気を生かして訳されているようである。そして、その後、一八七五年にフランソワ・トゥレッティーニによって「小松と佐吉」という題でフランス語訳される。この仏訳者はそれまでの翻訳について詳しく説明している（佐藤一九六九）。それによると、セヴェリーニのイタリア語訳は意味内容や雰囲気を大事にするかわりに語学的正確さを欠くところがあるということで、自分は日本語の原文からフランス語に、語学的にも正確を期したという。フランス語訳は、ローマ字書きの日本語の下に漢字をあてた「原文」と対照させたもので、日本語の学習にも役立ったことだろう。日本語の響きを楽しむことも目的とされたかもしれない。

一方、『養蚕秘録』は、蚕種改良に尽力した但馬《たじま》の養蚕家、上垣守国（一七五三〜一八〇八）が養蚕・

製糸の技法を記述した絵入りの実用書で、これが訳され読まれた理由ははっきりしている。日本の蚕種の輸入のために日本の養蚕業の知識への切実なニーズがあったのである。

ヨーロッパでは東洋語の研究の中で、中国の養蚕書の翻訳が行われてきた。そこに、シーボルトがもたらした日本語文献によって、日本にも優れた養蚕技術があることが、彼らの知るところとなった。フランスの養蚕学者マチュー・ボナフーは、これをヨーロッパの養蚕界に提供しようと、本文のフランス語訳を友人であるかのホフマンに依頼したというわけである。ホフマンにとっては、日本語研究の有用性を示せる機会でもあった。ホフマンは引き受け、ボナフーが解説と注釈を書いた。

ところが、それとは別に、翻訳は日本でも行われた。一八六六年、駐日フランス公使の命で、通訳のメルメ・ド・カションが『養蚕秘録』のフランス語の新訳を作成、これが同年、居留地横浜にいたイタリア人の貿易商イジドレ・デローロによってイタリア語に翻訳された。デ・ローロは日本の各地の養蚕の現場を訪ね、その飼育方法や蚕種の作り方などを観察して報告することも行っている。

来日した風景画家のアントニオ・フォンタネージ（一八一八～一八八二）による一七七七年六月の手紙に、ナポリで乗船した日本行きの船に乗っていたたくさんのイタリア人は、みんな蚕卵紙の買い付けに行く連中だったと書いている。横浜に滞在したイタリア人のピエトロ・サヴィオが一八六九年と一八九三年に日本の養蚕地帯を視察した旅行記も残っている。サヴィオは旅行記の付録に「お菊さん」という日本の小説の翻訳を載せているが、内容は『浮世形六枚屏風』とほぼ同じで主人公の名前をみさをからお菊さんに変えただけだという（吉浦一九六八）。

一八六四年に文久遣欧使節団が帰国したあと、幕府はフランスに一万五千枚の蚕種を送り、農業大臣の命を受けてロニーはこの受け入れを担った。そして、一八六八年、『養蚕秘録』より新しい本であるとして「仙台のシラカワ」なる人物が著した『養蚕新説』のフランス語訳を出した。これが、さらにイタリアのフランチェスキニによってイタリア語訳された。この『養蚕新説』の原著については、多くの研究者が調べてもなお不明のままである（鮎沢一九七七、伊藤一九九二）。ほかにも清水金左衛門による『養蚕教弘録』（一八四八）のフランス語訳を一八六八年にムリエーが発表するなど、フランス、イタリアでは日本の養蚕への関心が、日本語に実用性を持たせていたことがわかる。『養蚕秘録』もところどころ見開き二ページいっぱいに精巧な挿絵が広がっている。絹の文化ということか、源氏物語絵巻よろしく古代の宮中の雅な装束を描いたページもある。養蚕の様子を描いた絵も生き生きとしていて、漢文と和文のまじった字面も複雑で流麗で美しい。こうした視覚的な要素も、関心を引いたであろうと想像される。

＊文久遣欧使節を日本語で出迎えた人びと

さて、日本に行ったことのないホフマンやロニーは、話し言葉の日本語をどのように使ったのだろうか。それがうかがえるのが幕末の文久遣欧使節団の記録である。宮永孝『幕末遣欧使節団』（二〇〇六）を頼りに、彼らの出会った〈外国人〉を追ってみる。

幕末から明治にかけて、近代化を急いだ日本は欧米に学ぼうと、ヨーロッパやアメリカに使節団を派遣したが、その中でも文久元年（一八六一年）の十二月から翌年十二月まで、一年をかけてフランス、イギリス、オランダ、ドイツ（当時はプロシア）、ロシア、ポルトガルを訪問した文久遣欧使節団は、幕府の役人に通訳や料理人を加えた三十六名（後日、通訳が二名加わる）で、通訳を務めた二十六歳の福沢諭吉（一八三五〜一九〇一）による『西航記』ほか、淵辺徳蔵《ふちべとくぞう》の『欧行日記』など残された記録から、その様子が分かる。

読むと、使節団の行く先々で、ヨーロッパにいる数少ない日本語の使い手が続々と登場するのに驚く。あたかも別々の物語の主人公が一堂に集まるオールスターキャストの趣である。日本人がヨーロッパを訪れることが極めて珍しかったこの時期、この機会を逃すまいとゆかりのある人びとがこぞって会いにきたようだ。

まず、一八六二年一月十九日、渡航途中に寄ったイギリス領のシンガポールのホテルに、（山本）音吉《おときち》（一八一七頃〜一八六七）が訪ねてきた。音吉は以前、イギリス艦隊の通訳として、長崎で蘭学を学んでいた福沢諭吉と会ったことがあり、なつかしい再会だった（『福沢諭吉全集十九巻』一一頁）。

音吉は太平洋で漂流してアメリカ西海岸に着いてからイギリス、マカオ、上海、シンガポールと移り住み、行く先々で現地の人が出会った最初の日本人として影響を与えてきた人物で、最初にアメリカの太平洋岸に流れ着いたときのことはラナルド・マクドナルドの『日本回想記』に触れられている。『英学の祖――オレゴンのマクドナルドの生涯』の著者E・E・ダイは、マクドナルド本人から、このとき音吉に会ったと聞いたという（春名徹『にっぽん音吉漂流記』一九七九、二五八頁）。

音吉らはこのあと、マカオに送られ、イギリス貿易監督庁の世話を受けながら、ドイツ生まれの宣教師、カール・F・A・ギュツラフ（一八〇三〜一八五一）がとりくんでいた聖書の日本語訳を手伝った。この時、アメリカ人の支援で音吉らが日本へ帰国しようと乗っていたモリソン号が、鎖国政策をとっていた幕府の砲撃を受け（一八三七）、やむなくマカオに戻るという事件があった。音吉らは、そこで再び欧米人宣教師らの保護のもと、彼らの日本語学習を支えることとなり、宣教師の一人サミュエル・ウィリアムズ（一八一二〜一八八四）の『マタイ福音伝』の日本語訳作成に協力した。ウィリアムズはペリー来航のときの通訳だが、この人の日本語学習を支えたのが音吉だったのである。

音吉は後に、上海で貿易会社に勤めて、通訳として日本との交渉に貢献し、晩年はシンガポールへ移住した。文久遣欧使節団に会いにきたのは、このころのことである。現地の女性と結婚して子どもが三人いると諭吉に語った。四十三歳の年だが、五十前に亡くなる音吉には晩年である。日本への帰国が絶望的だった音吉は諭吉との再会を喜び、熱心に清国（当時の中国）の状況を説明した。

図13　カール・ギュツラフ

使節団はエジプトのカイロを経由してヨーロッパに向かい、三月五日にフランスのマルセーユに上陸すると、祝砲と大勢の見物客に迎えられた。一週間ほどして、オランダから彼らを訪ねてきたのがホフマンである。当時ライデン大学の教授でオランダ植民地省の翻訳官でもあった。随伴した市川渡の記録には「此《こ》の人、漢籍を学び、また頗《すこぶ》る日本語を解す。よって筆談及び一、二説話す」（宮永二〇〇六、八一頁。表記を改めて示した）とある。ホフマンは、既に日本語の研究者として当時のヨーロッパにおける第一人者であったが、日本語で会話をする機会はほとんどなかった。会話は筆談交じりで行われたようである。この先、使節団がオランダに着いたときには、正式な接伴委員として彼らの世話をすることになる。パリで彼らにあったのは、その準備をかねていたかもしれない。

このとき、フランス政府から日本からの客人の通訳兼接伴委員に任じられていたのがレオン・ド・ロニーだった。二十代半ばではあったが、独学で十七歳で日本語文法書を書き上げ、日本語書籍を読み込んで日本文化に心酔していたロニーは日本から使節が来るたびに通訳やガイドを務めていた。福沢諭吉は三月十九日にロニーに会った。珍しい人物と会えた喜びに、長時間話し込んだようである。

使節団はパリでは帝国印刷所を見学したが、ここに日本の文字の草書体の活字もあったのだった。

次に訪問したイギリスでは、ドーバーの港で使節団を歓迎する人びとの中に大声で叫びながら感極まって涙を流す男性がいた。箱館・長崎領事として一八五九年から一八六一年まで日本に滞在したクリストファー・ホジソン（一八二一〜一八六五）だった。また、バーミンガムでは「よい天気、よい天気」と突然日本語で呼びかける人物に出会う。彼はロシア人で、ロシアの遣日使節プチャーチンの随員として来日し、伊豆の戸田裏に滞留したことがあると語った。

次の訪問地、オランダではオランダ政府が任命した接伴委員に、ホフマンに加えて、長崎出島の最後のオランダ商館長であったドンケル・クルチウスが任じられていた。彼らは精一杯の準備をして使節団を歓待した。使節団の行く先ごとに正使・竹内下野守の梅鉢《うめばち》、副使・松平石見守の蔦葛《つたかずら》、監察使・京極能登守の四ツ目結びと三つの家紋を染め抜いた旗の下に「和蘭《オランダ》京は日本尊客の為に恭建（オランダの都ハーグ市は日本からの尊いお客様のために謹んで掲げます）」と書いた額が立てられていたが、これはホフマンの心遣いだった。中庭にたてられた旗に書かれていた「よく御出（ようこそ）」は、オランダ語の

「Welkom（英語のWelcomeに当たる）」の直訳だろうということである（宮永一九八四）。

ホフマンは州知事らの集う使節団の歓迎式典で通訳を務めた。会話の機会に恵まれなかったホフマンだが、漢字を使った筆談を交えて円滑なコミュニケーションがはかれたようで、使節団はホフマンの日本語の巧みさと心のこもった歓迎ぶりに心を打たれた。

オランダのデルフトでは、クルチウスが自宅に使節団を迎え入れて歓迎した。一家総出で玄関の外に出て一行を迎え、あたたかいもてなしをするクルチウス家の人びとに、淵辺徳蔵は、まるで旧友の家を訪れたようであったと書いている。

一行はこのあとドイツに入るが、ケルンで彼らを待っていたのは、シーボルトの妻子だった。シーボルトは日本に妻タキと娘のイネを残して追放され帰国してから十五年後、ドイツ貴族出身のヘレーネと再婚した。三人の子どもを連れて使節団に会うためはるばるやってきたヘレーネの目的は、夫と長男アレクサンダーの消息を知ることだった。シーボルトは長男と三十年ぶりに日本を再訪したが、望んでいた駐在オランダ公使などの職を得ることができず、一八六二年四月、江戸・長崎を離れてバタヴィアにもどり、オランダへ帰る途中であった。

次に一行はロシアのペテルブルクに向かう。ここで彼らが驚いたのは、迎賓館の各部屋にロシア語にふりがなのついた和露辞典、『和魯通言比考』が置かれていて、徹底した日本式の調度品や食事に迎えられたことだった。この接待の仕掛け人はゴシケーヴィチとともに『和魯通言比考』を著わした橘耕斎、ロシア名、ウラジーミル・ヨシフォヴィチ・ヤマトフだった。ただ、当人が使節団の前に姿を見せることはなかった。

ところで、パリで会ったロニーは、使節団がフランスを去った後も、オランダ、ドイツ、そしてロシアまで、彼らを追ってきた。福沢は『西航記』の一八六二年七月二十二日の記録にロニーについて次のように書いている（振り仮名を現代の表記にし、一部漢字を仮名に開いて読みやすくして示す）。

巴理《パリ》の羅尼《ロニー》来る。この人は日本語を解し、またよく英語に通ず。日本使節巴理《パリ》に在りしときより時々旅館に来《きた》り余輩と談話せり。使節荷蘭《オランダ》へ逗留中、羅尼《ロニー》、政府の命を受け、日本人を見るためハーゲに来り、留ること二十日ばかり、母の病を聞き、巴理《パリ》に帰り、今度また日本人を尋ねんとして別林《ベルリン》に来りしに、余輩すでに同所を出立せり。由てまた別林より伯徳禄堡《ペテルブルグ》に来れり。別林より伯徳禄堡までの道程八百里、火輪車にてこの鉄路を来るに入費四百フランク。ただ余輩を見んために来る。欧羅巴《ヨーロッパ》の一奇士と云ふべし。

（パリのロニーが来た。この人は日本語ができ、英語もよくできる。日本の使節団がパリに滞在していたとき、ときどきホテルに来て私たちと話をした。使節団がオランダに滞在中、ロニーは政府に命じられて日本人の接待のためにハーグに来て、二十日ほど留まった。母の病気の知らせを聞いて一度パリに帰り、また、日本人に会おうと（ドイツの）ベルリンに来たのだが、私たちは既にそこを発っていた。それで、ベルリンから（ロシアの）ペテルブルクまでやってきた。ベルリンからペテルブルグまでの距離は八百里（約三二四〇キロ）、汽車で鉄路を来るのに費用は四百フランクかかる。（それほど遠いところまでお金をかけて）ただ私たちに会うためにだけやって来たのだ。ヨーロッパの一奇士――驚くべき人物というべきである。）

（『福沢諭吉全集　十九巻』四三頁）

滅多に日本人に会うことのないロニーがこの機会を逃さじと彼らを追ってきた様子とそのことに感銘を受けている諭吉の気持ちが伝わってくる文章である。年齢の近い福沢諭吉はロニーとの親交を深めた。ロニーは英語もうまかったから、諭吉とは英語でも話せただろうが、数少ない機会を逃すまいと、日本語で話したに違いない。諭吉はロニーに「植《うえ》て見よ　花のそだたぬ里はなし　こころからこそ　身はいやしけれ（種を植えてみよ。花が育たない土地はない。心をこめて行えばこそ、心身を癒すことができる。）」と、良寛の作と伝えられる和歌を一首、書いて与えた。パリの国立東洋語学校に日本語講座が開設されたのは翌一八六三年のことである。ロニーはこの和歌をフランスで日本研究の種を播こうとするロニーへの励ましと受け止めて大切にしたのではないだろうか。福沢諭吉は帰国後もロニーと日本語、そして英語でも手紙を交わしている。

＊琉球語を学んだ宣教師たち

「鎖国」政策にキリスト教の禁教が重なって、キリスト教宣教師が新たに日本にやってくることは絶望的になっていた時期、ヨーロッパの宣教師らは、イエズス会によって種が播かれた日本への布教をあきらめたわけではなかった。

ドイツ人宣教師カール・F・A・ギュツラフは、日本での布教活動を願いつつ、マカオで日本人の音吉らから日本語を習い、イギリス人宣教師W・H・メドハースト（一七九六〜一八五七）の『英和・和英語彙』を参考にして、当時の日本語の話しことばで試訳した福音書、『約翰《ヨハネ》福音之伝（ヨハネによる福音書）』（一八三七）を作った。木版刷りの和装本仮綴じの本で、冒頭、「ハジマリニ　カシコイモノゴザル（初めに言葉があった）」という訳文で始まる。ギュツラフは日本での布教を願いつつ、ついに叶わなかった。が、この本は、後に日本に赴く宣教師のS・R・ブラウンやJ・C・ヘボンらの心を動かすことになる。

マカオや上海のほかに、彼らが日本に接近するための拠点として注目したのは、琉球王国だった。現在の沖縄である。東アジア地域の貿易中継地として栄えた琉球王国は、実質的に日本の薩摩藩の支配下にあったが、一六一二年に江戸幕府がキリスト教禁止令を出したあとも、琉球では宣教師の潜入を許していた。因みに、松前藩の支配下にあった蝦夷地《えぞち》（アイヌ社会）では、十九世紀に至るまでキリシタン禁制は及ばなかった。

十九世紀前半、日本の周辺に「鎖国」のほころびが兆すのを読み取って、日本布教の準備をはじめていたパリ外国宣教会は、宣教師のテオドール＝オーギュスタン・フォルカード（一八一六〜一八八五）を一八四四年五月に琉球王国に送り込んだ。監視されながらの滞在だったが、フォルカードがまずとりかかったのは言葉の習得だった。一八四五年八月二十五日付の手紙の中で、彼は、はじめ琉球の人びとが彼にことばを勉強させるのをいやがって妨害したこと、それでも神の加護で次第に下級官吏が態度を改めて協力するようになり、すでに一万語以上収録した辞書を作ったこと、今では聞いてほ

図14　テオドール＝オーギュスタン・フォルカード

とんど分かるし、簡単な話はできることを報告している（フォルカード［著］中島昭子／小川早百合［訳］『幕末日仏交流記』五五頁）。このとき、フォルカードは、琉球語が、そのまま日本での布教に使えると思い込んでいた。その後、一八四九年九月十八日付の手紙で、琉球語は日本の人には通じないことが分かったと嘆いている。このあとフォルカードは香港にいる島原出身の日本人に日本語を教わる約束をし、日本での布教の準備を進めようとしたが、それは実現しなかった。

次に、ハンガリー生まれの医師バーナード・ベッテルハイム（一八一一〜一八七〇）が、同じような事情で、一八四六年からイギリス国教会の牧師として琉球に八年間滞在し、琉球語と英語の『英琉辞書』（一八五一）を作成した。ベッテルハイムも琉球語を学んで布教を進めつつ、書物を通して日本語の知識を得て日本を目指していた。日本での布教はかなわなかったが、このあと香港で『新約聖書』の琉球語訳（一八五五）を刊行し、琉球語研究に大きな成果を残した。

日本布教をめざす宣教師たちは、琉球のほか、マラッカやマカオで日本の開国を待っていた。一八七一年から一八七三年に欧米に派遣された岩倉使節団が欧米各国で条約改正の条件として求められたのはキリスト教の解禁であった。それを受けて一八七三年にキリスト教の禁教令が解かれ、日本に再び宣教師たちがやってくる。

第三章　いにしえの達人たちの日本語3
——十九世紀～二十世紀初め（開国前後～昭和初期）

1　近代の来日外国人たちの日本語

＊近代日本の「国語」としての日本語

幕末から明治にかけて、開国したばかりの日本に赴任したイギリスの外交官や通訳たちは日本語研究に大きな足跡を残した。このころ、福沢諭吉『学問のすすめ』（一八七二）の「『天は人の上に人を造らず、人の下に人を造らず』と言へり。」といった和漢混淆文《わかんこんこうぶん》が明治の新しい時代の書き言葉「普通文」として普及し、やがて言文一致体へと移行するが、外国人による日本語教科書では実際の話し言葉が書きとられた。日本の一般社会では規範が求められたが、日本語会話書では実例こそが求められた。彼らの教科書を見ると、当時の彼らや周囲の人びとがどんな日本語を使っていたのかが分かる。

明治維新を経て、近代国家としての整備を急ぐ日本にとって、全国に通じる共通語としての日本語の統一は喫緊《きっきん》の課題であった。それまでは、人やものの移動も限られており、生まれた場所で一生を終える人が大半で、それぞれの地域のことば（方言）が通じれば十分だったが、東京を政治や文化の中心とする中央集権的な近代日本では人びとの行動範囲が広がり、別の方言を使う者同士が情報を交換しあう必要性が切実なものとなった。そこで、官民あげて、日本全国で通じ合える共通のことば、「国語」が希求され、さまざまな模索を経て整えられてきたのである。

そうして十九世紀の末、「国語」は統一され、学校における「国語教育」が全国で行われるようになる。並行して新しく領土に組み込まれた台湾、朝鮮、太平洋の南洋諸島（当時の名称は「南洋群島」）でも日本語が公教育などを通して普及し、使われるようになった。また、中国人留学生をはじめとする在日留学生に対する日本語教育もまた、ほぼ同時に本格化した。こうしたさまざまな新しい日本語の使い手のためにも、基準となる「国語」、即ち日本語がひとつ定められ記述されたことの利便性は高かった。

＊「国語」としての日本語普及

近代日本の国家語、「国語」の普及のための組織的な教育の第一歩は、一八七二（明治五）年、明治新政府が、東京・芝に北海道開拓の人材養成のために設置した開拓使仮学校（北海道大学の前身）で、北海道開拓のための人材育成の一環としてアイヌの青年を対象とした日本語、日本文化の教育が行われた。また、一八七九（明治十二）年に琉球王国が日本に吸収されて沖縄県となったのに伴い、翌年から沖縄での「国語」の教育が始まった。このときの「国語」は、共通語であるだけでなく、それぞれの人びとにとって唯一の言語となることが望ましいと考えられていた。アイヌ語は「消えゆく言語」とされ、沖縄で使われている琉球語をはじめとする諸方言も、「国語」に置き換わることが期待された。同様に、各地の方言も矯正されて「国語」がただ一つの統一言語となるのが望ましいと考えられたのである。

今日では、人は複数の言語を持つことができ、一つを加えるために一つを失う必要はないことが分かっている。今日的な「言語権」の考え方では、日本語が政治経済文化のすべての場面で用いられる日本に新たに加わる〈外国人〉は、日本語を自由に使う権利と従来の母語、あるいは祖先につながる言語を使い続ける権利の両方を持っている。つまり、彼らは二つの言語を適宜使い分けて豊かに暮らすことが保障されるべきであった。しかしながら、バイリンガリズム（二言語使用）に関する研究が盛んになるのは二十世紀後半のことで、それまでは世界的に、人が新しいことばに習熟するには、それまでのことばは制限する必要があるとか、バイリンガルはモノリンガルより文化レベルが低いといった考え方が一般的であった（ベーカー一九九六、第十章）。日本語を自由に使う権利を彼らに保障するためには、従来の彼らの言語（母語）を犠牲にするのはやむを得ないという考えが、あたかも自明の理であるように異口同音に語られ、多くの人がそう思い込んだのは、かえすがえす残念なことである。

日清戦争後の一八九五年、台湾が日本の領土となると、日本政府はただちに台湾総督府を置き、「国語」としての日本語の教育を始めた。同じく日本の版図《はんと》に含まれることになった朝鮮では一九一〇年から、占領期を経て国連による日本の委任統治領となる南洋群島（サイパン、ヤップ、パラオ、トラック、ポナペ、ヤルート）では一九一四年から、宗主国である日本の「国語」としての日本語の教育が初等教育から積極的に進められた。その後、日本の勢力拡大に伴い、「満洲《まんしゅう》」（現在の中国の東北部）や中国・東南アジアの占領地でも初等教育から「大東亜共栄圏の共通語」としての日本語の教育が推進された。日本の領土ではないこれらの地域では、「国語」ということばは用いられず、「日本語」と呼ばれた（序章の図を参照のこと）。

＊開国前夜に来日した宣教師たち――ヘボンとブラウン

江戸時代も終わりに近づき、開国の見通しがたつと、キリスト教禁制が解かれることを見越して、まずアメリカから宣教師がやってきた。中でも日本語研究に大きな足跡を残したのは、ジェームス・C・ヘボン（一八一五～一九一一）と、サミュエル・R・ブラウン（一八一〇～一八八〇）である。

キリスト教徒の恵まれた家庭に生まれ育ったヘボンは、蒸気機関車などの発明品が社会を変える様子に心ひかれ、プリンストン大学で科学を学んでいたが、アメリカの中国市場への進出が進み、アジアへの啓蒙活動が盛んに唱えられると、東洋へ赴く夢を抱くようになった。ペンシルヴェニア大学で医学を学び、医師として東洋で働こうと考えたが両親の反対から一度は現地の病院で働いたものの、クララとの結婚を機に、一八四一年、二十六歳のときにクララを伴って出航した（望月一九八七）。

憧れの東洋の最初の地はシンガポールだった。そこでヘボンは、日本への渡航を目指すブラウンと出会う。そして、ギュツラフが日本からの漂流民、音吉の力を借りて作成した聖書の日本語訳、『約翰《ヨハネ》福音之伝（ヨハネによる福音書）』を知ったのである。ヘボンは、ブラウンから、ギュツラフが日本での布教を熱望しながらついに叶わなかったことを聞き、この本を譲り受けて、ニューヨークの長老教会海外伝道本部に解説を付けて送った。ヘボンは一度ニューヨークに戻ったが、日本の開国が近いと知った一八五九年、あの『約翰福音之伝』を返してもらい、ギュツラフの思いを胸に抱いて日本に来たのだった。日本へ向かう船の中で、ヘボンはこの本のおかげで日本語が読めるようになり、「かなり満足できる程度に訳すこともできる」ようになったと手紙に書いている（W・ラウリー宛、一八五九年七月十九日付の手紙。望月一九八七、三六頁より引用）。

ヘボンが来日した当時、日本ではまだキリスト教は禁じられていて、彼らの行動は監視されていた。不自由ではあったが、ヘボンは神奈川の古寺、成仏寺《じょうぶつじ》に住んで医療活動をする中で、さまざまな境涯の患者の話す日本語に耳を傾け、日本人に英語を教えながら聖書の和訳にも勤《いそ》しんだ。ヘボンは日本上陸前から日本語の単語や慣用句を書き留めるノートを手放さず、日本へ向かう船の中でも単語に英訳をつけて書き留めていたという。患者との会話を通して、ノートに書き留められることばは増えていった。

ブラウンもヘボンに数か月遅れて来日し、ヘボンとともに聖書の翻訳を進めるかたわら日英対訳の会話学習書『会話日本語(Colloquial Japanese)』(一八六三)を出版した。冒頭に六六ページにわたって日本語文法や表記などについての専門的な記述があり、

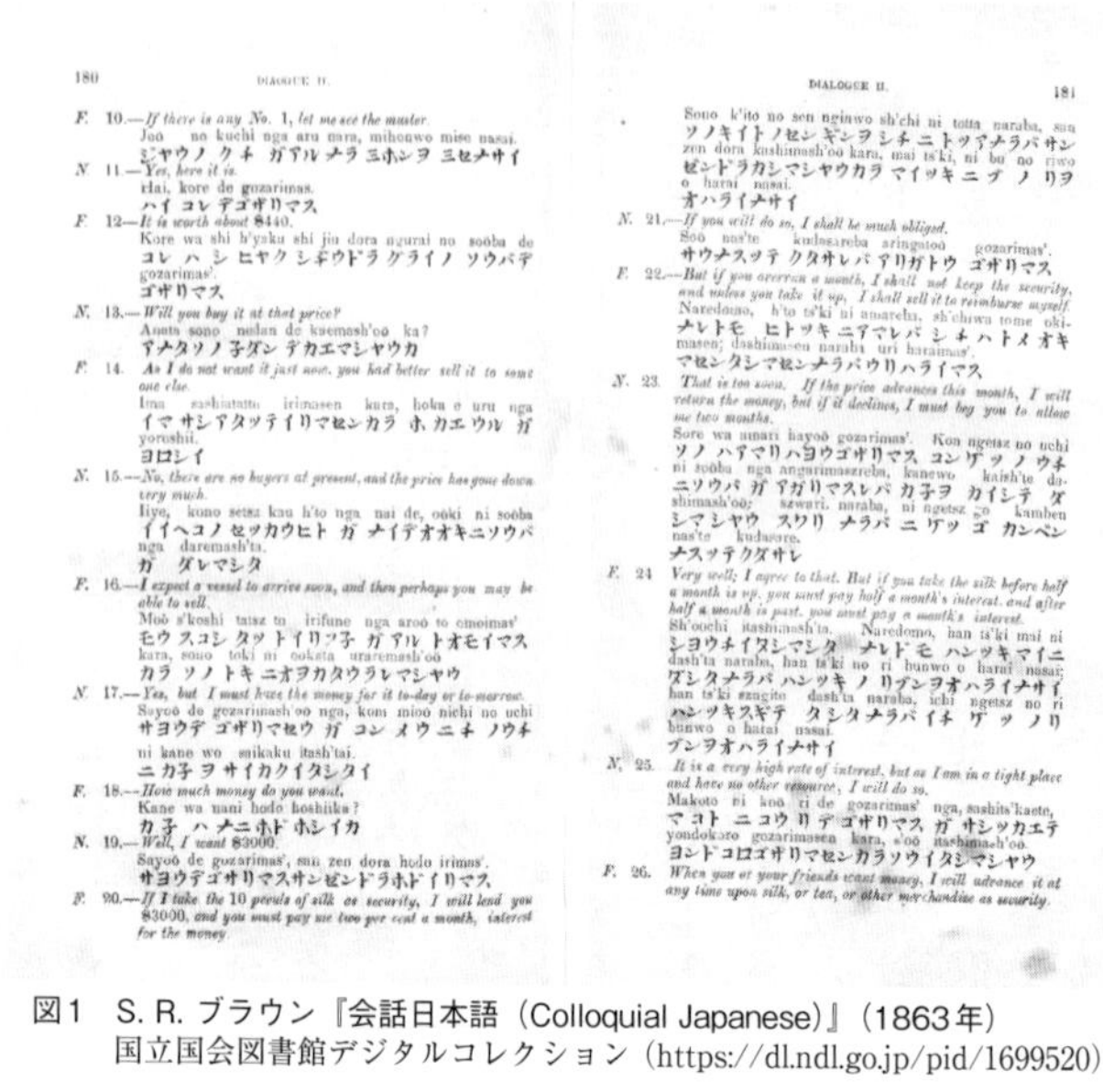
180　DIALOGUE II.

F. 10.—*If there is any No. 1, let me see the muster.*
Joo no kuchi nga aru nara, mihonwo mise nasai.
ジヤウノ クチ ガアルナラ ミホンヲ ミセナサイ
N. 11.—*Yes, here it is.*
Hai, kore de gozarimas.
ハイ コレ デゴザリマス
F. 12—*It is worth about $440.*
Kore wa shi h'yaku shi jiu dora ngurai no sooba de gozarimas'.
コレ ハ シ ヒヤク シヂウドラ グライノ ソウバデ
ゴザリマス
N. 13.—*Will you buy it at that price?*
Anata sono nedan de kaemash'oo ka?
アナタソノ子ダン デカエマシヤウカ
F. 14. *As I do not want it just now, you had better sell it to some one else.*
Ima sashiatatte irimasen kara, hoka e uru nga yoroshii.
イマ サシアタツテイリマセンカラ ホカエウル ガ
ヨロシイ
N. 15.—*No, there are no buyers at present, and the price has gone down very much.*
Iiye, kono setsz kau h'to nga nai de, ooki ni sooba nga daremash'ta.
イイヘコノ セツカウヒト ガ ナイデオオキニソウバ
ガ ダレマシタ
F. 16.—*I expect a vessel to arrive soon, and then perhaps you may be able to sell.*
Moo s'koshi tatsz to irifune nga aroo to omoimas' kara, sono toki ni ookata uraremash'oo
モウ スコシ タツ トイリフ子 ガアル トオモイマス
カラ ソノ トキ ニオヲカタウラレマシヤウ
N. 17.—*Yes, but I must have the money for it to-day or to-morrow.*
Sayoo de gozarimash'oo nga, kon mioo nichi no uchi ni kane wo saikaku itash'tai.
サヨウデ ゴザリマセウ ガ コン メウ ニチ ノウチ
ニカ子ヲサイカクイタシタイ
F. 18.—*How much money do you want.*
Kane wa nani hodo hoshiika?
カ子 ハ ナニホド ホシイカ
N. 19.—*Well, I want $3000.*
Sayoo de gozarimas', san zen dora hodo irimas'.
サヨウデゴザリマスサンゼンドラホドイリマス
F. 20.—*If I take the 10 peculs of silk as security, I will lend you $3000, and you must pay me two per cent a month, interest for the money.*

DIALOGUE II.　181

Sono k'ito no sen nginwo sh'chi ni totta naraba, san zen dora kashimash'oo kara, mai ts'ki, ni bu no riwo o harai nasai.
ソノキイトノセンギンヲシチニトツタナラバサン
ゼンドラカシマシヤウカラ マイツキ ニブ ノ リヲ
オハライナサイ
N. 21.—*If you will do so, I shall be much obliged.*
Soo nas'te kudasareba aringatoo gozarimas'.
サウナスツテ クダサレバ アリガトウ ゴザリマス
F. 22.—*But if you overrun a month, I shall not keep the security, and unless you take it up, I shall sell it to reimburse myself.*
Naredomo, h'to ts'ki ni amareba, sh'chiwa tome okimasen; dashimasen naraba uri haraimas'.
ナレトモ ヒトツキ ニアマレバ シチハトメオキ
マセンダシマセンナラバウリハライマス
N. 23. *That is too soon. If the price advances this month, I will return the money, but if it declines, I must beg you to allow me two months.*
Sore wa amari hayoo gozarimas'. Kon ngetsz no uchi ni sooba nga angarimaszreba, kanewo kaish'te dashimash'oo; szwari naraba, ni ngetsz go kamben nas'te kudasare.
ソノ ハアマリハヨウゴザリマス コンゲツ ノ ウチ
ニソウバ ガ アガリマスレバ カ子ヲ カイシテ ダ
シマシヤウ スワリ ナラバ ニ ゲツ ゴ カンベン
ナスツテクダサレ
F. 24 *Very well; I agree to that. But if you take the silk before half a month is up, you must pay half a month's interest, and after half a month is past, you must pay a month's interest.*
Sh'oochi itashimash'ta. Naredomo, han ts'ki mai ni dash'ta naraba, han ts'ki no ri bunwo o harai nasai; han ts'ki szngite dash'ta naraba, ichi ngetsz no ri bunwo o harai nasai.
シヨウチイタシマシタ ナレドモ ハンツキマイニ
ダシタナラバ ハンツキ ノ リブンヲオハライナサイ
ハンツキスギテ ダシタナラバ イチ ゲツ ノリ
ブンヲオハライナサイ
N. 25. *It is a very high rate of interest, but as I am in a tight place and have no other resource, I will do so.*
Makoto ni koo ri de gozarimas' nga, sashits'kaete yondokoro gozarimasen kara, s'oo itashimash'oo.
マコト ニコウ リ デ ゴザリマス ガ サシツカエテ
ヨンドコロゴザリマセンカラソウイタシマシヤウ
F. 26. *When you or your friends want money, I will advance it at any time upon silk, or tea, or other merchandise as security.*

図1　S. R. ブラウン『会話日本語(Colloquial Japanese)』(1863年)
国立国会図書館デジタルコレクション(https://dl.ndl.go.jp/pid/1699520)

そのあと短い英語とそれに対応する日本語の話し言葉として丁寧体と普通体が並べてある。例えば二ページ目、「Are you well?」に対応する日本語としてローマ字と片仮名で「Go ki ngen yo-ro-shi-u go za-ri-ma-s, ka ?　ゴキゲンヨロシウゴザリマスカ」「Ka-wa-ru ko-to wan ai-I ka ?　カハルコトハナイカ」という具合である。ローマ字表記に細かい注意が払われ、「ごきげん」の初めの「ご」は濁音、「げ」は鼻濁音であること、「ますか」の「す」の母音は無声化されることなども表現されている。二種類の文体があることは日本語におけるコミュニケーションの上で重要だが、それが適切に認識されていたようである。一七二ページまでこうした一文ごとの話し言葉が示された後、第二部の「ダイアログ（対話）」が二五ページ、七つの場面会話で構成されている。二番目の生糸《きいと》の訪問販売の会話から一部を挙げる。生糸の販売員が、「外国人」を訪ねて来て、すぐに卸売業者にお金を支払わなければならず困っているから、買ってほしいとねばる。「外国人」は「さしあたっていりません」と二度断るが、食い下がられて上質の糸の見本を見る。そのあと緊迫の交渉が展開する。

外国人　今、さしあたっていりませんから、ほかへ売るほうがよろしい。
販売員　いいえ、この節、買う人がないので、大きに相場がだれました。
外国人　もう少したつと、入船《いりふね》があると思いますから、そのときに大方売られましょう。
販売員　さようでござりましょうが、今明日《こんみょうにち》のうちに金を才覚いたしたい。
外国人　金はなにほど欲しいか。
販売員　さようでございます。三千ドラ（ドル）ほどいります。

外国人　その生糸の千斤《せんぎん》を質にとつ《(ママ)》ぁならば（質草にとったら＝担保として預かるなら）、三千ドラ（ドル）貸しましょうから、毎月の利を御払いなさい。

（『会話日本語（Colloquial Japanese）』一八〇～一八一頁）

この「外国人」は結局、「貸金の証文」を書かせて、質屋よろしく生糸を蔵に預かる。幕末の時代劇を見ているようだが、まさにその幕末日本で、ブラウンらはこんな会話をして生活していたのだろう。

やがて、ヘボンの単語ノートは『日葡《にっぽ》辞書』などを参照して品詞を見極め、例文をつけて必要あれば類語を示し、辞書としての体裁をととのえていった。そこへ、目の病で岸田吟香《きしだぎんこう》（一八三三～一九〇五）がやってきてヘボンの治療を受け、ヘボンの話を聞いてすっかり感じ入り、ヘボン家に住み込んで辞書の草稿の清書を手伝った。彼はヘボンに教わった処方の目薬で大儲けもしたが、ヘボンの英和辞書の印刷のためにヘボンとともに上海に行って上海の長老教会印刷所で日本語の文字の鉛《なまり》活字を作らせてその印刷を見とどけた。こうして世に出たのがヘボンの『和英語林集成（Japanese-English and English-Japanese Dictionary）』（一八六七）である。表紙には美しい楷書で「美国　平文先生　編訳　和英語林集成」と書かれている。見出し語は片仮名で、漢字を使った表記を添えるが、語釈に添えられた例文はローマ字書きである。例文には、「せっかく来たのに療治をしてもらわぬことが残念（「せっかく」の例文）」「茶碗にいっぱいずつ、日に三度のむがよい（「ずつ」の例文）」など診療現場を想像させるものがあって、ヘボンの日常が想像される。ヘボンの『和英語林集成』は一八八六年には改訂増補された第三版が出た。初版から第三版までといえば幕末から明治にかけての二十年間、日本社会は近代化への大転換を経験し、その変化は日本語にも及んだ。第三版では「文明」「数学」「郵便」「銀行」「日曜日」といった新しい漢語が加えられ、見出し語数は、初版の二万七七二語から三万五六一八語に増加した。分厚い講談社学術文庫で手に入れやすいのはこの第三版である。この辞書は英語話者向けなので、ローマ字綴りは「シ」を「shi」、「チ」を「chi」と書くなど英語の綴りを応用した綴り方が用いられ、これが現在も使われている「ヘボン式ローマ字」のもとになった。

＊外交官や通訳、お雇い外国人たちの日本語――オールコック、サトウ、アストン

(1) オールコック

イギリスの初代駐日公使ラザフォード・オールコック（一八〇九〜一八九七）は、来日前に中国で中国語を学び、メドハーストに直接会って日本語の話を聞いたことがあった。ロドリゲスの『日本語小文典』も読んだようである。来日後、日本語を学ぶため文法を記述しようとしたオールコックは、役人と目付が見張る中、マタベという「物静かで忍耐強い」日本人のオランダ語通訳を真ん中に複数（「われわれ」とある）でテーブルを囲み、「英語の八品詞に相当するものについて十字砲火を浴びせるように質問」（オールコック［著］山口光朔［訳］一九六二、二五七頁）しては書きとめ、「十八カ月のあいだ、来る日も来る日も繰り返されたこの長い拷問の最後の結果」、二年目に『初学者用日本文法要説』（一八六二）を出版した。あとでオールコックが「良心のとがめ」を覚え「どうして途中で気がくじけなかったのかと、不思議に思う」ほど、マタベは耐えてやりぬいた。オールコックは、このほかに実用書として『片

仮名とローマ字による日常日本語対話集（英語とフランス語の翻訳付）』（一八六三）を著した。序文によると、対象は日本語で外交交渉を行う通訳を志す人である。テキストは、ページを縦線で左右に分け、左にローマ字の下に片仮名が書かれた会話文、右に英語、フランス語の対訳が並べてある。最後の十六課の「瀬戸物（陶器）屋」を覗いてみよう。表記を読みやすく整えて示す。

客　皿付き茶碗のよい品があるか？
店の人　へい、薄手のごくよろしいのがございます。
客　見せな。
店の人　少しお待ちなさいまし。ただ今、土蔵へとりに参っています。じきにお目にかけます。
客　これは模様が気にいらね、それを見せな。いくらだ？
店の人　ひと組、十二で。値はごく引きまして、十二両でございます。
客　十両じゃ、どうだ？
店の人　値は、少しも引けません。
客　きざ、ねか？（傷はないか？）
店の人　傷はとりかえてあげます。

（オールコック一八六三、三九～四〇頁）

オールコックは敬語に大きな関心を抱き、「階級・年齢・性別の各変化にしたがって異なった話し方をする」（同、二二六頁）と書いている。おそらく、この場面も実際のやりとりを観察して書いたのだろう。幕末の会話が生き生きと写されている。興味深いのは「きざ、ねか？」である。「ない」が「ねえ」になるのは今日の首都圏でも一般的だが、「傷は」が「きざ」と発音されるのは、松下大三郎《だいざぶろう》が東京の話し言葉を記述した『日本俗語文典』（一九〇一）で、名詞の「語尾変化」として「ツキャー（月は）出た」「ツキョー（月を）見る」などを挙げているのと符合する。当時の江戸ことばはこのように発音されていたのだろう。オールコックの著作の中でもっとも知られているのは幕末の日本の様子を英語で欧米に紹介した『大君《たいくん》の都（The Capital of the Tycoon）』（一八六三）である。オールコックは、日本語の書籍を直接自由に読むほどの日本語の力は持っておらず、博物学者のエンゲルベルト・ケンペルやシーボルトなどの著作を参考にして書いたのだという（楠家一九九七）。

40　CHINA WARE. — PORCELAINE CHINOISE.

Newa soucochimo hikemasen. ネヲ スコシモ ヒケマセン	*I cannot in the least abate.* Je ne puis rien diminuer absolument.
Kiza neca? キザ ネカ	*Are they perfect?* Sont-elles parfaites?
Kidzouwa toricayete aghemas. キヅヲ トリカヘテ アゲマス	*If any are damaged, I will change them.* S'il y en a d'endommagées, je les changerai.
Conotewo mô to coumi hochiimonda. コノテヲ モウ ト クミ ホシイモンダ	*I wish for more than ten sets of this kind.* Je désire plus de dix services de cette espèce.
Conocoutchiwa coreghiride gozaimas, go- コノクチヲ コレギリデ ゴザイマス ゴ tchoûmon nara nani hododemo. チウモン ナラ ナニ ホドデモ	*Of this kind there is only one set. If ordered, how many would you want?* De cette espèce il n'y a qu'un service. En cas de commande, quel nombre vous faudrait-il?
Atzourayetara itzou dekiyô. アツラヱタラ イツ デキヨウ	*If ordered, when will they be ready?* Si vous commandez, quand doit-ce être prêt?
Rai ghetzou nacabaniwa dekimas. ライ ゲツ ナカバニヲ デキマス	*They will be ready the middle of next month.* Ce doit être prêt au milieu du mois prochain.

図2　R. オールコック
『片仮名とローマ字による日常日本語対話集（英語とフランス語の翻訳付）』（1863年）

(2) アーネスト・サトウ

アーネスト・サトウ（一八四三〜一九二九）は、イギリス駐日領事館の通訳として一八六二年に十九歳で来日して以来、日本語の学習、研究に熱心にとりくみ、将軍徳川慶喜《よしのぶ》との会見を通訳するなど日英間の歴史的な交渉の場に数多く関わった。サトウの日本語の能力は傑出していたという。著作の中で最も有名なのは幕末から明治の日本社会を観察した回想録『一外交官の見た明治維新』（原著初版一九二一、坂田精一［訳］一九六〇、新訳：鈴木悠［訳］二〇二一、同じく新訳：楠家重敏［訳］二〇二一）だが、日本語学習書には『Kuaiwa Hen（会話篇）』（一八七三）、『英日口語辞書』（一八七六）がある。『Kuaiwa Hen（会話篇）』は、「教師と生徒」「火事」「使用人が閑をとる」「使用人の雇用」「漢字の学習」といった二五の場面をテーマとする会話の本で、「ひと」が「shito（しと）」と書かれるなどローマ字で当時の江戸ことばの発音が活写されている。第三課「教師と生徒」から一部を、現代の日本語の表記に改め、体裁を会話の形に整えて紹介する。

A　日本の文法書がなくてひどく不自由だ。稽古をするにどういう塩梅《あんばい》ではじめたらよかろう。〔…〕

B　まず、仮名をよく覚えてもうずんずんと読めるくらいになったら、それからちっと漢字をおぼえなさるがよかろうと存じます。

A　しかし、長い間でなくっちゃ、そういうわけにはまいりますまい。幾年稽古したら話ができるようになりましょうか。

B　まず半年教わったら十分にできましょう。

（『Kuaiwa Hen（会話篇）』八〜九頁）

漢字は後回しでよく、半年もあれば会話は十分できるようになる、と話している。漢字の字引の引き方は、ずっと後の第二十課「漢字の学習」に出てくる。サトウ自身は回想録で、全く英語のできない日本人を家庭教師に雇って、暗号文の判読さながらに日本語と格闘した苦労話を語っている（『一外交官の見た明治維新』坂田精一［訳］、六六〜六七頁）が、そんな苦労を、後の人たちにはさせまいとする親心が垣間見えるようだ。

　サトウは日本人の武田兼《かね》と結婚し、長男栄太郎、次男久吉を得た。横浜開港資料館に、一八九〇年秋、サトウが南米ウルグアイから、まだ少年の久吉に書いた手紙がある。一人称を「おとっさん（お父さん）」と書き、「父　エルネスト・サトウ」と署名している。「大きくなったら英語をお学びなされ」とあるのを見ると、家族との会話はすべて日本語だったのだろう。丁寧な筆跡からサトウの人柄と息子への愛情がうかがえる。家族あての手紙は、武田家から同館に寄贈された（金沢二〇一一、一八七〜一九一頁）。

(3) アストン

ジョージ・アストン（一八四一〜一九一一）は、サトウの二年後に来日し、同じくイギリス駐日領事館付通訳として一八六四年から二十五年間、日本に滞在した。一八七二年に岩倉使節団がイギリスを訪れた際にはイギリスにもどって通訳を務め、日英会議を円滑にするのにも一役買った。

　アストンは日本語の書きことばと話しことばの分析をもとに、『簡約日本口語文典（A Short Grammar of the Japanese Spoken Language）』（一八六九）、『日本文語文典（A Grammar of the Japanese

Written Language)』（一八七二）を著した。初版が長崎で出版された『簡約日本口語文典』では、ありがちな誤りとして「よか」「わるか」また「あんげん」「こんげん」は長崎に特有な言い方であって、「よい」「わるい」また「あのような」「このような」と言うべきであると書かれており（アストン一八六九、四〇頁〈渡邊一九八二より〉）、このテキストで学習する長崎の外国人たちの様子がうかがえる。

　また、アストンは日本滞在中、詩歌、歴史、神道、地誌、戯曲など広い分野にわたる膨大な書籍を収集し、『日本書紀』の英訳（一八九六）、『日本文学史』（一八九九）を著した。『日本文学史』は古代歌謡から彼にとっての「現代」である明治半ばまでの代表的な作品を、敬意をこめて概観するもので、『万葉集』の項では三十一音節の短歌という詩形について、「このような狭い制限の中で、適切な表現、詩作の旋律、真の情趣が何と圧縮されていることか。まさに驚嘆すべきことである。」（川村ハツエ［訳］三一頁）と述べ、精緻な技巧の凝らされた小さな工芸品の「根付」に例えているのは印象的である。このあと日本の国民統合の象徴として「素朴」さの強調される『万葉集』だが、虚心坦懐《きょしんたんかい》に読むと、柿本人麻呂の長歌など超絶技巧と呼ぶべき作品も少なくなく、アストンの目の確かさが実感される。

　アストンは、最後に労作『神道』（一九〇五）を遺した。「英國阿須頓《アストン》蔵書」という蔵書印が押されたアストンのコレクションは、その没後、ケンブリッジ大学図書館に寄贈された。

図3　ジョージ・アストン

＊博言学者、チェンバレン

バジル・ホール・チェンバレン（一八五〇〜一九三五）は、一八七三年に初めて来日して以来、一九一一年に日本を去るまで、数度の帰国をはさんで四十年近く日本に滞在した。イギリスに生まれ、フランス、スペインで青少年期を過ごしたが、十九歳のとき大学進学を断念して銀行勤めをしたものの体調を損ねて辞職、医師が療養のために遠洋航海を勧めたのをきっかけに船で百日余りをかけて日本にやってきたのは二十二歳の初夏のことであった。

チェンバレンは、元浜松藩士族荒木蕃《しげる》の私雇外国人として荒木らから日本の古典を学び、和歌の橘《たちばな》家の歌会に出て、「王堂」という雅号で短歌を作るようになった。そして、翌年秋から築地の海軍兵学寮（のちの海軍兵学校）の英学教師という恵まれた環境を得て、日本研究に力をいれるようになる。この頃から、日本アジア協会（一八七二年に横浜で生まれたイギリス人を中心とする欧米人による日本研究団体）の会員となり、サトウやアストン、ブラウン、ヘボンらと交流して本格的な日本学への研鑽《けんさん》を積んだ。チェンバレンはまず、古典文学研究に力を入れ、一八八二年、三十三歳で『英訳古事記』を出版した。また、一八八四年に「ローマ字会」が発足すると主要メンバーの一人となった。三十五歳で海軍兵学校を辞し、一八八六年三月に最初の文法書『日本近世文語文典（A Simplified Grammar of the Japanese Language, modern written style）』を出版、四月に帝国大学

図4　バジル・ホール・チェンバレン

文科大学の博言学及び日本語学の教授に就任した。チェンバレンは、一八八七年に『ローマ字雑誌』に「言文一致」についての論考を発表するなど、この時期の「言文一致運動」を促進した一人でもある。

日本語研究の成果として話し言葉の文法書『日本口語文典（A Handbook of Colloquial Japanese)』の初版が出たのは、一八八八年十月であった（第二版は一八八九年）。実用主義に基づく『日本口語文典』は、理論篇と豊富な実例を挙げた実用篇で構成されている。実用篇は左ページにローマ字書きの日本語、右ページにその英語の対訳が並べられ、明治半ばの生き生きとした東京の話し言葉がうかがえる。「地震」と題された会話は次のとおりである。今日の一般的な表記に改めて示す（感嘆符と疑問符は原文どおり）。

A　あなた、先ほど地震がございましたのを、ご存じですか?
B　いいえ、少しも存じませんでした。
A　へーえ!よほどひどうございまして、あの床《とこ》の間の花活《はない》けが揺れて、すんでのことに、倒れそうになるほどでした。
B　それは、なかなか大きな地震でございましたね!何時ごろでした?
A　そのとき、時計を見ましたら、一時二十分過ぎでした。
B　なるほど!ははあ!それでは、知らないわけです。わたくしは一時に築地《つきじ》を出まして、車で参りましたから、大方その途中でございましたろう。

（『日本口語文典』三三六頁）

チェンバレンは、明治の東京でこんな口調で周囲の人と話しながら暮らしていたのだろう。一九三五年に国際文化振興会から出された『バジル・ホオル・チェンバレン先生追悼記念録』にチェンバレンの伝記を寄せた歌人の佐佐木信綱は、チェンバレンの日本語を「みやびやかで美しく」、談話の中に「自分の一生は、根こじせられた木のようで」など古語を交えることもあったと述べている。

チェンバレンは、落語家、三遊亭円朝《さんゆうていえんちょう》の「怪談牡丹灯籠《ぼたんどうろう》」の速記本（一八八四）にいち早く注目して『日本口語文典』にローマ字書きでその一部を掲載した（三七八～四一五頁）。漢字の障壁に阻まれることなく、落語の豊かな話し言葉がそのまま伝わる感覚を味わった学習者も少なくなかったことだろう。この作品は、坪内逍遥《つぼうちしょうよう》や二葉亭四迷《ふたばていしめい》ら明治の言文一致運動の担い手たちに大きなヒントを与えたと言われている。チェンバレンの日本語ローマ字書きへの思いは、学習用の便宜的なものではなく、一九〇〇年に「ローマ字書きに対する文部省への建議書」を発表するなど筋金入りのものであった。

その一方で、チェンバレンは漢字にも造詣《ぞうけい》が深かった。漢字の学習書『文字のしるべ』（一八九九）は種々の書体の実例が掲載された重厚な本である。チェンバレンは、本格的に日本語を身につけるには漢字の書物が自由に読めなければならず、信頼も得られないと説いている。

なお、「王堂」と号したチェンバレンの短歌のうち、『新万葉集』の「補巻〔明治初期篇・補遺〕」（一九三九）に収められた次の一首には、「橘東世子《たちばなとせこ》刀自《とじ》の年賀に」との詞書がある。

百年《ももとせ》も千東世《ちとせ》も絶寿《たえず》かぐはしき花橘に鳴けほととぎす

来日直後から指導を受けた歌人、橘東世子（一八〇六〜一八八二）の名に「千年」を重ねて寿ぐこの作品からは、東世子への感謝の気持ちに加え、チェンバレンの短歌を楽しむ心弾みが伝わってくる。

チェンバレンは一八九〇年に四十歳で「健康保全」を理由に東京帝国大学の職を辞したので、在職したのは五年足らずに過ぎない。それでも、帝国大学の言語学の基礎を築いた功績は現代に語り継がれている。この期間に、のちに同大学で日本を代表する国語学者となる上田萬年《かずとし》（一八六七〜一九三七）は彼の指導を受けたのだった。上田は、一八九四年十月八日、「国語と国家と」と題する演説で、「国語」は日本人の精神的血液であると謳い、近代日本の国語観、国語教育に大きな影響を与えたことで知られる。

この後、チェンバレンは日本アジア協会の会長となり、在野の研究者として研究、著述を続けた。一八九〇年に初版の出た大著『日本事物誌』は一九二七年に増補され版を重ねたばかりか、ドイツ語訳（一九一二）、フランス語訳（一九三一）もある。日本語による『英文典』（一八九三）も書いた。一九一一年三月に日本を去ってスイスのジュネーブに居を構え、一九三五年二月、八十五歳で亡くなるまでを過ごした。

＊接触場面で使われた「横浜ことば」

さて、開国後の日本には、さまざまな外国人がやってきた。町で日本人と西洋人が直接、会って話すという、少し前までは想像もできなかったことが現実になったのである。特に港町の横浜には西洋人をはじめ外国人が多く、共に生活する中でお互いに意思疎通を図る必要が生じた。

彼らは、とにもかくにも目の前の日本人を相手に目的を果たそうと、あれこれ試みたに違いない。そうして生み出された日本語のバリエーションが横浜の英語系のピジン日本語、「Yokohama Dialect（横浜方言）：横浜ことば」である。開国間もない一八七九年に『横浜ことばの練習　改訂拡大版（Revised and Enlarged Edition of Exercises in the Yokohama Dialect）』という実用本位の手引書が刊行されたのが版を重ね、現在も複製本が売られているのは驚きである。著者は匿名で、日本の天皇の縁者、HOMOCOと名乗っているのだが、一八七四年にほぼ同じものがホフマン・アトキンソン（Hoffman Atkinson）の名で出ているということで、これが著者の本名だろうと考えられている（カイザー二〇〇五、杉本二〇一〇）。改訂版の前書きによると彼は日本に長く滞在し、「すべての現地の人によく理解されているし、よく使われている」このことばを学ぶのは有益だと述べている。このアトキンソンという人物について、くわしいことは分からない。

しかし、報告されている「横浜ことば」は、当時の複数の文献に表れていることから（カイザー二〇〇五、金水二〇一四）、実際に使われていたのは間違いないようである。このテキストに現れる西洋人と日本人の接触場面は、実際によくある場面だったのだろう。たとえば5課の会話文は、古物商を訪れた裕福な欧米人が日本人の店主と交わす会話で、日本人の店主も「横浜ことば」を使いこなしているのが印象的である。特徴は、英米人の耳に聞こえた日本語が、既存の英単語を使って書かれていることである。原文では英語も併記されているが、ここでは、原文のあとに、発音を片仮名で示し、英語を参考にした現代日本語の表現を括弧に入れて示す。

Ohio.（オハイオ／お早う）

You're a shee cheese eye curio high kin.

（ヨラシイ、チイザイキュリオ　ハイキン／骨董を拝見してよろしいですか。）

Nanney arimas?（ナニ、アリマス？／どんなものが欲しいのですか？）

Num wun your a shee arimas?

（ナンウン　ヨラシイ アリマス？／一番いいものが欲しいです。）

〔…〕

Watarkshe oki akindo,tacksan cow.

（ワタクシ　オキ　アキンド、タクサン　カウ／私は金持ちの商人です。たくさん買いますよ。）

（二一五～二一六頁）

「アリマス」は、to have, will have, has had, can have, to obtain, to be, to wish to be, to be at home, to arrive, to want　の意味があると説明され、実に便利に使われている。

この本の巻末には、「NANKINIZED—NIPPON（南京風の日本）」という見出しで、中国語系のピジン日本語が紹介されている。「あなたから五百両お借りできますか」という意味を、「横浜ことば」では「Go-hakku rio high shacko（五百両、拝借）」というところ、南京風だと「Anatta go- hakku lio aloo nallaba watak-koo lack shee high shacho dekkelloo aloo ka（あなた五百両あるならば、わたくし拝借できるあるか）」と言うと説明している。

中国人の日本語として「行くあるか」「行くないよ」と普通体の終止形に「ある」「ない」をつけて肯定否定を表したりする「あるよ言葉」は戦後のポピュラーカルチャーの中にもみられる。この記述からは、開国間もないころの横浜で彼が実際に耳にしたのだろうと思える。相手に寄り添うことで、会話が通じ、品物がよく売れるとしたら、日本の商人にもピジン日本語を使うメリットがある。横浜で暮らす外国人と日本人はこうして意思疎通をはかりつつ互いに目的を果たし、共に暮らしていたのだろう。

＊日本の正教会の創設者ニコライ

東京の神田駿河台《するがだい》に、青みがかった緑の大きなドーム屋根が特徴的なニコライ堂と呼ばれるロシア正教会の大聖堂がある。この呼称の由来となったのは日本に正教を伝道した大主教、ニコライ・カサートキン（一八三六〜一九一二）である。

この人の日本語は説得力のあることに定評があった。一九〇七年六月、東京のキリスト教青年会のホールで、千人を超える聴衆の前で二時間あまり行われたニコライの日本語による講演は、それを聞いたポズニェーエフ（一九八六）によると、「よもやヨーロッパ人が知っていようとは日本人の思っていない生き生きとしたイメージや実例や比喩を、大主教がその驚くべき博識の中から取り出してみせる」ことがあり、「豊富な語彙とらくらくとフレーズとをつくる能力に

図5　ニコライ・カサートキン

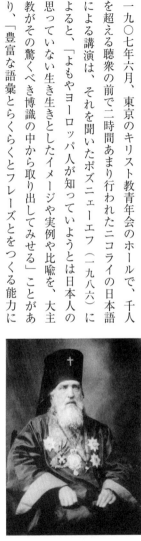

よって」聴衆に喜びと感動を与えた。ニコライはこの日本語力をどのようにして身につけたのだろうか。

橘耕斎《たちばなこうさい》の協力を得て和露辞典『和魯通言比考《わろつうげんひこう》』（一八五七）を著したゴシケーヴィチは、一八五八年に函館のロシア領事館に初代領事として着任したが、このゴシケーヴィチの求めに応じて一八六一年に領事館付き司祭としてやってきたのが二十五歳のニコライ・カサートキンだった。ロシア戦艦ディアナ号船長ゴロウニンの『日本幽囚記《ゆうしゅうき》』（一八一六）を読んで日本や日本人に愛情が湧き、この地に正教を伝える使命を抱いたそうである。

函館に着くとニコライは猛然と日本語学習を始めたが、漢字の多さに絶望的な気持ちになったようである。ロニーの文法書などは役に立たず、とにかく実地で「たえず日本語の本を読み、たえず日本人と交わることによって、日本語の話し言葉についても文章語についても、驚嘆すべき知識を獲得した」（ポズニェーエフ一九八六、二二一〜二二三頁）。函館では数人の日本人を教師としたが、その一人が医師の木村謙斎《けんさい》（一八一四〜一八八三）で、ニコライは毎日のように通って日本語のみならず、日本史、儒教、仏教を学んだ。のちにキリスト教の教育者として同志社大学を創設する若き日の新島襄《にいじまじょう》（一八四三〜一八九〇）も、家庭教師として一室を与えられ、ニコライに日本語を教えながら共に『古事記』を読んだ。こうした学習を通して、ニコライは『日本書紀』などの史書や『法華経《ほけきょう》』などの仏教の原典をも読みこなすことができるようになった。

後に拠点を東京に移すが、ニコライの発音には、「日本の北方方言の強いなまり」があったようだ。それは、函館の領事館に勤めていたころ、初めてニコライに日本語を教えた隣の「バッチャ（おばあさん）」に南部訛りがあったからしい。「バッチャ」の洗礼名は「アンナ」で、ニコライは「アンナ教えました」といって東北なまりを譲らなかったというエピソードが伝えられている（中村一九九六、五三頁）。ニコライは方言に関心が深く、津軽弁から熊本弁まで聞いて理解することができた。

ニコライの苦しみは、日本で日露戦争（一九〇四〜一九〇五年）を経験したことである。街ではロシア人を「退治せよ」と演説する者が現れ、ニコライを慕う信者が「ロシアのスパイ」だと罵られ殴られた。駐日ロシア公使館の人びとは全員帰国を決め、ニコライにも帰国を働きかけたが、ニコライは、教会が危機にあるときに去るわけにはいかないと日本に残った。日露戦争の日本の勝利は、日本の国際的地位を飛躍的に高めたが、ロシアの権威は失墜した。戦後もロシアに不満を訴える群衆がニコライを標的に押し寄せたという。そんな中、ニコライは約八万人のロシア人捕虜が分散する各地の収容所に日本人司祭を派遣して捕虜への奉仕を始めた。各地の捕虜収容所で行われた捕虜と日本人との穏やかな文化交流は、ニコライを慰めたことだろう。一九〇六年三月、捕虜のロシア送還が完了すると、健康状態に翳りがさし、一九一二年二月、日本人医師の手厚い診療のもと東京で亡くなり、谷中墓地に葬られた。

＊小泉八雲と妻セツのフォリナー・トーク

次に、日本語を通して日本の文化や民俗の深い理解者となり、その知見に基づく随筆や評論、創作などを英語で発信した小泉八雲（一八五〇〜一九〇四）の「不思議な日本語」にも触れておきたい。

小泉八雲は、ギリシャ出身の新聞記者で、出生名をパトリック・ラフカディオ・ハーンという。一八九〇年、三十九歳で新聞記者として日本に来たはずが、来日後新聞社をやめ、日本の中学校、師範学校の英語教師となり、チェンバレンとも親しく交流し、一八九六年には東京帝国大学文科大学の英文学講師に就任して日本に帰化し「小泉八雲」と名乗った。日本人の妻と四人の子どもにも恵まれたが、一般的な意味で日本語に習熟することはなかった。来日前に既に著書を持つ英語の書き手であったハーンは、来日後も日本人の生活や風俗に関する『知られぬ日本の面影』(一八九四)、『東の国より(Out of the East)』(一八九五)や、「耳なし芳一の話」や「雪女」「むじな」などを含む『怪談』(一九〇四)など、日本の伝説、伝承にもとづく作品を多数書いたが、それらはすべて英語話者を対象とした英語の著作だった。

Lafcadio Hearn and his Wife.
図6　八雲とセツ

　題材となった情報は、松江出身の氏族の娘であった妻セツ(節子とも。一八六八〜一九三二)によってもたらされたことが知られている。セツは英語を使ったわけではない。後にセツが記したところによると、ハーンとの会話に使われた日本語は次のようなものであった(小泉節子「思ひ出の記」〔原著一九一四〕より)。一般的な日本語を添えて示す(『小泉八雲全集 別冊』三二五頁)。

セツ　あなた、自分の室の中で、ただ読むと書くばかりです。少し外に自分の好きな遊びして下さい。(あなたは自分の部屋で読んだり書いたりしてばかりです。少しは外に出て好きなことをしてください。)

八雲　私の好きの遊び、あなたよく知る。ただ思ふ、と書くとです。書く仕事あれば、私つかれない、と喜ぶです。書く時、皆心配忘れる、ですから、私に話し下され。（私の好きなことは知っているでしょう。ただ、考えて書くことです。書く仕事があれば私は疲れないし気分がいいです。書いているときは、すべての心配を忘れます。ですから、また私に〔書くものの材料となる〕話をしてください。）

セツ　私、皆話しました、もう話持ちません。（全部話しました。もう話すことはありません。）

詩人の萩原朔太郎《はぎわらさくたろう》が「不思議な文法によって独創された、子供の片言のような日本語」（萩原朔太郎「小泉八雲の家庭生活」一九四二）と書くこの独特な日本語で、ハーンとセツは通じ合っていた。二人はこのような日本語を片仮名だけで書いて手紙をかわすこともあった。横浜の商人と外国人が使っていたあの「横浜ことば」が思い出される。日本語に不自由な外国人と日本人の接触場面では、日本人側も歩み寄り、両者で探り合って分かる日本語を作ってゆけば、通じ合える。

こうした二人のことばについて、萩原朔太郎は、「『内のパパとママとは、だれにも解らない不思議なことばでだれにも解らない神秘のことを話している』と、学校へ行っている男の子が、自慢らしく仲間の子どもに語ったほど、それは奇妙な別世界の会話であった」（「小泉八雲の家庭生活」）と書いている。「外国につながる子ども」であるハーンとセツの子どもが、両親の「不思議なことば」を肯定的にとらえて「自慢らしく」語ったというのが微笑ましい。

一九〇三年、ハーンは体調不良のため、夏目漱石に後を譲って東京帝国大学を退職し、翌年九月二十六日、狭心症の発作のため五十四歳で世を去った。このとき、セツは三十六歳。長男がやっと十二歳で、次男三男は七歳、五歳、長女は前年生まれたばかりだった。財産を譲り受けたセツは、その家で子どもたちを育て上げ六十四歳まで生きた。

＊上田萬年と翻訳論争をしたカール・フローレンツ

十九世紀半ばになると、ロシアやヨーロッパの一部の高等教育機関で日本語教育が行われるようになった。現地で日本語を習得してから来日した人びとは、来日直後から日本語が使える。「お雇い外国人」として東京帝国大学でドイツ語教育の指導的役割を担いつつ日本文学研究を究めたカール・フローレンツ（一八六五～一九三九）はその代表的な一人である。

カール・フローレンツは、ドイツのライプツィヒ大学在学中に、日本から留学中の井上哲次郎（哲学者：一八五六～一九四四）と知り合った。一八八六年に博士号を取得後、井上のもとで本格的に日本語を学ぶ。一八八七年にベルリン大学附属東洋語学校（通称、ベルリン東洋語学校）が開校すると、井上は日本語講師となった。（最初の主任講師は、東京医学校でドイツ語を教えたルドルフ・ランゲであった）。日本研究には日本へ行くべきだと思ったフローレンツは一八八八年四月に来日し、翌年四月から東京帝国大学のドイツ語講師となった。東京帝国大学のドイツ文学科は一八八七年に新設されたばかりで、一八九〇年にドイツ文学科の最初の教授ハウスクネヒト（一八五三～一九二七）が任期を終えると、フローレンツは後任に迎えられた。それから一九一四年に帰国するまで四半世紀にわたってドイツ文学者を育てる一方で、日本研究、特に『万葉集』など古代文学の研究や翻訳に精力的にとりくんだのだった。

一八九五年に若きフローレンツと上田萬年の間に起きた翻訳論争は印象的である。前年、フローレンツは当時外国人の間で人気のあった「ちりめん本」の一冊としてドイツ語で『詩人の挨拶』という本を出した。日本の和歌や俳句（『万葉集』から三〇首、『古今和歌集』から九首のほか、俳諧連歌の発句、川柳など合計五七作品）を翻訳した小ぶりの本である。その翻訳をめぐって、一八九五年の『帝国文学』第一巻第二号から第九号にわたって二人の間で激しい論争が展開された。発端は、上田が『詩人の挨拶』の短い書評でその翻訳方法に異議を申し立てたことにある。例に挙げられた戦国時代の連歌師、荒木田守武《あらきだもりたけ》（一四七三～一五四九）の「落花枝《らっかえだ》にかへると見れば胡蝶かな」は、「落花枝にかえらず」ということわざを下敷きに、「落ちた花が枝にもどるというあり得ないことが起きたかと驚いて見たら蝶であった」という意味を五・七・五で表現した作品である。フローレンツは「見まちがい」と題をつけ、散文で訳出した。上田の逐語訳によると「なに、たった今散った花がもう一度木の枝に飛び帰ったとか。ほんとにそうならまこと不思議だ。なんだ、近くへ行って眼を鋭くして見たら、ハハア、たった一匹の蝶々だった。」となる。

　こんなに説明しては、日本の短詩形文学の良さが伝わらない、原文のリズムに近づけて短く訳すべきだと上田が短く述べたのに対し、次の第三号で、フローレンツは、十五ページにわたって反駁《はんばく》した。ことば遊びを重んじる日本の短詩形文学は西洋では文芸的価値が認められないから西洋の詩に近づけて示す必要がある、その証拠にこの翻訳はドイツで高く評価されているというのだが、これに刺激された上田が、フローレンツの俳諧への理解不足を指摘、ドイツの批評家の評価など価値はないと再反論（第五号）。それに対してフローレンツがドイツの批評家を侮辱するとは天に向かって唾をはくとの同じだと言い放ち（第七号）、上田は言いたいことを言ったら笑って別れることを本位とすると論争を打ち切った（第九号）。内容が示唆に富むのはもちろんだが、皮肉や嫌味も練り込んでパンチの利いたフローレンツの日本語には目をみはるものがある。最初の反論（第三号）の中ほどの一部を引用して示す。文語体なので旧仮名遣いのままで、一部読みやすさのために表記を改めて示す。

〔…〕日本叙情詩の大部は、多くはみな短歌か、或は専《もっぱ》らに之よりも簡短なる句を以て成れり。欧州人の趣味より云へば、斯く如き短歌はただ詩的格言か、或は詩句の片砕に過ぎずして、その往々妙想美辞を含有せるに拘はらず、殆んど詩を成さざるものなり。幸いに余をして腹蔵なく私見を述べしめんか、余は将さに云はんとす、曰く、短歌及び短句が殆ど日本詩界を壟断せる日本文学の一大災厄なりと。〔…〕

（日本の叙情詩の大部分は、短歌か、またはこれよりさらに短い句で成り立っている。ヨーロッパ人の趣味から言うとこのような短歌はせいぜい詩的格言か、または詩句の断片に過ぎず、しばしば優れた着想や美しい表現を含むにもかかわらず、詩の体裁をなさないものである。ありがたくも私に腹蔵のない意見を述べさせようというのなら、言おうではないか。短歌と短句がほとんど日本の詩の世界を横暴に独占する日本文学の大きな災難であると。）

（『帝国文学』第一巻第三号、六頁）

一九一四年にハンブルクの植民研究所（のちにハンブルク大学）に日本学講座が開設されると、フローレンツは最初の正教授に招聘《しょうへい》され、日本での生活に終止符を打った。この講座は、日英同盟などを背景に経済活動を日本へ広げようという意識から、ハンブルクの商人の実務教育を目指すものであった。講座開設と同時に最初の指導者としてフローレンツに白羽《しらは》の矢が立った。日本の歴史、宗教、文学に及ぶフローレンツの学識もさることながら、二十五年間の日本経験や日本語の会話力も貴重であった。

なお、上田との論争の中で、日本の「短歌及び短句」を「日本文学の一大災厄なり」と悪態めいた表現を残したフローレンツだが、ドイツに帰国後一九〇六年に刊行した労著『日本文学史』では、万葉集に多くのページを割いてその文学性について情熱を傾けて論じており、日本の短詩形文学を本気で「災厄」と思っていたとはどうも思えない。ヨーロッパ人に伝えることに絶望していたのだろうか。

短歌や俳句の翻訳についていえば、その後、原作の形式を損なわず短さを生かす翻訳が主流になった。現代では翻訳のみならず、それぞれの外国語でＨＡＩＫＵを楽しむ人たちも増えている。その意味では現実は上田の主張に近づいた。本心ではフローレンツもそれを望んでいたのではなかったろうか。

＊板東俘虜収容所で日本語を教えたクルト・マイスナー

年末になると日本各地で演奏されるベートーヴェンの「第九交響曲」は、一九一九年六月、徳島で行われたポール・エンゲル少尉の指揮する五十名ほどのエンゲル楽団の演奏が日本初演だと言われている。第一次大戦後の板東俘虜収容所《ばんどうふりょ》のドイツ兵捕虜による楽団で、週に二回「エンゲル音楽教室」を開いて地元、徳島の若者に音楽を教えていた。捕虜たちは日本の人びとと交流するための日本語を学びつつ、スポーツを共に楽しんだりドイツの食文化や手工業を教えたりして、幅広い文化交流を行った。

元俘虜のパウル・クライが「世界のどこに板東のような俘虜収容所があったろう」と語った（中里

二〇〇七、三九頁）伝説の収容所で、松江豊寿《とよひさ》陸軍中佐（一八七二〜一九五六、一九一七年以後は同大佐）の類《たぐい》まれな人道的な計らいが知られるが、役にたつ日本語を教えたクルト・マイスナー（一八八五〜一九七六）の働きもまた大きかったと思われる。

第一次世界大戦中の一九一四年八月、日本はドイツに宣戦し、中国の山東《サントウ》半島にあるドイツ租借地、青島《チンタオ》を攻撃した。クルト・マイスナーは、そこに日本から応召したドイツ人一一九名のうちの一人である。兵力の少なかったドイツ軍はその十一月に降伏し、四一六九名のドイツ兵が捕虜となった（林一九七八）。俘虜たちは日本に護送され、一九一六年に全国十二か所に置かれた収容所に分離収容された。四国の松山、丸亀、徳島の三収容所を統合して一九一七年に新しく設置されたのが徳島県の板東俘虜収容所で、一九二〇年までに約一〇〇〇名を収容した。ここで、自身も俘虜のクルト・マイスナーが、専用の会話教科書を編纂してドイツ兵に日本語を教えたのである（桜井二〇〇〇、中里二〇〇七）。

マイスナーは、一九〇二年、十七歳でハンブルグの「シモン・エバース商会」の見習いとなった。そして一九〇五年末に横浜に渡って一九〇六年二月に姉妹会社のレイボルド商館の横浜支社に着任したが、二年後、社主の急逝にともなって二十二歳で支配人に任命された。そして、日本で働く数少ない西洋人の経営者としての職務の合間に、芸術鑑賞や文化研究に努め、寄席に通って日本語を学んだ。やがて、東京でドイツ人の集う東洋文化研究協会の会員になり、一九一二年十二月には研究会で寄席について発表し、好評を博したという。

収容所に入ったとき、既に約九年の在日経験を持ち、日本語が自由に話せるばかりか、文語も読めたマイスナーは、収容所内の日本語講師、通訳として活躍した。当初は尋常小学校用の国語教科書（第三期国定教科書「ハナハト読本」や、ベルリン東洋語学校の教師であったルドルフ・ランゲによる『口語体日本語教本（Lehrbuch der japanischen Umgangssprache）』（一八九〇）、ヘルマン・プラウトによる『日本語会話文法（Japanesche Konversations-Grammatik）』（一九〇四）などを教科書として使ってみたが、いずれも日本で日本の人びとと交流するのには適していないことから、オリジナルの教科書『口語日本語講座（Unterricht in der japanischen Umgangssprache）』（一九一六）を編纂したのである。日本語はすべてローマ字書き、説明はドイツ語である。この本は、このあと四半世紀にわたって版を重ねた（国際交流基金ライブラリーで閲覧したのは一九三六年刊）。第一部は一九一六年三月から八月の授業で、第二部は同年八月から十二月の授業で使った自作教材に基づき、文法や語句を易しいものから順に積み上げるようにデザインされている。生活に即した書き下ろしの会話文も多く、たとえば、最後の方の課文「電話」は次のとおりである。

A　わたくしは　ドイツ協会へ電話をかけたいのですが、その電話番号をご存じですか？
B　はい。わかりますとも、九段の二四六〇《にせんよんひゃくろくじゅう》番です。電話室は向こうですが、どうぞ、おかけください。
A　もしもし、九段の二四六〇番へ願います。〔…〕ドイツ協会ですか？
C　はい、そうです。
A　カワベさんのおかみさん、いらっしゃいますか？
C　はい、おります。

A　どうぞ、電話口まで、呼んでくださいませんか？
C　すぐ呼びますから、ちょっとお待ちください。
A　〔…〕今晩、協会に演説会があるそうですが、何時から始まるのでしょうか？
D　いつものように、六時からはじまるのです。
A　どうも、ありがとう。よくわかりました。さようなら。
（マイスナー一九三六、二九二頁）

このように例文や会話文、読み教材の場面や舞台が、彼らが暮らす日本国内の現実に取材されている。在日ドイツ人による在日ドイツ人のための教材であった。

一九二七年には、体裁の似た『文語日本語講座（Lehrbuch der Grammatik der japanischen Schriftsprache）』も作られた。同じく易しいものから順の配列で、各課に読み教材が配されている。やはり日本語は基本的にローマ字書きである。はじめの方の短い読み教材は「こうべの　じしん（神戸の地震）」といったもので、新聞の報道文のようである。当時は、新聞など日常的に誰もが目にするところで文語が使われていたから、文語は生活に必要であった。彼らが収容所での生活や日本人との交流を楽しむことができたのは、必要で役に立つ日本語を身につけたことによるところ、大きかったのではなかろうか。

マイスナーは、板東収容所にいる時期から阿波《あわ》の狸合戦《たぬきがっせん》や四国遍路、ほか日本の風俗や習慣について調査を進め、その後『星祭り、七夕』（一九二三）、『四国奇談実説　古狸合戦』（一九三二）といった日本語の原本からのドイツ語訳を著している。収容所を出て東京に帰ってからは、会社の最高責任者として活躍しつつ、ドイツ協会の会長を務め日本語や日本文化の調査研究にも成果を上げた。そして、一九五五年二月にはハンブルク大学から名誉博士の称号を得た（中里二〇〇七、四三頁）。

『四国奇談実説　古狸合戦』は、四国で集めたユーモラスな狸の置き物や絵画の写真がたくさん収められ、マイスナーの豊かな趣味がうかがえる。マイスナー夫妻が晩年を過ごしたスイスの別荘は「七夕荘」と名付けられ、日本庭園の中央に大きな狸の焼き物が据えられていたという（同、四二頁）。

2　海外の日本語教育の草創期を築いた人びと

＊ヨーロッパの研究者たちの日本語――ランゲ、プラウト、ラムステッド、アグノエル

ここまで日本の国内で活躍した人物をとりあげてきた。カール・フローレンツのところで、ベルリン大学附属東洋語学校の最初の日本語の主任講師であったルドルフ・ランゲに触れ、マイスナーのところでドイツで作られた教科書としてランゲの『口語体日本語教本』（一八九〇）とヘルマン・プラウトの『日本語会話文法』（一九〇四）を挙げた。マイスナーが考えたように、これらは、日本で暮らすドイツ人には使いにくいものだったが、ヨーロッパの学習者のためには充実した名著であった。英訳もあり（プラウトの『日本語会話文法』はフランス語訳、ロシア語訳もある。志村二〇〇六、二〇一頁）、ヨーロッパを中心に、また日本国内でも宣教師らの間で、広く長く使われていた。本節では、ヨーロッパの日本語教育の草創期を築いた彼らの日本語に耳を傾けてみよう。十九世紀中期までのヨーロッパの日本語の専門家たちは来日経験をもたないことが普通だったが、十九世紀末には来日経験を母国の日本語教育、日本

研究に生かす人が増えた。ランゲもその一人である。

（1）ドイツのルドルフ・ランゲとヘルマン・プラウト

ドイツのルドルフ・ランゲ（一八五〇〜一九三三）は、ベルリンで生まれ、古典文献学とゲルマン学を学んだのち二十代半ばで来日し、一八七四年から一八八一年まで東京に住んでいた。東京医学校（のちの東京大学医学部）でドイツ語とラテン語を教える一方で、熱心に日本語を学び、日本人と交流を深めた。

一八八七年にベルリン大学附属のベルリン東洋語学校に日本語講座が開設されると、ランゲは最初の日本学教授となり、日本でのドイツ語教育の経験を生かして、ドイツ人向けの日本語テキスト『口語体日本語教本』（一八九〇）、『日本文字学習のための練習帳および読本』（一九〇四）、『独和辞典（全三巻）』（一九一三〜一九二〇）を著した。彼より少し年上のヘルマン・プラウト（一八四六〜一九〇九）は、東洋語学校で日本語を学んだのち、一九〇四年以降、ランゲの日本語の授業の手伝いをし、一九〇六年に初めて日本語コースの専任教員となった（森岡二〇〇六、ii頁、仁科陽江からの情報とある）。プラウトは早い時期に口語で書かれた日本語の文章を集めた『日本語読本（Japanisches Lesebuch）』（一八九一）をまとめている。その後日本語を教えるようになって『日本語会話文法』（一九〇四）を著した。プラウトは一九〇九年に五十三歳で急逝するが、ランゲは一九二〇年に健康上の不調から仕事を退くまで、三十年余りにわたって、ドイツの外交官や商人への日本語や日本事情の教育に尽力した（志村二〇〇六、一九九頁）。

ランゲの『口語体日本語教本』の一九〇三年に刊行された英訳（『A text book of colloquial Japanese :

based on the Lehrbuch der Japanischen Umgangssprache, Rev. English edition by Christopher Noss』）は、長く広く各地で使われ、日本でも宣教師の日本語学習などに使われていた。

この教科書は文法書のような構成で日本語の発音、表記、文体（言文一致運動）等についての概説を冒頭に、本体の章立ては名詞類、代名詞類、数詞類、形容詞類、動詞、副詞類、前置詞類、接続詞類、間投詞類、という順の構成である。文法の解説をし、それぞれの課に例文や練習文が添えられる。基本的に、ドイツ語圏の大学で日本語を学問として学ぶための教科書で、場面会話が示されるわけではないので、在日ドイツ人の実用に適さなかったのは無理もない。なお、日本語はすべてローマ字で書かれるが、母音の無声化をアポストロフィで示す方法（「です」を「des'」、「ました」を「mash'ta」など）はランゲが示し、プラウトにもマイスナーにも受け継がれた。巻末には「読み物」として、頓知のきいた小話など口語文で書かれた短い十六の文章がローマ字で掲載されている。当時の日本の読み物は文語の「普通文」が一般的で、口語体で書かれたものというと、落語家の三遊亭円朝《さんゆうていえんちょう》の語りを速記した本が代表的で、口語の読み物といえば、落語の小噺《こばなし》風の語り口が浮かんだのかもしれない。ランゲの『口語体日本語教本』巻末の「通弁の機転」と題された読み物を現代一般的な表記法に移して記す。

御一新前のことですが、ある日、長崎奉行が乗り物に乗って、外を通りますと、途中で馬に乗っているオランダ人に出会いました。その時分には誰でも途中で目上の人に会うと、馬から降りて挨拶をする習慣でしたから、奉行は通弁に、そのことをオランダ人に話して、馬から降ろせと言いつけました。しかるに、その通弁はよく外国の事情を知っていて、とてもオランダ人が馬から降りまいと思ったから、機転をきかしてオランダ人に向かい、「わたくしの主人があなたのお馬を大層ほめて買いたいと申しますから、どうぞ、降りなさって主人の前まで馬を引いてきてくださいませんか」と申しました。オランダ人は何も知りませんから、これはいい商法だと思ってすぐに馬から降りて丁寧に奉行の前へ来て挨拶をしたということです。

（ランゲ［英訳］一九〇三、四二九頁）

通訳者の機転を楽しむ趣向だが、言語だけでなく文化の間をとりもつ通訳者の緊張感も伝わってくる。通訳者らの苦労話が、こうした笑い話として語られていたのかもしれない。

ランゲの影響を受けたプラウトが編集した口語文体の物語集『日本語読本』も、三遊亭円朝の影響を強く受けている（森岡二〇〇六、viii頁）。まず「昔話」が六編、「落とし噺の類」が十一編、中国の故事が五編、日本の歴史上の逸話五編、最後に「小説」として三遊亭円朝の「蝦夷錦古郷の家土産《えぞにしきこきょうのいえづと》」が第一回から第三十八回までローマ字で一一六ページ（プラウト一八九一、一七六〜二九二頁）にわたって掲載されている。「落とし噺の類」から「一休《いっきゅう》、金仏《かなぶつ》を枕にした話」を示す。

ある時、一休が聖人《しょうにん》のうちを見舞いましたら、ちょうど折悪《あ》しく留守でありました。一休は蓮如聖人の帰りを待つつもりでそこにおりました。然るにあまり眠くなりましたゆえ、寝ようと思いましたが、辺りに枕がありませんでしたから、本堂へまいりまして本尊の金仏《かなぶつ》を下ろしてこれを枕にしてぐうぐう寝ておりました。そうすると、蓮如聖人が帰ってまいりまして、その有様を見てひどく怒りまして、やがて大きな声で「このくそ坊主！なぜ俺の米びつを枕にしているか！」と怒鳴り

ました。（プラウト一八九一、三二頁）

「一休」「蓮如聖人」には注釈があり、実在する著名な僧侶だと説明されている。破天荒な一休のふるまいを蓮如は受け止めて返したようだ。一休は蓮如聖人の影響で禅宗から浄土真宗に改宗したことで知られる。浄土真宗には戒律がない。罪深いのは誰も同じ。宗祖の親鸞が、自分は罪深いが弥陀はその自分を救ってくださったと述懐している（『歎異抄』後序）。そんなことを思うとこの笑い話も含蓄がある。プラウトはどう思ってこれを教材にし、学習者たちはどう読んだのだろう。頓智話《とんちばなし》を楽しみながら、流れるような口語文を心地よく暗誦《あんしょう》した学習者もいたかもしれない。

国語調査委員会が『口語法』（一九一六）を発表する二十五年も前、日本で言文一致運動が活発だったころに、一冊まるごと口語文による読み物を編むというのは画期的であった。出典についてプラウトは、以前日本人に語ってもらったのを書き留めたので本書が初出だと説明した（志村二〇〇六、二〇七頁）そうである。一八八四年生まれの息子、ヨーゼフは、幼少期から家に出入りしていた複数の日本人と親しく交わり、将来ドイツ語教師として日本へ行きたいと思ったという（上村二〇〇五、一〇三頁）。

ヘルマンは、日本を訪れる機会のないまま早世した。ヨーゼフは、ベルリン大学でゲルマン語学、ドイツ語学、文学史、美術史を修め、哲学博士の学位を得たうえで来日、一九〇九年九月に第五高等学校のドイツ語とラテン語の教師に採用された。父の亡くなった年であった。ヨーゼフは亡き父の思いを胸に抱いてやってきたにちがいない。一九一二年まで五高に勤務し、一九一四年から一九一六年ごろまで陸軍中央幼年学校のドイツ語教師を務めた（上村二〇〇五、一〇三頁）。

(2) フィンランドのグスターフ・ヨーン・ラムステッド

フィンランドのグスターフ・ヨーン・ラムステッド(一八七三〜一九五〇)は、一九二〇年から一九二九年まで日本に滞在したフィンランドの初代駐日公使である。日本語をはじめ東洋の諸言語を専門とするヘルシンキ大学の教授で、エスペランティストでもあったラムステッドが、一九二〇年二月に、フィンランドの初代駐日公使として高等学校を卒業したばかりの娘エルマを伴って東京にやってきた。ラムステッド『フィンランド初代公使滞日見聞録』(坂井玲子[訳]一九八七)の原著はフィンランド語で書かれているが、中にラムステッドの日本語を髣髴とさせるエピソードがある。まず日本へ向かう船の中で日本語を熱心に学んでいたラムステッドは一か月ほどで日本語をほぼ自由に話せるようになった。ある日の晩餐会では、ほかの客が帰ってから、主人の東伏見宮《ひがしふしみのみや》殿下と妃殿下が「日本に来たばかりのフィンランド代表がどんな日本語を話すか聞きたい」と言って、文明論などの会話を楽しみ、後日、また話をしたいと電話があって、ラムステッドと娘のエルマが茶会に招かれたりもした(同、八六頁)。日本語学習について聞かれたラムステッドは、自分はよく観劇にいくが、日本の芝居の台詞《せりふ》は漢語が少なく純粋な日本語が使われているから勉強になると答え、殿下はそれはことばだけでなく文化を学ぶにもよいだろうと言った(同、八七頁)。東京の学校に通う娘のエルマも日本語は自由に使えたよ

図7 グスターフ・ヨーン・ラムステッド

うである。別の機会に皇后に日本語は難しくないかと尋ねられたときには、ラムステッドは勇気をもって「日本語は非常に容易であります。世界でもやさしい部類に入りますが、それを書くこと、一般に書く技術が考え得るかぎり最も難しいものの一つです。」と答え、むずかしいのは表記法であることを説明した（同、一三六〜一三七頁）。

ラムステッドは中国とタイ（当時はシャム）の公使も兼任し、外交官として仕事をしながら、言語学者として研究活動を行い、東京帝国大学の東アジアの研究者、白鳥倉吉の世話で同大学の教壇に立つこともあった。ラムステッドは日本語のアルタイ諸語起源説を唱え、新村出《しんむらいずる》、金田一京助など日本の言語学者に影響を与えている。また、各地でエスペラント語の普及のために日本語を使って講演した。作家の中野重治は、少年時代を過ごした金沢で聞いたラムステッドの講演のことを自伝的小説「歌のわかれ」（一九三九）に書いている。主人公安吉が、ラムステッドの講演について、次のように友人に報告するのである。

母音を長くひっぱってね。なんだか呑気なような言葉だよ。ラムステットというのがね、最後に、フィンランドでは夏になると日が暮れない、それで夜昼の区別がつかないので、夕方になると、つまり時計の夕方だ、町や村で鐘を鳴らすんだそうだ。さあ、鐘が鳴るから夜だってな具合にね、『わたしの話にも鐘が鳴ったようです。』なんていって降りてったよ……

（中野重治『歌のわかれ』新潮文庫、六二頁）

こうして、日本各地で人びとに影響を与えたラムステッドは、帰国後、一九三七年に、ヘルシンキ大学でフィンランドにおける初めての日本語講座を開いた。日本人との交流も多く日本の事情にも詳しいラムステッドによる日本語講座は小規模ながら好評で、彼が七十歳を過ぎるまで続いたという。ヘルシンキ大学の日本語教育、日本研究はその後も引き継がれて、今日に至っている。

(3) フランスのシャルル・アグノエル

フランスのシャルル・アグノエル（一八九六〜一九七六）が日本に滞在したのは一九二四年から一九三二年までのことである。このあと紹介するセルゲイ・エリセーエフ（一八八九〜一九七五）と並んで、第一次世界大戦後のフランスにおける日本語教育・日本研究を代表する人物である。

アグノエルは高等研究実習院で古代中国学や印欧比較言語学、民族学などを学んだ後、一九二四年に東京に日仏会館が開設されると、研究員に任命されてやってきた。そして、一九三二年まで東京に滞在し、東京外国語学校（のちの東京外国語大学）でフランス語を教えながら日本研究に打ち込んだ。アグノエルの研究目的は、日本文化の本質の解明で、古代日本の宗教史を中心に、日本語や古典文学、民間行事、民話など広い範囲の対象を扱い、沖縄、アイヌ、台湾、朝鮮にも関心を広げ、各地に足を運んで研究を展開した。

二十代の終わりから三十代前半にかけての日仏会館の研究員時代には沖縄の研究に力を入れていた。当時、沖縄研究は折口信夫《おりくちしのぶ》、柳田国男を中心に進められており、彼らのもとに沖縄出身の研究者が集まったが、そこに、アグノエルも加わった。沖縄学の父といわれる伊波普猷《いはふゆう》には、いろいろ教えを乞うたようである。

アグノエルは一九三〇年三月初めから四月半ばまで四十日間、沖縄調査を行った。この調査については、二〇一二年十月のパトリック・ベイヴェールによる報告（沖縄国際大学南島文化研究所の第二十四回南島研セミナー）に詳しい。このときの資料には、アグノエル自筆のノートやデッサンが多く紹介されている。記録は七冊のノートに残された。そのうちの一冊の表紙には「東京神田駿河台鈴木町二六　日佛會館内アグノエル（佛國人）」と漢字と片仮名で力強く書かれていて、心意気が伝わるようである。

この調査でアグノエルは、時に劇場で舞踊を見たり街を散歩したりしながら沖縄本島のほぼ全域をめぐり、ユタと呼ばれる霊媒師やノロと呼ばれる女性の祭司などに会って、その話を詳しくノートに書き留めた。歴史学者の真境名泰興《まじきなあんこう》、民族学者の島袋源一郎《しまぶくろ》、新垣孫一《あらかきまごいち》、ほかに村長や役人や琉球王朝の王の家族にもあって王族の習慣なども聞いた。どの人もアグノエルの訪問を歓迎し、快く質問に答えたようである。紹介状をもっていたとはいえ、信仰や習俗に立ち入った聞き取りは信頼関係がなければ成立しない。若きアグノエルの日本語と人柄は人びとに信頼ばかりか、感銘や敬意をもたらしたのではなかろうか。彼らはこのフランス青年に人の生死や結婚にかかわる制度や習慣、漁法や商法、祭りや祈祷など、貴重な話を惜しみなく語って聞かせた。アグノエルは聞いた内容をノートに書きとめ、必要あれば絵も描いた。資料写真のメモを見ると、「東」、「赤」「月」といった漢字や「agaru（あがる）」「aruku（あるく）」「kierua（きえる）」といったローマ字書きの日本語が読みとれる。

当時の折口や柳田による沖縄調査では、沖縄の文化に古代日本の文化の面影を見ることに価値を置く傾向があった。ベイヴェールは、アグノエルはヨーロッパの民族学の方法で沖縄文化そのものを見つめていて、当時の日本における研究の枠組みを超えていたと評価している（ベイヴェール二〇一二）。

一九三二年にパリに戻り、国立東洋語学校の日本語の三代目の教授となり、一九五三年にはパリ第三大学（ソルボンヌ）に新設された日本語・日本文化講座の教授となって一九六九年まで教壇に立った。一九五九年にパリ大学日本高等研究所が設立されると、初代所長に就任した（河合一九九四、一〇四頁）。

アグノエルの日本研究は時間的にも空間的にも壮大かつ総合的なものであった。アグノエルの八十歳の誕生日（一九七六年十月二十九日）記念にと計画されながら、その年の十二月二十四日に亡くなったアグノエルの生前に間に合わなかった『アグノエル選集』全四巻（一九七七）の第一巻は日本語に関する論考、第二巻は日本の宗教・歴史・文学、第三巻は琉球・台湾の歴史と民族、第四巻は朝鮮編で（榎一九七八、一二五頁）、アグノエルの研究の大きさを伝えている。アグノエルは、収集したアジア全域の文化に関する膨大な書籍をすべて大学に寄贈した（斎藤一九九七、一二三頁）。また、長期にわたって後進の指導にあたり、あとに続く研究者を多く輩出した点もアグノエルの大きな功績である。

＊ベルリッツ『日本語教科書　ヨーロッパ版』に登場するベルリッツ

一九〇九年に発行されたベルリッツ（この本では「ベリッツ」）『日本語教科書　ヨーロッパ版』は、日本でも有名なベルリッツ語学学校の教材で著者名は「ベリッツ」と書かれている。ベルリッツ語学学校の創設者はマキシミリアン・デルフィニウス・ベルリッツ（一八五二〜一九二一）である。ドイツ生まれのユダヤ人で、ドイツ語、フランス語の教師をしながらベルリッツ独自の方法を確立し、世界各地にベルリッツ語学学校を展開した。その教授法は、ベルリッツ・メソッドと呼ばれ、目標言語を流暢に話す教師の指導で目標言語だけを使って教えるいわゆる直接法が特徴である。扱う言語の中に日本語も含まれた。

実はこのベルリッツについては十分な情報が得られず、日本語版の著者がベルリッツ本人であるかどうかの確証はない。それにもかかわらず、教科書の中の、「ベリッツ」には存在感があり、忘れがたい印象を残すのである。ここでは、この人物をベルリッツ本人であると仮定して先に進める。

ベルリッツと日本との関係は不明だが、英語による前書きで、著者は日本語特有の問題に言及している。特に表記について、話しことばの学習と並行してまず片仮名の読み書きを身につけて、テキストの中の振り仮名つきの漢字に触れ、少しずつ漢字を認識するように、とあり、教師は黒板に日本語を書くとき、ヨーロッパの言語の発音の干渉を受けないよう、ローマ字ではなく片仮名で書くように、と注意している。英語の「Take（テイク）」と日本語の「竹（たけ）」が同じスペリングなのは学習者を混乱させるという意見は、今日も聞かれる。そして、日本語は説明の難しいことが多いから、教師は例文を多く与え、生徒は教師の発音をまねて学ぶように、とある。

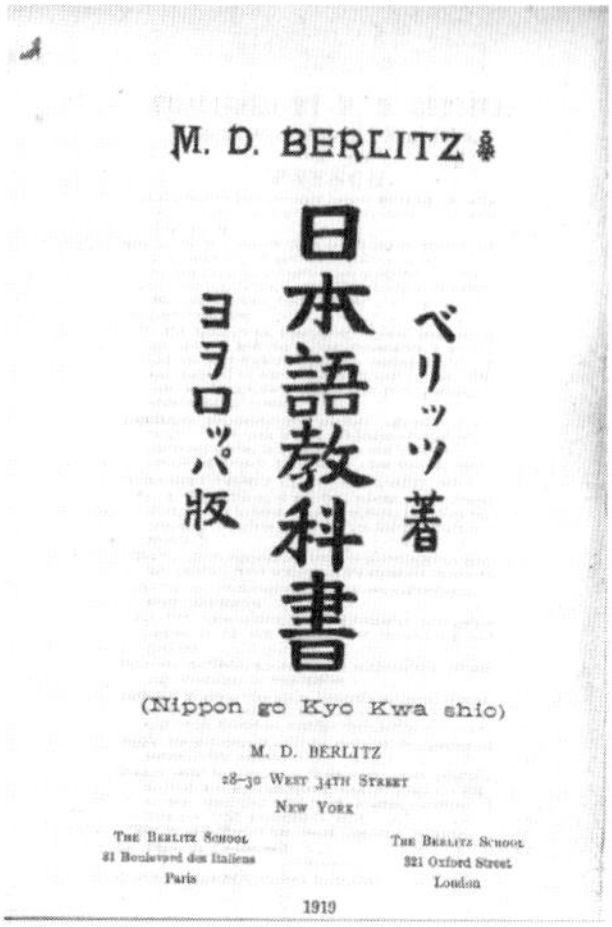

図8　ベリッツ「日本語教科書　ヨヲロツパ版」扉

本文は手書き文字の謄写《とうしゃ》版風の片仮名漢字交じりの縦書きで、漢字には片仮名の振り仮名がつき、左側には九十度傾けて読むローマ字書きが添えられ、片仮名の中に埋もれて見える人名「ベリッツ」に傍線が引かれている。ここでは、今日読みやすい表記に改めて示す。

「第一部 物質教授編」は、「何ですか。筆です。本です。」「私は本を置きます」といった文に始まり、実物や動きを見せながら短文を学ぶ。「第二部 会話編」はまとまった会話になる。興味深いことに生徒の「ベリッツ」と教師の「イノウエ」がリアルな会話を展開する。第一部第十二章「私の名はベリッツです。君の名はイノウエです。」で、姿を現し、第二部「年」では、「私は三十年であります。ベリッツ様は五十年余りであります。〔…〕ベリッツ様は老年《としより》であります」とある。一八五二年生まれのベルリッツは一九〇九年には五十七歳になるので、少し前に書かれたとしても計算は合っている。

「日本語の勉強」の本文によると、語り手の日本語教師「イノウエ」は、東京の人で、大学卒業後ヨーロッパ各地で暮らした経験を持ち、日本語のほかにドイツ語も英語もフランス語も話せる。生徒の「ベリッツ」は、「日本国は大層面白いです。私はその国を見たいです。会話をよく覚えました後に私はそこへ参ろうと思います。」と言っている。このテキストの日本語は、独特の味わいのあるもので、これを書いた〈外国人〉の存在が感じられる。

「旅行《たびだち》」では、「ベリッツ」は、「イノウエ」が日本へ帰ろうとする際に同行を申し出て、旅程を相談する。相談の結果、ロシア経由ではなく、アメリカ周りに決まる。サンフランシスコまで三週間、サンフランシスコからヨコハマまで二週間、という大旅行である。ベリッツは「アメリカの道を取りますれば、沢山綺麗な物を見ましょ、ニューヨーク、ワシントン、セントルイス（原文では「サンルイ」）など大層面白《たいそうおもしろ》い市《まち》でござります。」といい、イノウエは「そうです。沢山の楽《たのし》みを持ちましょ。」と答える。

次の課「出立《しゅったつ》」で、二人はいよいよ出発し、その次の「旅宿《はたごや》」で東京に着く。「ヨーロッパ風の旅宿《はたごや》」を探して「グランドホテル」に決め、部屋や食事について確認し、「一週間宿泊するなら安くなるといわれ、「イノウエ」は「一日二十五圓」だが一週間宿泊すでは二人はレストランで洋食を食べ、続く「散歩」の課では、「仕立屋（シタテヤ）」や「書物店（ショモツミセ）（本屋）」をのぞきながら商店街を歩く。二人の会話に耳を傾けてみよう。

ベリッツ　君は市《まち》をご存じですからご案内を為《な》されませ。私は後に続きましょ。
イノウエ　君は店を見たく御座《ござ》りますか（店が見たいですか）。
ベリッツ　然《はい》、店を見ることが大層好きです。
イノウエ　此方《こちら》へ来なされ、此れは仕立屋の店です。
ベリッツ　上衣《うわぎ》を作《こし》らえるに其の鼠色の羅紗《らしゃ》が如何で御座りますか。（上着を誂えるのに、そのネズミ色の羅紗はいかがですか。）
イノウエ　立派な羅紗です。しかし善く保《たも》つ（長持ちする）と思いませぬ。〔…〕
ベリッツ　向《むこ》うの方（あちらの方）まで参りましょ。

（ベリッツ一九〇九、一二六〜一二七頁）

このあと、郵便局で絵葉書と荷物を送り出し、上野公園で西郷隆盛像を見たところで疲れて、帰りは人力車でホテルに帰る。この二人の様子は具体的でリアリティがあり、ベルリッツが日本語教師の井上と一緒に来日し、東京を歩いたのは実話ではないかという想像をかきたてるのである。

語法や文字使い（「然《はい》」「否《いいえ》」など）に独特のものがあるが、「上手になるまで学びましょう。日本國は大層面白いです。」と、全体に日本や日本語への積極的な関心と明るい意欲に支えられた実用的なテキストで、日露戦争後のヨーロッパにおける日本認識を反映しているようである。

この教科書は版を重ねたと見え、私は一九一九年刊のものにも遭遇した。内容は同一だが、巻末のベルリッツ語学学校の一覧表が違う。一九〇九年のものは、欧米各地の一七五校が挙げられているが、一九一九年のものは、アフリカやオーストラリアに地域が広がっているものの学校数は六四校に減っている。第一次世界大戦の影響かもしれない。ベルリッツの教授法には流暢に話す教師（ネイティブの話者が一般的）が必要である。一覧表にあるベルリッツ語学学校の中で、日本語が学べる学校はどのくらいあったのだろう。学べたとしても、日本に来られた人はほとんどいなかったのではなかろうか。教科書の中で日本旅行をするベリッツは、学習者の夢の存在だったのかもしれない。

＊五十歳を過ぎて古典読解力を身につけたジェームズ・マードック

日露戦争での日本の勝利を契機に、オーストラリアでは、日本の「南進」への警戒が高まった。第一次世界大戦では日本とオーストラリアは同盟関係にあったものの、日本が旧ドイツ領の南洋群島を統治するようになると、日本とオーストラリアは赤道付近で実質的に隣り合うこととなり、緊張感が増した。オーストラリア政府が、陸軍士官学校とシドニー大学で日本語教育を開始したのは、こうした状況下のことだった。今後の日豪関係の展開に備えて、日本語の翻訳や通訳を養成する必要があると考えられたのである。一九一六年、国防大臣からの日本語教師の推薦の呼びかけに応じて駐日英国大使館が推薦したのが、六十歳のジェームズ・マードック（一八五六〜一九二一）であった。

一八五六年にスコットランドに生まれたマードックは驚くべき優秀な頭脳を持っていた。以下、マードックの人生を、平川祐弘『漱石の師　マードック先生』（一九八四）によりながらたどる。貧しい家庭に生まれたマードックだが、幼い頃から並外れた記憶力をもち、何より勉強が好きであった。雑貨屋を手伝えという親に隠れて勉強し、奨学金を得て、スコットランドで一流のアバディーン大学に入学し、同大学始まって以来という優秀な成績で卒業後、オックスフォード大学で古典語を学んだり、ドイツ、フランスにも留学して多くを学び、二十四歳で母校アバディーン大学のギリシア語助教授に迎えられたのだが、一年で辞めてオーストラリアのグラマースクールの教頭になった。高い待遇にひかれたのではないかと言われているようだ（平川一九八四、三〇頁）が、この仕事はマードックにはストレスが高く、苦労の末、やめて雑誌記者に転じた。一八八八年、雑誌の取材で中国を訪れた帰りに学生時代の友人を訪ねて日本に立ち寄り、大分県の中学校で六週間英語を教えた。これが気に入ったマードックは再来日を希望し、翌年、東京の第一高等中学校に教師として赴任、四年間、英語と歴史を教えた（嶋津二〇〇八、一二頁）。

この時の教え子に夏目漱石がいた。漱石は「博士問題とマードック先生と余」（一九一一）と題されたエッセイで、一高時代のマードックとの交流を振り返っている。マードックは当時三十代半ばで「純然たる蘇国語《スコットランドご》を使って講義やら説明やら談話やらを見境《みさかい》なく」行った。生徒の方は分からなくて困惑するが、「〔マードックが〕特殊の人格を具えているのに敬服して教授上の苦情をいうものは一人もなかった」

とある。人一倍英語に熱心だった漱石は、マードックの自宅を訪ねることもあった。

二十年を経て、漱石が博士号を辞退したニュースをきいて、マードックは久しぶりに手紙を寄越した。漱石が「モラル・バックボーン」をもっている証拠だと称えるものだった。漱石はこれを「徳義的脊髄《せきずい》」と訳し、少年のように喜んだ。漱石の描いたマードックは書くのも話すのも、英語であった。

ところが、このマードックが、晩年には日本語で『古事記』『万葉集』などの古典や、四書五経などの漢書も読破できるようになったのである。一体何があったのだろうか。

マードックは四年間一高で教えた後、金沢の第四高等学校や東京の高等商業学校（現在の一橋大学）でも英語を教え、一八九九年、四十三歳の年に岡田竹子と結婚、一九〇〇年に鹿児島に第七高等学校造士館が創設されると、こちらに移った。そして一九〇三年十月、日本での研鑽《けんさん》の成果として英文で『A History of Japan, Vol. 2, during the century of early foreign intercourse, 1542－1651（日本史２）』を刊行した。これは、日本の歴史のうちでも戦国時代にポルトガル人が来日してから江戸時代のはじめまで、即ち、ヨーロッパ人が日本を「発見」し、観察した時代について書かれたもので、参照文献は当時日本に来た宣教師や商人が書き残したラテン語、フランス語、スペイン語、オランダ語の文献だった。大英博物館にある主要なものは写し取り、サトウやチェンバレンの所有している資料も閲覧した。この初めての労作を、マードックは「第二巻」とした。ヨーロッパ人が発見する以前の古代日本に遡る「第一巻」を想定していたのである。ここで問題になるのは、この時代についてはヨーロッパの言語で書かれたものは存在しないということだった。

当時、マードックの近くにいて『日本史』執筆の際も日本語からの翻訳の手伝いをしていた新聞記者の山県五十雄《やまがたいそお》は、このときおもむろに日本語を学び始めたマードックについて、五十歳を過ぎて始めて古典語を読めるようになれるものかと訝《いぶか》ったところ、マードックはローマの賢人、ケートーは八十歳にしてギリシャ語の学習を始めたのだ、私がいま始めるのは決して遅くないと言ったという（嶋津二〇〇八、一四頁）。そして数年後、マードックは『古事記』『万葉集』などの古典も四書五経と呼ばれる漢文の古典も読破する力を身につけ、これらを研究して一九一〇年に『A History of Japan, Vol. 1, From the Origins to the Arrival of the Portuguese in 1542 A. D.（日本史1）』を世に出し、見事に志を果たしたのである。続いてマードックは江戸時代から明治維新までを描く「第三巻」にとりかかった。

さて、話を冒頭に戻す。遅く学んだマードックだったが、今度は日本語教師としてオーストラリア政府に招請されて一九一七年、オーストラリアに赴いた。今後の日豪関係の展開に備えた日本語の翻訳や通訳の養成を目的にオーストラリアで始まった初めての日本語教育であった。着任当初の本務校は陸軍士官学校だったが、一九一八年にはシドニー大学に東洋学科が新設され、マードックは同学科の主任教授となった。マードックは日本から数名の日本人講師を採用したが、その中に英語教育者の宮田峯一《みねいち》（一八八三〜一九六五）、農業経済学者の小出満二《こいでまんじ》（一八七九〜一九五五）がいた。宮田によると、マードックはロシア語を除くすべてのヨーロッパ語に通じており、ラテン語、ギリシャ語、ヘブライ語、サンスクリット語もできた上、中国語も日本語も読めたが、日本語の「会話は至って下手であった」そうである（嶋津二〇〇八、一四頁）。小出は二年ほどシドニー大学で日本語教育に携わったのち、帰国後は東京高等農林学校（現在の東京農工大学農学部）の校長を務めたが、四女の詞子《ふみこ》が戦中戦後の日本語教育、日本語教員養成に大きな役割を果たしたという後日談がある（小出一九九一）。

こうしてマードックはシドニー大学での日本語教育の基礎を築いたのだが、在職期間は短く、四年目に病気のため六十五歳でこの世を去った。『A History of Japan, Vol. 3, The Tokugawa Epoch, 1652–1868（日本史3）』はその後、一九二六年に刊行され、三部作が完結した。

3 「もう一つのことばとしての日本語」による日本語文学

一九一〇年代から一九二〇年代、現代日本語の書き言葉の文体も安定し、文学者たちはありとあらゆる作品を自由に日本語で表現できるようになり、大正デモクラシーといわれた自由・民主主義の風潮を背景に、多くの文学者たちが活発な創作を展開した。中でも「小説の神様」と呼ばれた志賀直哉（一八八三～一九七一）の私小説や心境小説は新しい文学を志す人びとに大きな影響を与えた。

大正期は子どものための文化が花開いた時期でもあった。鈴木三重吉《みえきち》（一八八二～一九三六）が創刊した児童文学雑誌「赤い鳥」（一九一八～一九三六）では、童話と童謡の創作が促進され、芥川龍之介（一八九二～一九二七）、有島武郎《ありしまたけお》（一八七八～一九二三）ら文壇の作家も童話を書き、北原白秋《はくしゅう》（一八八五～一九四二）ら詩人たちが数多くの童謡を書いた。子どもの創作の投稿も奨励され、創作が盛んになった時代でもある。

そんな中で、外国語として日本語を習得した人びとによる本格的な日本語文学が次々に生まれた。本節では、大正時代から昭和初期にかけての作品から、珠玉の名作を味わいたい。

＊周作人の短編小説――「サイダー売り」

周作人《しゅうさくじん》（一八八五〜一九六七）は、中国の著名な作家、魯迅《ろじん》（一八八一〜一九三六、本名：周樹人）の実弟で、一九〇六年に兄を追って日本に留学し、法政大学予科で予備教育を受けた後、一九〇八年に立教大学に入学して英文学と古典ギリシャ語を学んだ。

日本の中国人留学生の受入れは、一八九六年、当時の文部大臣、西園寺公望《さいおんじきんもち》（一八四九〜一九四〇）が高等師範学校校長の嘉納治五郎《かのうじごろう》（一八六〇〜一九三八）にその教育を託して受け入れた中国（清）政府派遣の留学生十三名が最初だと言われる。その後、中国人留学生は増加の一途をたどり、日本国内に中国人留学生のための教育施設も次々にできた。一九〇二年当時の留学生数は五百名前後だったとされるが、一九〇五年の日露戦争での日本の勝利を契機にその数は増加し八千名を超えた。一九一一年、中国の辛亥革命に際しては多くの学生が帰国したが、そののち再び増加に転じ、一九一四年には六千人程度に達している。その後、戦争中も中国人留学生はやってきて一九四五年の戦争終結時点でも在日中国人留学生は一千人を下ることはなかった。

中国人留学生の主たる目的は、一足早く西洋の学問を取り入れた日本で新しい自然科学や社会科学を学ぶことであった。日本では、西洋から新しく学んだ概念の訳語として物理、哲学、主義など多くの漢語が創出されたが、こうした夥しい数の「和製漢語」を、中国人留学生は中国語に持ち帰った。このころの留学生の中からは蒋介石《しょうかいせき》（一八八七〜一九七五）、周恩来《しゅうおんらい》（一八九八〜一九七六）をはじめ、政治、経済、自然科学や芸術等の新中国の指導者が生まれている。周作人は文学を担った代表的な人物の一人である。

周作人は辛亥革命の一九一一年に帰国した後、教職につき、一九一七年九月には北京大学文科教授に就任し、「欧州文学史」を講じた。周作人の関心は文学の本質にあり、日本の文学作品だけでなく、ロシア・ポーランドの近代小説、ギリシャの古典文学など幅広い作品の中国語訳を手掛けている。

日本の文学者の中でも武者小路実篤《むしゃのこうじさねあつ》（一八八五〜一九七六）との親交は特に篤く、ここにとりあげる「サイダー売り」も武者小路実篤が主宰する『生長する星の群』第一巻第九号（一九二一年十二月）に発表された。もっぱら中国語で発信している周作人が、珍しく日本語で書いた作品である。

語り手の「私」は北京郊外の西山《せいざん》で暮らしている。西山は、由緒正しい寺院や塔があり美しい自然に恵まれた観光地で、普段は町の小学校に通っている息子の豊一も夏休みにやってきて、二週間ほど一緒に暮らしている。隣に住んでいる秦という二十歳ぐらいの青年は、観光客相手のサイダー売りで、製造元から一ダース一円で仕入れたサイダーを一本二十銭から四十銭で売るのが仕事である。客の様子に応じていくらで売るかは秦の裁量に任された。「サイダー売り」はこの秦青年をめぐるできごとを綴る二千字ほどの短篇である。以下、原文の引用は、表記を読みやすいものにして示す。

秦は、「ずいぶんいい体格をして、丸い黒ぽい《（ママ）》顔は少しずるそうに見えるが、またどこかに無邪気な所もある」青年である。「私」が豊一と一緒に歩いていたとき、こんなことがあった。

或る日、ちょうど石碑の下に歩いてると秦は下から上って来た。一つの小判型の柳の籃《かご》を腕にかけて、右の手には枝についてる儘《まま》の一房の桜実《さくらんぼ》みたような果物を持っていた。豊一を見たらいきなりその手を伸ばして、「これを上げよう」と大きな声でどなった。豊一は飛んでいってやはり大きな声で聞いた。

「これは何だ？」

「郁李《ウーリル》だ」と言う。

「どこから取って来たの？」と聞けば、

「ま、それはどうでもいいじゃないか、お取りなさい」とずるそうな顔の上に優しい微笑を浮べながらその果物を豊一に渡した。〔…〕赤いのを取って食べて見たら李《すもも》の匂いがして非常に酸っぱい。豊一はまだ何かを聞きたがったが秦はもう石段の方へ飛んでいって、「一、二、三」と二三段を一つにしてずんずん登っていった。（五頁）

それから半年ほどたち、豊一が町に帰っていった後のこと、秦が親方から突然解雇され、出て行けと言われたと聞く。サイダーを高く売っても帳面に二十銭とつけて、差額を坊様に預けていたのが発覚したというのだった。秦は萎れていろいろ言い訳したが、聞いてもらえなかった。

秦が布団の袋とわずかの日用品をいれた柳の籃をさげて歩いていくのに「私」は遭遇する。秦は寺の小作人に行き先を聞かれて「北京へ帰るんだ」と無理に元気な声で答え、「私は非常に淋しい気がした」。

伊藤徳也《なりや》（二〇一八）によると、周作人は志賀直哉の「網走《あばしり》まで」（一九一〇）を一九二〇年の十二月に中国語に翻訳したばかりで、その影響を受けているのではないかという。「網走まで」は、汽車の中で「私」が出会った若い母親との数時間の交流を描いたものである。この母親は東京から北海道の網走まで病児と乳児を伴って行こうとしているのだが、それが何のためなのか、「私」には最後まで分からない。読者は「私」と同じく、あれこれ想像をふくらませるものの、ついに謎は謎のままである。「サイダー売り」も秦の身の上に起きたできごとが、本当のところ何だったのかはついに分からない。意に反して出ていく姿を、「私」の目線で見送ったあと、切ない読後感が残る。現実社会の人間は、誰もが良い面も悪い面も合わせもっている。私たちが他者を見るとき、その人の何がどこまで分かるというのだろう。「サイダー売り」の分からなさには、そんなリアリティがある。

この作品の舞台は中国、登場人物も全員が中国の人びとである。描かれた場面で使われた言語は実際には中国語だったはずで、この作品世界に日本も日本語も直接的には関係ない。志賀直哉に刺激された作風で、志賀直哉らを読みなれた日本語読者に読んでもらいたいと思ったのが、これが日本語文学として書かれた理由だったのだろう。のちに、これを本人が中国語に訳したが勧善懲悪の物語を読み慣れた中国語の読者には芳しい評価は得られなかった。

周作人は、大勢の日本の作家と親しく、戦争中は「中日文化協会理事」を務めた。しかし、そうした実績が戦後中国では裏目に出た。一九四五年十二月、対日協力者として逮捕され、国民政府高等法院で懲役十四年の刑が確定。一九四九年に中国共産党の南京解放によって獄を出ることはできたが、国を裏切った「文化漢奸《かんかん》（文化面での中国の裏切者）」の汚名は晴れず、日本人との友情を復活することができないまま八十二歳で永眠した。

＊エリセーエフの手記――「赤露の人質日記」

元日本留学生といえば、後にフランス、ソルボンヌ大学、アメリカのハーバード大学で日本学の振興に大きな功績を残したロシア人のセルゲイ・エリセーエフ（一八八九〜一九七五）の話す日本語はきっぷのいい江戸っ子弁で、大層魅力的だったという。

エリセーエフは、ロシアでブルジョワ向けの高級食品を扱うエリセーエフ商会を営む裕福な家庭に生まれた。当時のブルジョワ家庭ではフランス語が使われていたので、エリセーエフも幼いころからフランス語が使え、家庭教師についてドイツ語と英語も学んでいた。多感な十代に日露戦争を通して日本を知り、日本の芸術文化にあこがれた。ペテルブルク大学の東洋学者セルゲイ・オルデンブルクに相談したところ、日本に留学するためにはまずドイツのベルリン大学へ進学するのがよいと言われた（倉田二〇〇七、一四頁）。一九〇七年エリセーエフはオルデンブルクの推薦状を手にベルリン大学に留学して附属のベルリン東洋語学院で日本語を学んだ。この時期、のちに『広辞苑』の編纂者となる留学生、新村出《しんむらいずる》（一八七六〜一九六七）と親しくなり、新村が東京帝国大学教授、上田萬年《かずとし》に紹介状を書いた。

エリセーエフは卒業後一九〇八年九月に東京にやって来た。東京帝国大学では日本の高等学校を出ていない外国人を正規学生として受け入れた前例がなかったためひと悶着あったものの、上田の後押しでその第一号となることができた。上田は七年間にわたって彼を指導した。

エリセーエフは、東京帝大で熱心に学びつつ、学外では和服で夏目漱石の木曜会に参加して仲間と議論を交わし、歌舞伎や落語、長唄や三味線に親しみ、日本舞踊や清元の稽古に励んだりもした。美しい女形の着物姿の写真がある（倉田一九七七、六五頁）。

当時の文芸雑誌にエリセーエフが書いた日本語の文章がある。驚くべきことに、一九一〇年、帝大生であった二十一歳のエリセーエフは、来日後わずか一年半にして『帝国文学』（第十五巻第一号）に格調高い日本語による「現代露国のデカダン詩」という論考を寄せている。その後、芭蕉についての卒業論文を書いて一九一二年に優秀な成績で卒業し、大学院に進学した。翌年の雑誌『俳味』（第一巻第一号）の巻頭に、「印象詩人芭蕉」という一三ページの文章を書いているが、こちらは語り掛けるような「です・ます体」が印象的である。一九一四年には短歌雑誌『心の花』（第一八巻第一号）に寄せた「年越のまじなひ」というロシアの年越しの風俗を書いた文章はさらにリラックスした洒脱《しゃだつ》な文章で、エリセーエフの江戸っ子弁を髣髴《ほうふつ》とさせる。冒頭の文章は次のとおりである。仮名遣いを現代のものに直して示す。

「立ちかえる初春のめでたさ」などと、日本でも申しますが、春らしい気分こそすれ、風は冷たい、花は室に咲く梅ばかり、そして野山の木々には、白妙の花こそ、香もなう、咲かする雪げしき。日本も時々そうしたお正月を迎える事がありますが、私の母国は、まことに広い割合に、おしなべての寒国ですから、雪の多いこと、寒いこと、従って、戸外よりも、室内の遊戯が多いのです。

（九〇頁）

落語の枕を思わせる導入である。この年の六月にエリセーエフは大学院を修了し、夏にロシアに帰った。十一月にベラと結婚、翌年長男が誕生した。ペテルブルク大学博士課程の資格試験に合格し、日本語の講師となり、外務省の公式通訳にもなった。

ところが、一九一七年二月にロシア革命が起き、ブルジョワへの迫害が始まる。エリセーエフは実家の私有財産を没収され、毎日の食事にも苦労するようになった。一九一九年五月二十七日、エリセーエフは逮捕されて監獄に収監され、六月六日に釈放されるまでの十日間、獄中で命の危険を感じながら過ごさなければならなかった。

かろうじて命を保ったエリセーエフは一家で一九二〇年にロシアを脱出しフィンランド経由で一九二一年二月にフランス・パリに移り、日本大使館で通訳翻訳の仕事に就いた。そこで、パリにいた朝日新聞の特派員、町田梓楼《しんろう》に革命、亡命の経験を書くよう依頼されたのを受けて日本語で書き下ろしたのが「赤露《せきろ》の人質《ひとじち》日記」である。「大阪朝日新聞」に一九二一年七月十五日から途中一か月の間をおいて全部で四十五回連載され、連載が終わるや否や単行本として同年十月に出版された。文庫本一冊分のこの体験手記を、仕事の合間にほんの数か月で一気に書いたわけである。

舞台はロシア、登場人物も現地の人びとで、実際には日本語は使われないにもかかわらず、それぞれの登場人物が話す文体が巧みに使い分けられ、あたかもロシア映画を上質の日本語吹き替えで見ているようである。日本語で漱石を読むエリセーエフの姿も映し出される。速筆らしい流れるような文体は、エリセーエフが「漱石の門下生」と自ら称していることを思い出させる。

『赤露の人質日記』(一九七六)によると、逮捕される五月二十七日、エリセーエフは監獄にもっていく小さな鞄に洗面用具などのほかに鉛筆と万年筆とノートと、ドイツ語の本を二冊と、漱石の縮刷合本、「三四郎」「それから」「門」と「文鳥」「夢十夜」「永日小品《えいじつしょうひん》」「満韓ところどころ」をいれた。その日、錠をかけられた一人の部屋でエリセーエフは「それから」を読んだ。翌日も続きを読んだ。五月三十日には「相変わらず漱石氏の著を読み、日本文法の例になるところを書き抜いてノート・ブックにつけた」（九六頁）。六月一日、監獄から自動車で連れられていく人がいるのは、銃殺場に運搬されるのだと聞き、緊張が高まる。そして、六月五日。このとき同室者は三人だった。

監獄は大分静かになった。ただ事務所から例の自動車の音が聞える、誰かの足音が私たちの部屋に近づく、番人の歩き工合と違っている。それが部屋の戸の前に止まった。戸の中にあった小さい窓を開けて部屋の中を覗いた。〔…〕
「用があるから寝ないで下さい、すぐまた呼びに来るから」
と言って、どこかへ行ってしまった。
私たちは三人とも黙っていた、もう今晩が私の最後の晩かもしれぬと思った。途端になんだか自分が鋭い刃の上に立っていて、その右と左に深い溝があるようで、自分の我が二つに割れて、前と後になって相対映する、これはみな私の我である、前が未来だか、後が過去だかそれはわからない。

（エリセーエフ『赤露の人質日記』一〇四～一〇五頁）

明けて六月六日、番人が来て「おめでとう。君は今日の午後に解放されます」という。エリセーエフは命を拾った喜びにむせびながら家族の待つ家に帰った。しかしいつまた捕らえられるかわからない状況から、一家で亡命を決行する。
この日本語のリズムや緊張感は、どこか漱石に通うものがないだろうか。短期間で一気に湧き出した日本語は、東京の七年間で彼が体得した巧みの技にほかならない。日本ならざる風景、状況を、日本語で描き切った。それは、彼が大好きな日本の人びとに知ってもらいたい同時代のロシアの、そして御書司エリセーエフのその後の、現実であった。辛く悲しい体験を日本語の文学作品として織り出す作業を通して、彼は日本文学研究への決意を新たにしたのではなかったろうか。

このあとエリセーエフは永井荷風や谷崎潤一郎の作品をフランス語に翻訳し、好評を博した。一九二二年からソルボンヌ大学で日本文学と日本語学を教え、一九二九年にはパリ日本館の初代館長を務めた。一九三一年に妻とともにフランスに帰化したが、その翌年、アメリカのハーバード大学に招かれ、一年間東洋語学部の部長を務めて戻ったところ、一九三四年に同大学教授兼ハーバード燕京《イエンチン》研究所の所長への就任要請があってこれを受け、戦中戦後を通して一九五七年に六十八歳でパリに帰るまでの二十三年間を務め上げた。一九五三年、日本に三か月ほど滞在する機会を得、恩師や旧友と旧交をあたためたが、このとき、神田の古書店街で本を大量に買いこんでハーバード大学の日本語図書を充実させたことは彼の大きな功績の一つである。やがて門下生のエドウィン・ライシャワーを同僚に迎え、ハーバード大学に世界で有数の日本研究の拠点を築いた。一九七五年、八十六歳でパリで亡くなった。

なお、ペテルブルクの名称は、第一次世界大戦開戦以降（一九一四〜一九二四年）はペトログラード、ソビエト連邦時代（一九二四〜九一年）はレニングラードと変わり、一九九一年のソ連崩壊後にペテルブルクに戻った。大学名もこれに応じて変わったが、本書ではペテルブルク大学で通した（以下も同じ）。

＊エロシェンコの童話――「狭い檻」

エリセーエフの帰国の数か月前にあたる一九一四年の春、ロシアから東京へ、盲目の青年、ヴァシリー・エロシェンコ（一八九〇〜一九五二）がやってきた。

四歳で失明し、満十八歳までモスクワ盲学校で学んだのち、バイオリンのうまいエロシェンコは、モスクワの盲人オーケストラに入団したが満足できなかった。あるとき、エスペランティスト、アンナ・ニコラーエヴナ・シャラーポヴァ（一八六三〜一九二三）の手ほどきでエスペラントを一か月ほどで習得し、エスペランティストの詩人や芸術家と交流するようになった。

一九一二年、音楽を学ぶためイギリスに渡ったが、奔放な振る舞いが教師らの目に余って放校となり、途方に暮れていたところ、日露戦争以来日本に好意的な盲目のエスペランティスト、ウィリアム・メリックから、盲人に自活の術を教える実績を持つ日本への留学を勧められた（高杉一九八二、五三頁）。当時、ヨーロッパでは盲人は誰かの世話になって生きるほかないと思われていたが、日本では江戸時代から按摩《あんま》が盲人の仕事として確立されていた。エロシェンコは希望をもった。モスクワの日本総領事館で紹介された日本語教師は、ロシア語の上手な留学生の島野三郎で、エロシェンコは週に一度四時間のレッスンで半年もたたずに簡単な会話ができるようになったという（高杉一九八二、六七〜六八頁）。

来日したエロシェンコは、当時雑司ヶ谷《ぞうしがや》にあった東京盲学校の特別研究生となった。盲学校では文学も学べた。エロシェンコは自由に日本語を話すばかりか、樋口一葉の小説も理解したという。エスペランティスト、小坂狷二《おさかけんじ》（一八八八〜一九六九）の妻は、このころ訪ねてきたエロシェンコが「おくさん、ぼくは雑司ヶ谷の清光館という下宿にひっこしました。セイコウのセイは、清らかという字です」と言ったのにびっくりしたという（高杉一九八二、九〇頁）。盲学校では点字を学ぶが、彼は漢字の知識も持っていたようだ。

このころ、ロシアではあのエリセーエフを苦しめた恐怖政治が席巻していた。父親からの送金がなくなって困窮したが、それを知った新宿のパン屋、中村屋の相馬愛蔵《そうまあいぞう》（一八七〇～一九五四）とその妻、黒光《こっこう》（一八七六～一九五五）は、彼を中村屋の裏に住まわせて世話をした。愛蔵と黒光はパン屋の経営の傍ら、美術家や文学者たちの交流の場、「中村屋サロン」を運営して芸術活動を支援していた。エロシェンコは「中村屋サロン」で文学や映画、演劇、音楽に親しみ、日本の芸術家や社会運動家らと親交を深め、やがて、自ら日本語で創作を行うようになった。劇作家の秋田雨雀《うじゃく》（一八八三～一九六二）や新聞記者だった神近市子《かみちかいちこ》（一八八八～一九八一）がエロシェンコのために、彼が語る童話を筆記して新聞や雑誌に売り込んだ。

エロシェンコは一九一六年七月から一九一九年七月にかけて盲人教育の普及のためにタイ（当時の名称はシャム）、ミャンマー（当時の名称はビルマ）、インドへ旅をしたが、その間も日本の友人たちと日本語やエスペラントで手紙を交わした。作品集『日本追放記』（高杉一郎［編］一九七四）の中に、タイに滞在中、日本語で書いた友人宛の手紙が含まれている。エスペラントの友人たちにはエスペラント語、盲学校の按摩の教師、小川源助宛のものは日本語の点字で書いた。小川に教わった按摩の腕は現地の人にも感謝され、エロシェンコの身を援けたのだった。

一九一九年七月、エロシェンコは予告なく東京に帰ってきた。日本でエスペラント運動が盛んになり、ラムステッドが日本各地で演説を行っていたこのころ、エロシェンコもロシアの民族楽器バラライカを携えてロシア民謡を歌いつつ、エスペラントの普及のための演説を行った。そして、社会主義運動に近づいた。一九二一年五月、メーデーに参加して検束されたエロシェンコは同月二十八日、国外退去を命じられた。その退去命令の前日に日本語の点字で書き上げた作品が「せまい檻《おり》」である。黒光に「涙と血で書いた」と言い残した。虎を主人公に檻で囲われて生きる者、檻のような息苦しい社会への深い絶望を、そのどん底から美しい日本語で掬い上げるように綴った作品である。虎は、動物園の檻の中で、下品な人間たちに見られ、野卑な笑い声を浴びる毎日に疲れ、憤怒と嫌悪のために痙攣《けいれん》をおこした。彼はかつてインドの森に住んでいたのだった。彼は森に帰る夢を見た。「涼しい小川のささやき」が聞こえ、「かんばしい花のかおり」がいっぱいの森をいくと、羊のにおいがした。見ると、羊は垣根の中に囲われている。虎は羊たちに檻の外へ出よと呼びかけるが、恐怖に震える羊たちは隅に固まって身動きもせず、彼が檻の外に放り出しても檻に戻ろうとし、番人が虎に銃を向けたので、虎は森に逃げ帰って泣いた。

次にラジャ（インド語で殿様という意味）の別荘を通りかかると、二百人の美しい女たちが花のように装って贅沢な生活を送っているが、虎の目にはこれも檻に見えた。中の一人が虎に追いつめられた鹿のような恐怖の目をしていた。その女は、インドの神々の敵である白人を愛した罪を悔い、神の前で自らの胸を短刀で差して果てる。女の鮮血が花の上にしたたった。その部分を引用する。

花の上におちた血の球は、露にまじり、月の光をうけて、不思議な宝石のように光っていた。まるで天上から舞い降りた天女の首に光る夜光石のようであった。〔…〕かれは、花のうえに宝石のように光っている奴隷の血を、そっとなめようとした。

すると、宝石のように光っている血も、石も、石の神様もだんだん遠くなって、小川の涼しい流れや、何千年というふとい木のささやきが、だんだん人間の声にかわっていった。心もとかしてしまうような花のかおりは、いつの間にか嘔吐を催す人間の群衆のにおいにかわっていた。
（高杉一郎［編］『エロシェンコ作品集 第一巻』一七八頁）

檻の中の現実にもどった虎は絶望する。

六月四日の午後、エロシェンコは日本を追放された。その後、一九二一年の九月から十月にかけて、ハルビンの中根弘《なかねひろし》のもとで「日本追放記」を書いた。中根の世話で一九二二年の『改造』九月号に発表されたその文章の冒頭は「一九二一年六月四日の午後――それは、私の日本における最後の日でした。私は、この日が私の生涯の最後の日になるように祈ったけれども、そんな祈りをきいてくれる神様はいなかったようです。」というもので、エロシェンコの絶望の深さが知られる。

しかし、この後、中国・上海で魯迅に出会い、彼の人生に再び希望の灯がともった。魯迅と弟の周作人の尽力で、一九二二年に三十二歳で北京世界語（エスペラント）学校と北京大学にできたばかりの世界語（エスペラント）科の教授に招かれ、魯迅と周作人の家で暮らすこととなった。（高杉一九八二、三〇三頁）。魯迅はエロシェンコのエスペラント語や日本語で書いた物語を中国語に翻訳した。「せまい檻」も含まれている。

その後も各地を巡り、一九四五年に帰国。モスクワでエスペラント語や盲人への英語や音楽、文学の教育に従事し、一九五二年十二月、六十二歳で病没した。

＊ネフスキーの論文――「月と不死」

エリセーエフに少しおくれて一九一五年、ロシアから、ペテルブルク大学を優秀な成績で卒業したニコライ・ネフスキー（一八九二～一九三七）が官費留学生として来日した。二十三歳だった。ネフスキーは、一年前に来ていたのちの東洋学者のニコライ・コンラッド（一八九一～一九七〇）やオットー・ローゼンベルグ（一八八八～一九一九）と同じ本郷の菊富士ホテルに滞在し、三人でよく話した（加藤二〇一一、六四頁）。

ネフスキーは、幼少時に両親を亡くし、中学生のときに祖父母とも死別して、母方の叔母に従姉とともに育てられた。家庭教師をして家計を助けながら優等生として充実した学校生活を送り、ロシア文学にも親しんだ。一九〇四年に始まった日露戦争は世界中の人びとに日本という国を認識させたが、ネフスキーも日本を最初に意識したのは日露戦争だった。

家計を助けたい一心で一度はペテルブルク工芸専門学校で列車の機関士助手の実習をしたが、東洋学への思い断ち切れず、退学してペテルブルク大学東洋語学部に入り直し、中国語と日本語を学んだ。当時彼らに日本語を教えたのは、橘耕斎《たちばなこうさい》から数えて数代目の黒野義文《よしぶみ》（一八五九？～一九一八）だった。

ネフスキーはペテルブルク大学の将来の教授候補者として嘱望され、二年間の予定で官費留学生として来日して東京帝国大学に籍をおいたはずだが、大学の話はあまり聞かれない。日本人の風俗・習慣・伝承などを通して日本の古代文化を研究しようと、柳田国男、折口信夫《おりくちしのぶ》、浅井恵倫《えりん》ら日本の民俗学の第一線の研究者らと交流し、日本各地に足を運んで研究した。留学期間が終了する一九一七年、ロシアでは大革命に継ぐ内戦で、ネフスキーは帰国の機会を逸した。それで、自活のために小樽高等商業学校や大阪外国語学校でロシア語を教えながら休暇を利用して調査研究を進めた。東北地方の遠野《とおの》や沖縄・宮古島《みやこじま》の民俗、言語、また台湾の少数民族、曹《ツォウ》族の言語を研究するだけでなく、中国北西部に十一世紀から十三世紀にかけて存在した西夏《せいか》の言語や文字の研究は、ネフスキーによって成し遂げられた今日なお色褪せない成果である。日本女性、萬谷《まんたに》イソと結婚して娘ネリを授かり、日本に十四年余り滞在した。

ネフスキーが日本語で書いた論文は、当時からその日本語の巧みさが周囲の人びとを驚かせたというが、中でも一九二八年五月の『民族』(第三巻の第二号と第四号に分けて掲載)に発表された「月と不死(若水の研究の試み)」は「ずい分名調子の美文ではないか」と、研究者仲間の間で評判だったという(『月と不死』[東洋文庫一九七一]の岡正雄による「編者はしがき」四頁)。宮古に残る伝承や民俗から、日本古代の「若水」信仰を論じるものである。永遠の命をあたえる若水は、月の神から与えられると信じられ、月への信仰と関係がある。ネフスキーの「月と不死」の書き出しを読んでみよう。

ずっと以前のこと、かのシベリアの大鉄道を旅行して、私が丁度バイカルを過ぎたのは、麗しい六月の夜のことであった。天地に迫る涼味、寧ろ寒気が感ぜられる程で、威大な夜の光は、隈なく湖と程近く聳える山々を輝らし、水面には己が姿を映していた。

(同書、三頁)

降りたプラットホームで日本人が月を眺めていたというエピソードから、ロシアでは一般的な太陽のモチーフが日本には少なく、ロシアではあまり注目されない「冷たき月の光」が、日本では「純潔な白い姿」で人びとの心を魅了することを文学的な表現で綴っていく。

こうした文章のスタイルは、「ほうっとする程長い白浜の先は、また目も届かぬ海が揺れてゐる。」という書き出しに始まる折口信夫の「若水の話」（『折口信夫全集』第二巻）を思い出させる。「若水の話」は、沖縄諸島の民間信仰から日本古代の「若水」を論じる文章で、文中ネフスキーから受けた「好意に充ちた抗議」の顛末が書かれている。若返りの水を意味する「変若水《をちみず》」について折口の『萬葉集辞典』（一九一九）の「変若水」の説明に、「支那思想から来たものか」とあるのへ、ネフスキーから異論が呈された。沖縄諸島の初春の朝汲んだ水を神聖視する民間信仰等から、支那起源説は違うのではないかというのである。折口は自らの記述の誤りを認めた。

研究上のやりとりをはじめネフスキーが日本の人びとと交わした日本語の手紙や自筆原稿が天理図書館に保管されているが、さらさらと流れるような書体で、相手によって格式ある候文から話しかけるような調子の口語文まで、自由自在に文体を使い分けている（二〇一五年十一月二十七日、天理大学図書館開催の「悲劇の天才言語学者　ネフスキー〜自筆資料に見る軌跡〜」展にて確認）。

ネフスキーは革命によってソビエト連邦となった故国に居を移そうとしたが、パスポートをとるのは一苦労であった。まずネフスキーが単身で一九二九年九月に帰国して母校に戻って日本語を教え、西夏語や日本文化の研究を展開した。あとから妻と娘を呼び寄せる計画だったが、これが難航した。そんな一九三二年十一月六日、レニングラードから東京にいる妻、イソに宛てて、縦書の便箋にさらさらと書いた手紙が残っている（表記は現代のものに改めて示す）。「なつかしい妻よ、その後はどう暮らしているの？」に始まり、「僕は毎日アレキセエフ先生の末子のマリアンちゃん（ネリ子より半ヶ年ほど年上のお嬢ちゃん）を見て僕の子も今はこんなもんだなと思っています。」と娘を偲び、最後に「来年はキット会えるだろうと僕は堅く信じています。〔…〕そして死ぬまでお前から離れません。」（加藤二〇一一、二一六～二一七頁）と書いている。妻子を思う気持ちは特別ではないだろうが、この時期のネフスキーの気持ちを思うと胸が締め付けられる。周囲の協力を得て、イソとネリは一九三三年七月、ようやくネフスキーの元にやってきた。ネフスキーは研究発表を精力的に行い、コンラッドとともに和露辞典の編纂に従事し、日本語の教科書なども執筆して仕事は順調だった。

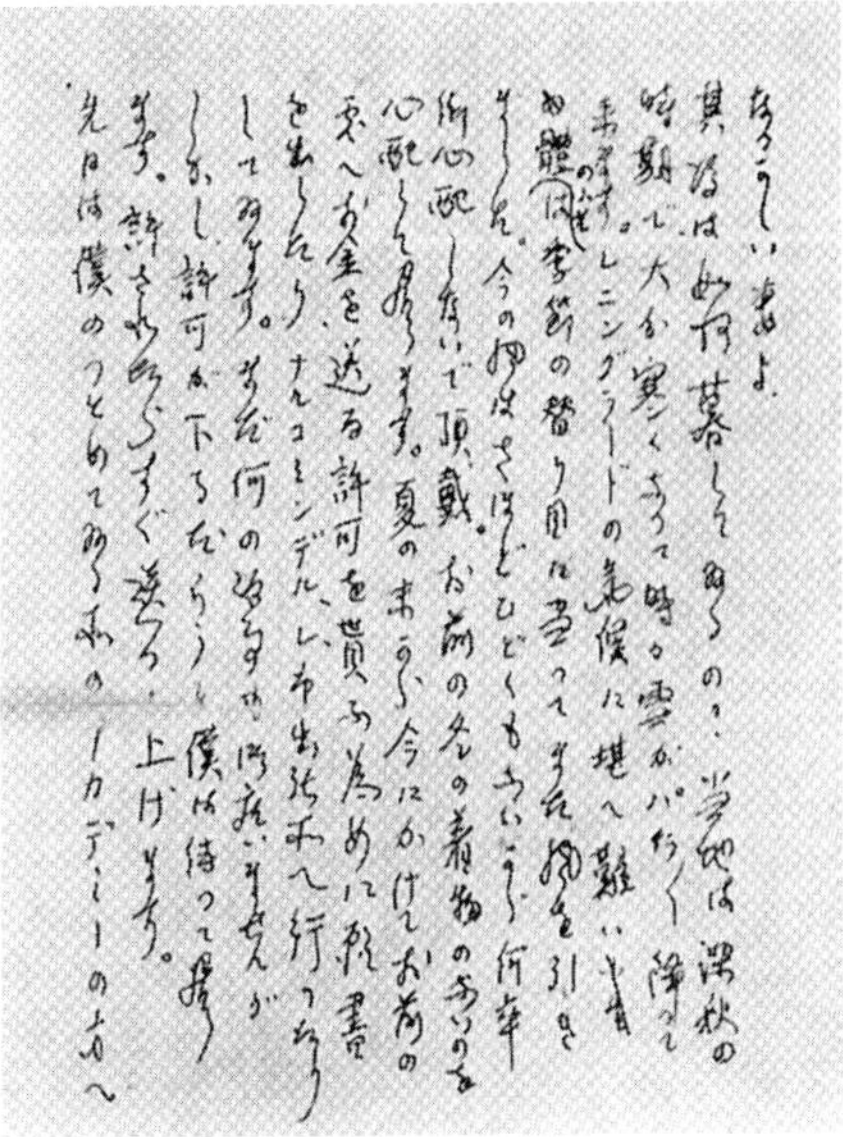

図9　ネフスキーの妻に宛てた手紙
加藤九祚『完本 天の蛇――ニコライ・ネフスキーの生涯』（2011年、河出書房新社）口絵より

しかし、スターリン時代（一九二四～五三年）の恐怖政治のもと、日本の中国大陸への進出や「満洲」建国はロシアへの脅威と考えられ、日本関係の学者がスパイ容疑などで逮捕される事件が続出した。一九三七年十月四日、ネフスキーは突然逮捕され、その四日後にイソも逮捕された。ネリはコンラッドに託された。両親の死について娘のネリは一九四五年に病没と知らされたが、一九九一年に機会を得て捜査書類を調べたところ、日本の諜報活動という虚偽の容疑で、イソと二人、逮捕からわずかひと月半の十一月二十四日に銃殺刑に処されていたことが分かった（加藤二〇一一、三四〇頁）。

＊知里幸恵の翻訳――『アイヌ神話集』

日本語に新しく出会うのは「外国人」ばかりではなく、明治期以降のアイヌの人たちも同様であった。アイヌは北海道、樺太《からふと》、千島列島に古くから住み、固有の文化と言語（アイヌ語）を持っていた。祖先の知識や知恵はユーカラと呼ばれる口承文芸によって伝承され、固有の文字を持たなかった。松前藩が江戸幕府から支配を任されていた頃は、アイヌは日本語から疎外されており、アイヌとの取引に詐欺まがいの商法が横行していたという。アイヌが日本語を手に入れるのは明治に入ってからのことである。

一八七八年には教育所が北海道庁直轄となり、アイヌの子どものための学校が各地に設立されることとなった。このとき、日本語や日本文化と引き換えにアイヌの文化やことばは「滅びゆくもの」と決めつけられたことは、アイヌの伝統文化や言語に致命的な影響を与えたのだった。

そんな時期に、ユーカラの語り手を祖母として、アイヌ語を母語として育ち、類まれな日本語の表現力を備えた才能豊かな少女がいた。知里幸恵《ちりゆきえ》（一九〇三～一九二二）という。

一九一八年夏、「滅びゆく」アイヌ語・アイヌ文化の記録を残そうと打ち込んでいた金田一京助《きんだいちきょうすけ》（一八八二～一九七一）が、訪ねた北海道の近文《ちかぶみ》村のその家にはユーカラの語り手の金成《かんなり》マツと、その姪の幸恵が住んでいた。幸恵は十五歳で、旭川区立女子職業学校の二年生だった。この時、マツは幸恵の見事な作文を京助に見せた。京助は、これほど日本語の表現力に秀でているこの少女が祖母や母からアイヌの伝統的叙事詩を聞き覚えて暗唱伝授していることに感銘を受け、この少女を神が授けた存在だと感じ、「東京へ出して勉強をさしてあげたい」（金田一京助「故知里幸恵さんの追憶」一九六四）と思った、という。

金田一京助（一九九七）によると、幸恵はこのとき京助にユーカラは価値のあるものなのかと尋ねた。京助がその価値とともに、今これを記録しないと永遠に失われるのだと情熱的に語ったところ、幼い幸恵は涙を浮かべて「私たちは今まで、アイヌのことといったら、なにもかも、恥ずかしいことのようにばっかり思っていました〔…〕私も、全生涯をあげて、祖先が残してくれたこのユーカラの研究に身を捧げます」と言ったと、金田一は書いている。

図10　知里幸恵

幸恵は生来心臓が弱く病みがちであった。金田一の上京の誘いも「心臓が悪いので」と一度は断っている。一九二〇年六月、金田一は幸恵にノートを送った。翌年四月、幸恵はアイヌ神謡を筆記したノートを金田一に送った。そして、一九二二年五月、十八歳の幸恵はついに上京して金田一京助の家に住まい、その年の九月十八日に十九歳と三か月の命を終えるまで、暗唱しているアイヌの神謡をローマ字で書き出し、日本語への翻訳に打ち込んだ。『アイヌ神謡集』が出版されたのは、亡くなって一年ほどが過ぎた一九二三年八月のことである。アイヌ語は、彼女が生来の環境から得た紛れもない母語で、祖母や母から聞かされた叙事詩や神謡は彼女の母なる文化であった。それを幸恵は、もう一つの自由な言語、日本語に映しだそうと努力して唯一無二の表現を打ち立てた。

岩波文庫『アイヌ神謡集』（一九七八）の巻末に、幸恵の実弟でアイヌ語・アイヌ文化の研究者、知里真志保《ましほ》（一九〇九～一九六一）による解説「神謡について」が収められている。それによると、ユーカラの中でも「神謡」は、主人公はキツネやクマ、エゾフクロウなどの動物神、トリカブトなど植物神、舟や碇などの物神、火、風、雷などの自然神で、その神々が一人称で語るものだという。人間が崇拝し丁寧に祀ったので、神々が人間の生活を守り幸福を与えたという語りが一般的で、神謡には、必ずリフレイン（知里真志保の言葉では「折返」）が用いられる。

幸恵の訳した『アイヌ神謡集』の冒頭は梟《ふくろう》の神の歌で、リフレインの詩句は「銀の滴《しずく》降る降るまわりに、金の滴降る降るまわりに」と翻訳された。対照されているアイヌ語のテキストをみると、この部分は「Shirokanipe ranran pishkan, konkanipe ranran pishkan.」である。藤本英夫（一九九一）によると、「Shirokanipe」の「Shirokani」は、日本語の「銀（しろがね）」からの借用で、「pe」は「水」だという。「konkani」は、日本語の「金（こがね）」からの借用だろう。「ranran」は直訳で「降る降る」、「pishkan」は「周囲に」と訳せるという。金田一京助の家に残されていたノートには「あたりに　降る降る　銀の水／あたりに　降る降る　金の水」と書かれていた（藤本一九九一、一八八頁）。日本語の通常の語順にして訳すとそうなる。このあと幸恵は推敲を重ねて、「銀の滴降る降るまわりに、金の滴降る降るまわりに」に行き着いた。フクロウの神が歌いながら高く低く飛び回る歌で、「水」といっても大雨のようなものではない。「滴」がふさわしいと幸恵は考えたのだろう。また、アイヌ語では対句のはじめの「Shirokanipe」と「konkanipe」が響きあう。これは句末より初めにもってきて、もとの響きを再現したいと幸恵は思ったのだろう。「銀の滴」「金の滴」を初めに据えた。「ranran」は「降る降る」とオノマトペのような響きを大切にした。幸恵の日本語の緻密さに胸をつかれる思いがする。

この神謡では、子供たちがフクロウの神に向けて放つ矢にフクロウは「射られる」のではない。矢を「受け取る」かどうかフクロウが決める。金持ちの子の放った矢は受け取らず、貧乏な子の放った矢を受け取ったフクロウの神は「クルクルまわりながら私は風を切って舞い下りました。〔…〕土の上に私が落ちると一しょに、一等先に貧乏な子がかけつけて私を取りました」（一五頁）と語る。この子がフクロウの神を伴って帰ると、うちには老夫婦がいて、「私」ことフクロウの神を敬って「何遍も何遍も礼拝を重ね」る。老夫婦が寝入ると、「私」は仕事を始めるのである。その部分の日本語訳を味わってみよう。（原文は多行書き。／は改行を示す）

私は私の体の耳と耳の間に坐って／いましたがやがて、ちょうど、真夜中時分に／起き上りました。「銀の滴降る降るまわりに、／金の滴降る降るまわりに。」という歌を静かにうたいながら／この家の左の座へ右の座へ／美しい音をたてて飛びました。／私が羽ばたきをすると、私のまわりに／美しい宝物、神の宝物が美しい音をたてて／落ち散りました。

（二二頁）

注釈によると、神は、人間の前に出てくるとき、鳥や獣の姿を借りる。それが「冑（よろい）」で、目に見えない神はその「冑」の耳と耳の間にいるのだという。

金持ちになったこの老夫婦は、それまで彼らを見下していた金持ちも含めた村人全員を招待して富をわかちあい、金持ちはそれまでの非礼を彼らに詫びて、みな仲良く暮らすようになる、という美しい神の物語である。繰り返される「銀の滴降る降るまわりに、／金の滴降る降るまわりに」ということばの響きは心地よく、神の歌をそのまま日本語で聞くようである。『アイヌ神謡集』にはほかに十二編の神謡が収められ、それぞれキツネ、ウサギ、カエルなどの神が歌っている。

金田一京助は「滅びゆくもの」と思い込んでいたのだろうが、このとき、幸恵の中では、アイヌ語もアイヌ文化も力強い生命力を湛えていた。『アイヌ神謡集』の「序」で、幸恵はアイヌの文化を誇り高く描き出し、「今の私たちの中からも、いつかは、二人三人でも強いものが出て来たら、進みゆく世と歩を並べる日も、やがては来ましょう。それはほんとうに私たちの切なる望み、明暮《あけくれ》祈っていることで御座います。」と希望を失ってはいなかった。

アイヌの人びとは明治になって日本語を自由に使う権利を得た。日本語が読めると、古今東西の文献の翻訳も含めて数えきれない書籍の中から知りたいことを好きなだけ知ることができたし、ことばが日本じゅうの多くの人に直接届くようになった。生きてゆくべき道の選択肢は増え、可能性は広がった。幸恵の弟、真志保は東京帝国大学に進学して言語学を学び、やがて北海道大学教授となってアイヌの言語だけでなく、文学、民俗、社会、歴史も包括する「アイヌ学」を作り上げ北海道大学より博士号を受けた。

同時代のアイヌの日本語文学の書き手にはバチェラー八重子（一八八四～一九六二）や違星北斗《いぼしほくと》（一九〇一～一九二九）といった歌人もいる。特に、一九二〇年代終わりに彗星のように現れて二十七歳で病気のため夭折した北斗の作品は、今日ではごく一般的になった口語定型短歌の先駆的作品としても記憶にとどめられるべきだが、アイヌへの日本語教育の最初となる東京・芝の開拓使仮学校で学んだ一期生の一人、違星万次郎の孫で、祖父も両親も日本語に堪能な家庭で育ち、和人（アイヌではない日本人）の小学校に通った北斗は、「生まれて八つまで、家庭ではアイヌであることも何も知らずに育った」（金田一京助「あいぬの話」一九九三）という。交流のあった伊波普猷にも「アイヌ語は話せない」と話している（「目覚めつつあるアイヌ種族」『伊波普猷全集 第十一巻』）。一年半ほどあとにユーカラの伝承者の家に生まれた知里幸恵が母語としてアイヌ語を獲得し、日本語とのバイリンガルであったのとは異なる。日本語は彼の第一のそしてほぼ唯一の表現言語であったから、北斗の作品は本書の範疇には入らない。

日本語を使う自由を得るのと引き換えにアイヌ語を失わなければならない必然性はなかった。幸恵や真志保ほどの優れたバイリンガルに誰もがなれるわけではないだろうが、それぞれに応じてアイヌ語を失うことなく、日本語を使うことは可能であった。しかし、当時の議論を読むと、新たな言語を身につけるにはそれ以前の言語を失うのはやむを得ないというイメージが共有されていたようだ。これは日本が植民地支配をした諸地域にもあてはまる。惜しんでも惜しみ切れない。

第四章　戦時体制下の〈外国人〉の日本語

――一九三〇年代～一九四五年夏

1　戦時体制下の日本語普及と学習者たち

＊国定教科書の記述に現れる日本語学習者たち

既に台湾、朝鮮、そして「南洋群島」を統治下において日本語普及を展開していた日本は、一九三一年の「満洲事変」から一九四五年八月の戦争終結に至るいわゆる十五年戦争の期間、「大東亜共栄圏」を建設するという構想を掲げ、中国大陸や東南アジアに占領地を拡大していった。そして、その全域の共通語はヨーロッパの言語ではなくアジアの言語、リーダーである日本の言語であるべきだという考えから、「大東亜共栄圏の共通語」としての日本語普及が行われたのだった。一九四五年夏の「敗戦」で、一斉に撤退するため、占領の時期によって日本語普及の期間は異なり、最後の東南アジア地域では実質的に三年ほどに過ぎなかった。

このような事情の具体的な表れを、「国語」教科書の記述からみてみよう（河路二〇〇六B）。一九〇三年の第一期から戦後早期の第六期（一九四七年）までの国定教科書の時代は、全国で同じ教科書が使われたので、日本中の子どもたちがこれを読んで育ったといっても過言ではない。朝鮮、台湾など「外地」では専用の教科書が用意されたが、中に「内地」の教科書と同じ文章も含まれていた。

今日の国語教科書を見ても海外での日本語事情は書かれていないが、この時期は「国語」教科書の編纂者である文部省が「外地」の国語教育や、海外への日本語普及にも深くかかわっていた。日本の国内の子どもたちに、「国語」が広く学ばれている様子を知らせることは、子どもたちに「国語」への自信や愛着をもたせるためにも効果的だと考えられたのだろう。日本語普及の地域が広がるにつれて、その様子がすぐさま「国語」教科書の内容に反映されている。本章で注目するのは第四期（一九三三年）、第五期（一九四一年）である。最後の国定教科書の第六期（一九四七年）を合わせて見ると、敗戦前後の天地が逆さになるような価値観の違いがよくわかる。第六期の教科書は次章で改めて紹介する。なお、国定教科書の仮名遣いは一定ではないが、読みやすさを優先する本書の凡例に従って、引用の際には現代の表記に直して示す。

＊一九三〇年代以前の国定教科書

はじめに、第一期から第三期の教科書の様子をざっとみておきたい（六学年で巻十二までを学ぶ。文中の数字は、巻と課をあらわしている）。最初の国定教科書「イエスシ読本」は巻八までで、この中には含まれないが、続く『高等小学読本』には、領土の拡大を反映して、台湾の人びとやアイヌの人びとに触れた本文があり（三―十八「アイヌ」、四―十六「生蕃」）、アイヌについては「アイヌの言葉は、われわれのとは、まるで、ちがっておる。」とある。第二期「ハタタコ読本」では、「あいぬ」（十―二十二）は今では「内地人と同じく」日本語の読み書きができ、小学校の教員になるものもいると書かれ、「国語」教育の進展を示している。

「外地」の日本語普及と並行して、在外日系人の継承語教育（祖先につながる言語の教育）は日本政府の関心事であった。第三期「ハナハト読本」には、在米日系移民に関する「アメリカ便り」（八―十八）がある。アメリカ旅行中の父親が日本にいる子どもにあてた手紙という設定で、サンフランシスコには「日本人は八万人余もいて、子どもは、アメリカ人の立《ママ》てた学校へ行って、英語で勉強しますが、帰って来ると、又日本人の立《ママ》てた学校へ行って、日本語で学問をしています。」と報告される。一九〇〇年前後から日系移民の増加したカリフォルニア州では、一九〇六年、サンフランシスコ市が日系の子どもたちを東洋人学校に隔離する命令を出したが、日本政府の抗議で翌年これが取り消された経緯がある。

一方、一九一五年に南洋群島小学校規則を公布し、日本語による初等教育が始まったばかりの南洋群島のトラック島に移り住んで三か月になる叔父から子どもへの手紙という設定の「トラック島便り」（九―二）では、「近年わが国で学校をそここに立てたので、子供等はなかなか上手に日本語を話します」と報告している。南洋群島は南国の自然の豊かさへの憧れもあって日本からの移住者も多かった。

＊一九三〇年代から一九四五年に至る国定教科書

さて、本章で扱う一九三〇年代からは、日本語普及に拍車がかかる。この時代に日本語を学習した人は飛躍的に増え、学習者の一部は学んだ日本語を戦後、新たな文脈で生かしてゆく。

第四期「サクラ読本」では、「国語の力」（九―二十八）に、初めて「国語」ということばが登場する。

	通称	書名	使用年	刊行年
第一期	イエスシ読本	『尋常小学読本』巻一～八	一九〇四～一九〇九	一九〇三（明治三十六）年
第二期	ハタタコ読本	『尋常小学読本』巻一～十二	一九一〇～一九一七	一九〇九（明治四十三）年
第三期	ハナハト読本	『尋常小学国語読本』巻一～十二	一九一八～一九三二	一九一七（大正六）年
第四期	サクラ読本	『小学国語読本』巻一～十二	一九三三～一九四〇	一九三三（昭和八）年
第五期	アサヒ読本	第一学年『ヨミカタ 一、二』『コトバノオケイコ一、二』、第二学年『よみかた 一、二』『ことばのおけいこ 一、二』、第三～六学年『初等科国語一～八』	一九四一～一九四五	一九四一（昭和十六）年
第六期	いいこ読本	第一学年『こくご 一～二』、第二学年『こくご 三～四』、第三学年『国語 上・中・下』、第四～六学年『国語 各上・中・下』	一九四七～一九四九	一九四七（昭和二十二）年

第一～第六期の「国語」国定教科書

これは上田萬年《かずとし》による演説「国語と国家と」（一八九四。第三章参照）を想起させるもので、「我が国語には、祖先以来の感情・精神がとけこんでおり、そうして、それがまた今日の我々を結び附けて、国民として一身一体《（ママ）》のようにならしめている〔させている〕のである」と説かれている。「アメリカ合衆国や、ブラジル等に住んでいる日本人は、日本語学校を建てて、自分の子供たちに国語を教えている。日本人は日本語によって教育されなければならないからである」という文章もあって、日本人と日本語の結びつきが強調されているのも注目される。

パラオに南洋庁のおかれた一九二二年以降、南洋群島で現地の子どもたちが通う初等学校は朝鮮・台湾と同じく「公学校」になり、植民地に準ずる「国語教育」が行われた。「南洋だより」（十一六）は、南洋群島の子どもたちの学芸会の様子を述べ、「上手に国語の対話をしたり、読本の朗読をしたり、独唱や劇までやっているのに、すっかり感心させられました」と報告している。日本からの移住者の多い地域では、買い物や娯楽、仕事でも日本語を学び使う機会も多く、南洋群島の人びとの中には日本語を自由に使いこなす人も多かった。

また、日本の起こした満洲事変によって一九三二年に中国東北部に「建国」された「満洲国」については「大連だより」（八一四）に「〔日本人の数は〕今では十何万人にもなり、満洲人の間にも、日本語がだんだん広まって行きます」とあり、「『あじあ』に乗りて」（十一二十六）では大連とハルビンの間を走る南満洲鉄道「あじあ」の列車内で日本人の「僕」と片言の日本語を話すロシア人の女の子の交流が描かれている。「満洲国」は現在では日本の「傀儡政権」であったと知られるが、建前は「五族協和」を掲げる多民族国家で、構成員たる人びとの言語である中国語、朝鮮語、モンゴル語、ロシア語等も使われる中で、日本語が共通語として機能することが目指されていた。

在外日系人については、「ホノルルの一日」（八—二十二）、「アメリカ便り」（九—十二）でハワイのホノルル在住日本人が日本語で生活している様子が描かれている。

また、ヨーロッパにおける「外国語」としての日本語学習については、旅行記「欧州めぐり」（十二—十八）で、「私」がイタリア旅行中に出会った日本語学習者の青年が登場する。「今、各国で日本語の研究が盛であることは聞いていたが、ヨーロッパに来て、外国人に日本語で話しかけられたのはこれが始《（ママ）》めてである」と「私」は喜びを隠しきれない。日露戦争で日本が勝利をおさめて以来、ヨーロッパをはじめとして日本語研究、日本語教育を行う高等教育機関が世界各地に増加しつつあった。一九三五年に外務省文化事業部に「国際文化事業」を担当する部署が置かれ、世界各地における日本語学習の状況調査が行われ、イタリアでの調査も含めたこの日本語教育事情調査の報告は、一九三九年に『世界へ伸び行く日本語』と題された小冊子として刊行された。教科書の編纂年はこれより少し早いが、同時代の新情報を即座に子どもたちに伝えようとしたようである。

国家的な日本語普及の現れの極まったものがアジア・太平洋戦争中に刊行された第五期「アサヒ読本」である。朝日に向かって両手をあげる子どもたちの後ろ姿に「アカイ　アカイ　アサヒ　アサヒ」と書かれた美しい色刷りの見開きページから始まるこの教科書からは、「大東亜の共通語」としての日本語普及が勢いづく様子が見てとれる。「国語の力」は一部をアップデートして踏襲され、新たな状況を反映した新しい課文が増えた。「ラジオのことば」（ヨミカタ二—四）は、リズミカルな文章で日本語普及の志を次のように謳い上げる（原文は片仮名書き。「／」は原文の改行を示す）。

日本の　ラジオは、／日本の　ことばを　はなします。
正しい　ことばが、／きれいな　ことばが、／日本中に　きこえます。
まんしゅうにも　とどきます。／しなにも　とどきます。／せかい中に　ひびきます。

中でも第五期の四年生用の「君が代少年」（三―四）、五年生用の「スレンバンの少女」（五―五）に描かれた幼い「もう一つの言語」としての日本語話者たちは深い印象を残す。

「君が代少年」は、一九三五年四月の台湾大地震の際の実話に基づく新しい作品で、主人公の詹徳坤《せんとくこん》は実名である。崩れた建物の下敷きになった公学校三年生の模範少年、詹徳坤が最期の息で「君が代」を歌うという内容で、朝鮮・台湾の読本にも採用された。皇室を中心とする日本国家への忠誠心が哀切に描かれている。ただ、台湾での「国語」教育の開始から四十年以上が経過しているにもかかわらず、少年の母語は「台湾語」で、「国語」は不自由な様子が描写されている点も注目される。一九四二年度の台湾総督府による調査によると、一九四一年の台湾における日本語理解者率は五七％だった（藤森二〇一六、四六頁）。詹徳坤の親族は教科書に載った徳坤の「名誉」を戦後も語り継いだ（村上二〇〇二）。

「スレンバンの少女」は日本の占領地マライのスレンバンで、雑貨商のインド人を父に、日本人を母に持つ十一歳の少女である。少女は母親から日本精神や日本語を教わっていた。その母親が、開戦後のある日、突然やってきたインド人の巡査に日本人であるという理由で連行されてしまう。「私は継母《ままはは》で、この子はインド人だ」という母親の咄嗟の嘘で難を逃《のが》れた少女は、日本軍の通訳になる。

大東亜戦争は、一面にことばの戦です。一たび占領地へはいれば、ことばが通じないかぎり、手も足も出ません。／たった十一歳、内地なら国民学校四年生のこの少女は、その後、皇軍のある隊の通訳を命じられました。／その隊は、この地方の鉄道の復旧工事に当たりました。隊長以下何百の将兵と、マライ人・インド人の鉄道従業員たちの先頭に立って、少女は、たくみに日本語・英語・マライ語・インド語を使いわけながら、りすのように活動しました。

実話かどうかは不明だが、似た事例はあったものと推測される。日本語に加えて「外地」の言語もできる子どもには通訳としての期待がかけられていた。たとえば、神戸の財団法人北野寮の『寮生教育概要』（一九四二年十二月）に報告されている寮生一五名は、いずれもジャワ出身で父親が日本人、母親がスンダ人、スマトラ人、ジャワ人、また中国人で、オランダ語、マレー語のほかに、それぞれジャワ語やスンダ語、英語、ドイツ語、フランス語など複数の言語を使うことができると書かれている。この寮では、こうした複数言語環境の子どもたちを集めて、「模範的共栄圏指導者」に育てようと日本語及び日本文化の教育を施していた。実際には彼らが活躍する前に戦争は終わる。言語の力は時代を超えるが、それをどう生かせるかは環境に左右される。戦後、彼らはどんな人生を送ったことだろう。戦争中、積極的にとらえられていた彼らのもう一つの言語の力は、戦後日本では価値を見出されなくなってしまう。

「大連から」（四―四）では多民族・多言語国家「満洲」の大連で、日本語が共通語として普及していくことへの希望的展望が描かれ、「敬語の使い方」（七―四）では、「敬語の使い方によって、尊敬や謙遜の心をこまやかにあらわすことのできるのは、実にわが国語の一大特色であり、世界各国の言語にその例を見ない」と、日本語の優位性を強調して、子どもたちの優越感をくすぐっている。一方で、第四期にあったアメリカの日系人の日本語教育は、日米関係の破綻によって継続困難となった事情を反映して第五期では姿を消した。

＊国定教科書に描かれていない日本語学習者たち

ほかに一九三〇年代から四五年にかけての日本語学習者といえば、日本国内では宣教師をはじめとする在日欧米人を対象とした日本語学校（日語学校など）や、留学生を対象とした学校（国際学友会などがあり、特に後者は一年間で初歩から日本の高等教育機関で学ぶレベルまで学べるコースを用意して、高いレベルの日本語の使い手を輩出した（河路二〇〇六Ａ）。日本で学ぶ留学生が日本語で大学などに進学する準備としての日本語教育を行った国際学友会の教科書から彼らが日本の大学を卒業して帰国する時の「送別会」（三―十六）を覗《のぞ》いてみよう。実際の場面に取材しているので、当時の様子をうかがうことができる。ここではタイのウイチット君が商科大学を、ビルマ（ミャンマー）のバー・イン君は工業大学を、インドのバリガ君は歯科医学専門学校を卒業して母国に帰っていく。この課文は、そのお祝いに国際学友会の食堂で開かれたすきやきパーティーの様子である。彼らは進学前に国際学友会で日本語を学び、進学後も国際学友会の世話を受けた。「いちばん日本語の上手なウイチット君」は代表の挨拶の中で、国際学友会での最も大きな収穫は「アジアをはじめ、ヨーロッパやアメリカなど、世界各国の若い学生と生活を共にし、最も近いお友達として交際し、語り合うことができたこと」だと述べている。敗戦によって計画通り学習を終えられなかった人も少なくなかったが、卒業して帰国した人びとの中には、留学で学んだ力を生かして戦後の母国で活躍した人物が多い。

たとえば一九四一年の夏にタイから来日して一年半日本語を学習し、一九四三年四月に函館高等水産学校（現在の北海道大学水産学部）に入学し一九四五年九月に卒業して帰国したサワン・チャレンポン（一九二二年生まれ）は、帰国後タイの水産局に入り、水産試験場の建設、調査船の建造などに貢献、タイの漁獲量を飛躍的に高めて、それまであまり食べられていなかったマグロを缶詰にするなどの産業化を促進、一九七八年には水産局長になった。私が二〇〇五年にサワンさんを訪ねたとき、サワンさんは当時の希少な日本留学生の使命感やその後の活躍ぶりを生き生きと語った。帰国して六十年が過ぎても、高等水産学校の同窓生とはずっとつきあいが続いているということで、楽しそうに日本語で話した。

インドネシア・ジャカルタのダルマ・プルサダ大学は、一九八六年に、インドネシア元日本留学生協会（PERSADA）とインドネシア日本友好協会（PPIJ：Perhimpunan Persahabatan Indonesia Jepang）とが協力して設立した。元日本留学生がその経験を母国の発展に生かそうとしたもので、日本とインドネシアの両国への感謝の証ということである。現在に至るまで日本語・日本研究が熱心に行われ、日本の産業界と交流を持っている。歴代の学長のほとんどが日本留学経験者だという。私が二〇一三年に訪問したとき、オロアン学長は、戦後、賠償留学生（戦後日本が先方の希望に応じて賠償金を払うかわりに受け入れた留学生）として日本に来て国際学友会で日本語を学んだあと京都大学で勉強した日々の思い出をなつかしそうに話してくれた。

また、「半島出身者」と呼ばれた朝鮮半島からやってきた人びとも「国語」としての日本語を学ぶよう働きかけられていたが、日本の植民地とされてから二十年余りが過ぎても、朝鮮半島では特に女性の就学率が低く、子どもの母親の多くは日本語が不自由だった。そこへ、一九二三年九月に発生した関東大震災後の混乱では、根拠のないデマによって多くの朝鮮出身者が犠牲になるという悲惨な事態が起きたのをきっかけに、大阪、神奈川、兵庫で「内鮮協和会」が発足し、一九三九年六月には「外地同胞」を日本の風俗、生活習慣、日本語に慣れさせ、国民生活を平和で安定したものにすることを目的として、厚生省内に中央協和会が設置された。当時の同化主義は、欧米の植民地に見られる差別主義（植民地の人びとには宗主国の言語を積極的に教えようとしない）に対峙するものと考えられ、人種差別反対の立場をとる日本の国是に基づくものであるとされたため、これをあるべき正しい理念だと信じていた人は多く、それは同化される側の人びとにもある程度浸透していた。言語的少数者には、多数者の言語・文化を学ぶ権利は保障されるべきであるが、それと同時に固有の言語文化を保持する権利も保障されることが大切である。この時代には為政者および日本社会全体に、朝鮮半島の人びとの伝統的な習慣や言語を尊重しようとする姿勢が決定的に欠けていた。

「内地」で暮らす半島出身者のために作られた教科書『協和国語読本』（一九四〇）の登場人物で印象的なのは、第二十三課「まごころ」に登場する「崔《さい》君」で、福岡県の炭鉱で働いている。郷里、朝鮮の父と姉が亡くなったと知って、労務主任が郷里へ帰るように言うが、「崔君」は自分が内地の炭鉱で働くのは兵隊が戦場に臨むのと同じで、姉も父も自分が帰らずに働き続けることを喜ぶに違いないと言って主任を感動させる。教師用の『協和国語読本　指導要領』（一九四四）には、これは福岡の炭鉱での実話に基づくと説明されている。

子どもたちは日本の学校に通うことが義務付けられていたが、敗戦に至るまで日本国内の朝鮮半島出身者の子どもは四割が就学できなかったという報告がある（朝鮮人教育対策委員会「在日朝鮮人教育の実情」一九四八）。特に女性は教育を受ける機会に恵まれない人も多く、日本語が分からないまま日本で不自由な生活を余儀なくされていた。戦後、彼らが日本政府に対して、「同化」を標榜しながらその約束を果たさなかったと批判した所以《ゆえん》である。

アジア・太平洋戦争においては、日本国内各地の捕虜《ほりょ》収容所に、一つの大学の全学生数に匹敵するほどの人数の捕虜が収容され、日本語を学んでいた。松宮一也（一九四二）によると、開戦直後の一九四一年十二月十二日にグアム島の連合国軍の捕虜四百名余りが、香川県の善通寺《ぜんつうじ》の捕虜収容所に収容され、収容所長、水原義重《よししげ》少将は捕虜に対し「深く同情と敬意を表」し、「余暇を利用して日本語の習熟に心掛け、平和恢復《かいふく》の日、両国親善に資せんことを望む」と述べたという。松宮は『ラジオによる日本語の普及』（一九四二）で全国の収容所に一度に流せるラジオ放送があればいいと提案している。松宮は北米向けのラジオ放送を担当しており、同じ時期、アジア各地では、現地の人びと向けのラジオの日本語講座が放送されていた。

2　日本語で活躍した人びと

＊パラオから来た「留学生」——エラケツ、マリア

南洋群島の中でも南洋庁の庁舎があって中心的役割を果たしたパラオのコロール島には、日本からの移住者が多く、日本語が日常的に使われる環境があったため、日本語を自由に使う現地の人は少なくな

かった。私が二〇一二年にコロールで出会った一九八二年生まれのカイポは、日本留学を通して日本語を身につけ、祖父と日本語で会話ができるようになると、祖父と深い話ができるようになったと語った。日本統治時代に教育を受け、日本に来たことのない祖父がもっとも自由に自分を表現できるのは日本語で、同世代の友人たちとも日本語で話しているという。祖父より若く戦後育ちの祖母は、カイポと祖父が日本語で話し込むと疎外感を持ち、「なによ、あんたたち、自分たちのことばで話して」となじるのだとカイポは語った。カイポと祖父にとって日本語は「自分たちのことば」なのだった。

そのようなカイポの祖父より少しさかのぼった時代に日本留学を経験したパラオの二人を紹介したい。アテム・エラケツとマリア・ギボンである（河路［編著］二〇一四、河路二〇一五A・二〇二〇）。

エラケツ（一九一〇〜一九四四?）は、一九二九年九月、十九歳で奈良の天理にやってきた。パラオの天理教の指導者となるべく招かれた留学生であった。天理教のパラオ布教は一九二八年四月に佐藤嘉一が自ら志願し、九月にコロール島にパラオ教会を設立したのに始まる。日本人の多いコロール島のほかに、パラオの人の多いバベルダオブ島での布教も行われていた。パラオの学校教育を通して最初からエラケツは日本語にはほとんど不自由はなかった。エラケツは教会によく通ってきてよく覚えたので、佐藤は彼を指導者に育てようと天理への留学を世話したのである。エラケツは天理で天理教の学校に通って学ぶ傍ら、来日直後からパラオ布教をめざす天理教の指導者にパラオ語と現地の事情を教えた。また、奈良の東洋民俗博物館の館長、九十九《つくも》豊勝《とよかつ》の支援を受けて、講演やラジオ放送などでもパラオの伝説や歌を紹介した。エスペラントの学習会に出向き、そこで出会った宮武正道《みやたけまさみち》（一九一二〜一九四四）、北村信昭《のぶあき》（一九〇六〜一九九九）と意気投合した。そして、当時天理外国語学校のロシア語の教師をしていた音声学者オレスト・プレトネルの協力も得て、早熟の言語学者であった宮武との共著で、パラオ語の音声、文法などを記述し、いずれも謄写版《とうしゃばん》の『パラオ叢書《そうしょ》』（一九三一年、内容はパラオ語概略・パラオ語テキスト・パラオ語会話・パラオ語彙に分かれ、発行者は宮武）、『ミクロネシア群島パラオの土俗と島語テキスト』（一九三三年、発行者は宮武）をまとめた。このほか、エラケツが語ったパラオの伝説や歌などを宮武、北村が記述、編集してまとめたものに宮武正道『南洋パラオ島の伝説と民謡』（東洋民俗博物館、一九三二）と北村信昭『南洋パラオ諸島の民俗』（東洋民俗博物館、一九三三）がある。

そのころのエラケツの様子を、友人であった吉田龍太郎が、有村次郎という筆名で「南洋の人気男」という小説に書いた（『週刊朝日』一九四一年春季特別号所収）。名前こそ少し変えて「エラソプ君」とあるものの、エラケツが帰国するまでを事実のとおりに描いたようである。北村と思われる「K君」から日本で驚いたことは何かと問われた彼は次のように答える。

パラオから横浜まで、生まれてはじめて大きい船に乗りました。船は港を離れて出て行く時は大層ゆっくりと動きました。横浜で船から降りて自動車に乗りましたが、自動車も汽船のように、ゆっくりと動き出すものと思っていたので安心していると、不意に走り出したので、後へ倒れました。全く驚きました。ここ（後頭部）を打っていたかったですよ。それから、また汽車に乗りましたが、今度こそおどろかされないようにと用心して、汽車の窓枠にしっかり掴まっていると、汽車はゆっくり出て行きました。何だか内地へ来た最初から乗り物に馬鹿にされたような気がして、思い出しても恥ずかしいです。

これを聞いて一同（九十九や吉田、北村らがモデルに違いない）は大笑いした。エラケツの達者な日本語は奈良大学に保管されている北村信昭コレクションの中に残された九〇通に及ぶ書簡にも見ることができる。エラケツは北村にそのときどきの率直な気持ちを自由な日本語で書き送っている。北村も同じ数だけ書いていたようだ。

さて、「南洋の人気男」では、このあと、「エラソプ君」は乞われるままに、パラオの伝説を次々にみなに語って聞かせる。一同これを興味深く聞いた。このあたりも実際のエラケツの様子だと思ってよさそうである。このあと、エラケツはパラオの知人に積極的に取材してさらに伝説を集めた。それらを宮武、北村がまとめて美しい本が生まれた。

宮武正道／北村信昭『パラオ島童話集　お月さまに昇つた話』（一九四三年、国華堂日童社）である。ハードカバーの一般向けの市販本で、赤松俊子《としこ》（後の丸木俊《まるきとし》）による表紙絵や挿絵が美しい。後に原爆を描いて有名になる丸木俊だが、独身時代の一九四〇年一月から半年ほど、パラオに滞在していた彫刻家でパラオの民俗の研究もしていた土方久《ひじかたひさ》

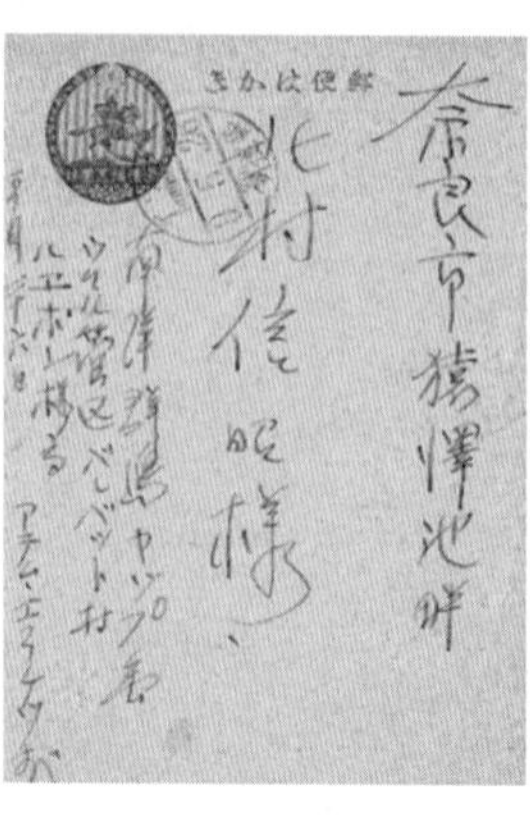

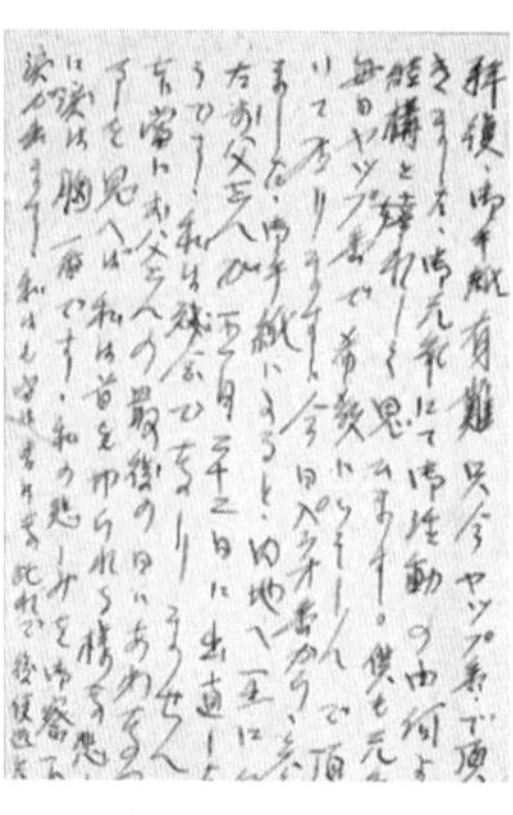

図1　1934年5月26日付、エラケツから北村宛のはがき。父の死が報告されている。奈良大学北村信昭コレクション（奈良大学図書館所蔵）より

功《かつ》（一九〇〇〜一九七七）を訪ねてしばらく滞在して多くの絵画や版画を残した。

しかし、この本が出版されたころ、日本の友人たちとエラケツとの連絡は絶えていた。

一九三六年八月一日に北村を伴ってエラケツがパラオに帰ってまもなく、パラオの天理教会は財政策に失敗し、一九三七年十一月に世話になった佐藤嘉一の死という悲劇的顛末《てんまつ》を迎えたのだった（天理教の顛末については山西弘朗《ひろあき》氏にご教示いただいた）。それでも一人、自宅をパラオ教会として布教を続けたエラケツだったが、かねて土地をめぐって対立していた南洋庁の役人からにらまれ投獄されたという。北村宛の一九三九年の年賀状が残っている。エラケツは年賀状を印刷していた。「陽春《ようしゅん》祝捷《しゅくしょう》」という大きな文字の左側に、「事変下の南方　海の生命線に新春を迎えました事を限りなき喜びと存じます」とあり、「吾《ア》貞《テ》武《ム》豪傑《エラケツ》」と、名前に勇ましい漢字をあてている。このとき、エラケツの日本行きは絶望的になっていたようだ。その死について北村はエラケツの知人から聞いた話として、一九四四年三月の米軍によるコロール島への空襲を逃れようとエラケツがバベルダオブ島へ向かった船の錨がリーフに引っかかったのを解こうと海に飛び込んで命を落としたと述べている（北村一九八三、七五頁）。

図2　宮武正道／北村信昭
『パラオ島童話集　お月さまに昇つた話』
（1943年、国華堂日童社）

私はエラケツの調査のため二〇一九年夏にパラオの親族を訪ねたのだが、現在のパラオではほとんど忘れられているようで調査は難航した。パラオの独立二十五周年にあたるこの年はパラオ大使館で日本との国交樹立からの二十五周年を祝うイベントがあった。マッタロウ大使（この姓は父親が日本時代に使っていた日本名に由来するという）やその関係者の協力を得て、ようやくエラケッツの実弟の娘に出会うことができた。エラケッツの悲劇が涙ながらに語られたのは印象的であった。エラケッツの幸福も不幸も、日本の南洋統治によって生まれた。エラケッツの残した著作は当時のパラオの言語や文化を伝えるものとして貴重である。日本の友人たちとの友情もろとも、記憶に残したいものである（河路二〇二〇）。

もう一人、マリア・ギボン（一九一七〜一九七二）という魅力的な女性を紹介したい。中島敦《あつし》の短編小説「マリヤン」のモデルになった人物である。名家の娘で、英国の血をひくウィリアム・ギボンの養女であることなど、中島敦の描いたとおりだが、養父の父、ジェームス・ギボンはパラオに初めてSDA（セブンスデイ・アドベンチスト）教会を招いた人物で、マリアはパラオのSDA教会の熱心な信者であった。パラオには土方久功が一九二九年から滞在していたが、マリアは幼いころから土方とは知り合いで日本語もうまく、土方のパラオの言語や民族や伝説の記述に際しては「パラオ語の先生」を務めたりしていた。マリアはコロールの女酋長《しゅうちょう》（ビルーン）の血筋でもう少し長生きしたら次の女酋長になるはずだった（その前に亡くなったので女酋長はマリアの娘のグローリアが継いだ）。パラオの文化に誇りを持ち、次の世代に引き継ぐ役割を担う風格をもっていた。短期滞在者の中島敦には、見抜けなかったようだが、妹のオオブによると、マリアは戦争中、日本が負けることを予知していたという。その一方で、SDA教会を中心に日本人と親しく交流した。大変な読書家で岩波文庫など日本語で読める本を片っ端から読んでいたというのは「マリヤン」にも書かれているとおりで、マリアを知る誰もがうなずくところである。パラオの人びとが日本語につながることの利点の第一はこのことにあった。岩波文庫を見れば分かるように古今東西の名作の多くが日本語に翻訳されている。新しい知識も次々印刷物になっていく。日本語が読めると、あらゆる分野の膨大な知識に自由にアクセスできる。マリアは日本語を生かして教養を深め、知性を磨いたようである。マリアはパラオでは当時数少ない日本（当時は「内地」と称した）留学経験者であった（河路［編著］二〇一四、河路二〇一五A）。

日本の南洋庁は島々の子どもたちに初等教育を普及したが、中等・高等教育をほとんど用意しなかった。わずかに優秀な男子生徒のみが一九二六年に設置された南洋庁立木工《もっこう》子弟養成所に進学して建築や機械、電気や鍛冶《かじ》などの技術と知識を学ぶことができたが、女子にはそれもかなわなかった。日本留学を実現させたのは民間の、宗教者たちである。エラケツを留学に導いたのは天理教、マリアの留学はSDA教会である。マリアの留学の詳細はSDA教会の機関紙『使命』にたどることができる。

一九三二年七月、十五歳のマリアは東京から伝道に来ていた牧師二名とともに、姉のミシーと二人で東京に到着。二人でSDA教会の学校である東京・杉並の三育女学院で学ぶことになった。ところがミシーは同年十一月末に体調を崩してパラオに戻り、翌年一月十八日に命を落としてしまう。マリアは一人残って、看護を含むさまざまな勉強をして、ピアノも習い、約

図3　マリア・ギボン（1940年頃）

束の二年を終えて一九三四年六月、パラオのＳＤＡ教会に新しく赴任する牧師とともにパラオへ帰った。このころのマリアを知る山本《やまもと》アサ（一九二〇年生まれ）によると、マリアは給食を配る時、これがパラオのやり方だといって頭上に載せて踊りながら配って見せたりもする快活で利発な少女だったという。

マリアはこのあとパラオのＳＤＡ教会の中心的役割を果たし、教会のピアニストを務めたりもした。戦後は小学校の教師になり、生徒だったミリヤム（一九四一年生まれ）によると、日本の歌や手遊びを教えたり、日本の昔話をパラオ語で語ったりしたという。ミリヤムは戦後世代で日本語はできないが、私が二〇一二年に調査に訪れたとき、「花嫁人形」など日本の歌や手遊び歌を日本語で歌ってみせた。

マリアは全く自由に日本語を操るばかりか、養父の影響で英語にも通じていた。マリアが日本語で書いたものは見つからないが、南洋群島文化協会の機関誌『南洋群島』一九四二年六月号の「東亜の婦人達」という記事の中でパラオ放送局から放送された日本語によるマリアの談話が掲載されている（四六〜四七頁）。「私たち島民も去年の二月に島民女子青年団をこしらえまして〔…〕日曜日ごとにいろいろな団体訓練を受けております。この頃では歩き方のけいこから包帯巻の練習や担架教練なども一通り教わりました。これから救急法や看護法なども教えていただくようにお願いしております。」とマリアは語っている。三育女学院で習った看護の技術をさらに鍛え、パラオの女性たちに広く普及したいと思ったのかもしれない。同じ談話の中で次のような発言もしている。

〔…〕私どもにとりまして五年間の学校生活ほどありがたいものはございません。日本語のお話に殆ど不便を感じないのも、みなこの学校生活のおかげでございます。／五年間の公学校を卒業した私どもはもう二、三年くらいも勉強が出来ましてお役所や会社の事務員として使っていただけるようになりたいものだと思いますが、残念なことにはまだそうした道が開かれておりません。

（四七頁）

マリアは、パラオに五年制の初等教育がゆきわたったことに感謝を述べた上で、中等教育の道が開けていないこと、役所や会社の事務職がもっぱら「内地」からきた日本人に独占されていることを、やんわりと、パラオの人びとを代表して、批判している。

一九七〇年に日本から牧師として渡部義和《わたべよしかず》が赴任したとき、マリアは「いらっしゃい、ようこそ、パラオへ」と大音量の日本語で出迎えたという。渡部牧師が指導した聖歌隊で、マリアのパートはアルトだったが、一九七一年の年頭から病気欠席が多くなり、その年の五月に亡くなってしまった。五十四歳の若さだった。渡部はマリアの葬儀で司式の補佐を務めたが、人口二万人弱のパラオで、マリアの死を悼んで訪れた人の数は二千人にも及んだという。

「南洋群島」では島ごとに異なることばが話されていたところ、日本語が共通語として機能したことの利便性もあり、日本語はかなり普及した。戦後もこの世代の人びとは日本語を共通語として使い続けたし、パラオのアンガウル州は憲法に日本語を公用語の一つとすることを明記した世界で唯一（日本国憲法には公用語についての記述はない）のものである（今村／ロング二〇一九）。ただし、今では世代が移り、アンガウル州においても、日本語を話す人は限られている。

＊日米の戦争中に日本語の力を生かした日系二世や日本育ちの人びと

アメリカでは一九三〇年代後半に至るまで、日系人以外のアメリカ人が日本語を学ぶ機会はほとんどなかったが、日系人の子どもたちは日本語を学んでいた。日系人教育は「排日運動」の逆風も受け、日本人として日本精神を保つことを美徳とするか、アメリカ市民としての日系人の在り方を確立するか、二つの価値観の間で、揺れながらも継続された。

一九三〇年代にはいると、日本から移住した一世は成長した二世に「東西融和の架け橋」となることを期待し、二世自身もルーツの地への憧れや関心を高めたため、二世の日本留学が盛んになった。彼らの留学は日本側からも歓迎され、東京の恵泉《けいせん》女学園ほか既存の教育機関が二世のための教育プログラムを用意して迎えたばかりか、一九三九年には外務省関連の日系二世の教育機関として、敝之館《へいしかん》が東京中野に設立され、終戦で閉鎖されるまで、二世を対外宣伝と通信事業のための人材に育てる二年間のコースを運営した。義務ではなかったが、卒業生の中には期待通り「外務省ラヂオ室」で海外放送や通信の傍受に携わった人もいた（粂井二〇〇四・二〇〇九）。

一方、地方の小中学校で一般の日本人と共に学んでアメリカに帰った日系人は「帰米《きべい》」と呼ばれ、アジア・太平洋戦争中のアメリカ陸海軍日本語学校の日本語教師には、彼らが多く起用されたのだった。アメリカ、イギリス、オーストラリアなど、日本軍との戦闘が予見されていた連合国の国々では、情報戦の一環として日本語教育が展開された。中でももっとも多くの語学兵を養成したのはアメリカである。

また日系人以外の人びとが日本語を学ぶ機会は全くなかったわけではない。一九〇〇年にカリフォルニア大学バークレー校で日本語の授業が始まり、以来、ハーバード大学、ミシガン大学、コロンビア大学で、それぞれ前章で紹介したセルゲイ・エリセーエフ、日系人のジョセフ・ヤマギワ、日本からハワイ経由で赴《おもむ》き、のちにドナルド・キーンの師となる角田柳作《つのだりゅうさく》らが教えていたが、それは極めて限られたもので、アメリカでの日本語学習が促進されたのは軍事的なニーズによるものだった。

日露戦争のあとから、日本語能力の高い語学将校の養成が始まったが、その規模はわずか数名と少なかった。第一次世界大戦では兵士たちの外国語能力が不十分で情報収集や捕虜への尋問がうまくいかなかった経験から、敵国や戦闘地の言語を学ぶ必要性を痛感したアメリカでは、日本の軍事力増強に警戒心を強め、開戦前から陸海軍ともに、暗号解読、捕虜への尋問、軍事文書の解読を目的とした日本語人材の養成のための特別プログラムの準備に取り組み、一九四〇年ごろには、日本政府の最高機密は読み取られていたと言われる。それでも一九四〇年頃まで全米に日本語の分かる非日系人は日本布教に従事した宣教師など特別な人びとだった。ハーバード大学でエリセーエフの下でともに戦争中の教材『Elementary Japanese for College Students（大学生のための基礎日本語）』（一九四一）を作成したエドウィン・ライシャワー（一九一〇～一九九〇）も父親が宣教師だった関係で子どものころ日本で暮らして身に着けた日本語を生かした（ライシャワー一九八二）。家庭の事情で日本に滞在して習得した日本語を生かした人は少なくない。

アジア・太平洋戦争を契機に、アメリカの陸海軍では日本語が使える軍人の育成に拍車をかけた。海軍は、一九四一年、

図4　エドウィン・ライシャワー

日米開戦に先立ってカリフォルニア大学とハーバード大学に海軍日本語学校（Navy Japanese Language School）を開設し、読み書きを含めた約一年間の集中コースを開いた。生徒は全米から集められた優秀な若者で日系人は含まれなかったが、教師の多くは日系人だった。長沼直兄《ながぬまなおえ》による教科書『標準日本語読本』を使って高いレベルに至る日本語の訓練をした。手書きの文字を読む訓練としての草書体の読み方が学習項目に含まれた（キーン／河路二〇一四）。巣立った生徒たちからドナルド・キーンら戦後、日本語を生かして活躍する人物が生まれる。

一方、陸軍の陸軍情報部語学学校（ＭＩＳＬＳ：Military Intelligence Service Language School）は、海軍とは対照的に日系人生徒が中心で、一九四一年十一月に開始された当時の生徒六〇名のうち五八名が日系人だったという。一九四五年までに七千人を超える生徒に日本語を教えた（パッシン一九八一、四九頁）。授業は、手書きの文字を読むための草書体を読む訓練に加

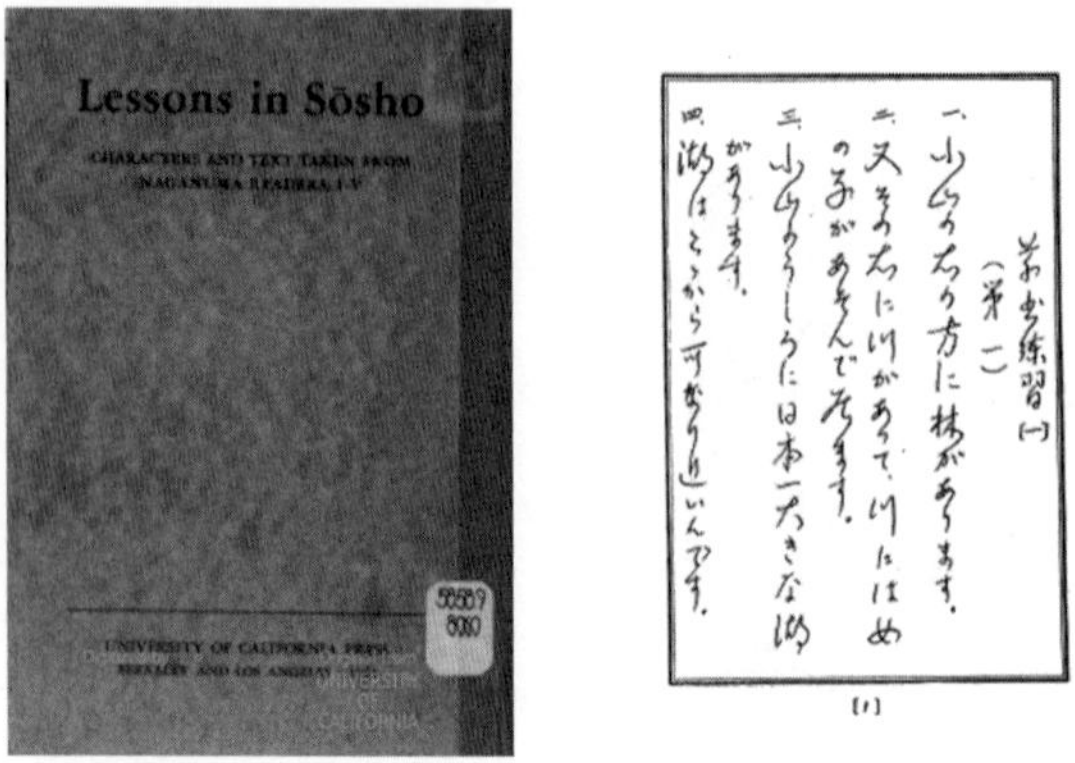

図5　海軍日本語学校の草書の教科書
『Lessons in Sōsho: Characters and Text Taken from Naganuma Readers, I - V』
（University of California Press, 1943）

えて、軍隊用語や、押収文書の翻訳や捕虜の尋問に必要な知識など任地で求められる実践的なもので、卒業生の多くは南太平洋の戦地に配属された。

陸軍ではほかに、日本語やドイツ語、イタリア語を含む二七の外国語を対象とする特訓プログラムを開始し、その一つに、陸軍情報部（ＭＩＳ：Military Intelligence Service）による「陸軍特別訓練計画（ＡＳＴＰ：Army Specialized Training Program）」という短期集中型外国語教育プログラムがあった。世界各地に布陣するアメリカ軍の言語需要に応じるため、ペンシルバニア大学やイェール大学など諸大学の協力を得て開始された言語プログラムで、諸大学に付設された九か月課程で、優秀な生徒を集めて独自に開発した教材を使い、会話と聴解を中心とした授業を行った。この教授法は行動主義心理学の理論を応用し、ネイティブの発音に触れて模倣し暗記することで言語が習得されるという考え方に基づくもので、一九四三年から翌年までの一年余りと短い期間だったが、約一万五〇〇〇人の兵士が参加したと言われている（パッシン一九八一、四九頁）。この方法ではテキストをネイティブの発音で聞かせるドリルマスターが必要で、それを日系人が担った。少人数のクラスでアメリカ人教師が文法や語彙を説明し、日系人教師がドリル（典型的な文を暗唱する練習）を行うことで成果をあげたのである。教科書にはこの日本語教育課程のためにエレノア・ジョーデン（一九二〇〜二〇〇九）がバーナード・ブロック（一九〇七〜一九六五）と共著で作成した『Spoken Japanese』（二冊）が使われた。並行して授業に必要な日本語のドリルマスターのためのマニュアルも用意され、日本語のモデル文を繰り返し示す以外に話してはいけない、英語ができたとしても英語を話してはいけないと書かれているのが印象的である。

ＡＳＴＰの教授法は戦後のオーディオ・リンガル・メソッドに受け継がれ、日本語においては、ジョーデンによる教科書がこれを代表するものとして長く使われた。卒業生の多くは南太平洋の戦地に配属された。中でも、日本で教育を受けてアメリカに帰った二世たち（帰米二世）の情報活動が、アメリカの戦局を有利に導いたという事実が明らかになっている。

陸軍情報部（ＭＩＳ）は、秘密情報部隊という性格上、存在自体が国家の最高機密だったが、一九七二年に軍事情報の機密扱いを解除する法令が発令されたことで、その存在が知られるようになった。かつて敵性市民の汚名を着せられた日系二世たちは、名誉をかけてアメリカに忠誠を誓い、自己のルーツである日本との戦争に全力で挑んだ。その葛藤は、山崎豊子《やまさきとよこ》の小説『二つの祖国』（一九八三）やすずきじゅんいち監督によるドキュメンタリー映画「二つの祖国で——日系陸軍情報部」（二〇一二）などに描かれている。すずきの映画は当事者のインタビューで構成されている。人間秘密兵器と呼ばれた彼らに課された作戦の中に、軍服を着ず、砕けた口調の日本語で日本兵に話しかけることがあった。すると、日本兵はすぐに心を許し、何でも話したのだと、日系人の元兵士の一人が複雑な表情で証言している。日本語で通じ合えるなら仲間であるとした「国語の力」の教育が逆手にとられた形である。

兄弟の中でアメリカ兵になったものと日本兵になったものがいて、太平洋の同じ戦場で撃ち合ったというような悲劇もあった。アメリカの軍曹だったドン・オカは、アメリカで生まれ、五歳の時に岡山県の両親の故郷に帰ったが、またアメリカにもどり、日米開戦のすぐあとの一九四二年二月に日本語人材としてＭＩＳに入るように徴兵命令が届いた。行くと何百人という二世の兵隊がいたという。日本に残った弟は日本軍に入った。ドン・オカは北マリアナ諸島のテニアン島にいたとき、日本軍の飛行機が撃たれて海に落ちるのを見た。その中に弟がいたことを後に知ったという。それでもドン・オカはアメリカのために働くほかなかった（NHKアーカイブにも証言がある）。

日本を敵とした陸海軍の日本語教育で、日系人教師が献身的に尽くしたことは、当時の日系人社会からは批判され、日系人教師はその痛みに耐えながら仕事をしたことになるが、アメリカ海軍日本語学校の生徒だったドナルド・キーンは、日系人教員への親愛と敬意を語り、それがあったからこそ、戦場においても、日本人を憎む気にならず、捕虜にも友情をもって接することができたと語っている（キーン／河路二〇一四、四六〜五二頁）。

ルーツの国と育った国が戦争をはじめると、もう一つの言語として日本語をもっている彼らはどちらの国からも重宝がられ、一方では危険視される。後者を恐れて、いずれかの国のために人一倍誠心誠意、忠誠を尽くした二世は少なくない。「忠誠心」は、日本の教育で重要視された精神性のひとつである。二〇一一年十一月になって、アメリカ議会は、戦争でアメリカに尽くした日系人たちに、議会名誉黄金勲章を授与した。

なお、イギリスでは、戦争中、ロンドン大学東洋アフリカ研究学院（ＳＯＡＳ）で日本語の語学要員養成のための集中講座が行われたが、講師に招かれたのは旧制小樽高等商業学校（現在の小樽商科大学）、旧制静岡高等学校で英語教師をしていたフランク・ダニエルズ（一八九九〜一九八三）とその日本人の妻おとめであった。主任講師のダニエルズは小樽時代から妻の協力を得ながら和英辞書を作成するなど、日本語に対する研究も熱心だった。

戦争中に戦争目的で「敵国」で教えられた日本語は、日本軍の押収文書の翻訳、通信の傍受、捕虜の尋問に使われたが、日本語の使い手の人生は、戦争よりはるかに長い。彼らが努力して身につけた日本語は戦後も彼らの財産として残る。そうした彼らの活躍によって、戦後アメリカそしてイギリスの日本学や日本語教育は飛躍的に発展を遂げたのである。

＊戦時下に中国の軍隊で日本語を教えた元留学生——王学文、汪大捷

第一章で触れたように、中国や朝鮮半島と日本は古代から人的交流があり、互いに言語を学び合ってきた。日清戦争のあと、日本への関心が高まった中国では日本語学習ブームが起き、「東文学堂」と呼ばれる日本語学校が最初は中国人によって、次第に日本人、また中日共同によって次々に設立され、二十世紀初めには北京・上海のような大都市から、直隷・江蘇《こうそ》・安徽《あんき》・広東《カントン》・四川《しせん》・雲南・湖北省など広い範囲に広がった。教師には日本人が雇われることもあったが、日本滞在経験を持つ中国人も活躍した（劉二〇〇五）。

元日本留学生で帰国後中国で翻訳、通訳や日本語教育に尽力した人は少なくないが、中でも優れた翻訳を多数残した銭稲孫《せんとうそん》（一八八七〜一九六六）は、一九〇〇年に外交官であった父の仕事の関係で家族とともに十三歳で日本へやってきたのだった。来日後、慶応義塾幼稚舎に入り、続けて成城学校文科、東京高等師範学校附属中学校で学んだ。その後、父の転勤に伴いオランダ、イタリアに随行し、一九一〇年に中国にもどって、一九一一年に辛亥《しんがい》革命を経験、中華民国建国後は教育部に勤め、一九一六年には日本調査の命を受けて再び来日している。一九一八年には北京大学の日本語講師となり、やがて日本文学の専門家として多くの日本文学を中国語に翻訳した。翻訳は『万葉集』『枕草子』『伊勢物語』や謡曲など古典作品に始まり、同時代の正岡子規、島崎藤村、志賀直哉らの作品まで広範囲にわたっている。

日中戦争の終結した一九四五年には五十八歳になっていたが、翌年中国で、敵国日本の協力者であったとして公開審判を受け、「文化漢奸《かんかん》」として懲役刑を言い渡された（鄒二〇一四）。第三章で紹介した周作人と同じく戦争中、日本の文化人と親しく交わり日本文学を深く理解したことが有罪判決につながったのだった。

古今東西、どんな時代も他国の言語・文化に通じた人は両国の交流の促進に力を発揮する。そのため国家に積極的に活用されることもあるが、両国間に摩擦が生じた場合にはスパイの疑義をかけられたり迫害されたりして苦しむ例も少なくない。この時期に日本語を学び日本に親しんだことで過酷な運命を余儀なくされたのは周作人や銭稲孫だけではなかった。

二十世紀には、中国における日本語教育に日本側が深く関与し、後に「侵略的な日本語教育」であったと反省される事態を招く。一九〇五年、日本は関東州（遼東半島の先端部）の租借権と南満洲鉄道の経営権を獲得すると、翌一九〇六年に中国人のための「関東州公学堂規則」を公布、初等教育機関で日本語を必修とし、満鉄沿線に学校を開いて日本語普及を推進した。こうした学校では日本から日本人教師が派遣されることが多く、この時点で五百〜六百名に上った。

一九一一年の辛亥革命によって翌年、中華民国が成立した。辛亥革命直前の日本には約八千人の中国人留学生がいて、辛亥革命では彼らが力を発揮した。指導者の孫文《そんぶん》をはじめ、黄興《こうこう》、宋教仁《そうきょうじん》、胡漢民《こかんみん》、廖仲愷《りょうちゅうがい》、朱執信《しゅしつしん》、汪精衛《おうせいえい》等の革命指導者の多くを日本留学経験者が占めている。

日本の軍部は一九三一年に満洲事変を引き起こし、一九三二年に「満洲国」を建国、日中関係は悪化の一途をたどった。これをきっかけに一九三三年二月、日本は常任理事国を務めていた国際連盟を脱退し、国際社会から孤立し、独自の論理でアジアへの進出を進めることになる。

「五族協和」が謳われた「満洲」では、日本語を母語とする日本からの移民のほか、「満語」と称された中国語のほか、モンゴル語、ロシア語を母語とする人びとが暮らしていたが、日本語は特権的な言語とされて、初等教育にも取り入れられ、検定試験などその学習を促進する社会的なシステムが用意され、高等教育には日本留学が推進された。

一九三七年七月の盧溝橋《ろこうきょう》事件をきっかけに日中戦争は全面化し、日本の占領地には傀儡政権が樹立されていった。華北地域(河北省、山東省、河南省、山西省の華北四省、北京市及び天津市、青島市など)では「臨時政府」と連絡のあった北支軍特務部文教班が、華中地域(江蘇省、浙江省、安徽省の三省と、南京及び上海の両直轄市)では「維新政府」の教育部と連絡をとった日本軍総司令部特務教育班が日本語普及を担当し、軍の宣撫《せんぶ》工作として宣撫班が日本語教育を行った。

一九三八年十二月には、日本の「対支中央機関」として興亜院が設置され、「支那事変」処理のための対中国文化工作の一環として日本語教育を管轄し、占領地における未曾有《みぞう》の規模の日本語普及が、現地を組織化して一元的に進めるべく計画されるに至った。日本から中国に派遣された日本人の日本語教員は八千人に上ったといわれる(長谷川二〇〇三・二〇〇五)。

一方、戦争をより明確に意識していた中国側では、敵国日本の言語を身につけることは情報収集のためにも日本人の懐柔《かいじゅう》のためにも必要であると考えた。中国八路軍《はちろぐん》は一九三七年十月、日本語で日本人を説得できる人材を育成することを決定した。一九三八年十月に開催された中国共産党の会議において、毛沢東《もうたくとう》は、日本人の民衆も兵士も日本帝国主義の犠牲者であるとして、「百万余りの日本の侵略軍を我々の仲間に変え、日本ファシストを打倒するようにさせるため、日本軍の兵士らに道理を説くのに十分な量と質の日本語学習を抗日軍の全将校、兵士に命ずる」と述べた。そして、特に敵軍工作訓練隊に選ばれた百五十名のエリートには、入門から始めて文芸作品や公文書、新聞が読めるばかりか日本語で講演、討論ができるだけの日本語力を身につけるのを目標に一年四か月間の特別プログラムが用意された。学生が簡単な日常会話ができるレベルに達すると「日常生活の日本語化」が奨励され、日本人講師が彼らと起居を共にし、一年余りの期間で、彼らはほぼ不自由なく日本語を話すようになったという。また、八路軍では選抜された訓練隊のほかに一般兵士向けの日本語教育も行われ、一般兵士は日本語で「武器を棄てろ！」「捕虜を優待する！」といった呼びかけを覚え、三曲ほど日本語の歌が歌えるようになった（趙二〇一〇）。

戦争中の中国の八路軍の敵軍工作訓練隊で捕虜教育や日本語教育の指揮に当たったのは元日本留学生たちだった。敵軍工作部幹部の部長は王学文《おうがくぶん》（一八九五〜一九八五）、副部長は李初梨《りしょり》（一九〇〇〜一九九四）だったが、王学文も李初梨も京都帝国大学の元留学生で、特に王は大学院で、経済学者の河上肇《はじめ》（一八七九〜一九四六）にマルクス経済学の教えを受け、河上を生涯の師と慕っていた。

後に王自身が書いた文章（王一九八二）によると、江蘇省に生まれた王学文は一九一〇年、十五歳のときに同郷の数名と日本に渡り、東京の同文書院、第一高等学校予科、そして金沢の第四高等学校で学んだ後、一九二一年に京都帝国大学経済学部に入学、同大学の河上肇の経済学の講義に深く心動かされた。学生時代は進歩的学生が組織した社会科学研究会に参加し、日本人学生と議論を交わした。卒業後は大学院に進学し政治経済学を研究、河上が『マルクス主義の哲学的基礎』（一九四九）を書くに至る苦悩を身近で経験したという。王は京都帝大の学生時代に結婚して三人の子どもの父親になった。河上は、生活費に苦労していた王に帰国の旅費を工面《くめん》したという。王は帰国後も河上への恩義を感謝しつづけ、京都帝大の仲間たちとも交流を続けたようである。

中国共産党の幹部には日本留学経験者が多かった。彼らの多くは日本で初めてマルクス主義に出会い、共産主義思想を知ったのである。捕虜になった日本人によると、幹部の部屋には彼らが日本から持ち帰った日本語の本がたくさんあった。河上肇『貧乏物語』（一九一七）、小林多喜二《たきじ》『蟹工船』（一九三九）など日本人の著作のほか、マクシム・ゴーリキーの『母』（一九〇六）などソ連の文学作品や『資本論』（一八六七）をはじめとするマルクスの著作など翻訳作品も多く、捕虜になった日本人はここでこれらを読んだという。王学文は、接した人が口をそろえて立派な人格者であったと称賛する知日派知識人であった。日本人捕虜に日本語で経済学の講義をし、貧富の差のない社会の夢を語り帝国主義批判をしたという。彼は中国兵に対する日本語教育の主任でもあり、訓練隊で課される政治学習も王学文が担当していた。日本仕込みの日本語、河上肇に鍛えられた思想は日本人捕虜の心に響いたようである。捕虜の中には見て来た戦場の悲惨な様子や貧しかった自分の生い立ちを思い、中国共産党の説得に「覚醒」した人びとも少なくなかった。こうして転向した彼らは、家族に迷惑がかかることを怖れて別名を使って中国の抗日勢力の指導下で反戦活動を展開したのだった。

王学文の下で敵軍工作訓練隊の日本語の助手を務めた元日本人捕虜の吉積清《よしづみきよし》（通名：近藤勇三）、川田好長（通名：春田好夫）は、中国共産党に共鳴して日本の侵略戦争に反対する運動にとりくみ、その一環として八路軍の日本語指導に当たった。彼らは戦後も日本の共産党員として国交回復前にも日中友好にかかわる活動を継続した（藤原・姫田［編］一九九八）。

一方、共産党とは別に、国民党でも、東京高等師範学校出身の元留学生で、『表解日文語法講義』『日華対照日文翻訳着眼点』『日文翻訳練習読本』（いずれも一九三五）など日本語学習書を既に出版していた汪大捷《おうたいしょう》（一九〇六〜二〇〇〇）が、一九三八年に西安の日本軍捕虜兵士の収容施設の所長に就任し、中国古来の「大同思想」に基づいて「捕虜に対する平和主義教育」を行った。「大同思想」とは、中国の孔子の『礼記《らいき》』に基づいて、差別のない平和な社会を理想とする思想で、教職員に日本事情に詳しい知識人を招聘し、鑑真や阿倍仲麻呂、空海らの事績をもりこんだ日中友好史の教材も利用して捕虜の感化に成果を上げたという。非マルクス主義の立場からの反戦教育だった。汪は、戦後も中国の高等教育における日本語教育の指導的役割を果たし、八十歳を過ぎた一九八七年、五十年ぶりに来日して、千葉に「大同国際学院」という日本語学校を創立した。

こうしてこの時期に日中両側で展開された日本語教育の様子をたどってみると、双方が、対立している相手の考えを変えさせて味方にするのが相手のためになると唱えているのが印象的である。しかし、相互理解は双方からの歩み寄りによって初めて実現するものである。相手だけを変えさせようとしてうまくいくものではない。それでも、この時期の現場には人間同士の交流が確かに存在した。日本語を学んだ人びとの中から戦後の日本語教育、日本研究の指導者が生まれ、現場で交流を経験した当事者たちが、戦後の日中交流の復活を促進した事例も少なくない。

3 戦時体制下の日本語文学

この時期に、もう一つの言語としての日本語による文学作品を生み出したのは、主として植民地の人びとだった。一九三〇年代といえば台湾では、日本統治が始まって三〇年以上、すでに二世代にわたっていて親の代から日本語教育を受け、日本語を自由に書くことのできる世代が育っていた。彼らの中には中国語で文を綴《つづ》る訓練を受ける機会を逸し、最も自由な書き言葉は日本語であるという人も少なくない。朝鮮半島の人びとも日本統治が始まってすでに二世代目を迎えており、多くは朝鮮語で書くこともできたが、日本語も自由に書ける人びとがいた。

この時期の「植民地文学」としての日本語文学は、当時は現地でも読まれたが、戦後、現地で日本語が失われると、次の世代に読まれなくなった。日本の日本語読者にも十分に読まれているとは言えないが、日本語文学の財産として読み継ぐべき名作も少なくない。植民地時代の現地に生きた人びとの様子をその内面まで描く文学作品は、植民地について考える上でも意義深い。

一方、数は多くないものの日本で暮らす植民地以外の地域出身の〈外国人〉の中でも日本語で文学を書く人は存在した。その筆頭はキリスト教宣教師たちで、この時代も一定数が日本語での布教に勤しんでいた。彼らが果敢に挑んだもう一つの言語としての日本語による作品を、いくつか紹介する。

＊台湾の風車詩社の活動と林修二の詩

一九三三年に日本統治下の台湾の古都、台南で結成された「風車詩社」は、東京で西脇順三郎や瀧口修造《しゅうぞう》のモダニズム詩に刺激を受けた楊熾昌《ようししょう》（一九〇八～一九九四：ペンネーム水蔭萍）が、故郷に帰り、自分たちの表現として日本語で自分たちの新しい詩を作ろうと志した結社だった。

日本統治下すでに四十年近くに及び、その中で生まれ育った彼らにとって、日本語は彼ら自身の表現言語の一つであった。高い志をもって詩作に励んだものの彼らのシュールレアリズムの詩はあまり周囲に理解されず、「風車詩社」の活動期間は一年半と短かった。「風車詩社」で活躍した詩人たちの中から林修二《はやししゅうじ》（一九一四～一九四四）の作品を読んで彼らの息吹をしのびたい。本名は中国語の林永修《りんえいしゅう》だが、二〇二〇年に台湾で刊行された詩集も『林修二集』である。二人の遺児への取材を含む調査研究で林の足跡を明らかにした吉田悠紀彦の研究（吉田二〇二〇・二〇二一）に基づいて、林の作品の背景をたどると、林修二は台湾語（閩南《びんなん》語）と日本語を話し、北京語は話さなかったという。日本統治時代の台湾の人びとには珍しいことではない。書き言葉は主として日本語であった。

当時の台湾では日本語を常用するいわゆる「内地人」の子どもは小学校、そうではない「本島人」の子どもは公学校に通うこととされていた。林は一九二二年に地元の麻豆公学校に入学したが一九二四年に試験を受けて麻豆小学校の三年生に編入した。このことは十歳の林が「内地人」の子どもと同じように日本語が使えたこと、公学校より教育程度が高いといわれる小学校で、日本人と一緒に学ぼうとしたことを意味するだろう。一九二八年に十四歳で台南州立第一中学校（台

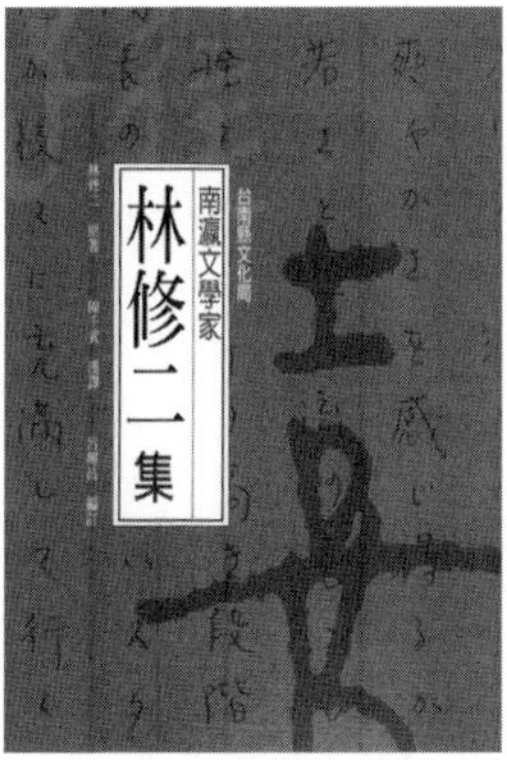

図6　台湾で出版された『林修二集』（2000年、台南県文化局）

南一中）に進学するが、この学校も「内地人」の多い学校だった。中学校では文芸部に入って文章を書いたというから、日本語文芸への志は子どものころからのものだったようだ。一九三三年、林は好成績で台南一中を卒業したが、台北での高校受験に失敗し、一年準備をしてから受けた慶應義塾大学予科と早稲田大学予科に合格した。興味深いことに、受験準備の一年間に林は台南新報の文芸欄に詩の投稿を始め、台南新報で働いていた六歳年長の楊熾昌に出会ったのだった。楊は一九三〇年に既に『熱帯魚』という詩集を世に出していた。彼が中心になって一九三三年六月に結成された「風車詩社」に、大学入学前の林はメンバーとして加わった。その十月には機関誌『風車（LE MOULIN）』の創刊号が出て、翌一九三四年の四号まで続いた。林にとっては十九歳から二十歳の鮮烈な経験だった。

林は一九三四年四月に慶應義塾大学予科に進学した。この頃から西脇順三郎に傾倒して詩をよく読んだ。フランスの詩人たちの作品は、上田敏や堀口大学の訳詩で読んだかもしれない。一九三六年、二十二歳のときに、フランスの詩人、ジャン・コクトーが来日し、同じ船で横浜を離れる時、林は見送りに行きコクトーにサインをもらっている。

『林修二集』を開くと、透明感のあるガラス細工のような作品が並んでいて選ぶのが難しいが、一九三五年九月に「台湾新聞」の文芸欄に発表された「秋」を、表記を現代のものに改めて挙げる。繊細な日本語をゆっくり味わいたい。

秋

透明なる朝に
金木犀をパイプにつめた
すると、蒼い煙が立上り
あの空の色を染め変えた
萩の花が音もなくこぼれ
蟋蟀が鳴いていた

（七九頁）

東京で作られた作品だが、作品世界は静謐《せいひつ》である。

一九三七年、二十三歳の年からは三田の慶應義塾大学本科文学部英文科であこがれの西脇順三郎のゼミナールで学ぶことになる。文学部会では『文林』という冊子を刊行していたが、林はここに寄稿した。林は「台湾新聞」の文芸欄や「台湾日日新報」に頻繁に日本語の詩を寄せていたから台湾ではよく知られ、一九三八年六月二十五日には台北帝国大学に赴任していた比較文学者の島田謹二《きんじ》から招待を受けて、台湾で晩餐を共にしている。

学生時代は充実していて、ゼミナールの仲間と郊外にピクニックにでかけたり、個人研修として文化講座に参加するため北海道大学まで足を伸ばしたりし、本科三年の時には「支那研究基金旅行隊」として中国大陸を旅した。その帰国後の集まりで、後に妻となる原妙子《たえこ》（一九一六〜一九八六）と出会った。

妙子は熊本の士族の出身で、車の運転も自分の服のデザインも縫製もやってのける活発な女性だった。

一九四〇年四月に林は二十六歳で慶應義塾大学を卒業し、その感性を「蛍」と題した文章に綴り、同年五月三十日付の台湾日日新報に発表した。その文体の一部を味わってみよう（三一〇〜三一三頁）。

林が恩師や友人の思い出をたどっていたときである。「ふと、流星のように蒼い光芒《こうぼう》をひいて、一点の光が窓に止った。蛍だ！と私は呟いてやさしく明滅するその蒼い光を、暫く眺めていた。」と林は書く。それは四月の蛍で、「季節の新鮮な果実のように、私には嬉しく思われた」（三一三頁）というのである。

このあと「蛍といえば」と、林の筆は、中国旅行をしたとき上海の慶應義塾中支研究所で見た蛍を思い出す。健康であれば貿易会社に就職するはずだったが、健康状態が悪くて諦めた。

卒業後、台湾に戻ると同時に妙子と結婚し、台南神社で結婚式を挙げた。体調の悪化から一九四一年に妙子を伴って伊豆に温泉療養に出かけ、そこで長男を得た。容態の改善は見られず、このあと台湾と日本を何度か行き来し、一九四三年に台湾で次男が生まれた。妙子の献身的な看護を受けながら一九四四年六月五日、麻豆の実家でわずか三十歳の林は、「ああ、おれの星が堕《お》ちる！」ということばを残して逝ったという。

一九四五年八月、戦争が終結すると、台湾は蒋介石《しょうかいせき》が率いて中国大陸からやってきた中国国民党政府の行政下におかれた。一九四七年二月に、「二・二八事件」として知られる「白色テロ」と呼ばれた無差別逮捕や言論弾圧が始まり、台湾の知識人の多くが犠牲になる。一九四七年「風車詩社」の李張瑞《りちょうずい》と楊《よう》熾昌《ししょう》は無実の罪で捉えられた。李は一九五二年に銃殺され、楊は命は無事だったが詩作を断念した。幸か不幸か林はこの惨劇を見ずにすんだ。

妙子は林修二の死後も台湾で二人の子どもを育てて、林の作品を語り継ぎ、一九八〇年に『林修二遺稿選集』を出版した。

風車詩社の活動は台湾で忘れられることはなかった。二〇二〇年に『林修二集』が中国語訳をつけて刊行された。二〇一七年には台湾の黄亜歴監督による実験的な映画『日曜日の散歩者——忘れられた台湾詩人たち（原題「日曜日式散歩者」を忠実に日本語訳すると「日曜日的な散歩者」）』が公開され、風車詩社の活動が斬新な映像で表現された。

＊朝鮮の詩人、李箱

台湾で「風車詩社」の詩人たちが活動していたのと同じころ、朝鮮の李箱《イ・サン》（一九一〇〜一九三七）も、日本語に挑むような詩を発表している。彼は台湾の詩人たちと異なり、朝鮮語でも詩を書いた。病気のため二十七歳で早世したが、二十歳ごろから十一篇の小説も書き、韓国では一九七七年より「李箱文学賞」という名の賞があるという。

二言語の特性を理解した上で書かれた日本語の詩は、日本語らしさを生かしたようだ。記号や数字をも駆使した李箱の作品は、「風車詩社」と同じくモダニズムの影響を受けたものには違いないが、きわめて特異で難解である。幸い、日本で刊行された『李箱作品集成』（二〇〇六）がある。多くが朝鮮語の原文の日本語訳だが、最後の五十ページほどは日本語

図7　李箱

で書かれた詩である。「空腹」と題された一編の初めの部分を引用する。一九三一（昭和六）年六月の『朝鮮と建築』（第十巻第七号）に発表された作品である。

右手ニ菓子袋ガナイ　ト云ッテ
左手ニ握ラレテアル菓子袋ヲ探シニ今来タ道ヲ五里モ逆戻リシタ

×

コノ手ハ化石シタ

コノ手ハ今ハモウ何モ所有シタクナイ所有セルモノノ所有セルコトヲ感ジルコトモナイ　（二八八頁）

朝鮮半島に生まれ育った李箱は創作を始めた二十歳のころから結核を病んでいた。一九三六年十月、新天地を求めて初めて東京に来て精力的に創作活動を行ったが一九三七年二月、思想犯の嫌疑を受けて警察署に拘禁された。結核の悪化のため釈放され、東京帝国大学附属病院に入院したが四月十七日に亡くなった。死の直前に「千疋屋《せんびきや》のメロンが食べたい」と言ったと伝えられる。
私たちは彼らの日本語文学を日本語のままで味わえる。大切に読みついでゆきたいものである。

＊金史良の小説――「光の中に」

一九三九年下半期、第一〇回芥川賞の候補作の中でも僅差《きんさ》で受賞を逃したのが、朝鮮出身の東京帝国

●この出版案内には2023年6月現在の出版物から収録しています。
●表示価格は10%の税込価格です。●重版等により価格が変わる場合がありますのでご了承ください。●ISBNコードはご注文の際にご利用ください。

〒102-8152 東京都千代田区富士見2-11-3 TEL 03(3288)7777 FAX 03(3288)7799［営業

※表示の価格は税込価格です。

■新刊■ナゾ解き感覚で知らない言語を解読。隠れた法則を解き明かそう!

パズルで解く世界の言語
言語学オリンピックへの招待

国際言語学オリンピック日本委員会〔著〕 風間伸次郎〔監修〕

A5判 158頁／■1,760円／978-4-327-39442-4

世界中の全51言語が登場。予備知識は一切不要で、言語パズルを楽しみながら、観察力や論理的思考も鍛えられます。ミニコラムでは、世界の言語や言語学に関するマメ知識もご紹介。

【柴田元幸 編・訳・註】■シリーズ完結!

英文精読教室

英語の小説を原文で読んで「わかる」楽しさは格別!
詳細な註、周到な訳、一人で学べる「教室」。

[第1巻] 物語を楽しむ
A5判 258頁／■2,420円／978-4-327-09901-5

[第2巻] 他人になってみる
A5判 246頁／■2,420円／978-4-327-09902-2

[第3巻] 口語を聴く
A5判 210頁／■2,200円／978-4-327-09903-9

[第4巻] 性差を考える
A5判 280頁／■2,420円／978-4-327-09904-6

[第5巻] 怪奇に浸る
A5判 276頁／■2,420円／978-4-327-09905-3

[第6巻] ユーモアを味わう
A5判 276頁／■2,420円／978-4-327-09906-0

【北村一真 著】■大増刷!

英文解体新書 構造と論理を読み解く英文解釈

A5判 284頁／■2,420円／978-4-327-45292-6

「もっと上」を目ざす人のための英文解釈参考書。

英文解体新書2 シャーロック・ホームズから始める英文解釈

A5判 272頁／■2,420円／978-4-327-45299-5

探偵のごとく細かい所にも集中して英語を読み解く。

■英語の発音は「習ってから慣れよ」

大人の英語発音講座〈新装復刊〉

清水あつ子・斎藤弘子・髙木直之・小林篤志・牧野武彦・内田洋子・杉本淳子・平山真奈美〔著〕

四六判 196頁 音声DL／■1,760円／978-4-327-44122-7

中高生から、もう遅すぎると考えている中高年まで。
英語の発音の規則を知り、通じる英語の発音を身につけるための情報が詰まっています。

大学生、金史良《キムサリャン》（一九一四〜一九五〇）の「光の中に」であった。選評を見ると、久米正雄はこれに二重丸をつけて「朝鮮人問題を捉えて、其示唆は寧ろ国家的重大性を持つ」点で受賞にふさわしいと推薦し、宇野浩二や佐藤春夫も、民族の問題を織り込んで私小説を社会小説にしたと高評価を与えている。朝鮮半島が日本からの独立をとり戻してから八十年近くを経た現在の目には、植民地問題の理不尽さが目につくが、そんな中でもそこに生きる人びとの輝きの強さに目を奪われる。そして、差別の問題は決して過去のものではないことに気づかされる。

「光の中に」の語り手の「私」は、朝鮮人のS大生でS大学協会のレジデント（寄宿人）としてそこに住みながら、その市民教育部で夜、近隣の勤労者たちに英語を教えている。姓は「南」で朝鮮名は「ナン」だが、「みなみ先生」で通っている。ここには子供部があって学校帰りの子どもたちも通ってくる。主人公はここに通う山田春雄という少年である。

植民地時代は朝鮮半島出身者も日本の国民とされながらも、この作品の中で半島出身者は「朝鮮人」として「日本人」と区別されている。春雄は「日本人」として、「私」を「朝鮮人」ではないかとさぐり、差別的なふるまいもしてみせるが、「私」が「朝鮮人」であると知ると安心して甘えてくる。春雄の母は「朝鮮人」で、その母の語るところによると「日本人」の父もその母親が「朝鮮人」だというから、春雄は四分の三が「朝鮮人」なのだ。母親は前科者の父親の暴力による大けがで入院する。「私」は獄中で春雄の父親に会ったことがあるのを思い出す。エリートの「私」がさらりと獄中経験を語るのは唐突だが、金史良は東京帝国大学文学部ドイツ語科に入学した一九三六年に警察に検挙され留置所に勾留《こうりゅう》されたことがある。演劇に関心が高かった金史良は朝鮮芸術座にかかわったという理由でこの劇団の一斉検挙に巻き込まれたのだった。朝鮮芸術座は一九三一年六月に創られた東京プロレタリア芸術研究会に始まる劇団で、共産主義思想を基調とし「在日本朝鮮民衆」を「解放戦線に誘導する」ことを目的と掲げていた。金史良とこの劇団との関係ははっきりしないが、交流があったのは確かだった。金史良は子どものころから民族意識が高く、高校生のときにも反日抗議運動の首謀者とされ退学処分にあった。そのため朝鮮での勉学の道を絶たれ、逃げるように日本に渡ったのだった。作品の中の語り手である「私」には金自身が投影されている。

「光の中に」では、春雄の凄惨な家庭の問題や、「私」の生徒でタクシーの運転士の李という青年との葛藤も描かれる。子どもたちが親同伴で遠足に行く日、親が来られないという理由で参加できない春雄を「私」が上野に連れて行ったとき、春雄が心を開いて「私」に将来の夢を語るシーンがすばらしい。何になりたいのかと尋ねた「私」に春雄は「僕、舞踊家になるんだよ」と明るい声で叫ぶのである。「私」はこれを聞いて嬉しくなる。

〔…〕私の目の前には、この異常な生れをもつ、傷めつけられ歪められて来た一人の少年が、舞台の上で脚を張り腕をのばして、渡り合う赤や青の様々な光を追いながら、光の中に踊りまくる像がちらついて見えた。私の全身は瑞々《みずみず》しい歓びと感激にあふれて来るのを感じた。彼も満足そうに微笑を浮べながら私を見守った。

「先生だって踊りを作ったことがある位だよ。先生も暗い所で踊るのが好きなんだ。そうだ。これからは先生と一緒に踊りを稽古しよう。うまくなったらもっと偉い先生の所へ連れて行こうな」

私は何も作りごとを並べているのではなかった。私も一時は舞踊家になろうと思って創作舞踊を試みた覚えさえあった。

「うん」彼の目は青い星のように輝いていた。

（『光の中に』講談社文芸文庫、五四頁）

「光の中に」という題名は直接的にはここからとられている。春雄の「青い星のよう」な目の輝き。舞踊家になるという春雄の夢も意外だが、それを即座に肯定的に受けとめ、実は自分も舞踊家を志したことがある、という「私」の展開も意表をついている。

この舞踊に関するくだりにも、金史良の事情が反映している。「光の中に」をはじめとする金の作品の多くは同人雑誌『文芸首都』に発表されたが、この雑誌の主宰者、保高徳蔵《やすたか》の家に同人たちが集まることがあり、学生時代の金もよくそこに参加していた。彼らの世話をし、自身も小説を書いた徳蔵の妻、保高みさ子は、副題を「小説『文芸首都』」と名付けた『花実の森』に当時のことを綴っており、金史良の様子も鮮やかに描き出している（一八五～一九〇頁）。それによると、金史良は踊りがうまく、中でも「剣《つるぎ》の舞」を得意としていた。「ありあわせの棒を剣にして」みなが長机を囲んでいる狭い空間を「自由自在に跳躍し、くぐり抜け、羽毛のごとき身軽さで」踊った。

金は開戦の日に特高につかまり再び留置されたが、保高らの働きかけで数か月後に釈放されると、朝鮮に帰っていった。終戦後、独立した祖国で朝鮮語による小説や戯曲、ルポルタージュなど文芸活動を活発に行っていたが、一九五〇年六月、朝鮮戦争がはじまると朝鮮人民軍の従軍記者として参戦し、愛国的な従軍記事を数編発表した後、その年の秋に消息を絶った。三十六歳であった。

朝鮮語にも堪能であった金が「光の中に」をはじめとする小説を日本語で書いたのは、日本語読者に読ませたかったからかもしれない。植民地とされた朝鮮の人びとの状況や思いに触れ、意識を改め、考えていくべきは、日本語読者であった。層の厚い日本語読者に広く訴えることで共感者を得ることは彼らが日本語で書く希望であったと思われる。

＊ヘルマン・ホイヴェルスの戯曲――「細川ガラシア夫人」

金史良が「光の中に」を発表したのと同じ一九三九年、ドイツからやってきた宣教師、ヘルマン・ホイヴェルス（一八九〇～一九七七）は、その巧みな日本語の粋を極めた『細川ガラシア夫人』を著した。この本の中心は、「細川ガラシア夫人」と題された四幕九場の戯曲で百二十ページまでであるが、その一ページ目に先立って、十四ページにわたる「序」があってその創作への過程が述べられ、戯曲のあとにまた一ページから六十六ページまでの「付録　資料の部」があるという体裁である。明智光秀の娘で細川忠興《ただおき》に嫁いだ玉《たま》（珠）こと細川ガラシア夫人（一五六三～一六〇〇）はキリスト教徒として同時代のヨーロッパから来た宣教師たちと交流をもっていたため、彼らを通して生前からヨーロッパの宣教師たちの間で知られていた。

図8　ヘルマン・ホイヴェルス『細川ガラシア夫人』（1939年、カトリック中央書院）

「序」及び「付録　資料の部」を読むとホイヴェルスがかねてガラシアに深い敬意を抱いていたこと、この戯曲を書くためにガラシアゆかりの地を自分の足で訪ね、当時の資料を読み込んで研究し、深い理解に基づいて戯曲化したことがわかる。「序」によるとホイヴェルスは、ガラシアが幽閉された地（戯曲の中では「三戸野」）をそれまで言われていた丹波の三戸野《みとの》ではなく丹後にあたる京都府与謝郡野間村の味土野《みどの》であると特定し、さまざまに粉飾されていたガラシアの最期について、子どもの命を殺めて自害したのではなく、キリスト者として子どもの命を守り、自らも祈りながら運命に身を委ねたことを明らかにした。

資料編はガラシアの生前から死の直後にあたる古文書である。細川家の厚意を受けて閲覧したという細川家の歴史文書「綿考輯録《めんこうしゅうろく》」や、在日宣教師による報告の日本語訳のガラシアについての記述が並んでいる。ホイヴェルスは足を運んで集めた資料を読み解いて整理した。ホイヴェルスの高い日本語力は、ハンブルク大学でカール・フローレンツ（第三章一三〇～一三三頁参照）のもとで鍛えられたものであった。ホイヴェルスは一九二〇年、三十歳の夏に司祭に叙階されたのち、日本での布教を志願し、そのための準備として一九二二年四月にフローレンツのもとで、日本語及び日本文学を学んだ。一九二三年夏に来日したとき、慣れない話し言葉には苦労もあったようだが、読み書きについては並みの日本人のレベルを超えていた。

戯曲「細川ガラシア夫人」（一九三九）はガラシアが謀反《むほん》の娘として幽閉された一五八三年の夏の朝の三戸野の庭に始まり、秀吉のとりなしで大阪の細川家にもどってから一六〇〇年夏のガラシアの最期までを描いている。序幕第二場、蓮池のそばでガラシアと侍女の京原（一般には清原）のシーンから引用する。

（細川夫人、じっと考えに沈みながら、蓮池の傍で花を見ている。しばらくの後、京原《きょうはら》来る。夫人の傍に近寄り、心配げに夫人の顔を見る。）

夫人　京原か。

京原　はい。

夫人　この美しい蓮の花をごらん。朝の陽に輝いて、この気高いこと。かすかに香りまでたてて……

京原　まあ、花弁が、玉の露を宿して……幾つも幾つも、まるで奥方様のために、競って咲いているかのようでございます。〔…〕

夫人　京原。…この白い蓮の花は、どうしてこんなに輝き、香るものなのに、本当に美しさに満ち満ちて居ながら…何時かは、今のこの私のように不幸せになって、泥の中に凋んで落ちてしまうのじゃ。何のために、こんなにきれいに咲いているのか。思えば真実悲しいこと。

京原　昔から人が言うように、ただ無というものが、白い泡と生まれ、そうして、消えていくだけでございましょう。

夫人　でも、この花をごらん。（身体をかがめて）無というものが、こんなに美しいものを創るものと思いますか、そうして、意地悪くも打ち壊《こぼ》ちていくものと思いますか。〔…〕（八～一〇頁）

ガラシアの深淵な心境を語る台詞は詩のようだ。この戯曲の登場人物はこの二人のほかに、夫の細川忠興、細川家家老の小笠原小齋《こさい》、家臣の正時《まさとき》と覚義、子役としてガラシアの子どもである忠隆、多良、お萬、スペイン人の神父セスペデス、イタリア人の神父オルガンチノ、日本人のイルマンであるヴィンセンチオ、そのほか細川家の家臣たちや秀吉の家来、石田三成の使者、村の人びと、花見客、巡礼の夫婦、町の子どもたち大勢と、オーケストラのようである。その話し言葉のバリエーションの豊かさも目を引く。ガラシアの夫、細川忠興は「悪《あ》しざまに申さずとも、この一事は聞きずてならぬ」（第二幕第一場　細川家新屋敷の一室より）といった文語交じりの侍ことば、イタリア人神父のオルガンチノは「人びと、喜べば、私、幸福です」と片言めいた話し方。最後のシーンで、ガラシアの命が果てると、合唱が鳴り響く。その歌詞は「幸いなるかな　ガラシア――永遠の命あれ、そは天使の花園に。讃えんかなガラシア――大いなる力に／身を捨てしはあわれ」と格調高い文語による詩のことばである。「あとがき」によると、「劇形式の表現」には演劇家の冠九三及び上智大学演劇部長の杉野昌甫《しょうほ》、ドイツ文学者で劇作家でもある加藤衛《まもる》の指導を受けたとある。

来日前から戯曲を書くことに関心があったホイヴェルスは来日後日本語で、主としてキリスト教にゆかりのある人びとを題材にした映画、演劇に貢献した。戦後一九六六年に書かれた「どうして細川ガラシア劇を書くようになったか」と題されたエッセイ（『人生の秋に』一九九六所収）によると、ホイヴェルスが一九三一年に池田富保《とみやす》監督の無声映画「殉教血史 日本二十六聖人」（一九三一）の原作を書いたとき、ガラシア夫人の登場する二つの場面を入れたところ、友人からガラシア劇を書くことを勧められたのが発端で、それから本格的な調査研究を始めたのだという。「ガラシア夫人」は、日本で活躍したイタリア人の神父、ヴィン・チェンツォ・チマッティ（一八七九〜一九六五）の作曲でオペラになった。初めての日本語によるオペラと言われ、一九四〇年以来繰り返し上演されて好評を博している。オペラの歌詞はことばが大幅に削られ、チマッティの情感豊かな美しいメロディーが潤いを補っている。チマッティは、日本語の音節ひとつひとつに音符をあてて母音を響かせ、ことばのアクセントに沿ってメロディーを展開するので、ことばが聞き取りやすい。

ホイヴェルスの演劇作品にはほかに、歌劇「支倉《はせくら》六右衛門」、「マグダラのマリア」、新作能「復活のキリスト」、新作狂言「復活」、長唄「ダマスコのパウロ」などがある。いずれもキリスト教に深くかかわる作品である。「細川ガラシア夫人」は後に歌舞伎にもなり歌舞伎座で上演された。ホイヴェルスは同エッセイに「ガラシアにかんする私の最後の望みは、これによってようやく満たされるものとなりました」と書いて喜んでいる。

ホイヴェルスは一九三七年夏に前任者の死去にともなって第二代上智大学学長に就任したが、太平洋戦争への突入が避けられない状勢になった一九四〇年九月の初め、学長を辞任した。その後も日本に滞在し、戦後は一九四七年八月にカトリック麹町《こうじまち》教会（聖イグナチオ教会）主任司祭に就任するが、一九六六年には引退して執筆活動に専念した。一九七七年（昭和五二年）三月三日に教会で転倒してけがを負い、同年六月九日のミサ中に容態が急変、八十七歳で世を去った。

ホイヴェルスと親しかった人びとによると、ホイヴェルス神父の日本語は例えば、「親愛なる神」と言わずに「なつかしい神」（菊池多嘉子「湖水のような」一九七七）、「結婚」と言わずに「お二人の結びを祝福します」、「時間」と言わずに「考えるひまを許してください」（傍点は河路による）と言う（金沢恂「一片の紙屑から私を救った方」より）など和語の多い独特のもので、聞く人の心にしみこんだという。それを人びとは敬愛の念をこめて「ホイ語」と呼んだという。

*金素雲の訳詩――『朝鮮詩集』より

その内容に応じた日本語の文体や語彙の豊かで自在であることでは、金素雲《きんそうん》（一九〇八〜一九八一）の『朝鮮詩集』の日本語訳（一九四三）は最高峰と言ってよい。日韓併合（一九一〇年）の直前にあたる一九〇八年に朝鮮半島の釜山に生まれた金素雲は幼くして両親と別れ、祖父母や叔父、伯母の元で育てられた。一九一九年、十一歳のときには三・一独立運動の影響を受けて結成した民族主義的な絶影島少年団が翌年憲兵隊の圧力で解散させられたことがあった。一九二〇年の秋、伯母を頼って大阪に渡り、翌年、十三歳で東京に出てきて新聞売りなどさまざまな仕事をしながら夜間、東京開成中等学校に通った。仕事で授業を受けられないこともあったが、図書室を活用して古今東西の多くの文学作品に接した。素雲は学歴をきかれると「図書館大学」と答えたというが、それは東京では上野図書館、日比谷図書館に通い、一九二三年の関東大震災を機に大阪へ、翌年釜山へもどって過ごした十代後半を、その地その地の図書館にまめに通って独学したことを指している。

一九二四年、十六歳で釜山《プサン》に戻ると、年齢を偽ってソウルの帝国通信京城支社に入社、翌年釜山で朝鮮日報通信員になり、九月、初めての詩集『出帆』を印刷したものの印刷費未納で「流産」した。この年、再び渡日、このころから朝鮮の労働者の間をめぐって民謡を集め、日本語訳して紹介することを始めた。一九二七年、小川静子と結婚。朝鮮民謡の日本語訳の原稿をもって自宅から徒歩で十分ほどの大邸宅に住む北原白秋《はくしゅう》を尋ねたのは一九二八年、二十歳のときのことだった。

金素雲は後に書いた自伝『天の涯《はて》に生くるとも』（一九六八。原文は韓国語）で白秋を「何世紀に一人出るか出ないかの稀に見る一民族の宝」だと書いている。このころ病床にあった白秋は、素雲の原稿を読んで「こんな素晴らしい詩心が朝鮮にあったとはねえ！」と感嘆したという。その後、白秋が素雲を連れて出版社を訪ね、出版の世話をした。こうして最初の訳詩集『朝鮮民謡集』が一九二九年、二十一歳のときに刊行された。金素雲は訳詩集『乳色《ちちいろ》の雲』（一九四〇）を出した時、これをまず白秋に読んでもらいたいと書いている（「Rへ―あとがきに代えて」『乳色の雲』）。一九二九年にソウルの毎日申報社の学芸記者となってからは読者の協力を得て全国の民謡を収集、ソウルでは李箱《イ・サン》と親しくなった。ひょろりと背の高い李箱は絵がうまくウィットにあふれる都会人で、一時期、素雲の仕事場で表紙や挿絵、カットを描いたというが、そのころ李箱はすでに病気が重く編集室の隣りで布団をかぶって寝ることがあったそうだ。

一九三三年、二十五歳で『諺文《おんもん》朝鮮口伝民謡集』を刊行。『朝鮮童謡選』『朝鮮民謡選』を岩波文庫で刊行した。一九三七年二十九歳のとき、資金調達に来ていた東京で朝鮮の友人が警官の不審尋問にあったのがきっかけで検挙され半年勾留されたが、このことを素雲はあまり書いていない。

ここに紹介する朝鮮語から日本語への訳詩集『乳色の雲』（一九四〇）、『朝鮮詩集　前期・中期』（一九四三）は、このあと刊行された。「後期」も用意されていたが、岩波文庫版の『朝鮮詩集』の「解説」によると、原稿の検閲をうけるために総督府東京出張所に持っていったところ「時局性が乏しい」として拒否されたらしい。戦時下の「時局性」とは戦争協力や戦意高揚の要素かもしれず、そうだとしたら「朝鮮詩集」の世界はそれとは隔絶している。後期はついに刊行されなかった。翌年静子と離婚し、一九四五年二月に単身で釜山に帰り、日本の敗戦は釜山で知った。彼の訳詩集は朝鮮の日本統治時代の最後の珠玉《しゅぎょく》である。粒ぞろいの作品の中から、文体の異なる二編を挙げる。

野菊　　　　　　　　　　異　河潤

愛《いと》ほしや　野に咲く菊の／色《いろ》や香や　いづれ劣《おと》らね
野にひとり　咲いては枯るゝ／花ゆゑに　いよよ香《かぐ》はし。
野の花の　こゝろさながら／この郷土《くに》に　生《お》へる詩人《うたびと》
ひとり咲き　ひとり朽《く》ちつゝ／偽《いつは》らぬ　うたぞうれしき。

峠路　　　　　　　　　　　金　億

ちらちらと／粉雪《こなゆき》の降る宵《よい》でした
峠路を／越えて　あなたのいらしたは。
ほのぼのと／夜の明けそめるころでした
峠路へ／あなたをひとり　かえしたは。
詮もない／むかしのゆめと知りながら
せつなさは／いまにわすれぬ　雪の宵。

このなめらかな日本語はどうだろう。文語の五七調、口語の五七五と、原詩の内容に応じて、ふさわしい日本語の文体が選ばれている。ほかに方言の響きを生かしたものなどもある。滾々《こんこん》と泉から湧き出るような日本語で、翻訳の苦しみなどなかったかのようである。しかし、金素雲は苦しんだのだ。『乳色の雲』の巻末、二十六ページに及ぶ「Rへ—あとがきに代えて」は日本の植民地下の朝鮮の同胞にあてた手紙の形式で、朝鮮語の表音文字である「諺文」、いわゆるハングルの十五世紀以来の歴史と、それによって書かれた朝鮮語の近代詩についての解説に始まり、「詩を訳するということは言語で織りなされたものを一糸一糸解きほぐして別な機にかけ直すことだ。」と述べる。日本語と朝鮮語とは「同じ意味の言葉でもまるで匂いの異ったものがある」という。『朝鮮詩集　中編』の「後記」ではさらに「国語（日本語）は短く区切った歯切れのよさに特長があり、朝鮮語は思い潜めた情感を叙《の》べるに適合する。〔…〕国語と朝鮮語の対蹠性は言葉の組織や文法が似通っているに拘らず、詩を訳する上で甚だ都合の悪い条件となっている。」と例を示しながら述べ、両方の言語の特性や魅力を知り尽くした繊細な感覚がうかがえると同時に、朝鮮語への深い信頼と愛着が伝わってくる。しかしながら、この文章の中で、今日の私たちに改めて衝撃をもたらすのは、この朝鮮語が日本統治の下、「滅びゆく言語」とされていた事実である。「朝鮮の言葉はやがて文章語としての終止符を打たれようとしている。生活の隅々から影を没し去るというのではないが、已に社会語としての活きた機能を失いつつあるのは事実だ。〔…〕恐らく十年後には朝鮮語による詩作品はあってもそれを読むものが無くなるのではあるまいか」と書かれている。同じ『乳色の雲』の巻頭、島崎藤村の「序の言葉」の次におかれた佐藤春夫による「朝鮮の詩人等を内地の詩壇に迎えんとするの辞」の中で、佐藤は、素雲の訳業の質の高さを称えつつ、「正に廃滅せんとする言葉を以てその民の最後の歌をうたい上げた」と述べるのだ。この文章は、戦後の岩波文庫版ではまるごと省かれている。

アイヌ語が「滅びゆく」ものと呼ばれたように、朝鮮語は「廃滅」するものとされていた。古代には日本に文化を伝えた先進国の言語として歴史的遺産も多く、長く大勢の人びとの間で使われ、同時代にこんなに瑞々しい詩がたくさん書かれているというのに。「廃滅」するものという認識が共有された上で、あの珠玉のような訳詩群が示されたということに、ことばを失なう。朝鮮語を愛する金素雲らの思いはどうであったか、とても推し量れるものではない。一九五四年に刊行された岩波文庫『朝鮮詩集』の「解説」で尹紫遠は「最も切実な意味で氏ぐらい朝鮮文化を日本へ紹介すべくまともに身を焼いた人はない」と書いている。

文庫版の自伝『天の涯に生くるとも』（一九八九）巻末の年譜などから戦後の金素雲の足跡をたどると、朝鮮で金韓林と再婚、しばらく釜山で養豚、養鶏、乳羊飼育などをしていたが、一九五二年に東京でのインタビュー記事「最近の韓国事情」が問題となり駐日韓国代表部に旅券を没収され、以後十三年間日本に滞在することを余儀なくされた。その間『朝鮮詩集』の再刊だけでなく、童話や民話、随筆など日本語での著作を生み出した。一九六五年、ようやく旅券がおりて帰国し、その後も韓日辞典の編纂など日本語、朝鮮語による著述に勤しんだ。一九七七年に六十九歳で韓国翻訳文学賞（韓国ペンクラブ）を受賞、胃がんの診断を受けた一九八〇年の十月には七十二歳で大韓民国銀冠文化勲章を受け、十一月に「国際詩人会議」のため日本に招かれたのが最後の訪日となった。一九八一年十一月二日、自宅にて永眠。訳詩の方法が日本的抒情に寄りすぎているといった議論はあったものの、金素雲の日本語の精巧で美しいことに何人《なんぴと》も異論はない。

＊尹徳祚の短歌――『月陰山』より

金素雲が朝鮮語で書かれた詩を日本語に翻訳していたころ、日本語の短歌に一心に思いを託した朝鮮出身の若者がいた。一九四二年秋に歌集『月陰山《タルウムサン》』を刊行した尹徳祚《ユン・トクチョ》（一九一一～一九六四）である。朝鮮の慶尚南道の蔚山《ウルサン》に生まれた尹徳祚は、兄を頼って一九二四年に独りで横浜にやってきた。日本で学校教育を受けることはなかったが、本を読んで独学したようである。短歌誌『杜鵑花《とけんか》』の主宰者、山脇一人《かずと》の「序」によると、尹徳祚が話す日本語は発音に癖がなく全く自由であった。一九三六年の暮、二十五歳で『杜鵑花』に参加し短歌を発表しはじめた。短歌を始めて六年足らずの尹を、山脇は「尹君には尹君独自の個性がある。それに豊かな文学的才能と、不羈《ふき》奔放な情熱と、苛酷な自己批判と、鋭い観察眼と、不撓の勉強とがある」（七頁）と手放しで讃えている。

図9　尹徳祚『月陰山』（1942年、河北書店）

本歌集には巻末に著者による十五ページの「巻末記」があり、作品の背景事情がわかる。それによると歌集出版を最初に勧めたのは四歳年長の金素雲であった。歌集名の『月陰山』は故郷の山で、「タルウムサン」という読みは尹の故里、慶南地方で呼びならわされている読み方なのだという。必ずしも代表作を並べたのではなく、故郷への思いを詠んだものを中心にした。なぜなら、友人に誘われて短歌を始めた尹が短歌に本気にうちこむ契機になったのは一九三九年の初夏、十数年ぶりに故郷、南朝鮮に帰ったときのことだったからである。このとき月陰山に登った。尹は「私は、ひそかに短歌の世界に自分の生命の絶対値を求めようとした、これによって、うちひしがれたような自分の魂に安住の地を与えようとした。狭量で、疑い深く、然かも何ものかにおびえて、常におどおどしている自分の済度を見出そうとした。」（二頁）と書いている。「済度」とは仏教にいう悟りの地、救いの地である。かくして尹は短歌に真剣に向き合った。尹は「時には適確な助詞ひとつを見つけるために、三晩も四晩も」かけた。こうして生まれた尹の作品は、日本語の伝統的な定型詩の器を使いつつ、いわゆる日本的なものにすりよろうとする姿勢は豪も見られず、その器にのびのびと郷土、朝鮮への自らの思いを放っている。

巻頭は「桃の花」で〈春山にこだましみらに打つ長鼓のどやかにしてをどる韓女《からめ》ら〉といった作品が並ぶ。「旧暦三月三日は朝鮮全土の村里の婦女子があまた集い、野に山に、或は寺院に詣で唄い踊る風習あり。且つはブランコの競技会など。」という詞書が添えられる。「帰郷」と題された一連では、兄との再会、死に目に会えなかった母への思いが詠まれている。

しらじらと明けゆく海よ遠かすむ果《はた》ての山は月陰山《タルウムサン》か
我が名をば呼び続けつつ逝きまししし母のいまはを告ぐる兄はも
そのむかし亡母《はは》と憩ひし岩が根のいみじく清き水を飲みつつ
のぼり来てはろかに見れば新羅《しらぎ》の国ふるき道路の跡ぞこひしき

さて、作品中、「山上の月」の一連は、とりわけ強烈な印象を残す。美しい月夜の遠景のシルエットが思い浮かび、「尿」を扱ってこれほど透明感のある爽快な作品に仕上がるのは驚きである。

美しき月にむかひて尿《ゆばり》せりこの山上にはばかるものなし
月きよき山の上にてわが放つゆばりは太い影なしてとぶ

この歌集出版後、三年足らずで終戦、尹の故郷、朝鮮は日本から解放された。日本統治時代の日本で郷土朝鮮への思いをまっすぐに紡ぎ出した尹徳祚は、その後、どうしただろうか。

彼は戦後も日本にとどまり、尹紫遠《ユン・ジャウォン》というペンネームを使って小説を書きはじめた。金史良を世に出した『文芸首都』の保高徳蔵には高い評価を受けたが、一九五〇年、朝鮮戦争の時期に早川書房から刊行された『三十八度線』が唯一の単行本で、ほかに雑誌に寄せた数編は本にはならなかった。尹紫遠の名が私たちの目に触れることはあまりない。

しかしながら、尹紫遠といえば、私たちにとっては前節で紹介した金素雲の『朝鮮詩集』の岩波文庫版、「一九五一年一二月」の日付のある「解説」の筆者である。彼は、かつて歌集出版を勧めてくれた金素雲に恩返しをしたのだ。一九五四年八月と書かれた金素雲による文庫版「序の言葉」によると、「巻末の解説は八年ぶりで私が日本を再び訪れる前に、文友尹紫遠によって書かれたもの」とある。四歳違いの二人の間には交流が続いていた。

尹の長男から日記や写真を借りて尹の戦後を調査研究している宋恵媛《ソン・ヘウォン》（二〇二〇・二〇二一）によると、尹は亡くなる直前まで断続的に日記を書いていた。日記の大半は日本語だった。書くのは朝鮮語より日本語のほうが自由だったたと見られる。朝鮮人女性との最初の結婚に破れ、一九五〇年四月に日本人女性と結婚し、一男一女を得た。宋（二〇二〇）によると「朝鮮人であることを決して手放さずに、ひたすら朝鮮と朝鮮人を日本語で刻むという『月陰山』に見られる創作態度」は戦後の日記にもひきつがれているという。しかし、短歌はやめた。日記の中に短歌への言及は皆無だという。このことについて宋恵媛（二〇一二）は「敗戦後の日本人読者たちが、日本の伝統文化を体得しようとする殊勝な植民地出身者をもはや必要としていないことを、尹紫遠は素早く察知したのかもしれない」と考察している。確かに『月陰山』の山脇一人による「序」の締めくくりは「内に向つては怠惰な歌壇人の眼を覚まし、外に対してはこの歌集を機縁として、朝鮮満洲の人たちは素より、大東亜共栄圏に住む人びとの間に少しでも我が短歌が普及してゆくよすがとなろうことを切に祈念して歇まないものである」とあり、尹徳祚が短歌を詠むことへの時局的な期待が露骨に示されていた。尹の存在はこうした日本人の気持ちをくすぐったことだろう。しかし、尹の作品は決して周囲におもねらない彼の「済度」だった。作品には、尹の自由自在な表現の世界が広がっている。

一九五七年にクリーニング店を構えて仕事に忙しくなったとき創作から一時遠ざかったが、一九六一年二月に脳梗塞で倒れ、回復してから関東大震災の被災者に取材した短篇「憲兵の靴」を書き、一九六四年七月、再び倒れたときは病床で「朝鮮戦争と私」を書き進め、未刊のまま九月五日に息をひきとった。五十三歳だった。死の直前、テープレコーダーにこの小説の続きを一八枚分、録音して残したという。

第五章　戦後の〈外国人〉の日本語文学
――一九四五年夏～一九八〇年代

1　敗戦のもたらした価値観の転換

一九四五年八月十五日、日本の人びとは昭和天皇によるラジオの「玉音放送《ぎょくおん》」で日本の敗戦を知った。この時代を扱う多くのドラマや映画に特によく使われるのは「堪え難きを堪え、忍び難きを忍び、もって万世のために太平を開かんと欲す。」というフレーズである。若き日の昭和天皇の肉声による棒読みの文語文は忘れがたい印象を残す。

ここから戦後が始まる。日本は、大陸へ太平洋へ南方へと拡大していた「外地」を失い、小さくなった領土をＧＨＱ（連合国総司令部）に占領され、初めてづくしの「占領下の日本」時代が一九五二年四月まで続く。「外地」の日本語普及事業が消滅したばかりか、沖縄県、奄美《あまみ》群島、小笠原諸島がＧＨＱの統治下におかれて日本の施政権が停止された。沖縄では、程なくＧＨＱが本土に準じる内容で教育を行うことを認めたので、日本の教科書を使って学校教育が行われた。奄美では、教員たちが「密航」をして本土の教科書を「密輸入」して日本の教育を秘密裏に継続した。小笠原諸島では、欧米系住民を除いて上陸が認められず、本土に渡った住民たちはそこで日本の教育を受けることとなったので、欧米系住民ばかりとなった小笠原では、日本語での授業は行われなくなった。

やがて、一九五二年四月二十八日のサンフランシスコ条約の発効をもって日本は独立をとりもどし、一九五三年十二月に奄美群島、一九六八年六月に小笠原諸島、一九七二年五月に沖縄県が日本に復帰し、日本の領土はほぼ明治中期の領域にもどったが、この時期の混乱の中で生まれた価値観の転換は、国語教育の上にも〈外国人〉の日本語使用、日本語学習にも、変化をもたらした。

＊「単一民族・単一言語国家幻想」の誕生

敗戦前の植民地や占領地の人びとを含む多民族国家としての近代日本では、「日本人」は一様ではなく、多種多様な文化的民族的背景を持つ人びとによって構成されていると考えられていた。精神的血液としての日本語が強調されたのは、それ以外では一様ではないことが自明であったからである。

近代日本は、その支配域を大陸や太平洋、南方に向けて拡張しつづけたが、小熊英二『単一民族神話の起源』（一九九五）によると、論客、徳富蘇峰《とくとみそほう》は『国民小訓』（一九二五）において「現在の大和民族は、必ずしも単一の種族ではなく」、「一種の合金」であると書いた（三二五〜三二六頁）。合金はそうでない金属より強いという主張につながる。社会学者・経済学者であった高田保馬《たかたやすま》は、一九四二年に「東亜民族の血は殆どすべて」が入っている「日本民族」がアジア諸地域へ進出するのは「民族の帰郷」であると解釈した（同、三二六〜三二七頁）。それもあって、日本では全体の傾向として、日本男性と「外地」女性との結婚や混血児の誕生は否定されることなく、「同化」してゆくイメージが抵抗なく受け入れられたのだった。

　即ち、多文化多言語を背景とする多民族の共存する日本のイメージは存在していた。しかし、当時の人びとが想像したイメージは、領土の膨張の結果としてのイメージであったため、敗戦によって「外地」を喪失したとき、そのイメージは失われた。現代日本のように、日本列島の中に世界各地からさまざまな人がやってきて共に生きるという状況は、敗戦直後には想像できなかったようである。

　「外地」を手放したとき、帝国主義的膨張によって「内地」に来た「外地」出身の人びとは出身地に帰すのがよく、日本国内にはほかに帰るところのない「日本民族」だけが残るのが望ましいと考えられるようになった。一九五二年に日本が独立をとりもどしたとき、国内にいた朝鮮半島や台湾の出身者に選択の自由は与えられなかった。後に個々の事情を知ると、もし、自由に選択できたら日本国籍を選んだ人も一定数いたものと思われる。一部に改めて帰化手続きをとった人もいる。自由意志で日本を選んだルーツの異なる人びとが力を合わせて戦後日本を建設していたとしたら、という想像は興味深いが、このとき、それが想像にさえ上らなかったというのは、それ以前の帝国主義的な多民族国家のイメージの限界を示している。

　このあとの日本では、日本は「日本人」という「単一民族」によって成立しているというイメージが広く共有され、その「日本人」は即ち日本語話者であった。「単一民族国家」は「単一言語国家」でもあって、そのイメージは、それがあたかも本来であったかのように共有されていったようだ。日本国内は日本語話者で満たされるのが本来の姿で、それ以外の言語の話者は祖国へ帰るべき存在だという理解からは、日本で話される日本語以外の言語を尊重する姿勢は生まれない。かつて領土拡張とセットで刺激されたアジアの諸言語への関心も、戦後は一気に失われていった。

両親の言語の異なる子どもの複数言語能力を積極的に生かそうとする姿勢も戦後の日本には見られない。ＧＨＱの使用言語であった英語こそ役に立つ言語として尊重され、これを生かす道はあったが、「外地」で役立つとされたアジア諸言語をはじめ英語以外の外国語の価値は日本国内でほとんど顧みられなくなった。一九九〇年代でも、英語以外の母語を持つ外国から来た子どもを「ことばのできない子ども」と呼ぶのを見聞することがあった。その子どものもっている日本語以外の言語の価値が考慮に入れられない表現である。母語の大切さ、母語支援の重要性が認識されるのは二〇〇〇年代に入ってからのことである。

占領期には日本への外国人の来日も制限された。敗戦前から日本に居住し帰らなかったり帰りそびれたりした留学生や宣教師らはわずかに存在したものの、占領下に新たにやってくる外国人は、占領国軍の関係者か宣教師、外交官など一部の人に限られた。

＊最後の国定国語教科書にみる日本語への自信喪失

終戦を迎えたとき、小学校で使われていた国語教科書は、前章で紹介した戦意高揚の気分の充満する第五期「アサヒ読本」だった。この教科書が生まれてから四年ほどで日本及び日本語は、敗戦という未曾有《みぞう》の事態に遭遇し、ＧＨＱによる検閲は教科書にも及んだ。「アサヒ読本」を使い続けることができないのは自明であった。しかし、大都市は空襲で焼け野原になり、多くの働き手の命の失ったこの時期は、すぐに新しい教科書を用意することもできなかった。

当面の措置として行われたのは教科書に墨を塗ることだった。敗戦直後、占領軍の指示に基づいて教師が子どもたちに、教科書の軍国主義や神道に関わる不適切とされた部分を切り取ったり墨で塗りつぶしたりさせたもので「墨塗り教科書」と呼ばれる。教師にも子どもにも苛酷なことを強いたものだが、この「墨塗り教科書」は一九四六年には回収された。代わりに現れたのは墨塗《すみぬ》りを免れた教材をはぎ合わせ若干の補充をして作られた一九四六年度用の暫定《ざんてい》教科書だった。質の悪い新聞用紙に印刷され、製本されずに折りたたまれた粗末なもので、「折りたたみ教科書」と呼ばれた。

このあと、ようやく新しい教科書としての内容と体裁を整えて姿を現したのが一九四七年の第六期国定教科書「いいこ読本」である。戦争中の第五期国定教科書との違いは大きく、敗戦が日本社会に及ぼした衝撃の大きさを物語って余りある。

第六期「いいこ読本」第一学年用『こくご』の冒頭は「おはなを　かざる／みんな　いい　こ／きれいな　ことば／みんな　いい　こ／なかよし　こよし／みんな　いいこ」という韻文で、これをもって「いいこ読本」と呼ばれる。平和と平等が印象付けられるのは確かだが、「占領下の日本」の教科書として免れ得ないGHQへの配慮から、外国人というとアメリカやアメリカ人に偏り、これまで在米日系人といえば日本語学習の様子や日本語を使う様子が描かれたのに対し、日本語のできない日系人の少年が「テニス」(『第五学年国語 下』九課)に登場するのが目を引く。戦争中日本語教育が禁じられ、日系アメリカ人の子どもたちから日本語が失われた現実を反映したものと読める。セントルイスでアメリカ人選手と試合をする日本人選手を応援に来た日系人の少年は、日本語が分からない。日本へ行きたくないかと聞くと「行きたくない」と答える。しかし、どちらの選手を応援するかと聞くと、「オフコース、

フォア　ジャパン」と答えたというのである。最後のことばは「もちろん、日本だよ」とでも訳せるが、カタカナ書きの英語が放り出されている。「めぐりあい」（『第六学年国語 下』四課）に描かれるのはアメリカ人と日本人との交流に関する実話に基づく逸話だが、アメリカ人の話す「日本語」が次のようにカタカナ書きで示される。

博士は満面ににこやかなわらいをたたえながら、「ドウイタシマシテ」と、意外なあいさつをされた。そうして、これが新島〔襄〕からならった日本語の一つだといわれた。

外国人が話す日本語は「意外」なことであるかのようである。海外に向けて日本語普及を展開し、日本語の話せる外国人を歓迎した姿勢から一転して、戦後は外国人には日本語は似合わない、という気分が広がってゆく。

優れた言語だと強調されていた日本語そのものへの疑いが、教科書にさえ現れる。表記については、「文字の話」（『第六学年国語 下』三課）に「ローマ字をつかうと、字数が少なくてすむばかりでなく、発音のこまかなところまで書き表すことができて、標準語の教育に役だつ。また、ローマ字は世界的の文字であるから日本語が世界の人びとに親しまれるようになるであろう」とローマ字化を推奨する文章があり、さらに「考えてみると、世界のどこに、こんなに三種類も四種類もの文字をつかっている国があろうか。日本のことばをもっとも正しく、もっとも簡単に書き表す方法がないものであろうか」と疑問を投げかける。高らかに謳いあげてきた日本語への矜持《きょうじ》は打ち砕かれたようである。

全国統一の国定教科書はこれが最後で、このあと、一九四七年に制定された学校教育法に基づき、複数の民間の出版社が学習指導要領に沿って作成した教科書が、検定と承認を受ける検定制度に移行し、各学校は検定に合格した複数の教科書の中から選んで使うこととなる。

一九四六年の「アメリカ教育使節団報告書」でのローマ字化勧告ともあいまって、文部省もローマ字化への検討を本格化し、一九四六年六月には文部省ローマ字教育協議会が発足、会長には元新聞記者で歌人のローマ字論者、土岐善麿《ときぜんまろ》が就任したのだった。一九四七年には文部省より「Tarõ san（太郎さん）」などローマ字で書かれた教科書も刊行されている。日本語をローマ字で書き表すことは、十六世紀末の宣教師によるキリシタン文献以来の歴史があり、アルファベットを常用する人びとの日本語学習書では現代にいたるまで珍しいことではないが、一般の日本語表記の問題として最も真剣に考えられたのはこの時期である。

占領政策にかかわったアメリカ人の中には戦争中の陸海軍の日本語学校で学んだり、子どものころ日本で育ったりして日本語を不自由なく話す人が含まれたが、たとえ通常の表記の日本語が読めても、自分で日本語を書くときにはローマ字を使う人は珍しくなかった。ただし、教育を指導、監督した民間情報教育局（ＣＩＥ：Civil Information and Education Section）関係者の中には日本語に堪能で日本の漢字文化に理解の深い人もいて、ＧＨＱが日本語のローマ字化を強行しようとした事実はない。

土岐善麿は、一九四九年から一九六一年まで国語審議会の会長を務めた。委員にローマ字論者や仮名文字論者など表記の表音化に賛成する委員が比較的多かったのはＧＨＱの占領下のローマ字勧告の後押しがあったわけだが、サンフランシスコ講和条約が発効して日本の主権が回復してからは、表音化に反対の委員との対立が表面化し、土岐善麿に代わって次に就任した阿部真之助《しんのすけ》会長（日本放送協会会長）の下で、日本語の表記は漢字仮名交じり文を基本とすることが確認された。

しかしながら、戦後生まれた「単一民族・単一言語国家幻想」の影響は、戦後の日本語教科書に顕著に表れている。戦後の日本語教材、特に日本から発信されるものには、日本語といえば日本国内の〈日本人〉が使う言語であるというイメージが前提とされるようになる。たとえば、日本語教育学会の「日本事情シリーズ」の『日本人の一生』（一九八一）などを見ると、日本語は〈日本人〉の生活と不可分で、外国人学習者はその中にそっと足を踏み入れるかのようである。外国人学習者が日本語を自分の表現言語として主体的に使っていくイメージは描きにくい。

一方、一九六〇年から七〇年代にかけて、日本は著しい経済成長を遂げ、「経済大国」として世界の注目を浴びるようになった。一九七九年にはアメリカの社会学者のエズラ・ヴォーゲルが戦後日本の高度経済成長の秘訣を日本的経営に見出した『ジャパン・アズ・ナンバーワン（Japan as Number One : Lessons for America）』を著し、戦後新たに日本に関心を持つ人びとも増えてきた。

とはいえ、この時代の外国人の日本語学習者はまだまだ少なかった。一九七九～八〇年の国際交流基金調査『海外日本語教育機関一覧（昭和五十六年度版）』によると、海外の日本語学習者の総数は十二万七一六七人で二〇〇九年調査以降三五〇万人を超えるのに比べると二十分の一以下である。また、一九七四年の政府調査による日本の外国人登録者数は短期滞在者を含めても七万七七四四人で、「就学ビザ」の滞在者は三五二二人である。二〇一七年以降は外国人登録者数も二五〇万人を超え、留学生数は三〇万人計画が実現されていくのと比べると、隔世《かくせい》の感がある。

2 戦後、日本語を使って活躍した人びと

しかし、世界各地にはこうした数字に表れる人びと以外に、日本語を話せる人は相当数存在したのである。序章で日本語領域を図で示したが、日本語普及が推進された時期に「外地」だった広大な地域で日本語を学習した人びとは、戦後もその地に暮らしていた。身につけた日本語は、使うのをやめれば忘れ去られるが、自らの意思で使い続けることもできる。そうして、それぞれの地域で、次の世代に日本語を教える人たちがいて、日本語が次の世代に伝えられた。戦後、日本語教育の盛んに行われた地域は、戦前・戦中に日本語教育が推進された地域と重なっている。「大東亜共栄圏」の領域にあたる東アジア、東南アジアの学習者数は、今日も全体の四分の三を占めているし、戦争中の陸海軍の集中的な日本語教育によって優秀な日本語の使い手を大勢生み出したアメリカでは戦後飛躍的に日本語や日本学の教育、研究が発展した。各地の戦後の日本語教育の事例は、それぞれの戦争、戦後を反映し、戦後早期の日本語教育を担った教師にはそれぞれの戦争体験がある。その中から二人を紹介する。

＊「満洲」で学んだ日本語をモンゴルで教えたソヨルジャブ

最初に紹介するのは戦前の「満洲」で身につけた日本語を大切に育てて、モンゴルでの日本語教育に後半生を尽くしたモンゴルのタゴール族のソヨルジャブ（一九二五～二〇一一）である。細川呉港《ごこう》による本人への取材にもとづく評伝『草原のラーゲリ』（二〇〇七）および内田孝《たかし》、細川呉港の企画による『ソヨルジャブ先生追悼文集』（二〇一五）等に基づいて彼の日本語人生をたどってみよう。

ソヨルジャブは、一九二五年、当時「満洲」とされた中国の黒龍江省《こくりゅうこう》、現在の内モンゴル自治区に生まれた。一九四四年には「満洲」の国立大学ハルピン学院を卒業している。初等教育から日本語が使われ、高等教育も基本的に日本語で行われたので、ソヨルジャブも日本語の自由な使い手に育った。一九四五年夏、終戦で「満洲」が崩壊すると、内外モンゴルの統一をめぐる問題が勃発した。当時ソヨルジャブはモンゴル人民共和国、ウランバートルの共産党の大学に留学していたのだが、モンゴル政府と中国政府の管理下にある内モンゴルの摩擦のあおりを受けて「反革命分子」とされ一九四七年夏、同学院を修了したあと逮捕、勾留され、なんと三十四年もの長い時間をラーゲリ（収容所）で罪人として過ごさなければならなかった。チベット高原北東部の青海《せいかい》省の省都西寧《せいねい》の強制労働所にやられたり、ツァイダム盆地の農場へ追放されるなど苦労を重ねた。プロレタリア文化大革命の時期（一九六九〜一九七六年）、同省でソヨルジャブは一時釈放され、街を歩くことがあった。あちらこちらで糾弾大会が行われ、紅衛兵の若者が家々に上がりこんでは古い文物を破壊し、年長者を殴ったり蹴ったりしているのを見て、絶望したという。

しかしながら、一九八一年八月、裁判所がソヨルジャブの名誉回復を決定した。ソヨルジャブは牧畜科学研究所に職を得て、一九八二年には同郷で幼馴染のオヨンフーと結婚し、新たな人生を生き始める。

名誉回復まで三十五年にもわたって日本語に触れる機会はなかった。それにもかかわらず日本語を忘れなかったのは、独りでも日本語の歌を歌っていたからだという。歌のひとつはハルピン学院の寮歌で、「デカンショ、デカンショで半年暮らしゃ、後の半年寝て暮らす。むかし神童と呼ばれた俺も、今じゃロシア語で目が回る。デカンショ踊れば巡査が怒る。怒る巡査の子が踊る。勉強するやつ頭が悪い。勉強せぬやつなお悪い。勉強するやつ頭が禿げる。やかん教授がその証拠」というもので（細川二〇〇七、三三四頁）、学生時代に戻った気分で声がかれるまで歌うと、すっきりしたそうである。

一九八〇年代には内モンゴルにも日本からの観光客が増え、日本語通訳の養成が急がれた。ソヨルジャブは、一九八二年に大連外国語学院（現在の大連外国語大学）などで日本語を教えるようになり、フフホトの国立内蒙古《うちもうこ》大学でも日本語を教えることになった。そしてこの年、仲間とフフホトに私立の日本語学校「外語培訓センター」を設立した。学校は順調に発展し十八年目には鉄筋三階建ての校舎を新設、二十年目には生徒数六五〇人、四年制の「内モンゴル知力引進外語専修学院」に成長した（細川二〇〇七、四〇四〜四〇九頁）。

一九九〇年、モンゴル人民共和国が民主化に踏み出し、一九九二年にモンゴル国と改称する。ソヨルジャブを苦しめた政府が崩壊したあと、生まれ変わろうとするモンゴルの近代化のために日本語教育が重要だと考えたソヨルジャブは、一九九三年にウランバートルに自らの資金を投じ、日本の国際交流基金等にも助成を働きかけて「展望大学」を設立した。ソヨルジャブ、六十八歳の年である。同じモンゴル語話者でも、内モンゴルの学生たちが漢字を知っているのに比べ、モンゴル国の学生は漢字を全く知らず、縦書きのモンゴル文字だけを使う。その点に工夫をしながら、ソヨルジャブは、モンゴル語話者のための日本語教育に尽力した。モンゴル語の文法は日本語と似ており、モンゴル人にとって日本語はさほど難しくはない、とソヨルジャブは話している。晩年は、国際交流基金の招きなどでたびたび日本を訪れた。晩年のソヨルジャブと親交のあった細川呉港（二〇〇七）によると、ソヨルジャブには暗い陰はなく、言葉にトゲもなく、顔はいつも穏やかで、柔らかい声でゆっくりした話し方をしたという。

モンゴルと日本の日本語教師や学習者のみならず、日本とモンゴルの言語や文学の研究者ほか幅広く多くの人びとに慕われて、二〇一一年三月六日、フフホト市内の病院で八十六年の生涯を全うした。

＊「日本人」として身につけた日本語を中国で教えた陳信徳

日本統治時代の台湾に生まれ、戦後「中国人」として中国の日本語教育の礎を作った陳信徳《ちんしんとく》（一九〇五〜一九七〇）のことも覚えておきたい。彼は、終戦の一九四五年夏、四十歳までは「日本人」として生きていた。

戦後、台湾には大陸から国民党政府がやってきて中華民国を建て、一方、共産党は大陸に一九四九年に中華人民共和国を建国し、双方が一つの中国を主張しつつ併存する状況が現れる。外交力を失っていた占領下の日本はいずれとも正式な国交を結ぶことはなかった。一八九五年より五十年にわたる日本統治下の台湾に生まれて「日本人」として学び働いていた台湾の人びとは、終戦で突然「中国人」になった。台湾に中華民国の政権を作った国民党政府は、植民地の文化を一掃しようと日本語の使用を制限したので、彼らの日本語の行き場がなくなった。

一方、国交がなくとも近隣国の言語の専門家を一定数育てるのは国防上も重要である。将来の外交、通商への備えもある。国交のない時代にも中国では一部の教育機関で日本語教育が行われた。経志江《けいしこう》による『中日国交断絶期の日本語高等教育機関』（二〇一〇）によると、国交の断絶していた時期に中国で日本語教育に当たった中国人教員には戦前の日本留学経験者や、旧植民地で生育し幼少時から日本語を身につけた人が多く、日本人教員には戦前から中国にいて、そのまま残留した人が多いという。国交のない日本から新たに日本人が中国に赴くことは原則としてできなかった。

台湾出身の陳信徳は、この時期の中国で代表的な日本語教科書を著し指導的役割を果たした人物である。経志江《けいしこう》（二〇一四）が明らかにした事実を軸に、陳の妻として生涯を添い遂げた平林美鶴の著書『北京の嵐に生きる』（一九九一）を参照しつつ、陳信徳の人生をたどり、その苦難の歳月に思いをいたしたい。

陳信徳は、一九〇五年一月二十八日に台湾台北市淡水の牧師の家庭に生まれ、日本語を「国語」として育った上、中学三年生のときに日本に渡り、同志社中学（旧制）に編入、その後、第三高等学校理科甲類を経て京都帝国大学文学部で中国語学中国文学を専攻したという経歴の持ち主である。中国語については父の故郷である福建の方言は話せたが、標準語たる北京語は話せなかったのを、大学で中国語学者の倉石武四郎の指導を受けて習得した。したがって、日本語はネイティブスピーカーと言ってよく、中国語にも不自由はなかった。陳信徳はこの二つの言語の間で生きた。終戦前は生活言語として日本語を使い、戦後は生活言語を中国語に切り替えて、中国における日本語教育に従事したのであった。

大学卒業後、一九三六年に三十一歳で大学院に進学、一九三七年に日本人の妻、平林美鶴を伴って北京大学に留学したのだが、まもなく盧溝橋《ろこうきょう》事件が起きて日中戦争が本格化し、北京大学での勉学が継続不能となった。日本占領下の北京中央放送局の手伝いなどをしていたところ、一九四五年夏の終戦で、日本の台湾統治に終止符が打たれたのを受けて自動的に「日本人」から「中国人」になったのである。

一九四八年二月二十八日に、大陸から来た国民党政府と台湾の人びととの間に起きた二・二八事件では、国民党政府によって台湾の知識層の多くが殺害された。陳信徳と同じく京都大学の卒業生で台湾の中学校の校長をしていた兄の陳能通（一八九九～一九四七）が、このとき犠牲になった。悲しみにうちひしがれる家族から台湾に帰らないように言われた陳信徳は帰郷を断念、戦後の北京に残るほかなかった。

一九四九年十月に中華人民共和国が建国すると、まもなく、新中国の国家的要請として北京大学で日本語教育が始まった。しかし、教員が足りない。終戦前から北京大学で「満洲語」と「日本語」を教えていた〈日本人〉の今西春秋《しゅんじゅう》と、日本文学を専攻し日本留学経験を持つ魏敷訓の二名しかいなかった。一九四九年の秋、今西は引越先の四合院でたまたま出会って親しくなった陳信徳を北京大学に紹介し、陳信徳は一九五〇年、四十五歳で北京大学の日本語教員となった。陳信徳が「日本人」として培ってきた日本についての知見や体得した文化は、この時期の中国では貴重なものと考えられた。

陳は早速、今西の協力を得て日本語教材の作成にかかった。生活のために慣れない養鶏を始めて苦労していた夫を痛々しくみていた美鶴は、熱心に日本語の文法書を読みあさっては教材作成に取り組む信徳の様子を見て「適所を得た」と喜んだ（平林一九九一、一七一頁）。ところが、一九五〇年九月、自宅に招いてともに夕食をとっていた日本人の友人が国際スパイの容疑で突然官憲に逮捕されて翌年銃殺され、その関係者として今西も逮捕されると、陳信徳も調査対象となり、四年間にわたって授業以外の公的活動を止められた。今西は三年余り獄中に留められたのち釈放されて日本に帰り、天理大学満蒙研究所で研究者としての人生を全うする。一九五六年に出た陳信徳の調査結果は白で、翌年、陳は北京大学日本語教研室の主任になり、文化大革命の始まる一九六六年までの約九年間、教育・研究に打ち込んだ。京都大学の恩師、倉石は陳の活躍を喜び、訪中するたびに会いに行き、編纂中の中国語辞典に協力を求めることもあった。（平林一九九一、一八六頁）。

陳は、一九五〇年代から六〇年代にかけて『基礎日本語教科書』（謄写版、一九五八〜一九五九。一年生用教材）、『現代日語実用語法』（時代出版社、上巻一九五八、下巻一九五九）、『科技日語自修読本』（編著、商務印書館、一九六〇）ほか多くの日本語教科書を著した。特に日本語文法を分かりやすく説いた陳の教科書は大勢の学習者に使われて版を重ね、その名は全国に知られるようになった。

ところが、一九六六年五月に始まったプロレタリア文化大革命で彼の充実した人生は一転する。一九六九年八月八日、突然、六十四歳の陳信徳は「日米反動派のスパイ」という罪名で捕らえられたのである。「私の書きたいと思っているものを全部書くには、今後二十年あっても足りないよ」と妻に語っていたのが、できなくなってしまった（平林一九九一、八六・一九六頁）。そして、五十代半ばから十二指腸潰瘍《かいよう》で入院治療を受けること二度に及んだ信徳が、苛酷な強制労働に駆り出されたり、激しい暴行を受けたりして心身を痛めつけられ、北京から遠く離れた山西省の山奥の牢獄に連れていかれた挙句、死んだ。一九七〇年十二月二十日、美鶴のもとに前触れもなく使者がやってきて信徳が胃腸病によって死んだと告げたのだった。遺骨はない。家族は「反革命家族」として教員宿舎から追い出された。一九七二年、日中国交が回復すると、美鶴は陳の潔白を訴え、一九七四年十一月、北京大学東方語言学部から「無罪」との調査結果が伝えられた。

日本統治時代の台湾に生まれ育ち、日本で高等教育を受けた陳信徳が、戦後「中国人」として、日本との国交のない時期の中国で、中国人のための日本語教育の基礎を築きながら、無残な死を遂げたことにことばを失う。陳信徳が、戦後中国の日本語教育の発展に大きな貢献をしたことはまちがいない。

一九七二年に日中国交が正常化し、プロレタリア文化大革命が一九七六年に終結すると、中国各地の大学で日本語教育が盛んに行われるようになり、日本語の教科書や辞書の編纂が始まった。ラジオの日本語講座の放送も始まり、自習用の教材も作成されて、独学で日本語を学べるようになった。

一九七八年に鄧小平《とうしょうへい》の指導の下、改革開放が謳われると、日本との経済・文化交流への期待から中国における日本語教育は一層盛んになり、日本に留学する人も年々増加した。在日外国人留学生の出身国別の人数で、最も多数は常に中国人が占めている。

3 戦後の日本語文学

戦後早期の日本語文学の担い手は、戦前戦中に日本語を学んだ人びとである。日本による統治が半世紀続いた台湾では、両親も日本統治時代に生まれ育ち、生まれたときから日本語を使っていた人もいて、書きことばは学校教育で習った日本語が最も自由だという人も少なくなかった。この時期の台湾では日本時代から台湾にいる本省人で教育を受けた人は日本語の読み書きができた。本章では呉濁流の文章からこの時期の日本語文学を読みはじめたい。

また、キリスト教宣教師の中にはその巧みな日本語によって人びとの心をとらえた人物がいる。前章で戯曲を紹介したドイツ人のホイヴェルスは戦後も作品を発表したが、本章ではフランス人のカンドウ神父、ネラン神父の日本語のエッセイを味わおうと思う。

一方、日本時代に普及した日本語は、「南洋群島」と呼ばれたミクロネシアの島々では、言語の異なる島々を結ぶ共通語として便利に使われた側面があった。戦後、日本人がひきあげてからも、彼らの間で日本語の歌が歌われ、オリジナルの歌が生まれ、歌い継がれている。

台湾に戦後、大陸から国民党とともにやってきた外省人は日本語を植民地時代の言語として忌避した。一九四六年十月に、日本時代の台湾総督府に代わって台湾の統治機構となった台湾省行政長官公署から日本語廃止令が発布された。国民党による中華民国政府は一九四九年から一九八七年まで台湾全土に戒厳令を敷き、この間は言論や表現の自由も制限された。そんな中でも日本語を表現言語として身につけた人びとの間に静かに日本語で短歌や俳句を楽しむグループが生まれた。台北短歌会の主宰は孤蓬万里《こほうばんり》こと呉建堂《ごけんどう》、台北俳句会の主宰は黄霊芝《こうれいし》であったが、日本語の魔術師とでもいうべき黄霊芝は、ひそかに日本語で小説や詩も書き溜めた。彼らならではの日本語作品にも触れてみよう。

最後に、戦争中にアメリカ海軍日本語学校で学んだ日本語をもとに戦後、不世出《ふせいしゅつ》の日本文学研究者となったドナルド・キーンの日本語で書かれた文章をじっくり味わいたい。

＊呉濁流の評論――『夜明け前の台湾』

呉濁流《ごだくりゅう》（一九〇〇～一九七六）は、日本統治時代から戦後にかけて活躍した台湾の作家である。呉濁流『泥濘《でいねい》に生きる――苦悩する台湾の民』（一九七二）巻末の飯倉照平による「付記」を参照してその生涯をたどると、生地は台湾の新竹県で、一九二〇年に台湾総督府国語学校師範部を卒業後、一九四〇年まで各地の公学校で教師を務め、三十代半ばから日本語で小説を発表するようになった。一九四一年、大陸に渡って南京で日本人による「大陸新報」の記者になり、一九四二年に台湾に帰り米穀《べいこく》納入協会に勤務した。終戦の前年に「台湾日日《にちにち》新報」の記者になり、戦後にわたって約七年間の記者生活を送った。

それと並行して戦争中に長編小説『アジアの孤児』を日本語で秘かに書いた。

日本統治下の台湾にあって日本語で書いた作家はほかにも多く、呂赫若《ろかくじゃく》や張文環《ちょうぶんかん》、郁達夫《いくたっぷ》、龍瑛宗《りゅうえいそう》、王昶雄《おうしょうゆう》などの名前が浮かぶ。ここで呉濁流をとりあげるのは戦後早期の日本語が使えた束の間の時期に、日本語の小説や評論で貴重な発信をしているからである。一九四六年に雑誌『新新』第七期に発表したとある「日文《にちぶん》廃止に対する管見と日本文化の役割」（『夜明け前の台湾』二八四～二八八頁）を読んでみよう。「日文」とは日本語のことである。呉濁流は、日本統治時代をくぐりぬけた「本省人」が、日本語と別れるのは、日本人の恋人と別れるより辛いという記述から筆を起こす。「日文廃止という政府の方針」に対して、「全省を挙げて非難囂々《ごうごう》、それに反対している」と述べ、「そこには深い理由があるのである」として、日本語廃止に反対する実用的な理由を述べてゆく。まず一つ目。

図1　呉濁流『夜明け前の台湾』（1972年、社会思想社）

〔…〕日文はなぜ悪いかというに、過去において武装されたからである。しかし、今やその武装も解除されてしまった。〔…〕武装を解除された日文は、文化の紹介を務める役割として大切なものである。ことに世界各国の文化がほとんど日文で訳されている。日文一つ解すれば、各国の文化に接することができる。（二八六頁）

日本語が読めるようになれば、世界の名著が読めるというのは現代でもよく聞かれる。古今東西の名著の多くが日本語に翻訳されているだけでなく、広い範囲の新しい情報もさまざまな種類の書物から得られる。二つ目は、「一度に六百五十万」人も帰ってきた「日本留学生」の日本語による知識や文化を「培養しないばかりか、かえってそれを踏みにじる愚をあえてする」のは不合理であるということ。三つめは、日本語の書物には、世界の文化、特に自然科学や青少年向けのものも豊富にあること。

このあと、台湾に日本人学者が留用されていることを肯定的に評価し、「日本はわが国の隣にあるから日本語を知ったところで損にはならないであろう。」と締めくくる。

一九四六年十月二十五日の日本語廃止令の直後に、思いをぶつけるような日本語で書かれ、すぐさま発表された貴重な文章である。呉濁流が述べるように、この時期の日本語廃止は、日本語で教育を受け、生活してきた「本省人」には、もっとも自由な言語が奪われることを意味していた。似たような状況で、南米やアフリカの旧植民地は宗主国の言語である英語やポルトガル語やスペイン語、フランス語などを残し、その後も自分たちのためにその言語を活用している。同じ日本の植民地でも韓国は歴史的な共通語としての朝鮮語がすでにあり、この言語で文学を書くこともできたから、戦後は朝鮮語を復活すればよかった。彼らはその日を待っていたのである。台湾は、漢民族の台湾語（閩南語《びんなん》）、客家語《はっか》のほかに少数民族がそれぞれ異なる言語を使っていて共通語がなかったところに日本語が共通語として機能していた。また、中華民国政府が切り替えるように示した中国語を多くの「本省人」は使えなかった。この点において朝鮮と台湾の事情は大きく異なっている。

呉濁流が、戦争が「苛烈な最後の段階に突入」する一九四三年から命を賭して秘密裡に日本語で書き続けて一九四五年に書き上げた長編小説「アジアの孤児」は、日本統治下の台湾の半世紀を描いている。日本統治時代の台湾の犠牲者である主人公の胡太明は呉濁流の経験を反映した人物だが、その生涯は悲痛である。胡太明は台湾の公学校教師のとき、日本人の教師との差別を経験し、日本へ行くと中国人留学生にスパイ扱いされ、大陸に渡ると「台湾人」だということで脅かされる。日本統治下台湾の「台湾人」のアイデンティティの矛盾に翻弄《ほんろう》された主人公がどれほど努力をしても報われず、救いがないことに読者はことばを失くす。こんな思いを呉濁流は日本語文学に託したのだった。呉濁流は戦争中、身に危険の迫る恐怖の中で、どうしても書かなければならない衝動にかられて書き上げた。「台湾における日本統治の史実の一部分を背景にし」「当時、何人もあえて筆にしなかった史実ばかり」を「忌憚なく、ありのままに描写した」(『アジアの孤児』の一九五六年に書かれた「自序」より)のだった。

戦後台湾の将来建設のための提言を含む「夜明け前の台湾」(一九四七)や、大陸からの外省人を批判した「ポツダム科長」(一九四七)など、戦後早期に日本語で精力的に書いたが、一九四九年五月国民党政府による戒厳令により日本語での作品の発表が困難になった。

そこで創作言語を思い切って中国語に切り替えた。そうして創作活動を続け、自らの日本語作品の一部も中国語に翻訳して発表したのが呉濁流の逞しさであり凄さである。四十五歳という壮年で言語の切り代わりを経験し、それに順応できた人は珍しい。多くの人は対応できずに筆を折るほかなかった。

呉濁流は一九六四年に台湾文芸雑誌社を創立して「台湾文芸」という雑誌を創刊、さらに一九六九年には自分の田畑を売り払い、「呉濁流文学賞」を設立して、中国語による台湾の新しい文学の振興に努めた。ここから、多くの若い台湾の作家が育った。本章でこのあと紹介する黄霊芝は、日本語で書いた小説を自ら中国語訳した「蟹」で、一九七〇年に第一回の呉濁流文学賞を受賞した。「アジアの孤児」の中国語の翻訳も出た。日本語で書いた作品群は、一九七二年、七三年に日本で三冊の本として改めて出版された。ところが、精力的に活動していた一九七六年、七十六歳にして不意の病で急逝した。

＊宣教師カンドウによるエッセイ――「きのうきょう」

戦前から日本に滞在し戦後の日本で活躍したキリスト教宣教師の中でも、南フランス、バスク地方出身のソーヴール・アントワヌ・カンドウ（一八九七～一九五五）神父は、新聞や雑誌に掲載されるエッセイやラジオから聞こえる日本語で、多くの人びとの心をとらえた。池田敏雄［編著］『昭和日本の恩人――S・カンドウ師』（一九六六）を頼りに、カンドウ牧師の足跡をたどる。カンドウは、第一次世界大戦に従軍したのち、一九一九年にパリ外国宣教会に入り、その後、ローマのグレゴリアン大学に留学、優秀な成績で卒業した。新進気鋭の宣教師を日本に送ろうとしていたパリ外国宣教師会はカンドウにその任を与えた。一九二五年一月に日本に来たカンドウは静岡県の追手町《おうてまち》教会に赴任し、現地の漢学者の村越金蔵《きんぞう》について日本語を学んだ。同居していた村越の娘によると、カンドウは金蔵の書斎で日本語の学習かたがた、あらゆることを語り合って夜の更けるのも忘れ、また、日本の国情や人情への理解を深めるために二人で街の劇場に落語を聞きにいったりもし

図2　カンドウ神父
S・カンドウ『永遠の傑作』（1955年、東峰書房）口絵より

た。二人はどんな言語で話し込んでいたのだろう。カンドウ自身が一九五五年四月二十四日に湯島聖堂での講演で語ったところによると、村越はフランス語も英語も全く知らなかった。教授法は、はじめに仮名を教え、次にやみくもに文章を暗記させることで、「わからなくてもいい。いつかわかるようになるから、まずそれをそのまま覚えなさい」と言ったという。カンドウは「無理な勉強法だ」と思ったが従ってみた。村越が遠慮なく与える漢文の読み下し文のフレーズをカンドウはやみくもに暗記した（池田一九六六、四八～五一頁）。その成果は目覚ましく、来日七か月のころ、東京で一時間の講演を日本語で行ったとき、聴衆はその流暢な日本語に「度肝《どぎも》を抜かれた」という（ドーク二〇一七、二三〇頁）。また、来日十か月目に東京に転任するときには、追手町教会の信者一同を前に見事な日本語で説教をし、人びとを驚嘆させた。生得の才能と本人の努力の賜物であろうが、カンドウは後に外国語の効果的な学習法を「第一に口真似、第二に鵜呑《うの》み」と語ったと言うから（池田一九六六、五一頁）、村越の方法に本心から納得したようである。

カンドウの母語のバスク語はフランス語をはじめ現存するどの言語とも関係が立証されない孤立した言語で、その話者によると日本語とニュアンスが似ていて学びやすいそうである。カンドウの驚異的な日本語の上達ぶりにはそんな事情も作用したかもしれない。カンドウは三十歳にして東京大神学校《だいしんがっこう》の校長となり、自ら多くの講義を担当して神父の育成に従事したほか、アテネ・フランセ、早稲田大学でフランス語を教え、講演や執筆活動も意欲的に行った。ところが一九三九年にヨーロッパで第二次世界大戦がはじまると、四十二歳でフランス軍に陸軍中尉として召集され、やむなく日本を去った。カンドウは、日本に戻るつもりで、戦争中も忘れまいと日本語で日記をつけていた（平川二〇〇九、七〇頁）。

しかし、戦地で敵機に襲われ重傷を負ったのである。一九四〇年五月二十四日、頭に数か所、下半身に四十数か所の爆弾創を負い、右腰をキャタピラにくだかれ、血まみれになった。あやうく命を失うところを野戦病院に運び込まれて九死に一生を得た。

その後、一九四八年九月十一日、カンドウは九年ぶりに再び日本へやってきた。横浜に降り立った五十一歳のカンドウは温かい慈愛心と朗らかな微笑みを携えて、ステッキによりすがって歩いてきた。迎えに来た昔の友人に、歯切れのよい日本語で「わたしの貧血と胃の障害は現代の医学では、これ以上治す方法がない」ということだから、「私に残された二、三年の生命を日本で過ごしたいと思ってやってきました」（池田一九六六、七頁）と言ったという。

カンドウは東京目黒の日本家屋に居を構え、健康上の理由から特定の教会を持たずに自由な立場で布教活動を行うことになった。聖心《せいしん》女子学院や日仏学院で講義を担当し、新聞や雑誌に原稿を寄せたり、ラジオで話したり、大勢の前で講演したりする機会も多く、広く一般の日本人に知られる存在だった。カンドウの語りだす日本語は驚くほど滑らかなものだったと伝えられる。カンドウは日本人の漢字の書き間違いを指摘するほど漢字に通じていたが、書く日本語はローマ字で、協力者に漢字仮名交じりに書き換えてもらっていたという。日本語の著作に、『思想の旅』（一九五二）、『世界のうらおもて』（一九五五）、『永遠の傑作』（一九五五）、『バスクの星』（一九五六）などがある。

最晩年にあたる一九五五年五月から九月にかけて朝日新聞に連載された小さなコラム「きのうきょう」から「お盆」（『永遠の傑作』所収）と題された一編を味わおう。まず、「二十年前の夏日本からはじめて帰省した時、教え子たちが家へのみやげにと見事なうるし塗の盆のうらに一同の名を星型に彫り入れて贈ってくれた」（一九頁）と書きだして、この盆を父がフランス語で良いという意味の形容詞「ボン」に重ねて喜び、来る人ごとに「セ・ボンとしゃれまじりに由来を説いていた」と父の思い出を語る。一行あけて、後半は「お盆」という行事の話題になる。その部分を引用する。

　フランスでは十一月一日の諸聖人祭がまずお盆にあたる。この日家族で総出で花を手に墓地にもうでるのが父の大事なおつとめであった。東京でのお盆をみると、若い世代は盆踊りとお中元に関心を示すぐらいで、お盆の行事そのものには一向冷淡のようである。

　いつだったか北イタリアのある墓地の入口で、石門の銘にはたと足を止めさせられた。

　われもかつて汝のあるごとくなりき〔わたしもかつてはあなたのように生きていた〕

　汝もやがてわれのあるごとくならん〔あなたもやがてわたしのように死者となるだろう〕

　うす気味わるいおどかしのようだが、思えば親切な警告である。涼み台の怪談に一つ《（ママ）》時きもを冷すより、折にふれて死者を思う心をあたためるほうが、心身の健康法にかなっている。盆とそのゆかりの精神の愛好者だった私の父は、八十六歳の長寿を保った。（一九～二〇頁）

　短い文章の中に日本の伝統文化への慈しみ、フランスの伝統への敬意、父への追悼の思いなどが書き尽くされた名文である。墓地の石門の銘の翻訳が格調高い文語文に仕上げられているのは、原文が古典言語のラテン語なのだろう。その雰囲気や存在感を的確に訳出するために工夫された日本語である。また、最後の一文がいい。父の享年を伝えるのに、「八十六歳の長寿を保った」という表現のなんと明るく穏やかな響きであろうか。

その息子、カンドウ神父はわずか五十一歳にしてあと二年と余命宣告されて再来日したのだったが、再びの日本で丸七年を超える一九五五年九月二十八日真昼の十二時五十分まで長らえた。痛みをこらえた五十八歳の生涯であった。

＊ネラン神父によるエッセイ――「おバカさんの自叙伝半分」

ほかに、流暢な日本語で洒脱なエッセイを書いた宣教師としてフランス、リヨン生まれのジョルジュ・ネラン（一九二〇～二〇一一）がいる。フランス留学していた遠藤周作らの世話を通して日本に親しみを覚えたといい、来日前に数か月間、パリの東洋語学校で日本語を学び、一九五二年、宣教師として来日した。教会内の約束で、まず長崎教区に三年間配属されて日本語の力をつけ、そのあと東京でカトリック教会司祭をする一方で、日仏学院や東京大学で日本語からフランス語への翻訳を教えた。遠藤周作の小説『おバカさん』（一九五九）の主人公のガストン・ボナパルト（『悲しみの歌』〔一九七七〕、『深い河』〔一九八三〕にも登場）のモデルとしても知られ、ネランの日本語による自伝的著作に『おバカさんの自叙伝半分――聖書片手にニッポ

図3　ジョルジュ・ネラン
『おバカさんの自叙伝半分』
（1992年、講談社文庫、講談社）

ン四〇年間』という題名がついているのは、そのためである。

一九八〇年に新宿歌舞伎町にスナックバー「エポペ」を作ってバーテンダーとして店先に立ち、サラリーマンをはじめ市井の人びとと触れ合ったことでも知られる。ネランによる「スナック・エポペ」というエッセイ（『おバカさんの自叙伝半分――聖書片手にニッポン四〇年間』〔一九九二〕所収）によると、スナックを開いたのは次のような考えによる。

神父の使命は、根本的には、人びとにサービスすることだと、私は思う。あなたもこの考えには賛成してくれるだろう。

バーテンダーの仕事とは、まさに人びとにサービスすることではないか。

教師である神父と、バーテンダーをしている神父とどこが違うか考えてみよう。

先生としての神父は、これも一種のサービス業である。もっとも教師は教壇の上から教えを垂れることで学生に仕えているつもりなのに、学生たちは仕えられているとは思っていないか――。

バーテンダーを務める神父は同時にボーイとしても誠心誠意客にサービスしている。こちらの方が先生よりもはるかにサービス精神を発揮している。こうみてくると、バーテンダーこそ神父にふさわしい務めと言える。あなたも同意してくれるだろう。（一三七頁）

さらに、神父とお酒のとりあわせを非難する人に、ネランは、旧約聖書の詩篇の中に「ぶどう酒は人の心を喜ばす」という有名な句があること、新約聖書のカナの奇跡物語では、イエスが水をぶどう酒に変えたことなどを引き合いに、キリスト教は酒を禁じてはいないことを説明し、自分が「エポペ」を開いたのは、酒の出ないところに寄り付かず教会には来ないサラリーマンと交流しようと思ったからだと説明する。さらに、場所代を教会でも自分でもなくサラリーマンに負担してもらいたいと考え、出した結論が「酒場を開くこと」だったと軽妙な筆致で書いている。ネランは多くの人に慕われ、二〇一一年三月二十四日、東京都小金井市のホスピスで九十一歳で亡くなるまで、エポペの顧問を続けた。

＊パラオの人びとの愛唱歌――「ひなんばだより」「レモングラス」など

三十年間に及ぶ日本統治時代にパラオを含む「南洋群島」と呼ばれた太平洋の島々（現在の北マリアナ諸島、パラオ、マーシャル諸島、ミクロネシア連邦）では、戦後、日本人が引き揚げてからも日本語世代の人びとの間で日本語が使われた。これらの島々ではもともと島によって異なる言語が話されていたのを、日本時代には日本語が共通語として機能するという実用的な側面があったのである。

一九四七年、この地域はアメリカの国連信託統治地域となり、教育言語は日本語から英語に切り替わったが、日本語が禁じられたわけではなく、一部で使われ続けたのだった。

「南洋群島」が日本の版図《はんと》に含まれていた時代には、「内地」においても、当時の日本の国策を反映して、南洋への憧れをテーマにした歌が流行した。そうした日本人が作った南洋の歌は、現地の人びとにも好んで歌われた。一例を挙げると、森地一夫作詞、上原げんと作曲の「パラオ恋しや」の歌詞は「海で生活《くら》すなら　パラオ島におじゃれ／北はマリアナ　南はポナペ／島の夜風に　椰子の葉揺れて〔…〕」という調子である。

二〇一二年にパラオのシニア・シティズン・センターで出会ったニナ・アントニオ（一九三〇年生まれ）が好んで歌っていた南洋の歌の歌詞の一番は「島は数々　思いは一つ／同じ日本の　旗の下／南洋はよいとこ　赤道直下／花も情けも　燃えて咲く」、四番は「椰子の並木に　珊瑚の浜辺／空にゃ夢見る　十字星／南洋はよいとこ　常夏の島よ／月も真珠も波に照る」というもので、のびやかなメロディーとあいまって、パラオの高齢者に好まれているようだった。

南洋へのあこがれを歌う歌は、現地の人の耳にも心地よかったのだろう。日本の歌謡曲はパラオの人びとの心をゆさぶり、彼らの間で好んで歌われた。パラオのシニア・シティズン・センターを訪れると、歴代の何人もの人の手による歌詞カードの蓄積があり、日本語が話せない若い世代の人びとも、日本語で歌い継いでいる。漢字が普通に使われているカードもあれば、仮名だけのものもある。二〇一二年時点で私が会った人びとは、年長者でも子どもの時に日本時代が終わった世代に当たり、漢字の読み書きはできないようだった。ニナのノートは片仮名だけで書かれている。

さて、日本時代に日本の歌謡曲を好んで歌った南洋の人びとは、やがて、自分たちの歌を作り始めた。小西潤子（二〇一一）によると、一九三〇年代初めごろまでには創作が始まっていたという。

パラオで歌い継がれている歌の中に、戦後、パラオの女性が作ったものだとニナが教えてくれた歌がある。「ヒナンバダヨリ」という。「ひなんば」は空襲を逃れて疎開した森の中を意味するというから、漢字をあてれば「避難場」だろう。片仮名で書かれたニナのノートから適宜漢字をあてて、四番まであるうちの一番を書き出してみる。

一　なつかし古巣の避難場便り／切れてはかない縁の糸
薄いあかりがほのかに燃えて／よむは未練の占いか

二〇一二年二月のニナの解説によると、これはパラオのアマウという女性が作ったもので、パラオの街にもアメリカ軍の空襲が激しくなってきたころ、避難先の森で出会った男性に恋をした女性が、戦争が終わって離れ離れになった男性を思い続けたが、その恋はそれきりになってしまったという内容である。七・七・七・五は都々逸《どどいつ》のリズムである。作者のアマウは、日本の歌謡のことばに熟達していたのだろう。

ニナによると、アマウ本人は戦後日本人と結婚して日本へ渡り、日本名を名乗ったらしい。子どもにも恵まれ、パラオには戻ってこなかったという。歌詞は創作だから、アマウ本人の実生活とは無関係であってかまわない。ニナの解説によると「ひなん場」の「なつかしさ」は戦争の苦しみと共にあり、その苦しさごと懐かしいという気持ちなのだということであった。その複雑な気持ちをニナは歌い継いでいる。戦後も同世代の人びとと日本語を使っていたパラオの人の中には、日本語がもっとも自分の気持ちの深い部分を表現できる言語だと感じている人がいる。前章で紹介した一九八二年生まれのカイポの祖父は、日本時代に日本語で教育

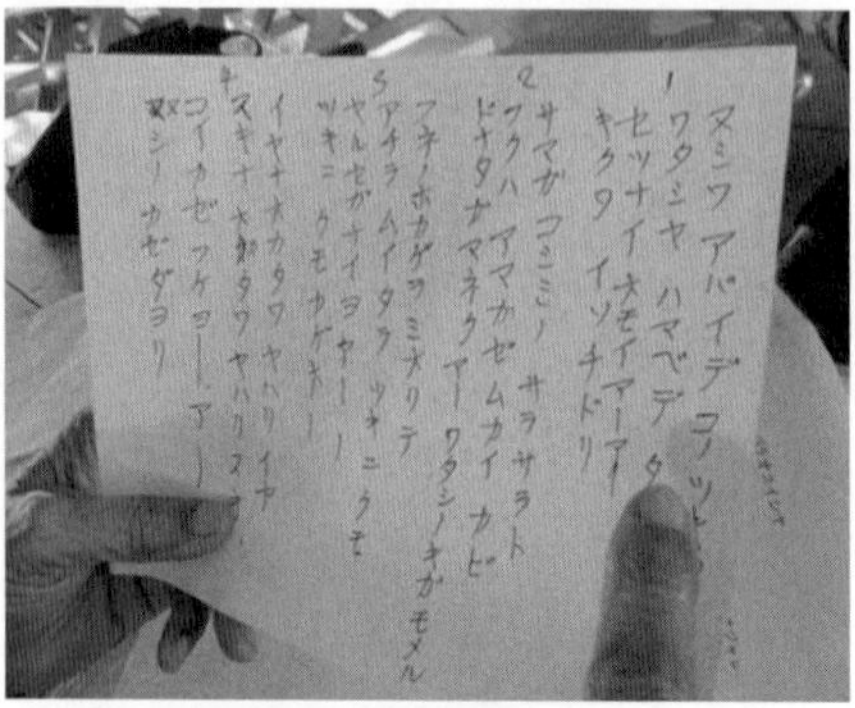
図4　ニナの歌詞カード

を受け友人たちとも日本語で話して育ち、一度も日本に行ったことはなくても、最も気持ちを深く表現できるのは日本語だと、日本語を学んで日本留学から帰った孫のカイポに話していた。

もう一曲、シニア・シティズン・センターのお年寄りが声をそろえて歌ってくれた歌があった。片仮名だけで書かれたニナさんのノートの一番の歌詞に適宜漢字をあてて写してみる。

ぬしはアバイでこの月を　／　わたしゃ浜辺でただ一人
切ない思い　アーア／聞くは磯千鳥《いそちどり》

この歌詞に登場するのは現地の若い男女のようである。アバイというのはニナによるとパラオの男性の集会所で、そこにいる人を想いながら、女性は浜辺で一人、その人も見ているであろう月を眺めている。箏曲「磯千鳥」以来、会えない恋の思いを浜辺でわびしく鳴く磯千鳥に託すという類型があり、流行歌にも「別れの磯千鳥」がある。最後の「磯千鳥」は、その用法に則って使われている。

これを聞いてしばらくしてから、一九三三年に海軍の依頼で作成されたという『海の生命線』という南洋群島（パラオを含めたミクロネシア）を紹介する映画を見る機会があり、冒頭近くで島の女性たちが踊りながら現地語の歌詞で歌う歌のメロディーが、同じメロディーであることに気づいた。小西潤子（二〇一二）によると、現地の人による日本語の作詞は、既存のメロディーを借りた替え歌から始まったというから、この歌も替え歌だったのだろう。

もう一つ、歌手の松田美緒《みお》が現地を取材して掘り出した「レモングラス」という歌を紹介したい。南洋の人によって作られた日本語の美しいメロディーの歌を松田美緒がのびやかな歌声でカバーしている（『CD BOOK　クレオール・ニッポン――うたの記憶を旅する』二〇一四）。四番まである歌詞を一番一行にして書きだす。

若い二人は、離れているけれど　でね／約束しましょう　また会う日の夜に
若い二人は　人目が恥ずかしい　でね／レモングラスで　隠れて話しましょう
レモングラスの　甘い香りの中で／キスをしたのを、お月様がみてた
平和になったら　二人はカボボ（結婚）して　でね／新婚旅行は　内地へゆきましょう　（四八頁）

レモングラスはレモンのような香りのするハーブである。レモングラスの陰でレモンの香りと月光に包まれて、二人は約束したのだ。戦争が終わったら、結婚して、内地へ新婚旅行に行こうと。「カボボ」は「結婚」を意味するポナペ語だという。

小西潤子（二〇一二）によると、日本人の警察官と恋をしたポナペの女性マルコーの思いを歌ったもので、その警察官は戦後日本へ帰って、戻らなかった。その人を思いながら、マルコーがその切ない思いを日本語で表現した歌とされる。この境遇は多くの人の共感を呼び、この歌は愛唱歌として小笠原にも伝わった。小笠原では「レモン林」として知られる。南の国の人びとによる南の国の人びとのための南の国の日本語の歌である。

アメリカ合衆国の国連信託統治領であった旧「南洋群島」のうち、マーシャル諸島とパラオを除く地

域が一九七九年五月十日にミクロネシア連邦となったとき、初代大統領に就任したのは日系人のトシオ・ナカヤマだった。ミクロネシア連邦は、一九九〇年十二月に、アメリカの信託統治にも終止符を打って独立した。一九八一年に、自治政府の「パラオ共和国」を発足させたパラオは、一九九四年に独立を果たしたが、独立した当時のパラオの大統領は日系人のクニオ・ナカムラであった。パラオには日本人の祖先を持つ住民も多く、日本人と血縁関係がなくても、ハルオ、ススム、トシコ、ヤチヨ、また、オイカワ、ナカムラなど姓、名を問わず日本人に由来する名を持つ人が大勢いる。また、パラオ語には日本語起源のことばが多く含まれており、「スイドウ（水道）」「イナリズシ」「シュウカン（習慣）」など日常的な名詞のほか「アツイ（暑い）」「イバッテル（威張ってる）」「トクベツ（特別）」といった形容詞や動詞、副詞、また、「ダイジョウブ?」「ゲンキ?」といった呼びかけや「ソーカ（そうか）」といった応答や相槌にも及んでいる。そのため、パラオの人びとの会話を聞いていると、ふと日本語かと錯覚することがある。逆に日本人の会話を聞いて、パラオの人はパラオ語が聞こえたと思うそうである。

＊戦後台湾の『台湾万葉集』——呉建堂、黄得龍、黄霊芝

次に、日本の統治下に身につけた日本語による戦後台湾の人びとによる短歌を紹介する。台湾の人びとによる日本語短歌が日本で知られるようになったのは一九九四、一九九五年に、孤蓬万里《こほうばんり》こと呉建堂《ごけんどう》が編集した『台湾万葉集』（正・続）が日本の集英社から刊行されてからのことである。正続二冊に、呉建堂が主宰する『台北歌壇』（正確には台北短歌研究会が会の名でその会誌が『台北歌壇』）に集う約百人による日本語の短歌がそれぞれの作者の短い評伝とともに収められている。

日本統治時代の台湾では公教育が日本語で行われたが、話し言葉には台湾のそれぞれの現地語が併用され、書き言葉としての漢文も一部で使われていたのだが、皇民化の強化に伴い一九三七年に、新聞雑誌の漢文欄が廃止になると、漢文離れが広がった。特に一九二〇年代に生まれた世代の人びとは日本語や日本の文化に絶対的価値をおいて成長したが、日本の敗戦によって突然日本文化から突き放され、中華民国政府によって中国文化に帰属することを強いられるが、一から中国語を学ぶのに適切な機会もなく、外国語感覚の中国語では思うように自分を表現することができなかった。台湾で戦後、短歌や俳句を作り始めた人の多くはこうした事情を共有しており、公の場で使用が禁じられていた日本語で、そっと短歌や俳句を作り始めたのだった。

なぜ、日本統治時代には作っていなかったのかと考えると、当時、台湾にたくさんあった短歌や俳句の会の主宰者はもっぱら内地から来た人びとで、参加者にも「本島人」（現代でいう「台湾人」）は数えるほどしかいなかったのだ。台北高等学校の教師をしていた比較文学者、島田謹二は、「台湾の文学的過現未」（一九四一年五月の『文藝台湾』所収）という文章の中で、小説など「いわば非伝統的な様式の文学」には優れた「本島人作家」が現われているが、「俳句や短歌のように、或意味で『日本的』というべき洗練されたかなり特殊な心境を必要とする部門」には、まだ本島人の優秀な作家は出ていないと述べている（島田一九九五、四六六頁）。当時の台湾では短歌、俳句は「日本的」であるゆえに「内地人」に特権的なものと信じられていたようである。こうした雰囲気の中では、台湾の人びとが短歌・俳句をのびのびと楽しむ場は求めにくかったに違いない。

呉建堂が台北第二中学校の生徒のとき、教師の川見駒太郎《こまたろう》が指導していた短歌のグループで短歌を作っていたのは「内地人」生徒ばかりだったという（台湾で刊行された私家版の『孤蓬万里半世紀』（一九八一）の川見による「あとがき」）。短歌にはかつて古典和歌の教養を重んじた時代があったが、近代以降の短歌は自らの身近なものに材をとって自由に詠むのが主流になって間口は広がっていた。誰もが参加できるはずの短歌に、「内地人」に特権的な何かをまとわせて、関心を寄せる「本島人」を排除したとしたら残念なことである。

主宰者の呉建堂は台北高校を卒業後、台北帝国大学医学部に進学、途中終戦で名前の変わった国立台湾大学医学部を卒業後は医師として働いた。日記をつけるように日常生活を短歌に詠んで書きとめることを早くから続けていたが、一九六五年の宮中新年歌会始めで台湾の呉振蘭《ごしんらん》の作品が入選したことに刺激を受け、一九六六年二月、医師としての生活に基づく短歌をまとめて『ステトと共に』という私家版の歌集を作り、翌年に『老い母ありて』、その翌年には『町医の日日に』と自費で三冊の歌集を出した。出すたびに台北高校時代に『万葉集』の講義を受けた犬養孝《たかし》に序文を乞い、犬養はこれに応えた。呉建堂は日本語世代の人びとが集まってにぎやかに短歌を寄せ合い語り合う場として一九六七年夏に台北短歌研究会を創立し、一九六八年一月に最初の『台北歌壇』を発行した。日本統治時代には近づきがたかった短歌が、日本人が去って気軽に作れる身近なものになったのか、台北短歌会の歌会はにぎやかで楽しそうである。趣味として楽しんでいる人が大半だが、真剣に取り組み、歌集をまとめる人もいる。

ここではその中から、主宰者、呉建堂を含む同世代の三名の作品を読んでみよう。呉建堂が一九二六年、黄得龍《こうとくりゅう》が一九二七年、黄霊芝《こうれいし》が一九二八年の生まれである。呉建堂は中学校の授業で近代短歌を知り、高校で『万葉集』を学んだ。黄得龍は公学校、師範学校で日本人教師から短歌を教わった。黄霊芝は文芸好きの従兄の影響で小学生の頃から日本の近代文学に親しんでいた。三人とも文芸好きの少年で、早くから日本語の文芸に接し、十代後半で迎えた終戦の年には日本語を自由に読み書きできた。改めて中国語を学び直すにはやや遅く、言語を切り替えるのは容易なことではなかった。

このうち黄霊芝は後に中国語でも書くようになるが日本語を最も優先的に書き、呉建堂と黄得龍は終生、創作活動は日本語だけで行った。そして、三人とも日本時代に「本島人」の子どもとして、「内地人」との差別や植民地の矛盾を経験していた。こうした共通点を持ち、同じ日本語で短歌を作っても、その作品の傾向や思想、資質は三者三様である。生年の早い方から順に三人の作品を読み、それぞれの持ち味を鑑賞したい。それぞれの伝記情報や作品は主として『台湾万葉集』（続編）によっている。

(1) 呉建堂

最初に三人の中で最も年長で、台北短歌研究会の主宰者である呉建堂（一九二六〜一九九八、筆名：孤《こ》蓬万里《ほうばんり》）を取り上げる。呉建堂は剣道をたしなむ医師であった。一九六七年に東京で開かれた国際親善剣道大会、一九九三年頃には医学の学会で、皇太子妃であった美智子妃と言葉を交わし、美智子妃からの励ましが彼の大きな支えになった（孤蓬一九九四、六一頁）。

教師であった呉建堂の父は、一九三一年に「不良少年感化の功」によって宮中で賞を授かった（孤蓬一九九七、三一頁）。このときから宮中参内は呉建堂の憧れであったという。後年、日本で出版された『台湾万葉集』の功績で一九九六年一月十二日の歌会始に「陪聴者《ばいちょうしゃ》」として宮中に招かれ、呉建堂は子どものころからの夢を叶えた。〈思ひきや外《と》つ国《くに》人と成りし今宮中参内許さるるとは〉と詠んでいる。

「外つ国人」即ち「外国人」になったと自らをいう。外国人になってから宮中参内の夢がかなうなんて、思いもしなかったと喜びを抑えきれない様子である。日本統治時代に「日本人」になりきって犬養孝の『万葉集』の講義を夢中で聞いた呉建堂は、戦後、「中国人」になったことに最後まで違和感をぬぐえなかった。

日本人に生まれて二十年　日本籍を剥奪さるる日のあらむとは
高校の卒業証書は日本名大田健太郎学者の如し
君は陸我は海へと憬れて君は戦死し吾は異国人

呉建堂は、戦後、否応なく「日本人」から排除されたことに落胆を隠さなかった。人一倍「日本人」であろうとした呉建堂は、「異国人」になったことを嘆きつつ、短歌だけは捨てまいと決めた。改姓名による「大田健太郎」という名は気に入っていたようで、晩年、私と電話で話したときもこの名で名乗った。〈日本人に幼き日より伍し来たり短歌《うた》作ること日記にひとし〉とあるように、呉建堂は日記のように短歌を書いたようで、自伝にあたる『孤蓬万里半世紀』（集英社、一九九七）も多くの短歌の間を散文でつなげるといった体裁である。〈戴きし往診料

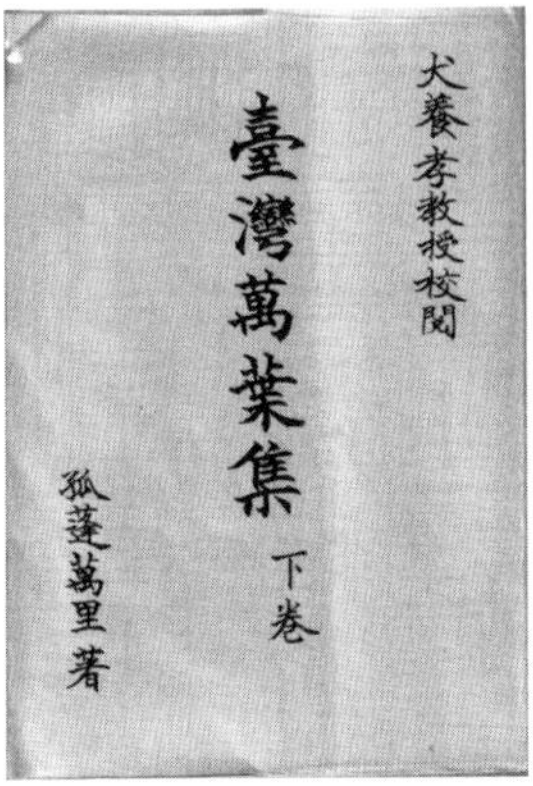

図5　呉建堂『臺灣萬葉集』（台湾の原本）

を仏前にそのまま供へ足重く去る〉と患者の死を詠んだ作品など、町の医師としての日常を描きとった作品には、誠実な思いのこもったよい作品がある。

呉建堂も日本統治時代には悔しい差別を経験していた。〈心なき「チャンコロ」と言ふ内地人の子らの罵言に心裂かるる〉という作品がある。戦後になって初めて、自らが短歌の会を主宰して、のびのびと楽しめるようになったはずだったが、呉建堂には日本の権威に認められたい、認めさせたいという欲求が強かった。悲願であった日本での『台湾万葉集』の出版を実現し、宮中参内の夢もかない、一九九六年十二月には菊池寛《かん》賞を授賞して呉建堂は欣喜雀躍したが、それでも足りなかった。〈万葉の流れこの地に留めむと生命のかぎり短歌詠み行かむ〉と詠む呉建堂は「日本の短歌界が晦渋歌《かいじゅうか》に陶酔しているころ、台湾では万葉調が守りつがれた。」（孤蓬一九九五、二五頁）と書き、自分たちの短歌こそが、「万葉集」の伝統を正しく継ぐものであると主張することがあった。しかし、この主張は必ずしも周囲に受け入れられなかった。一九九五年ごろ、私は呉建堂から手紙や電話やファックスを受け取ることがあったが、もっと認められたいと訴える呉建堂は機嫌が悪かった。一九九八年十二月十五日、病気のため七十二歳で不意に世を去った。

（2）黄得龍

次に黄得龍（一九二七〜　）の作品に目を転じよう。台北市に農家の三男として生まれた黄得龍は、台北第二師範学校で国語教師の斎藤勇《いさむ》が短歌誌『台湾』の主宰であったことから、短歌を作り始めた。台北高等商業学校に進学したが、終戦で、学校名が台北経済専門学校、台湾省立法商学院と変わった。

卒業して数学教師となり、一九九三年に定年退職するまで台北市の中学校に勤めた。教師になって一時短歌を中断していたが、一九八六年に再開し、ノートに書いた未発表作品は二千首以上になった。『台北歌壇』には、一九九二年から参加している。

人に勧められて日本のメディアへの投稿を始めたところ、〈殖民《しょくみん》の日の面影は正座する我の姿勢に今も残れり〉で一九九三年第十回朝日歌壇賞、〈侵略と日本の首相名言せり補聴器外して静かに寝ねむ〉で同年の朝日新聞岡山歌壇の年間賞を受賞するなど、高い評価を受けた。投稿先は「聖教新聞」「公明歌壇」「公明新聞日曜版」「朝日歌壇」「朝日岡山歌壇」「山陽歌壇」「短歌現代」「新日人歌人歌誌」などで、実に一九八九年から一九九二年の四年間で採用された作品数は五八三首に上ったというから驚く。ひと言でいえば、黄得龍は短歌がうまいということだが、賞を得た作品をみると植民地時代の日本への批判を含むものが多く、台湾の歌人ならではの視点や着想に選者の心が引きつけられた可能性もある。黄得龍は選ばれた五八三首をまとめて一九九三年に歌集『椰子の木』を自費出版した。

先の入選作品でもわかるように、植民地時代の苦しみ、日本統治の矛盾や理不尽への告発の調子は黄得龍の作品のテーマのひとつである。母が台湾の神の像を抱いてこれだけは持っていかないでくれというのを日本の警官が木剣で打ち据えて取り上げたのを、黄得龍少年は目撃した。〈神像を抱きて手放さぬ母の背を日本の警官木剣で打つ〉と詠んでいる。郷土の文化ごと母親が侮辱されるのは耐え難い屈辱であったに違いない。このような暴力は半世紀にわたる日本統治時代の中でも皇民化運動が強化される一九三七年以降のことだと言われるが、感性豊かな少年時代にこうした経験をした黄得龍が日本に憤りと悔しさを持ち続けたのはよくわかる。

黄の氏を共田と変へてひそかにも姓を守りし皇民化の日
異族にて唄わされたり「大君の辺にこそ死なめ」まこと幻
兵の日に大和魂足らざるとわが頬常に赤き手の跡

呉建堂とは対照的に、黄得龍は改姓名を受け入れたくなかった。表面的には変えてみせたが「共」の字の中央に「田」をはめこむと「黄」になる。「日本人」だと言われてもほんとは違うと思っていた。「海ゆかば」の歌を心をこめて歌うことなどできない。「大和魂」を持てといわれても無理で、平手で頬を打たれる。痛かっただろう。

黄得龍は表現力に優れ、〈早春の大地に種を蒔く如く今日は弾みて教本を説く〉など、数学教師としての日常から生まれた歌も生き生きとしている。花や木、風景を詠んだものにも〈たちまちに風吹きいでて月光のゆらぐひと時椿も揺るる〉〈根もとより夕闇徐々に始まれど椰子は葉先に入日を放さず〉など佳品が多い。豊かな詩情は黄得龍の資質と精進の賜物《たまもの》だろう。呉建堂が日記を書くように五・七・五・七・七を量産するのに対し、黄得龍の作品は丁寧に吟味して作られている。

(3) 黄霊芝

三人目は黄霊芝(一九二八〜二〇一六)である。台北俳句会の創立者で、台湾俳句の指導者としても活躍した。小説もエッセイも書いたし、絵画や彫刻も手がけた。

台南の名家の出身で、台湾大学文学部で外国文学を専攻するが、病気のため中退して絵画・彫刻・文学・園芸などに打ち込む芸術生活に入ったという。戦後、公の場での日本語の使用が禁止された台湾で、人知れず日本語で小説・随筆・詩・短歌・俳句などの創作活動を展開した。一九七〇年には、台北俳句会を創立する。黄霊芝の率いる台湾俳句は、台湾の気候や風土、習慣に基づく台湾特有の季語を用いる台湾ならではのもので、日本人の指導に頼ることはない。

そういうわけで黄霊芝は短歌に打ち込んだわけではない。他の二人の人生が短歌とともにあったのに対し、黄霊芝はそうではない。日本語表現の可能性を試すのに興味があったようである。〈難しき議論をた易く書かむとし、た易く読まるを恐れても居る〉〈一人づつ現れてはやがて離《さか》りゆく友といふものこの世とふもの〉といった人生観のにじむ作品もあるが、フィクションの要素も大きく、自分を醜い蟇《ひき》にたとえて女性への片思いを描く短歌百十首をまとめた「蟇の恋」は、「短歌小説」と銘打たれている。小説といっても筋書きがたどれるものではなく、そこが「短歌小説」なのだろう。一部を抜粋する。

とつ国の大和の言葉知らぬ子を和歌に留めていとほしみ居り
彼我に風邪染《うつ》し合ひしを思ふ時ひそかにちぎり持ちたる如し
厭はるる身の淋しきに耐へ居れば広場の中にジャズ起り来る

「とつ国」が「大和の言葉」にかかるとしたら、外国（日本）の（言葉である）日本語を知らない少女を（日本語の）和歌に詠んでいとおしんでいる、と読める。呉建堂は自らを「異国人」と呼んだが、黄霊芝の場合は日本が外国である。片思いの相手と風邪をうつしあったことを密かに喜ぶ作品は、感覚に訴えてきておもしろい。片思いの相手に自分は嫌われていると思いこんでいる。「ジャズ起り来る」は気の利いたフレーズだ。「短歌小説」だから、安心して、想像の世界を楽しめばよい。

黄霊芝は中学生のとき、本島人であることを理由に内地人の上級生に暴行を受けたことがある。だからと言ってそのことをとかく言うことはない。呉建堂や黄得龍と違って黄霊芝の日本や日本人へのまなざしは淡白で、尊敬する師がいるわけでもない。日本語文学には熱心だが、日本人に読んでもらいたいとも、日本へ行きたいとも思わなかった。

三人をならべると黄霊芝の日本への距離の取り方が特別なようにも見えるが、『台湾万葉集』に紹介されている百名ほどの作品を見渡すと、「短歌とうを強いる人などなきからに病に似しか今日も指折る（王重欣）」とあるように多くは生活の中で見たもの、驚いたこと、感じたり考えたりしたことを短歌の形で表現して仲間同士で楽しんでいるのであって、特に日本人に読ませようということではない。

そんな中に、日本語を最も自由な表現言語とする世代の人びとの現実を垣間見ることのできるような作品がある。

日本語と台湾語混る北京語のお伽噺に孫ふくれ面　蔡西川

日本語を知らねど吾子は口ずさむ祖母の教えし「浜千鳥」など　梁明哲

日本語世代の彼らの子ども世代は日本語が禁じられた時代に生まれ育ったので日本語は通じない。日常の話し言葉には台湾語を使うが教育は中国語で受けた。孫の世代になると、話し言葉も中国語になってきて、台湾語もあまり通じないことがある。日本語世代の老人は中国語が苦手で孫とのコミュニケーションには苦労がある。

ところで、前章で紹介した台湾の夭折の詩人、林修二（本名：林永修《りんえいしゅう》）の妻妙子《たえこ》（一九一六～一九八六）は、林妙《りんみょう》という名前で『台湾万葉集』に参加し、日々の思いを日本語の短歌に託している。〈新婚の窓に展《ひら》けしこの海もやさしき声も忘れずに来し〉と、結婚のために渡った台湾で四年にも満たず死別した夫、修二を思い続けた。二人の息子を育て上げ、孫にも恵まれ終生を台湾で生きた。

＊黄霊芝のエッセイと小説

黄霊芝は、日本語の魔術師である。短歌に続けて散文作品を重ねて紹介するのは、このような日本語の使い手は二人と出ないと思うからである。大量の読書によって蓄積された日本語は豊かで、硬軟緩急、各種文体を使い分けながらその日本語の自由自在であること、舌を巻くばかりである。日本時代の教育がその根幹にある。こんな歴史的環境は二度とあってはならないし、ないだろうと思える。それだけに特殊な環境から生まれた唯一無二の存在である黄霊芝の日本語の技を散文の作品であらためて味わってみたい。

黄霊芝は一九七〇年に自ら主宰となって「台北俳句会」を結成した台湾俳句の第一人者である。呉建堂の台北短歌研究会との決定的な違いは、呉建堂が範を日本に求めるのに対し、黄霊芝は日本から独立した固有の台湾俳句を打ち立てようとしたことである。

まず、二〇〇三年四月に日本で刊行され、翌年第三回正岡子規国際俳句賞を受賞した『台湾俳句歳時記』を紹介する。これは黄霊芝が日本の俳句誌『燕巣』に依頼されて一九九〇年一月号から一九九八年九月号まで連載したものを一書にまとめたものである。台北台湾特有の季語を季節ごと（年末年始・暖かい頃、暑い頃、涼しい頃、寒い頃）に「人事」「天文地象」「植物」「動物」の四つに分けて全部で三九六語とりあげ、それぞれについて二八字×一二行で解説を書き、そのあとにその季語を使った台湾の俳人の例句を八句並べる。八句目は必ず黄霊芝自身の作品である。黄霊芝の解説は十二行目の最後の一文字を残してぴったりにおさめられ、例外がない。これは、日本語の匠《たくみ》ならではの芸の域に入る。九四番、「暑いころ」の「人事」に分類された「蜈蚣膏《ギャーカンコォ》」の解説の最後の部分を引く。

図6　黄霊芝『台湾俳句歳時記』（2003年、言叢社）

〔…〕奇妙なものには奇妙は効能がありげだったから、一〇センチばかりの百足の御大《おんたい》を捕えて打ち潰し、薬草に扱きまぜて煮詰めるや、釜は勇みて音楽を奏で、薫香辺りを払った。西の空では茜の色が踊りを始めたそうな。吉。かくして成ったのが蜈蚣膏で、その黒きこと漆のごとく、その粘ること愛のごとくで、患部に貼る前から半分治り、『神代紀《じんだいき》』上に見える「膿沸《うみわ》き虫流《うじたか》る」を忽ちにして癒した。亜熱帯とは虫害と膿疱の郷。医家は秘伝を秘め、老舗《しにせ》、栄ゆ。

（九四頁）

変化に富んだリズムのよい文章である。「粘ること愛のごとく」とか「患部に貼るまえから半分治り」など表現に機智がある。引用されている「膿沸蟲流」は確かに『日本書記』の「神代上」に認められる。イザナミの跡を追ってイザナギが黄泉の国に入り、イザナミが自分はもうこの黄泉の国の食べ物を食べてしまった、これから寝るが見ないでほしいと言ったのに、イザナギが見てしまうと、イザナミの体には膿がわき蛆がたかっていた、というその部分である。イザナギは驚いて逃げ帰った。こんな風に「日本書記」のフレーズが飛び出すのは、子どものころ学校で習ったのだろうか。

百足《むかで》を使った民間薬の「蜈蚣膏」、うさん臭さをまといつつ、ありがたい効能は間違いなさそうである。例句も〈頑なな父の秘伝の蜈蚣膏　（陳錫枢）〉〈蜈蚣膏渡米の孫が馬鹿にして　（楊素霞）〉など、独特の雰囲気をかもしだしている。八句目の黄霊芝の作品は〈黒といふ漆の濃さに蜈蚣膏〉である。

次に紹介するのは「仙桃《せんとう》の花」という小説で、黄霊芝の小説の中でただ一つ、「です・ます体」で書かれている。戦後ひそかに書きためられた作品の一つで書かれた時期ははっきりしないそうである。「仙桃」は『台湾俳句歳時記』にも立項されている台湾の植物で、「卵果樹」という別名がある。黄霊芝の解説によると「常緑小喬木で六月ごろ、一センチほどの袋状翠緑色の花を着け、無数に散らう」そして「果実は桃形、黄金色に熟する」「春、樹上で完熟したものは魂がとろけるほど美味」ということである。卵果樹という別名は実の食感がゆで卵の黄身に似ているからだそうだ。日本ではあまり知られていない南の植物である。というわけで、この小説の舞台は台湾郊外の山中の家である。

現実と夢がないまぜになった不思議な作品で、作品の中で日本語のさまざまなスタイルの詩のやりとりなどもあり日本語の魔術師、黄霊芝の面目躍如である。黄霊芝の作品の中では珍しく日本とのかかわりを強く感じさせる作品でもある。冒頭を抜粋して引用する。

毎朝、夜明け近くになると、おじいさんはふっと目が覚めるのです。あるかなしかの風がおじいさんの室の窓を叩いて、おじいさんを呼びおこすのです。〔…〕

やがて寝床を這い出したおじいさんは、毎朝のことでしたが、足音をしのばせて隣室との境になっている唐紙の襖をそっと開きます。おじいさんの家は洋館です。でも二階が和風の畳の部屋となっていました。隣の室にはおばあさんが眠っています。おばあさんが安らかな寝息をたてているのを見とどけると、おじいさんは安心して、再び襖を閉めます。それからおばあさんの目を覚まさないように用心しながら、自分の室から外へ出ます。（一五三頁）

「おじいさん」は、戸棚から綺麗な小箱を取り出し、それをもって庭に出る。その小箱は昔「おばあさん」がこの庭の仙桃の花を見に来たときにくれた手作りの箱だった。「おじいさん」は夏の一か月ほど、庭に降り注ぐ緑色の宝石のような丸い筒型の仙桃の花を拾っては「おばあさん」のために首飾りをつくる。二人は若いころ、詩の会で知り合った。おばあさんは「とても美しい人だったばかりでなく、とても清純で優しく、町中で一番の才女だといわれて」いた。しかし、その人は、台湾の男性の妻になるため日本から渡ってきた「他人の奥さん」だった。

あるとき、「おばあさん」の夫が彼女を捨てて外国に行ってしまい、「おばあさん」が「心の中を表示すらできない人間」になったので、「おじいさん」は彼女を引き取った。そして、近づきすぎないように細心の配慮をしながら心をこめて世話をしている。

「おばあさん」はぼんやりしたままである。読み手は、これほど深く思われ、手厚い世話を受ける「おばあさん」は幸せだと思いかけるのだが、衝撃のどんでん返しが待っている。

黄霊芝の小説に幸福な結末が用意されることはない。唯一無二の黄霊芝の文学世界である。

ところで、なぜ黄霊芝は戦後台湾で日本語での創作にこれほど打ち込むことができたのだろうか。幼少から日本の近代文学に親しんだ黄霊芝は、戦後、日本語が禁じられ、中国語を習得しようと思った矢先に、肺結核で喀血した。そのとき考えたのだという。「中国語を学んだ上で文芸創作をすることは、まず命が足りなかった。〔…〕しかし、考えてみると一つだけ方法があった。日本語で書けばよいのだ。」（黄二〇〇六、六三頁）と。黄は、悩んだ末に「思考をするのに聞き手の介在は別に必要ない。〔…〕だから日本語で書いていけない謂れは毛頭ない」（黄二〇一二、二六四頁）という結論を得、孤独な執筆を始めたのである。戦後、公の場で日本語が禁じられた台湾では、日本語の読者は望めなかった。読み手には届かないと諦め、それでも書いた。書くとは、どういうことか、考えさせられる。

黄霊芝は、日本語という言語を書くこと自体に価値を見いだした。

〔…〕実は日本語がかなりにしたたかな言語で奥の深いことがわかってきた。〔…〕動詞からして語尾が活用を持ち〔…〕且つそれを受けて活動する助動詞が、これまた至って微妙だ。〔…〕かかる微に入り細を究めんとする言語が他にあるのであろうか。あたかも大工に七つ道具どころか十七道具のあるが如くであり——殆どずるいといえるほどだと、かつてどこかに書いた記憶がある。〔…〕

このややこしさは言語を工具として文芸を営む文芸家泣かせの曲者《くせもの》であるが、その実、これこそは日本文化の根元的なたたずまいを孕む財宝なのであり、善用するや味に事欠かない。

（黄二〇一二、二六五～二六六頁）

下岡友加《しもおかゆか》（二〇一九）によると、黄霊芝は、日本の新聞・雑誌に寄稿したことがあり、一九六二年、日本語で書いた短編小説「蟹」が群像新人文学賞の一次選考を通過した。一九七〇年に台湾で自ら中国語に訳して第一回呉濁流文学賞を受賞した作品である。一九七一年から二〇〇三年までに自費出版で『黄霊芝作品集』全二十巻を完成した。これは非売品で部数も少ないが、下岡友加［編］『黄霊芝小説選――戦後台湾の日本語文学』（二〇一二）、『同　二』（二〇一五）が出て主要な作品は読みやすくなった。

日本語で俳句を作る人は年々減り、次世代への継承は難しいと思った黄霊芝は、若者に向けて中国語の俳句の普及をはじめた。大陸に五・七・五の漢字を並べる「漢俳《かんぱい》」があるが、これでは日本語の俳句に比べて情報量が多すぎる。黄霊芝が創出した「湾俳《わんぱい》」は、一句の漢字数は七から一二、季語を利用し、二つの部分よりなることを基本とする、というものである。例句として挙げられているのは次のような作品である。かっこの中の日本語俳句への翻訳も黄霊芝による（『台湾俳句歳時記』二九七～二九九頁）。

相思樹花　老兵懐郷　（老兵に里の遠さの相思樹花）

暑暇過　鬧鐘活過来　（夏休み果てて目覚時計覚む）

誰におもねることもなく誰にも真似のできない道を一人歩んだ黄霊芝は、俳句の弟子たちに惜しまれながら二〇一六年三月十二日、八十七歳で帰らぬ人となった。

＊ドナルド・キーンの文学評論――『日本文学を読む』

戦後活躍した日本語の達人として、ドナルド・キーンを忘れることはできない。一九二二年にニューヨークで生まれ、コロンビア大学在学中に太平洋戦争が勃発した。その驚異的な日本語力の基礎を作ったのが戦争というのっぴきならない状況におけるアメリカ海軍日本語学校での集中的な日本語学習であり、戦場のハワイであったのだから、同じ経験をする人が今後二度と現れないことを祈る。そうした特殊な時代的環境に加えて、キーンのとびぬけた語学的才能、そして日本文学への深い思いが、キーンを特別な仕事に導いた。古典から現代までの膨大な日本文学のテキストを読み解くばかりか、それについての英語、日本語の研究書や論文にも目を配り、独りの力で、日本文学の通史を書き上げたのである。日本文学について英語読者に伝えたいという目的が最初にあり、英語で執筆された。

まず、一九七六年に「日本文学史　近世篇」にあたる『World Within Walls : Japanese Literature of the Pre-Modern Era, 1600 - 1867』を、そして一九八四年に「近現代編」にあたる『Dawn to the West : Japanese Literature in the Modern Era.』を二分冊で、最後に「古代・中世篇」に当たる『Seeds in the Heart : Japanese Literature from Earliest Times to the Late Sixteenth Century』を一九九三年に出して完結した。全四冊のそれぞれがずっしりと分厚い。キーンの五十代半ばから七十代初めにかけての大事業であった。その後、一九九四年から一九九七年にかけて、日本語訳が中央公論社から『日本文学の歴史』

全十八巻として刊行された。その後文庫本にもなっている。

キーンは戦後、コロンビア大学大学院で改めて日本文学研究を志し、英国のケンブリッジ大学に留学、一九五一年にコロンビア大学より近松門左衛門の研究で博士号を取得した。そしてこの時期のロンドンで、わずか三十一歳のキーンは日本留学の夢かなわぬまま『Japanese Literature : An Introduction for Western Readers（日本の文学——西洋の読者のための入門）』を書き上げた。驚くべきことだが、キーンの学んだハワイ大学、コロンビア大学、ハーバード大学、ケンブリッジ大学の図書館に古今の日本文学の書物が所蔵されていたことが、これを可能にしたのだった。キーンの友人の一人である吉田健一による日本語訳『日本の文学』は今も版を重ねている。

日本が施政権をとりもどし、一九五三年夏にようやく京都への日本留学がかなったとき、古代から現代にいたる日本文学のテキストの英訳を年代順に並べた『Anthology of Japanese Literature : from the earlist era to the mid-nineteenth century（日本文学選集・古典編）』（一九五五）、『Modern Japanese Literature : an Anthology（現代日本文学選集）』（一九五六）の編集をして、アメリカに帰国後、これを世に出した。すでに存在する英訳を活用しつつ、一部にキーン本人による新訳も含まれる。これらは現在に至るまで英語圏の人びとの日本文学入門書として読み継がれている。

キーンは古今の日本語文学のテキストの英訳にも精力的にとりくんだ。日本語や漢文の古文書も自由に読めたキーンの特技のひとつは、読む速度の驚くべき速さで、一瞬にして正確に読む姿は神業というほかはない（私はその現場を目撃したことがある）。そうして日本語を読みとおし、書くときは英語で書いて、英語圏で出版し、信頼する翻訳者による日本語訳が日本で出版されるのが、後半生のキーンのスタイルだった。しかし、一九五七年の『碧い眼の太郎冠者』は、キーンが日本語読者に向けて日本語で寄稿して日本の雑誌に寄せた文章をまとめたものである。このころから一九七〇年代にかけてキーンはよく日本語で文章を書いた。一九七七年に単行本になった『日本文学を読む』は、新潮社から発行される『波』に一九七一年十一月号から一九七七年六月号まで全六十六回にわたって連載された原稿をまとめたもので、新潮社にはニューヨークから届けられたキーン自筆の日本語原稿が保管されている。一回に近現代の作家や詩人を一人とりあげ、ときには二回、三回分続く人もあったため、一人当たりの分量は原稿用紙六枚か十二枚、十八枚の分量である。この時期、キーンは先にあげた日本文学史の近現代編の準備をかねて集中的に近現代の作家の作品を読んでいた。連載当初『波』は隔月刊だったが、途中で月刊となり、毎号書く約束をしたキーンは毎月、一人の作家について書くはめになった。それを毎月、限られた枚数にきちんとおさめて書く、というのは超人的である。しっかり読んで感じとり、考えたことが、それまでの評判や通説におもねることなく率直に書かれているので、読んでいてどきどきする。たとえば「与謝野晶子《よさのあきこ》」の項ではかの有名な『みだれ髪』を手に取って「一種の嫌悪を禁じ得なかった」と書く。文学史的意義は認めつつ、「過ぎ去った時代の遺産であるという実感」を持つ。「夏目漱石」の項では、作品の中で惹かれるのは「草枕」「三四郎」「それから」「門」だが、「明暗」と「道草」はつまらない、と批判する。言いにくいことでもずばっと書く。真剣に読んだからこそ言えることばだということが伝わり、同意するかどうかは作品を読みなおして考えるとして、まずは、この人の本気のことばに襟を正して耳を傾けようという気持ちになる。ここでは敬愛を込めて書かれた「三好達治」(一五一～一五四頁)を紹介する。原文はちょうど原稿用紙六枚分の分量だが、抜粋して示す。

「先日、知人が『三好達治の詩がほとんど訳されていないようだ。外国人は三好の良さが分らないのだろうか』と言った。」という一文から、この文章は書き起こされる。キーンにとって三好達治は「日本の現代詩人の中ではいちばん私の趣味に合っている」詩人である。キーンは、翻訳の少ない理由を考え始め、「先ず問題になる特徴は、語呂の絶対性であろう。」と述べる。「雪」という詩の「太郎を眠らせ、太郎の屋根に雪ふりつむ。」の「太郎」は、もし「一郎」なら「全くつまらなくなってしまうし、また、その絶対性は翻訳では消えてしまう。」と書く。また特に「淡くかなしきもののふるなり（「乳母車」）」では「同一の母音の繰り返し「アワ」、「カナ」、「シキ」、「モノ」、「フル」などは外国語で模倣することは無理だろうし、単音節語の多い英語の場合は、「かなしき」のような多音節語はsadになりがちであるので、原作を愛する人は翻訳したがらないだろう。」と述べるのである。

キーンは三好達治の詩の中には逐語訳《ちくご》的な翻訳であってもその魅力を十分に伝え得る作品もあると述べるが、最後に再び翻訳不能な作品として「最後の傑作の一つ」である「牛島古藤歌《うしじまことうか》」最後のフレーズのことばのひとつひとつを掌に載せて愛でるかのように鑑賞してみせる。

〔…〕最後の傑作の一つである「牛島古藤歌」は日本の詩歌の伝統をほめたたえるものである。
その結句は次の通りである。

「メートルまりの花の丈《たけ》
匂ひかがよふ遅き日の

つもりて遠き昔さへ
何をうしじま千とせ藤
　　　　はんなりはんなり」

すばらしく美しい句であるが、言語はいかにも複雑である。「メートル」という現代語の次に「まり（余り）」のような古語をつけ加え、蕪村の「遅き日のつもりて遠きむかしかな」の引用をし、「何を憂し」と「牛島」のかけ言葉を利用し、一番最後に標準語にない京ことばの「はんなり」という華やかなことばを用いたのである。詩全体の出来栄えはみごとであるが、三好に匹敵する才能のある訳者でなければ翻訳は不可能である。

（『日本文学を読む』一九七七、一五三～一五四頁）

最後の段落でキーンは三好達治の作品が「余りにも完璧なものであったため、原語で読まなければ鑑賞はむずかしい。」と述べ、「このことは世界的な名声に限界をつけてしまうが、日本語を読める人なら、三好の詩の美しさと日本語自体の美しさは同質のものだと思うだろう。」と結んでいる。

キーンは、戦後のアメリカにおける日本文学理解を飛躍的に高めた。古代から現代までの日本文学の通史とともに古典から現代文学までの多くの作品の翻訳、評論を通して、現代日本文学の世界への普及に貢献した。川端康成のノーベル文学賞受賞決定に至る過程でも意見を述べたという。キーンは谷崎潤一郎が受賞にふさわしいと思ったが、谷崎は亡くなってしまった。三島由紀夫と親交のあったキーンは当時を思い出し、川端のノーベル賞受賞がなければ川端も三島も死なずにすんだかもしれないと話したことがある（二〇一五年九月二十一日の講演「思い出の作家たち」）。

キーンは『源氏物語』がそうであるように、翻訳によってどんな言語でも伝わる作品が世界文学であると考えはしたが、三好達治の詩のように翻訳に適さない作品がそれに劣ると考えることはなかった。日本語文学は日本語の原文で鑑賞するに限る。しかし、それが無理なら翻訳でも味わうべきだというキーンは、日本人が国語の授業で原文で古典文学に触れ、文法を学ぶだけで内容の鑑賞に届かないことの多いのを嘆き、現代語訳で内容を味わうべきだと主張していた。

二〇一一年、八十九歳のキーンはコロンビア大学最終講義を終えたのち、それまで年の半分を過ごしてきた東京へ全面的に転居し、二〇一二年三月に日本国籍を取得して日本人の養子を迎えた。このあと『正岡子規』（二〇一二）、『石川啄木』（二〇一六）を書き、「東京新聞」の連載エッセイなども書いた（これらは英語で書いたものを翻訳者が翻訳して発表された）。二〇一三年の『私が日本人になった理由』という本の巻末に一〇〇年後へ向けて、以下のようなメッセージを残している。


今も未来も守るべきものはあります。それは日本語です。／一〇〇年先には日本語以外の言葉が国際語になっているかもしれません。／しかし、日本語こそが日本人の宝物と信じて疑いません。／ぜひ守ってください。これこそは私の一番の願いです。／お願いします。（一一八頁）

東京で家族に囲まれて幸せな晩年を過ごしたキーンは二〇一九年二月二十四日、九十六歳で永眠。その存在は歴史になった。

第六章　現代の〈外国人〉の日本語文学

――一九九〇年代以降

1　留学生の増加と来日外国人の多様化

＊「留学生一〇万人計画」「同三〇万人計画」による在日留学生の増加

一九八二年時点の日本の大学や短大など、高等教育機関で学ぶ外国人留学生の数は、八一一六人だった。そして、この数は、経済大国となった日本として少なすぎるのではないか、ということが議論に上った。アメリカは三〇万人以上、フランスも一〇万人以上、ドイツやイギリスでも五万人を超える留学生が学んでいるのに比べこれではいけない、ということで、一九八三年に中曽根康弘総理大臣の指示により設けられた「二十一世紀への留学生政策懇談会」が「留学生一〇万人計画」を打ち出した。二十一世紀初頭に当時のフランス並みの一〇万人を目標に留学生の受け入れを拡大しようというのである。戦後の諸外国と日本との外交や通商、文化交流において終戦前に日本で学んでいた元留学生が大きな役割を果たした例は多く、留学生はその後の人生の長い期間にわたって日本の国際交流、国際関係に寄与する人材であることが認識された。また、大学を世界に開くことは、国際人としての日本人の育成にも効果をもたらす。アジアをはじめとする諸外国からの留学生の受け入れは、経済大国となった日本が行うべき国際貢献であるとも考えられた。こうして、留学生の受入れに関するさまざまな制度や機会が整えられ、留学生数は順調に増加し、当初、途方もない数字のように思われた一〇万人は、目標どおり二〇〇三年に達成された。二〇〇三年の総数は一〇万九五〇八人で、その約三分の二に当たる七万二八一七人が中国からの留学生であった。次に韓国、台湾、マレーシア、タイ、と続き、アジアの国々が全体の九十三パーセントを占めていた。

しかし、そのあと二〇〇七年ごろまで一一万人から一二万人あたりで横ばい状態となり、二〇〇八年には新たに「留学生三〇万人計画」が掲げられ、さらなる取り組みが進められた。高等教育機関で学ぶ「留学生」とは区別されて数に含まれていなかった日本語学校在籍者（彼らは「就学生」と別の名称で呼ばれていた）が、二〇一〇年七月一日から「留学生」に含まれるようになったこともあって、二〇一一年には一六万人を超え、二〇一九年には目標の三〇万人を突破した。二〇一九年（五月一日）の留学生数は三一万二二一四人、アジア諸国から来た留学生がそのうちの九十三・六パーセントを占めるのは変わっていない。中国が約四十パーセント、次いでベトナム、ネパール、韓国、台湾の順である。

その後、世界的な新型コロナウイルスの感染拡大に直面し、感染防止のために国際的な移動が制限されたあおりをうけて、留学生数も三〇万人を少し割り込んだが、ほぼその水準を維持している。そして、留学生の日本での就職を促進するための諸制度が整えられつつある。これは、少子高齢化の進む日本で優秀な留学生を今後の日本の経済、社会、文化を支える人材へと育てることが期待されているからである。

＊来日外国人の多様化に伴う日本社会の多文化多言語化

しばらく、戦後日本に残った朝鮮半島出身者などを除く在日外国人といえば一定の目的を一定期間に果たすために日本に滞在する留学生をはじめ外交官や宣教師、ビジネスマンなどエリートに限られていたのだが、一九八〇年代に入って、中国からの帰国者やインドシナ難民の受け入れをきっかけに状況に変化が訪れた。

まず、一九七二年に日中国交が回復し、戦後日本に帰国できず中国に残った「中国残留日本人」（当時幼い子どもで、中国人の養父母に育てられた「中国残留孤児」も含まれる）の帰国が一九八〇年代になって始まった。その子どもたちを含む家族も日本に定住しようとやってきた。彼らは「日本人」であっても中国語話者であり、日本社会への適応には相応の苦労があった。また、一九七五年にベトナム戦争が終結しベトナム共和国（南ベトナム）が崩壊すると、インドシナ三国（ラオス、カンボジア、ベトナム）から多くの難民が国外へ脱出し、日本政府は彼らを「インドシナ難民」として受け入れた。こうした人びとが日本で自立して生活できるよう中国帰国者定着促進センター（二〇一六年三月閉所）や難民のための国際救援センター（二〇〇六年三月閉所）が設置され、日本語教育を含む生活支援が行われたのだった。

一九八〇年代後半、当時の中曽根総理大臣が日本は「単一民族国家」だと発言したのが物議をかもし、アイヌをはじめ在日韓国・朝鮮人などの存在が改めて認識されるようになった。その後、労働力不足を補うために、南米の日系人を優遇して受け入れようと、一九九〇年に「出入国管理及び難民認定法」（略称：「入管法」）の改正が行われ、日系人は職種に関係なく就労することができるようになったため、ブラジルやペルーなどから大勢の日系人が家族とともに来日し、長期定住者も増えてきた。「ニューカマー」と呼ばれる彼らは、家族で生活する。日本で生まれ育つ子どもたちも増え、日本の学校で学ぶ外国人の子どもも増加した（因みに、アイヌを「先住民族」と明記する法律、「アイヌの人びとの誇りが尊重される社会を実現するための施策の推進に関する法律（アイヌ施策推進法）」が制定されたのは二〇一九年四月である）。

法務省の在留外国人統計によると、二〇二二年六月の在日外国人の数は過去最高の二九六万一九六九人で、減少傾向の続く日本の総人口（二〇二三年二月一日現在（概算値）一億二四六三万人）の約二・四パーセントに及んでいる。コンビニや飲食店をはじめ、日本社会のあらゆる場面で世界各地の言語や文化を背景に持つ外国人が働き、生活している。国際結婚や帰化によって外国にルーツをもつ日本人も増加し、スポーツや芸術分野での活躍も目立っている。

＊多言語・多文化共生社会と「移動する子どもたち」の活躍

文化や言語の異なる新しい市民と共に生き、ともに作っていく新しい日本社会は多言語・多文化共生社会と認識され、二〇〇六年には総務省が「地域における多文化共生推進プラン」を策定した。行政サービスをはじめ学校や企業でも、「多文化共生」が唱えられている。

言語的少数者にとって保障されるべき言語的な権利は、ルーツにつながる言語を使う権利と日本語を習得する権利の二つである。祖先につながる言語を使うこと、自分が使いたい言語を使い続けること、子どもたちに継承することは尊重されるべきである。一方、日本社会で自由で豊かな社会生活を営むために日本語学習は保障されるべきで、彼らには日本語を自由に使う権利がある。このことは「多言語共生社会」としての日本社会にとって大切なことだと思える。

国境を越えた人びとの移動の盛んになっている現代、日本語以外の言語社会と日本語社会を移動して育つ子どもたちが増えている。そして、日本語の表現者の中にも、こうした人びとが増えてきている。

アメリカ・カリフォルニア州に生まれプリンストン大学で『万葉集』の研究で博士号を取得し、『万葉集』の英訳で高い評価を得つつ、四〇代から日本語で小説を書き始めたリービ英雄（一九五〇〜　）は、現代における〈外国人〉日本語作家の代表的人物である。外交官だった父の影響で、少年時代に台湾、香港、日本に滞在した経験を持つ。二〇〇五年の『千々にくだけて』は、二〇〇一年九月十一日に起きたニューヨークの同時多発テロの発生時に飛行機でアメリカに向かっていた経験にもとづく作品だが、マンハッタンにそびえていた百十階建てのワールドトレードセンターのツインタワーが航空機の突撃を受けてみるみる崩れ去っていく光景に芭蕉の松島の句、「島々や千々《ちぢ》にくだけて夏の海」という句が浮かんだのが、作品の決め手になっている。

南の塔が崩壊したあとに、北の搭も、たやすく、流れ落ちた。
見ているエドワードの耳に、音が響いた。
ちぢにくだけて

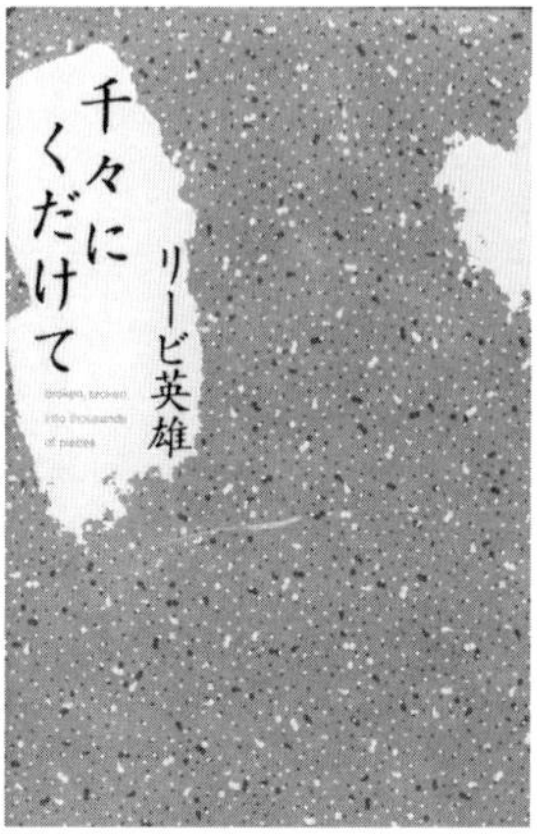

図1　リービ英雄『千々にくだけて』（2005年、講談社）

たやすく、ちぢにくだけて、broken, broken, into thousands of pieces
音の破片が頭の中を走りまわった。（四〇頁）

ニューヨークの惨事が、江戸時代の日本語の短詩のフレーズを得て生々しく描き出されていく。

東山彰良《ひがしやまあきら》（一九六八〜　）は中国人の両親のもと台湾で生まれ、五歳のときに家族と台湾から日本へやってきた。父は戦後、大陸の山東省から台湾に渡ってきた。いわゆる「外省人《がいしょうじん》」である。東山は幼稚園のころは日本語に苦労したというが、その後日本の学校に通って育ったため、日本語は母語と変わらない。一方で、中国語も保持しており、中国語を教えたり通訳をしたりもしている。直木賞受賞作の『流《りゅう》』（二〇一五）は、台湾「外省人」の父をモデルに、不審死を遂げた祖父を殺した犯人を捜す冒険譚だが、戦前戦後の台湾、中国が舞台で、登場人物も台湾、中国の人びとで、登場人物が話す日本語でないことばが、たとえば中国語のことばの右側に振り仮名の要領で日本語訳を添えるといった表記法も用いられ、すべて日本語で読める。中国語圏の濃厚な文化や歴史が勢いのある日本語で綴られるスケールの大きな家族をめぐるミステリーである。

同じく幼いときに台湾から日本に来た温又柔《おんゆうじゅう》（一九八〇〜　）は、大学でリービ英雄の指導を受けた。三歳のときに両親とともに日本にやってきた温又柔の家族はもともと台湾で暮らしていた「本省人」で、日本統治時代に日本語で教育を受けた祖母がいる。日本語、台湾語、中国語の飛び交う家庭に育ったが、本人は日本語で教育を受け、創作活動を日本語で行っている。複数言語の中で生きているということは温の作品のテーマでもあり、二〇一七年上半期、第一五七回芥川賞候補になった「真ん中の子どもたち」（二〇一七）の「真ん中」もそれを意味している。この作品では、台湾にルーツをもつ主人公の女子学生がルーツの言語としての中国語を学ぼうと上海に留学する。日本語の作品の中にいやおうなく中国語や台湾語、そして上海語も交じってくる。

温又柔は、自分にとって「母語」は三つある、と述べている（温二〇一三）。日本語は「養母語」、中国語は「生母語」、そして台湾語は「乳母語」なのだという。養母は「血の繋がりはない」が、「場合によっては、生みの母以上に、子どもの成長にとって、より具体的な影響を与えることもある」存在、温にとって、「最も自由な表現手段」で「思考や人格と結びついた大体不可能な言葉」は日本語である。そして、もし日本に来ることがなかったら、台湾で「国語」と呼ばれる中国語は自分の「母国語」になっていたはずだったという意味で中国語を、幼くして別れた生母にたとえて生母語と呼び、台湾で、「私的な領域」で「読み書き以前の領域にとどまる言語」として使われていた台湾語、日本に来てからも家庭内でのみ使われる台湾語は「赤ん坊のときによく歌ってもらっていた子守唄を聞くときのように「とろんと懐かしくなる」言語なので「乳母語」ということばがふさわしいというのである。「母語」という概念にゆさぶりをかけてくる巧みな比喩である。

二〇一六年上半期の第一五五回芥川賞候補になった崔実《チェシル》（一九八五〜　）の「ジニのパズル」（二〇一六）の主人公ジニは、日本で育った在日韓国人の少女である。日本の小学校を卒業し、中学から朝鮮学校に通うが朝鮮語ができない。新しい居場所を求めてジニはアメリカ、オレゴン州の高校に留学し、離れた地から二つの言語の間を生きていた日本での葛藤を語りだす。ここには作者の経験が反映されているようだ。

「移動する子ども」であった日本語文学の担い手には、水村美苗《みなえ》（一九五一〜　）や西加奈子（一九七七〜　）などもいる。水村は十二歳のときに父の仕事の関係で家族でアメリカに移り住み、アメリカの大学で日本文学を専攻、やがてアメリカの大学で日本文学を教えながら、日本語で小説を書き始めた。『私小説――from left to right』（一九九五）は、日本語と英語を行き来する主人公の言語世界が、文字通り、日本語と英語で描き出される。中学校からほとんどの学校で英語が教えられている日本では程度の差はあれ英語の読める人は少なくなく、二言語によるこの作品は多くの読者を得た。

西加奈子の小説『i』（二〇一九）の主人公の少女アイは、シリアで生まれ赤ん坊のときにアメリカ人の父と日本人の母の養子となりニューヨークで育つが、小学校六年生のときに親の仕事の都合で東京に移り住む。東京で受ける差別に苦しみ、生地シリアでの内戦に胸を痛める。アイの視点から描かれるこの作品は、取材や調査に基づいて西が作りあげた世界と言えるが、その描写は鮮やかで、当事者でなければ書けないなどということはないことを思い知らされる。こうした想像力を育てた西の感性の根底に、イラン・テヘラン生まれで、幼少期をエジプト・カイロで生活したという経歴は無関係ではないだろう。西もまた「移動する子ども」であった。

図2　星野ルネ
『まんが　アフリカ少年が日本で育った結果』
（2018年、毎日新聞出版）

こうした人びとを含めると、現在の国籍に関係なく、異なる言語圏の間を移動して育つ子どもたち、その経験をもって大人になった人びとは相当数に及ぶに違いなく、今後も減ることはないだろう。

小説以外でも、『まんが アフリカ少年が日本で育った結果』（二〇一八）を描いた漫画家の星野ルネ（一九八四～　）はアフリカ・カメルーンに現地の両親のもとに生まれ、母親が日本人と再婚したのをきっかけに四歳で来日した。以後は、日本生まれの妹や弟とともに日本で育ち、日本語は母語同然である。『ふるさとって呼んでもいいですか――6歳で「移民」になった私の物語』（二〇一九）の著者ナディ（一九八四～　）は六歳で両親とともにイランから来日して日本で暮らしてきた。日本語に不自由はない。両者とも見た目が一般の日本人と違うということで、周囲に違和感を持たれる経験を重ねているが同じような立場の子どもは日本のどこにいてもおかしくない。

図3　ナディ『ふるさとって呼んでもいいですか』（2019年、大月書店）

また、自分自身は日本生まれ日本育ちであっても、両親が移動してきた家庭に育つ子どもは、家庭内の言語と日本社会での言語とが異なり、移動した子どもたちと似たような言語状況に置かれることがある。日本語に苦手意識を持つようだが、複数の言語を持つことを強みに転じることもできる。ラッパーのMCナム（NAM）（一九八七～　）は、日本で生まれ育ったベトナム難民二世である。両親は日本語が自由ではない。家ではベトナム語を使い、学校では日本語を使っていた。一時は日本人になりきろうとし、学校で日本名を使っていたこともあるが、ラップに出会い、自分を率直に語る「オレの歌」がヒットして、自分のルーツを肯定的にとらえられるようになった（望月二〇一八）。その後、改めてベトナム語を学びにベトナムに留学し、それ以来ベトナム語でもラップを歌っているという（川上／尾関／太田二〇一四）。

落語家のらむ音《ね》（一九九三〜　）は、日本で生まれた日系ブラジル人三世で、家庭ではポルトガル語を使っていたため、五歳までは日本語を話すことができなかったという。美大を卒業して女優を志すが、落語家のらぶ平《へい》に出会って落語家となった。日本語への苦手意識を語る一方、英語、ポルトガル語ができる強みを生かして「三か国語寿限無《じゅげむ》」をもちネタとしている。

2　元外国人留学生による日本語文学

ここでは、戦後生まれの元日本留学生の作品の中から、もう一つの言語としての日本語で書かれた文学作品を紹介する。子どものころに親の事情で移動した場合と違って、十代後半から二十代にかけて留学先として自ら選んだ日本で、（すでに母国で日本語を学んでから日本留学をした人も含めて）ある程度大人になってから意志的に手に入れた日本語で表現された文学作品である。

＊マーク・ピーターセンのエッセイ――「小指に結んだ赤い糸」

終戦の翌年にアメリカのウィスコンシン州に生まれたマーク・ピーターセン（一九四六〜　）のエッセイから始めよう。日本語で書かれた『続　日本人の英語』（一九九〇）と題された新書は、日本人の英語というより日本語そのものに関して英語話者の視点から書かれた珠玉のエッセイ集である。

マーク・ピーターセンはコロラド大学で英米文学、ワシントン大学大学院で近代日本文学を専攻し、一九八〇年にフルブライト留学生として来日した。東京工業大学で「正宗白鳥《まさむねはくちょう》」など日本の近代文学を研究しながら、日本人科学者の英文の添削をして日本人に共通の英語の困難に気づき、雑誌『科学』でそれを解説する連載を二年間続けたのが、『日本人の英語』（一九八八）という一冊にまとめられた。一方、元来文学好きのピーターセンは、文学的なエッセイを書く。エッセイ集『続　日本人の英語』（一九九〇）所収の「小指に結んだ赤い糸」では、日本語の「えらい」という形容詞が取り上げられている。英語に訳しにくい形容詞だという。例に挙げられているのは、伊丹十三《いたみじゅうぞう》の映画『タンポポ』（一九八五）で、さびれたラーメン屋を立て直そうとがんばっているタンポポ（宮本信子）と指南役のゴロー（山崎努）が二人で食事をする場面の会話である。

タンポポ「ねえ、あたしよくやってる?」
ゴロー「よくやってるよ」
タンポポ「えらい?」
ゴロー「えらい、えらい」

（『続　日本人の英語』二頁）

これは英語に訳しにくい、とピーターセンは言う。試しに、アメリカで販売されている『タンポポ』のビデオの英語字幕スーパー（同書、三頁）をピーターセンがそのまま日本語に直訳するとこうなるのだと言う。括弧の中は字幕の英語である。

タンポポ「私は十分に頑張っている？」（Am I trying hard enough?）
ゴロー「それは、そうだよ」（Sure you are.）
タンポポ「私には才能があると思う？」（Am I good?）
ゴロー「思う」（Sure.）（同書、四頁）

ピーターセンは「言うまでもなく、タンポポが訊いているのは、自分がすぐれているかどうかというのでもなければ、自分が人に尊敬されるべき立場にある『偉い人』であるかどうかというのでもない。ただ、気持ちの面で、ゴローが自分のことを『えらい』と思っているかどうかということを訊いているだけである。」（同書、五頁）と説明する。タンポポは、ゴローに褒《ほ》めてもらいたいのだ。日本では子どもが転んでも泣かなければ「えらい」と褒められる。和英辞典をどう調べても、こんな用法があるとは想像もつかないと述べるピーターセンは、「日本で暮らしたことがなければ、映画の『タンポポ』で、彼女がどういうつもりで自分のことを「えらい？」と訊いたのか、理解するのは難しいだろう。」（同書、六頁）と結論づける。こう読んできて私たちは日本語の「えらい」は、他と比べることなく目の前の対象に対して直感的に「褒めるに値する」と思ったときに発せられることばであったことに気づかされる。

もう一つの言語として日本語を見たときの発見は、母語話者にとっても新鮮なのである。

　ピーターセンはその後長く、日本の大学で英語を教え、『英語のこころ』（二〇一八）ほか英語教育者としての著作が多い。著作は日本語で書かれる。日本語への深い理解から照らし出した英語の魅力を描き出すのもまた、ピーターセンの日本語である。

＊ボヤンヒシグの詩とエッセイ――『懐情の原形』

　かつて、「留学生文学賞」という日本語文学新人賞があった。二〇〇一年の第一回から二〇一〇年の第八回まで在日外国人留学生による優れた作品の誕生を促してきた。この留学生文学賞創設のきっかけとなったのが、ここに紹介する詩人、ボヤンヒシグ（宝音賀希格、一九六二～　）の存在である。

　ボヤンヒシグは中国の内モンゴル自治区に生まれ、内モンゴル大学で言語学を修めたのち、北京の出版社に勤めていた。モンゴル語でも中国語でも詩を書く。詩人の彼がほとんど日本語のできないまま一九九五年に三十三歳で来日し、東京板橋区の日本語学校で二年間学んで日本語を習得した。その後、法政大学大学院で日本文学を専攻、鮎川信夫の詩をテーマに修士論文を書きながら、自ら日本語の詩を書いた。一九九八年

図4　ボヤンヒシグ
『懐情の原形――ナラン（日本）への置き手紙』
（2000年、英治出版）

に大学院を修了するが、在学中から日本の詩人との交流が厚く、詩人たちの集いの場でもあった居酒屋、檸檬《れもん》屋の主人の協力によって、作家の宮崎学や詩人の荒川洋治らが出版基金の寄付を募り、二〇〇〇年に『懐情《かいじょう》の原形　ナラン（日本）への置き手紙』が刊行されたのだった。ボヤンヒシグは帰国を前に、印税を留学生文学の振興に役立てて欲しいと希望し、檸檬屋を事務局に東京大学留学生センター長だった栖原暁《すはらさとる》（一九四八〜二〇一二）も加わって、留学生を対象とした日本語文学の文学賞が創設された。二〇〇〇年に募集が行われた第一回はボヤンヒシグの名を冠して「ボヤン賞」と称された。受賞者の決まる二〇〇一年には、本人は風のように日本を去っていた。二〇〇二年の第二回から留学生文学賞と改称された。

その後、ボヤンヒシグが日本語の詩を書いたかどうかわからない。こうした日本語との付き合い方は、大多数の留学生にあてはまるのではないかとも思える。一時的な日本語使用であったとしても、残された詩は永遠に日本語の財産として残る。『懐情の原形』より名作、「故里《ふるさと》」を引用する（二一四〜二一五頁）。

地図で探せば
故里は一滴の涙

泣かないで
と母から手紙がくる
それを読みながら

私は泣く
涸《か》れることのないその涙は
ノスタルジアを
温かく潤してくれる

故里は地図の上から
涙の目で私をみつめている
永遠の青空を大きくするために
私は故里を遠く
離れている

留学生は親しい故郷や家族を離れて、「永遠の青空を大きくするために」やってくる。故郷や家族への思いは限りなく、寂しさを呑み込んで頑張っている。「留学生文学」が「留学生」をテーマにしなければならないことはないが、これは、「留学生文学」のひとつの極北を指すものと思える。とはいえ、この思いは、留学生だけのものではないだろう。勉学や仕事のために住み慣れた故郷を離れて生活しているすべての人が、地図を広げて故郷を探しあてるとき、湧きあがる名状しがたい思いに、ボヤンヒシグは「一滴の涙」という日本語を与えてくれた。

ボヤンヒシグは縦書きのモンゴル文字に深い愛着がある。同書の「文字という生き物」(七三~七七頁）では、その書き方について「上から　左から　書きます／自分の正しい方向へ　自分の力の方向へ／自分の魂の方向へ」と書き始め、縦書きの文字が「地平線の上に降り立つ」様子を「悠久の天《テンゲル》からしたたる／ブルー雨《ボローン》のように／降り注ぐ光の戯れのように／あるいはそのすべてが織り成す／美しいカーテンのように」と、漢字の右側にモンゴル語の読みを振ることもしながら表現している。

ボヤンヒシグは「羊飼いの娘のはじめての恋文から『蒙古秘史《もうこひし》』までが、韻文と散文をまじえながらこのモンゴル文字で書かれたであろうことの、純粋な歓びを僕は詩でしか表すことができなかった」（同書、七七頁）という。あふれるようなモンゴル文字、モンゴル語、そしてモンゴルの文化や歴史への思いが、なんと美しく説得力のある日本語で表現されているのだろう。こうして、別の言語の世界に触れることができるのも、〈外国人〉による日本語文学の醍醐味のひとつである。

＊田原の詩――『石の記憶』

二〇〇一年に第一回目の留学生文学賞（ボヤン賞）を受賞したのは詩人の田原（でん げん、ティエン・ユアン、一九六五～）である。中国の河南省に生まれた田原は、ボヤンヒシグと同様、日本語に出会う前から詩人だった。母語である中国語で高校生のときから詩を書き、大学生のときに詩集を出版したという。一九九一年に来日し、天理大学国際文化学部日本学科で学んだ。谷川俊太郎の作品に感銘を受け、研究に取り組む一方、その詩を中国語に翻訳して中国に紹介した。「谷川俊太郎論」（二〇一二）で、立命館大学大学院文学研究科（日本文学専攻）より博士号を授与された。

驚いたことに、田原が日本語で詩を書いたのはこの賞の賞金がきっかけだったという。「うまくいけば何十万円という賞金をもらえるかも知れないという不純な動機」から書いたと本人が表白している（「母語の現場を遠く離れた辺縁にて」『田原詩集』〔二〇一四〕所収より）。そして、賞とともに日本語で創作することへの勇気と自信を得て、その後も日本語で詩を書くようになった。田原は「日本語が私を受け入れてくれたことに感謝している（同）」と書いているが、これは示唆的なことばではなかろうか。日本語を習得した留学生は日本語を書く力をもっているし、感じていること、考えていること、伝えたいこともたくさんある。文学はそれを伝えるのに有効だが、母語ではない日本語で書くことに「受け入れてもらえないかもしれない」という不安があるとしたら、その不安をとりのぞく環境づくりが大事である。留学生文学賞はその役割を果たした。日本語で書かれた短編小説、エッセイ、詩が対象で、応募資格は日本で学ぶ外国人留学生、または卒業後数年以内で日本滞在中の者であった。応募数は、第一回には五九、以下、二〇一〇年の第八回まで順に、五三、八三、七八、八〇、一一四、一三三、七一と続き、世界各地から来た留学生が意欲作を寄せていた。機会があれば書ける潜在的な書き手は大勢いる。

田原はその後の作品も併わせて二〇〇四年に詩集『そうして岸が誕生した』を刊行、二〇〇九年に刊行した詩集『石の記憶』によって第六十回H氏賞を受賞した。以来、日本の詩人として活躍しつつ、日本の現代詩人の作品を中国語に訳して中国に紹介し、中国語でも詩を書いているという。

『石の記憶』には、二〇〇八年五月十二日の午後に中国四川《しせん》省を襲った四川大地震を扱う作品が含まれている。死者は九万人以上と言われ、損壊家屋は数百万棟という途方もない被害報道は、日本のテレビでも日々報道された。忘れがたい印象を残したのは、学校校舎の倒壊現場の映像であった。四川省だけで七千校近い学校が倒壊し、その下敷きになって命を落とした教師と生徒が二万人近くに及んだという。この地震の影響で地滑りが起き、山間地域に湖がいくつもできたそうだ。これを堰《せ》き止め湖という。『石の記憶』の中でも強烈な印象を残す「堰き止め湖」は、湖を擬人化して「お前」と呼びかけ、遣る方のない悲しみを湛えながらも感情に流されない緊密なことばで構築されている。『石の記憶』を紐解いて全体をぜひ味わってもらいたく、ここでは、その最後の二連のみを紹介する。

堰き止め湖　　堰き止め湖
若い母親の涙の枯れたあの目をお前は見たか
ただ茫然とそれでも諦めきれず　昂然と廃墟を眺めながら
呼び声が聞こえてくるのを待ち望んでいる目を

一万年後　お前はそのときの人びとに
感嘆され称賛される景色になっているかも知れない
しかし　私はこの詩を証として書き残しておきたい
西暦二〇〇八年五月のお前は
何億もの人びとの涙が溜まってできたものであることを

（一〇六頁）

四川大地震の映像は日本の人びとにも大きな悲しみを与え、支援に立ち上がった人も少なくなかった。しかし、それでも時がたつにつれて記憶は遠ざかり、新しい世代はこれを知らない。そうした遠い時間を見据えて、田原はこの詩を書いた。堰き止め湖に呼びかけるように書かれた田原の詩の日本語は、日本語読者の心に突き刺さり、深い悲しみをいつでもありありと蘇らせる。

＊アーサー・ビナードの詩――『釣り上げては』

田原が留学生文学賞を受賞した二〇〇一年、日本の現代詩の優れた詩集に与えられる中原中也《ちゅうや》賞を受賞したのがアメリカ出身のアーサー・ビナード（Arthur Binard）（一九六七～　）だった。

アメリカ合衆国ミシガン州に生まれ、二十歳でヨーロッパへ渡ってミラノでイタリア語を習得し、アメリカに戻ってニューヨーク州コルゲート大学英米文学部を卒業してから、一九九〇年に来日した。大学でたまたま出会った日本語の漢字に興味を持ち、日本語を勉強してみたいと思ったのだという。日本語ができないまま来日し、池袋の日本語学校で日本語を学んだ。そこで教師の市川曜子が教材に使った小熊秀雄《おぐまひでお》の童話『焼かれた魚』の英訳を手伝ったのをきっかけに、自信をつけ、日本語での詩作、翻訳を始めたという。そして二〇〇一年に詩集『釣り上げては』で中原中也賞を受賞、その後、詩のほかにもエッセイや絵本を書いたり、ラジオでパーソナリティをつとめたり、各地で講演したり、多方面で活躍している。また、日本語から英語、英語から日本語への詩や絵本の翻訳も多く手掛けている。講談社エッセイ賞、山本健吉文学賞（詩部門）、講談社出版文化賞絵本賞ほか、数々の受賞歴がある。

ビナードの詩は、平易なことばで語り掛けるように書かれていて読みやすい。アメリカのミシガン州の、オーサブル川の近くに生まれ育ち、幼いころに父親を亡くした思い出を書いた初期の代表作「釣り上げては」では、オーサブル川の釣り小屋に残された父の遺品が古びてゆくのを惜しむが、記憶は生き物のように生きて存在することに気づく。ぜひ詩集を紐解いて全体を味わっていただきたい。ここでは最後の四連だけを引用する（『釣り上げては』一一～一二頁）。

ものは少しずつ姿を消し　記憶も
いっしょに持ち去られて行くのか。

だが、オーサブル川には
すばしこいのが残る。
新しいナイロン製の胴長をはいて
ぼくが釣りに出ると　川上でも
川下でも　ちらりと水面に現れて身をひるがえし
再び潜って　波紋をえがく——

食器棚や押し入れに
しまっておくものじゃない
記憶は　ひんやりした流れの中に立って
糸を静かに投げ入れ　釣り上げては
流れの中へまた　放すがいい。

小さく敏捷《びんしょう》なものの勢いと速さを表す「すばしこい」という形容詞の活躍ぶりが印象的である。子どものころに父親と遊んだオーサブル川の記憶。日本語が使われない場面と人びとが、日本語を得て勢いよく動き出す。無理に覚えておこうと思わなくても、何度も思い出される父との記憶は、すばしこい魚のようにぴちぴちとした生命力を持っている。忘れられない場面だけが何度も思い出される。言われてみれば、こんな体験は誰にでもあるのではないだろうか。個人的な記憶を語りながら、読み手の郷愁を呼び起こさせる。個人的な記憶は、日本や日本語に関係があってもなくてもかまわない。日本語で命を吹き込めば、日本語文学が生まれてくる。

＊マブソン青眼の俳句

次に元日本留学生の俳人を二人紹介したい。カール・フローレンツが俳句の短さでは西洋では価値が分からないと言って上田萬年と論争してから（第三章）百年もたたずに、ＨＡＩＫＵの短い詩形は世界的に認知され、英語、中国語、ドイツ語、フランス語をはじめ各地のさまざまな言語で作られるようになった。それぞれの地域に即した季語もまとめられているようだ。一方で、日本国内において俳句や短歌を作る人が大勢いる割に〈外国人〉は少ない。第五章で言及した、日本の伝統詩である俳句や短歌は〈日本人〉のものだという通念が排他的に働くような事情が現在の日本にもないとは言えない。その中で、活躍ぶりの傑出しているのがマブソン青眼《せいがん》（本名：Laurent Mabesoone）（一九六八〜　）とドゥーグル・Ｊ・リンズィー（Dhugal J. Lindsay）（一九七一〜　）である。

マブソン青眼は南フランスに生まれ、ノルマンディーで育ち、十六歳で交換留学生としてやってきた宇都宮高校で松尾芭蕉の俳句の英訳に出会って強くひかれた。帰国後、パリ大学で日本文学を専攻し、はじめはフランス語で、やがて日本語で俳句を作り始めた。

マブソンは、大学卒業後、再来日して小林一茶の研究に取り組み、早稲田大学大学院教育学研究科より博士（学術）号を授与されている。俳句は日本語で書くが、それを自分でフランス語訳をつけて二言語で発信することもある。マブソン青眼は自身の公式ウェブサイトに俳句や小説、エッセイを発表している。その中から五句を任意に引用する。

リラ冷えのパリー郊外一人酒
青嵐《あおあらし》妻の病を思ふとき
夏深しキッスの後の古葡萄酒《こぶどう》
夜の雪積もるつもりが川に散る
このなみだ花粉症かな夜想曲

マブソン青眼が直感的に感じたままの世界が、季語を生かして端正な俳句の姿に整えられている。親しみのあるパリが舞台になることもある。「リラ冷え」というのは北海道で、春が過ぎ、ライラックとも呼ばれるリラの花が咲く五月の下旬から六月にかけて急に冷え込む気候を指す。札幌より緯度の高いパリでは、同様の気象現象があるのだろう。「リラ冷え」という響きのパリとの相性もいい。「青嵐《あおあらし》」は青葉のころに吹く強い風。三句目はワインといわずに「古葡萄酒」と込み入った漢字のことばを持ってきたところに深みが出た。積もろうと思って降ってきた雪がうっかり川に消えてしまった無念、涙を花粉症かなとごまかす強がり。どの句も、さわやかな余韻を残す。

マブソン青眼は、権力に屈しない精神を愛し、フランス語とのバイリンガルで『反骨の俳人一茶 Haikus satiriques de Kobayashi Issa』を二〇一五年にフランスで出版した。二〇一七年には金子兜太《とうた》、窪島誠一郎とともに、戦時下に弾圧された俳人たちの作品を顕彰しようと記念碑建立の呼びかけ人の一人となり、二〇一八年二月二十五日に、長野県上田市に「俳句弾圧不忘の碑」が建ち、隣に弾圧された俳人の作品を展示する「檻《おり》の俳句館」が開館されると、二〇二〇年五月まで館主を務めた。

＊ドゥーグル・J・リンズィーの俳句

ドゥーグル・J・リンズィーは、オーストラリア北東部のロックハンプトン出身で、クイーンズランド大学で理学と文学を修めた後、東京大学大学院農学生命科学研究科で農学の博士号を取得した。クラゲなどを専門とする海洋生物学者として、日本の大学で活動する傍ら、俳句を作っている。

リンズィーは二十歳のころ、慶応義塾大学に一年間短期留学をした。その時、ホームステイを引き受けたのが俳人の須川洋子で、その指導で日本語で俳句を作るようになったのだという。才能を見こんだ須川に勧められ、須川の主宰する芙蓉《ふよう》俳句会に所属して句作を続け頭角を現した。外国人として特別視されるのを避けたいと、初めは日本人のようなペンネームを使い、ある程度評価されるようになってから外国人であることを明かしたらしい。二〇〇二年、第一句集『むつごろう』で注目された。

句集『むつごろう』と『出航』（二〇〇八）からドゥーグル・J・リンズィーの俳句を五句紹介する

（筑紫／対馬／高山［編］二〇一〇より）。

「しんかい」や涅槃《ねはん》の浪に呑まれけり
花過ぎの兎を抱けば脈打てり
海へ出て戻れば影に再会す
海蛇の長き一息梅雨に入る
銀河を跨ぐ蜘蛛が蛍を食つてゐる

「涅槃」は釈迦の入滅した旧暦二月二十五日から早春の季語、「しんかい」は有人潜水船で、早春の海に沈んでいく様を「涅槃の浪に呑まれる」と荘厳なことばで表現した。「花過ぎ」は春、「梅雨」は夏、「銀河」は秋。リンズィーの句にもたいてい季語は入っている。リンズィーの句の特徴は何といっても海洋生物学者として親しんでいる海や生物が多く詠みこまれるところだろう。二句目は、季語と同じく春に行われるキリスト教の復活祭、イースターのイメージも重なる。イースターに卵と並んで兎がよく取り合わされるのは繁殖力の強さや命の象徴であるようだが、この句では抱いた兎の脈拍から直に命の手ごたえを感じている。三句目の、海の中では影がな

図5　ドゥーグル・J・リンズィー『出航』（2008年、文學の森）

くなり陸に戻ると影が再び見えるといった経験は誰もがするものではない。四句目、「海蛇の」はリンズィーの代表句としてよくとりあげられる。これについて本人が「スキューバダイビングをやっているときに、何かすごい音がしたので表層を見たら、海蛇が息を吸っていた。海蛇は体長の八割が肺なんです。だから、すっごい一息なんです。長くスーッと吸うんですね。それが梅雨に入る時期だったわけです」と語っている（「座談会「外国人が詠む日本語俳句」」（二・三）『ウェブ情報紙　有鄰』四三六［二〇〇四年三月十日］）。実体験をそのまま詠んだわけだが、このような体験は珍しいので、斬新な作品になった。話を聞くと一層感慨深いが、聞かなくてもおよそ想像できるところは見事である。五句目、夜の蜘蛛の巣を下から眺めたのだろうか、あたかも銀河を跨ぐようにかかった蜘蛛の巣に星のような蛍がかかり、蜘蛛に食われている。夜の蜘蛛の巣と蛍は背後の銀河と星と重なって、宇宙がすぐそばまで来ているようだ。

リンズィーは英語でも発信しようと、自作を英訳することがあるそうである（前出の座談会）。英語圏をはじめ海外の現地語でのＨＡＩＫＵの作家たちともつながっている。リンズィーは南半球のオーストラリアには「逆の季節感がある」と言う。真夏にクリスマスを祝う彼らには、俳句の季節は「逆」になる。

外国でも俳句を一所懸命勉強していて、実力のある俳人たちが、どんどんお互いに議論し合っています。〔…〕この一〇年間はインターネットが発達したこともあって、スピード感が出て、すごく盛り上がっているんです。／　そういうこともあって、もう日本に追いつくぐらいの勢いになっているんですよ。日本の人たちも、外国の俳句を見て、取り入れるものがきっとあると思うんですね。それがいい刺激になったらなと思います。

（「座談会「外国人が詠む日本語俳句」」（三）『ウェブ情報誌　有鄰』四三六［二〇〇四年三月十日］、四頁）

という国際感覚、日本と海外を行き来するフットワークの軽さも、元留学生俳人の魅力である。

＊デビッド・ゾペティの小説――「いちげんさん」

京都の同志社大学文学部で国文学を専攻したスイス・ジュネーブ出身の元留学生、デビッド・ゾペティ（一九六二～　）が京都を舞台に書いた小説『いちげんさん』が一九九六年にすばる文学賞を受賞し、芥川賞候補になったときは、話題になったものである。端正な日本語で丁寧に描かれる京都の留学生の「僕」と盲目の女性「京子」との交流を描いた物語で、題名の「いちげんさん」は、「いちげんさんお断り」という紹介者のいない初めての客を受け入れない京都の老舗《しにせ》の料亭の風習に重ねて、白人である「僕」が京都の町にもつ疎外感、閉塞感を表しているようである。

ゾペティはスイスのジュネーヴ大学日本語学科を中退して来日し、同志社大学に編入学し、卒業後はテレビ局に入社して一九九八年まで報道番組などを作っていた。本人の語るところによると、イタリア系のスイス人で、ドイツ語、フランス語、イタリア語、英語、日本語と五つの言語が使えるという。その中の日本語を主たる表現言語として、日本語で小説やエッセイを発表している。

『いちげんさん』では、「僕」も京子もマイノリティだが、自立した二人の関係が爽やかである。これから読む読者のために、物語を明かすことを避け、作品の日本語表現を味わいたい。冒頭の文章を読んでみよう。


京子に最初に出会ったのは大学三年生の時だった。激しい霙《みぞれ》が降り、ひどい二日酔いに悩まされた一月末の昼下がりだった。

キャンパスの隅に赤い煉瓦造りのこぢんまりした建物があって、一階の角に位置する小さな部屋は大学の留学生ラウンジだった。その部分だけが建物全体から小さな半島のように突き出ているのと、さまざまな国の学生が常に集まっているのにちなんで、みんなは出島《でじま》と呼んでいた。（三頁）

ゾペティの文章は透明感があり、ことばの存在を忘れて目の前に映像が見えてくるかのようである。この「出島」に、二日酔いで倒れこんだ「僕」の耳に聞こえてきたのは、中年の女性の声だった。留学生に本の朗読をしてもらえないかと、事務の中山さんに頼んでいる。中年の女性が帰ってから、対面朗読を求めている若い女性が盲目であることを知り、日本文学専攻で本好きの「僕」はこれを引き受けることにした。一週間ほどして、中山さんに付き添われて「僕」は京子の家に行き、初めて京子に出会う。京子は、点字の本を読んでいた。「僕は美しい顔だと思った」。

「僕」は白人で、特に外国人が現在より少なかった当時の京都ではいやでも目立った。そのことにうんざりしていた「僕」にとって、見た目に左右されない盲目の京子とのコミュニケーションは心地よいものだった。京子の旺盛な自立心に「僕」はときどき圧倒され、ふりまわされそうにもなりながら、

「僕」は京子に惹かれ、二人の間に恋愛に似た感情が流れ始める。

終盤近くに、「僕」がベルリンの壁の崩壊を話題にする場面がある。「去年の秋、ベルリンの壁の崩壊をテレビで観た時、僕の中で何かが変わったような気がする。それも決定的に変わったと思う」と「僕」は語る。不可能と思っていたことが目の前で起きるのを見た、と、あの時、世界中の多くの人が思ったのではなかろうか。あれを、「僕」も見ていて人生を考えたのだ。同時代の読者にとって「僕」の存在感がリアリティをもって立ち上がってくる場面である。

二〇〇〇年にエドワード・アタートンと鈴木保奈美の主演で映画になった。ゾペティはその後も日本で家庭をもって熱心に子育てにとりくみ、小説やエッセイを書きながら、リフレクソロジストとして店を開いているようだ。五言語に通じているゾペティは、三代遡ると、イタリア人、アメリカ人、ウクライナ人、イラク人、ポーランド人の直系先祖がいるという。子どもたちの母親は日本人だそうである。

＊楊逸の小説――「ワンちゃん」

中国ハルピン市出身の楊逸《ヤンイー》（一九六四〜　）は、現在日本に帰化して旺盛な執筆活動を展開している日本語作家だが、その日本語には色がある。中国語母語話者で、元留学生で、在日外国人である経験を生かした日本語のバリエーションが作品の中にストレートに現れ、日本語を揺さぶるようなパワーがある。

楊逸は、ハルピンの大学を卒業の半年前に中退して、一九八七年に来日した。日本語学校で一から日本語を学び、お茶の水女子大学文教育学部を卒業。新聞社勤務を経て二〇〇〇年から中国語教師となり、二〇〇五年ごろから日本語で小説を書き始めた。

最初に話題になったのは二〇〇七年に文學界新人賞を受賞し芥川賞候補にもなった『ワンちゃん』だった。日本で暮らす中国人の王愛勤は、王の中国語読みのワンから「ワンちゃん」と呼ばれている。中国で遊び人の夫に見切りをつけ、新しい人生を開こうと中年の日本人男性と見合いをして再婚し、日本の地方都市でその「旦那」と暮らしながら姑の世話をしている。仕事は、日本人男性と中国人女性のお見合いツアーの世話役である。女性の少ない農村地域などの男性に「外国人花嫁」を世話する「外国人花嫁ビジネス」は、当時マスコミの話題にも上っていた。小説「ワンちゃん」は、「外国人花嫁」にかかわる当事者の事情や思いが、「ワンちゃん」の目を通して身近なものとして理解できる点でも画期的だった。いつも一生懸命な「ワンちゃん」がなぜか報われず、辛い思いを重ねるのだが、忘れがたいのは、久しぶりに中国に帰って、息子と五年ぶりに会ったときの表現である。息子は十八歳で、百八十センチあまりの背丈に成長していた。「ワンちゃん」は「星星《しんしん》……」とその名を呼んだだけで涙がでてしまう。

「何泣いてるんだよ、もう会えただろう、美味しい店を知ってるから、行こう」と息子はタクシーを止め、清の宮廷料理を出すという高級料理店に向かう。聞くと、高校はやめたという。そして、「あのさ、母さんは苦労したかもしれないけどさ、オヤジは結構楽しく遊んでるよ。それも悪くないなあと思ってさ……だって母さんみたいに働きに

図6　楊逸『ワンちゃん』（2008年、文藝春秋）

働いて、何か良いことでもあった？」といってワンちゃんを黙らせるのだ。「良いこと？そんなものあったかな、確かになかったなぁ」と思ったワンちゃんを直撃したのは、予想を超える食事の勘定を全部払わされた上、彼女へのプレゼントを買うお金をせびられたことだった。

〔…〕ワンちゃんは財布からあるだけのお金を全部出して、数えもせずに息子に渡した。お金を受け取った息子の顔に満足げな笑みが浮かんだ。その表情にかつて見慣れたあの人と少しも違うところはない。薄れていった憎悪がまた鮮明に蘇り、鼻の辺りに再び熱いものが溢れ出した。「またね」息子が札束をズボンのポケットに突っ込んで、道端に停まっているタクシーに乗り込んだ。

走り去ったタクシーの排気ガスの中でワンちゃんがどれだけの間突っ立っていたかはわからない。あの時の名状出来ないほどの悲しさと失落感を、ワンちゃんは今でも背負っている。（五三～五四頁）

会いたくてたまらなかった息子が、遊び人の元夫に似た男に成り下がり、元夫と同じようにワンちゃんにお金をせびって踏みにじる。それでも息子への愛情断ちがたいワンちゃんの気持ちが切ない。素直に読んで腑に落ちた「失落感」ということば。日本語の辞書にはない。中国語ではよく使われることばだという。失って気持ちが落ち込んでいく、全身の力が抜けていくような感覚。この文脈を得て「失落感」は、日本語としての命を得た。ほかのことばでは、もはや言い換えられない。

楊逸の日本語のもう一つの魅力は日本で暮らす外国人同士が楽しく自由に語り合う共通語としての日

本語の生きのいいバリエーションが展開される点である。『すき・やき』（二〇〇八）では東京の日本語学校で出会い、同じ私立大学に進学した韓国出身の柳賢哲《ユヒョンチョル》と主人公の中国出身の虹智《こうち》との交流が描かれるが、日本語の不自由な留学生二人が楽しく語り合う「使い慣れた変な日本語」が何とも言えない。外国人同士の日本語会話は、今、各地で行われているはずである。当事者でもある楊逸の作品を読むと、日本で暮らす中国人をはじめとする外国から来た人びとの気持ちに寄り添い、その内側にふと入り込めそうな気になる。

楊逸の作品は中国人が主人公で、多くが日本を舞台にしている。日本で暮らす中国人はじめ外国人の生活を内側から描きだす作品世界は、日本社会への新たな切り口を示すものである。もっとも、楊逸が二〇〇八年に芥川賞を受賞した『時が滲む朝』は中国の天安門事件（一九八九年）を正面から扱った作品だった。天安門事件は現在に至るまで中国ではタブーであると聞く。中国語では書けないことを、どうしても書こうと思った楊逸にとって、日本語はそれを可能にする言語でもあった。

＊シリン・ネザマフィの小説――「サラム」「白い紙」

シリン・ネザマフィ（一九七九～　）はイランのテヘラン出身である。幼い頃から小説が書きたかった。母語のペルシャ語で十四歳のときに初めて小説を書いたそうである。二〇〇〇年に来日し、神戸大学工学部卒業、同大学大学院修士課程で情報知能工学を修めたのち日本企業で働く傍ら、日本語で小説を書き始め、二〇〇六年に「サラム」で第四回留学生文学賞を受賞した。題名になった「サラム」は、アフガニスタンで話されるダリ語の挨拶のことばで、「救い、平和」という意味があるという。

日本で学ぶ女子留学生の主人公が、アルバイトとして母語のペルシャ語に近いダリ語の通訳を引き受け、入国管理局で難民申請の結果を待つアフガニスタンの少女レイラの通訳をする。レイラはアフガンで迫害を受けているハザラ人で、一家は命の危険にさらされている。半年ほどしてレイラに仮釈放という希望の光が射した。そこへ、二〇〇一年九月十一日、あの国際テロ組織アルカイダによるニューヨークの同時多発テロ事件が起きるのだ。アフガニスタンのタリバン政権は、アルカイダ指導部の身柄引き渡しを拒んだため、アメリカはアフガニスタンに宣戦布告し、日本でもアフガニスタン人への風当たりが強まる。

私たちがテレビで見た同時多発テロが、日本で救えたはずの少女の命につながっていた。留学生の視点から告発された現代日本の戦争文学として、鋭い光を放つ作品である。

ネザマフィは続く「白い紙」で二〇〇九年度上半期の文學界新人賞を受賞、第一四一回芥川賞候補になった。「白い紙」の舞台はイラン・イラク戦争下のイラン、登場人物は現地の高校生とそれをとりまく人びとで、日本も日本人も出てこない。そうした物語が日本語ならではの表現によって書かれた点が、この作品の際立った特色である。日本語ならではの特徴の一つが語り手の視点で主語を明記せずに語りだされる文体である。冒頭に近い部分の文章を掲げる。

図7　シリン・ネザマフィ『白い紙／サラム』（2009年、文藝春秋）

窓から外を眺めながら、あくびを手で隠す。だるい。この時間、男子ブロックはイスラム教の授業を、そして先生不足のため、同じ部屋の片側に集められている下の学年の女子は数学の自習をやっている。自習の時間はいつもだるい。

なにより部屋の空気の重苦しさがだるさを増す。口を大きく開け、肺いっぱい分の酸素を吸い込んだ。八十人も閉じ込められているこの小さな部屋では窓の近くに座っていても、吸い込める酸素が足りない。（八頁）

このように、語り手である高校生の少女のことばで語られていくのである。日本語では日記を書く時に主語はいらない。「新宿で映画を見た」と書けば十分で、「私は」と書く方がわざとらしい。「窓から外を眺めながら、あくびを手で隠す」のは、語り手の少女が自分の動作を言っていることを読み違える恐れはなく、「だるい」という三文字のみの一文も、この少女の気分であることが間違いなく伝わる。ネザマフィの母語であるペルシャ語で書くなら主語は必要だが、日本語なら省ける。その日本語特有の表現力を生かそうとネザマフィはたくらんだようである。

昼休みに外に出て校舎の壁際《かべぎわ》でサンドイッチを食べていた語り手の少女は、頭上に影を感じた。「顔が見えなくても頭に制服のヒジャブを被っていないのが分かる。まさか……男子だろうか。」と緊張する。「男女が喋ることは禁じられている。先生に見つかれば、退学だ」。

読者はまるでこの少女の体の内側に入ったかのように、イスラム教社会の厳しい規律の中での緊張感を味わうことができる。日本語で日本ならざる異教徒の感覚をじかに味わう特別な経験である。このハサンは上級生の秀才で、病気の母親のために、医師である少女の父親の診察日を少女に聞きたかったのだ。少女の父親は、最前線に近い隣町の大きな病院で戦争医師をしていて、木曜日だけ帰ってくる。

そして、木曜日、ハサンは母親を連れて、少女の家の診察室にやってくる。やがて二人は少しずつ口をきくようになる。ハサンの父は戦場にいて、ハサンは医師を目指して勉強していた。淡い思いを温める二人に、戦争が無慈悲にたちはだかる。高校生は無力である。いや、高校生だけではなく私たちは情けないほど無力である。読むと、その無力な一人一人が、温かい身体と震える心をもった存在であることが実感され、現代の戦争を自分の問題として感じとることができる。

第四章で紹介した周作人の短篇が中国における中国人の物語であったように、「白い紙」はイランでのイラン人の物語でありつつ、日本語による表現を追求した日本語文学の財産である。

このあとネザマフィは「拍動」で二〇一〇年上半期、再び芥川賞候補になった。在日留学生が日本の医療現場でペルシャ語の通訳をする物語であった。このころからネザマフィは、勤務する会社のドバイ支社勤務となって日本を離れたようである。

＊モハメド・オマル・アブディンのエッセイ――『わが盲想』

スーダン出身のモハメド・オマル・アブディン（一九七八〜　）の初めてのエッセイ集『わが盲想』（二〇一三）は、ヒトラーの「我が闘争」（一九二五〜二六）をもじって、全盲である自分が大きな志をもって日本にやってきて国際政治学者となるまでの道のりをユーモアあふれる日本語で綴った自伝的な作品である。

スーダンの首都、ハルツームに弱視で生まれたアブディンは、十二歳で視力を失った。一般の生徒と同じ学校で学び、最難関のハルツーム大学法学部に進学するが、中途退学して一九九八年一月、国際視覚障害者援護協会の招聘で来日した。以来十五年ほど日本でさまざまな経験を積みつつ努力を重ね、東京外国語大学大学院で二〇一四年に国際政治学の博士号を取得するに至るのだが、この博士論文の「妊娠中」にポプラ社のウェブマガジンに連載された文章が本になったのが『わが盲想』であった。

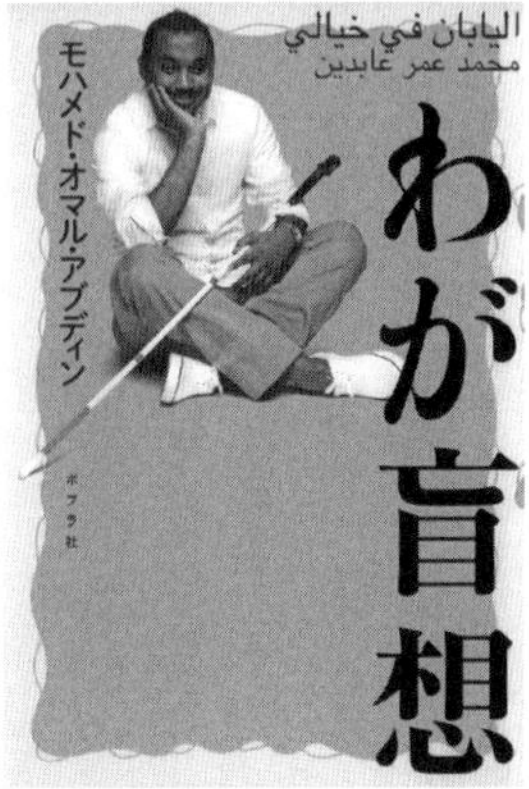

図8　モハメド・オマル・アブディン
『わが盲想』（2013年、ポプラ社）

アブディンの母語はアラビア語だが、アブディンは点字を習う機会を持たず、友達に教科書を読み上げてもらうほか読書することはほとんどなかった。そして、アラビア語でまとまった文章を書いたこともなかった。アブディンにとってもっとも自由な書き言葉は、十九歳になって初めて学び録音図書や点字で多くの文学作品に触れ、点字やコンピューターで自由に書けるようになった日本語なのだという。そのアブディンののびやかな日本語を『わが盲想』の最初の章「トライ（渡来）」から紹介する。

アブディンがやっと入学を果たした名門ハルツーム大学が、政治状況の悪化で閉鎖されて再開のめどもたたないとき、目の見えない先輩から日本留学の話を聞いた「ぼく」は、すぐに受験の申し込みをした。この先に必要な父の許可をとりつけなければならない。父はバシール政権によって職を奪われたが厳格さを保ち、母は銀行勤めで家計を支えつつ家事一般も引き受けている。父は絶対的な権力をもつ。

子どもの提案はまず却下から入り、非民主的な決定を下す特性があるから、慎重な対策が必要である。「緊張で論理的に話せないのが自分でもわかったため、用件を一気に畳みかけるように乱射することにした」。そして「今日、日本留学についての情報を耳にしたこと、それに応募しにいったこと、分野が鍼灸《しんきゅう》であることなどについて、間を空けずに吐き出した。」のだが、「父は思いがけぬ行動に出た」。何と立ちあがってバスルームへ行きシャワーを浴びはじめたのである。

父の様子に休戦を余儀なくされたアブディンは、このあと母に、日本では目の見えない人が学ぶ環境が整っていると訴えた。いつも、試験の前に無給休暇をとって教科書を読み上げてくれていた母は、アブディンが本を読みたくても読めないことをよく知っていて、味方になってくれた。このあと、父がシャワーから戻ってくる。

〔…〕おそらく、父は今回の件については取り合う必要性を感じていないのだろう。しばらく放っとけば忘れるだろうと父は思っているに違いない。そう察したとき、ぼくは負けてたまるかって親譲りの頑固頭で考えをめぐらせた。

(どどーっと攻めてこう)

ぼくは心に決めてから父に話しかけた。

「先ほどの話ですが、お父さんはどう思いますか?」

丁寧な口調で聞いた。

「本気で言ってるのか」

父が聞き返す。

「冷やかしでこのような話をする無責任なやつに見えますか？」

ぼくは挑戦的に出た。父はバンと手に持った新聞をひざの上で叩きつぶした。ぼくはどきっとしたが、これがいわゆる威嚇射撃だということがすぐにわかって、平静をよそおった。（二五〜二六頁）

緊迫感のある場面をユーモラスに、リズミカルに語っていく。笑える場面ではないのに、文章が楽しい。この日本語を、アブディンは日本の近代文学から学んだという。特に影響を受けたのは夏目漱石だそうだ。アブディンは点字図書館から借りた録音図書を聴く方法で読書をしたから、リズムが体に入っている。言われてみると、父親をライオンにたとえる表現は、「吾輩は猫である」の猫の威張った大げさな表現と似ているし、「親譲りの頑固頭」という表現は「坊ちゃん」の「親譲りの無鉄砲で子どもの時から損ばかりしている」という冒頭の文章を思い出させる。

アブディンは、あらゆる手を尽くして父の反対を抑えこみ、最初の試験でまず四人の一人に選ばれ、最終試験でただ一人、選ばれて日本へ来た。日本語学習に苦労しながらも、福井県立盲学校高等部理療科専攻科に進み、鍼灸マッサージの国家資格を取得したのち、二〇〇一年四月に筑波技術短期大学に入学してコンピューターで日本語を自由に読み書きできる技能を手に入れた。

『わが妄想』にはスーダンでの戦争体験への言及もある。一九九五年から一九九七年に間の内戦で「戦死した友人は、同級生や地域の知人などを含めると二十人以上に及ぶ」というのである。

アブディンはその後インタビューにこたえた『日本語とにらめっこ』（二〇二一　聞き手：河路由佳）と

いう本で、長い間自由に読むことのできなかった本が、（点字や録音図書で）初めて読めるようになった喜びを語っている。中で、最も印象に残っている小説として三浦綾子の『銃口』を挙げた。戦時体制下の日本を舞台に一九九四年に刊行された長編小説である。アブディンはスーダンでの経験を重ねて読んだという。「これは、今の日本の若者が読んでもよくわからないと思います。でも、戦争体験のあるぼくにはよく分かります」と語っている。アブディンは、現代日本の若者よりも戦争をめぐる日本語文学に共感できる読み手なのだ。これから書いてみたいテーマは戦争だ、とアブディンは語った。

戦後八十年に近づこうとする日本だが、この間も世界のあちらこちらで絶えず戦争が起きている。そして人は国境を越えて移動している。日本人であってもなくても、日本語を母語としてもしなくても、世界のあちらこちらで見て来た現代の戦争を日本語文学にも加えてもらいたい。ネザマフィやアブディンの作品を読んでいると、日本語文学の未来の一つがそこにあるように思える。

＊カン・ハンナの短歌――『まだまだです』

韓国、ソウル出身のカン・ハンナ（一九八一～　）が短歌を始めたきっかけは、タレントとしてNHKテレビで月の最後の日曜日の朝に放送される初心者向けの短歌番組、「短歌de胸キュン」のレギュラー出演者になったことだった。

ソウルの淑明女子大学校を卒業し、韓国でニュースキャスターをしたあと、二〇一一年に「日本語を知らず、知り合いさえ一人もいないのに夢だけ持って」来日した。日本語は独学だという。日本に来てから見た新海誠監督のアニメーション映画『言《こと》の葉《は》の庭』の中にでてくる『万葉集』の〈鳴る神の少し響《とよ》みてさし曇り雨も降らぬか君を留《とど》めむ〉に、心を打たれ、涙が止まらなかった。そして、この短い詩形がこれほど人の心を動かすことの不思議に惹かれ、早速『万葉集』を買って読んだ。以上はカン・ハンナの歌集『まだまだです』(二〇一九)の「あとがき」による。短歌への鋭敏な感性がうかがえるエピソードである。

その後、所属するタレント事務所の紹介でオーディションをうけて二〇一四年四月から上記のテレビ番組に出ることになり、番組を通して力をつけたようである。たちまち頭角をあらわし二〇一七年には、第六三回角川短歌賞次席など作品が注目されるようになった。初めての歌集『まだまだです』で現代短歌新人賞を受賞した。

『まだまだです』の著者略歴によると、横浜国立大学大学院博士課程で日韓関係を研究する現役の留学生とある。タレントとしても活動しているが、歌集には、韓国の母への思いや東京での孤独をテーマとする作品が目立つ。

赤い赤い垢すりタオルで母の背の垢を落とすこと十か月ぶり

切ってあげる伸びた鼻毛を切ってあげる　母の頭をふんわり押さえ

娘など家を継げない他人だと言ってた祖母も誰かの娘

母と娘の身体的な触れあいが描かれる。「母の鼻毛を抜く」というモチーフは珍しい。「切ってあげる」の呪文のような繰り返しも印象的で、母の頭の感触まで感じられ、濃密な関係性に圧倒される。歌集に出て来る家族は祖母と母で、女性ばかりである。男が家を継ぐという伝統の色濃い社会において周縁的な女性たちの思い。その屈折した思いも描かれている。

〈口元をきりりと閉める母さんにまたすぐ来るとウソつく空港〉とあるように、「わたし」は韓国に母を残して異国で暮らしている。「あとがき」に「日本語は読めないですけれど、娘が国境を越え日本で住む決断をする時から毎日が心配で眠れない日々を過ごしてきたはずの最愛の母に『母の存在こそが私をがんばらせてくれます』と伝えたいです。」とある。このことばも日本語では母には伝わらない。これほど慕わしい母には読めない言語を、カン・ハンナは表現言語として選んだのだ。その覚悟のほどが、この歌集の作品を切実で濃密なものにする原動力のひとつかもしれない。

真っ暗な部屋の中からおかえりとみかん一個が静かに香る
結婚はタイミングだと言われた日　独りの部屋でおなら出し切る
頑張れと言われなくても頑張ってる　バスタブの垢をごしごしこする

ゆきとどいた表現に切なさがこもる。「おなら出し切る」には驚いた。母語は子どものころからのしつけの呪縛を逃れられないが、大人になってから身に着けた外国語ならすべてを自分でコントロールできる。その強みかもしれない。子どものころから人前で口にするのをはばかり、大人になっても書くことができず、しかし、本当はとても日常的なことばを、カン・ハンナは短歌に出し切る。

ひとりの人間に、国と国との関係が大きな影を落とすということも、本歌集から伝わる一つである。

〈日韓がテーマの日には人魚姫が海の泡になる直前のよう〉では、とどめの一言が言えれば守れるはずの身を守り切れそうにないぎりぎりの場面を、誰もが知るアンデルセン童話に重ねてみせた。結ばれる希望の断たれた王子様を、姉たちが美しい髪とひきかえに魔女からもらった短刀で刺すことができたら、泡にならずにすんだのに、心優しい人魚姫にはそれができず、泡と消えてゆく。

短歌は、俳句と違って季語は必要ない。五・七・五・七・七の拍数を整えるだけで、日々消えていく日常の小さな感動や驚きを、作品として留めることができる。コストはほとんどかからない。というわけで、俳句と並んで主要な新聞や雑誌には投稿欄があって、多くの人が作って楽しんでいる。しかし〈外国人〉は少ない。『万葉集』に渡来の人がかかわっていたことから書き始め、『台湾万葉集』の作者たちが、日本人のひきあげた戦後になって短歌を始めた事情などもたどって来た本書の立場からすると、現代でもなお、見えない壁の存在を感じないわけにはいかない。

＊金時鐘と短歌

朝鮮半島出身者と短歌については、『月陰山《タルウムサン》』（一九四二）の尹徳祚が戦後短歌を離れたこと（第四章二三〇～二三三頁）とともに、日本統治時代の朝鮮、元山《げんさん》に生まれた詩人の金時鐘《キムシジョン》（一九二九～　）が短歌を「私が私であり続けるための、心して遠ざけねばならない反証物」であると述べていることを忘れることができない。その著『わが生と詩』（二〇〇四）からその理由をたどると次のようになる。

金時鐘は、のちに韓国の文芸評論家、崔禎鎬《チェジョンホ》によって「皇国臣民の世代」と呼ばれた世代にあてはまる。「植民地化の朝鮮で生を受け、伸び盛りのさ中に日本の敗退によって「解放」を見た、皇民化教育の申し子」である。戦時体制下の一九四一年四月より日本国内の小学校は文部省令によって、国家主義的色彩が濃厚に加味された国民学校に再編されるが、同時に朝鮮半島でも朝鮮総督府令によって同じく国民学校への編成が行われ、このときから学校では朝鮮語が禁止され皇国日本の臣民化教育が強化された。日本の敗戦までの四年半ほどのことで、これに強い影響を受けた世代は限られている。それが「皇国臣民の世代」にあたる。国民学校になったとき小学校四年生だった金時鐘少年は、日本語の歌、短歌、五音七音の韻律に心酔し、金素雲《きんそうん》による訳詩『乳色《ちちいろ》の雲』を読んでその「情感のにじみ具合」「語感の玄妙な響き」に眩惑された。「おぼろ月夜」や「夕やけこやけ」を聞くと今も情感を揺すぶられる、という。

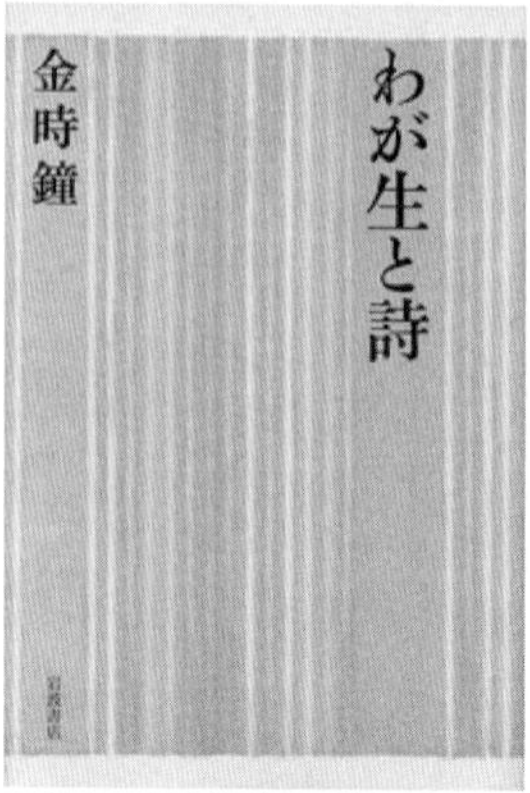

図9　金時鐘『わが生と詩』(2004年、岩波書店)

　中学校に入ると、「さくら花十首」を「散華《さんげ》のまこと」として暗記させられた。金時鐘は「そのほとんどを今もそらんじている」と述べ〈雪とのみ降るだにあるを桜花　いかに散れとか風の吹くらむ〉(凡河内躬恒《おおしこうちのみつね》)、〈もろともにあはれと思へ山ざくら　花よりほかにしる人もなし〉(僧正行尊《ぎょうそん》)、〈敷島の大和心を人とはば　朝日に匂ふ山桜花〉(本居宣長《もとおりのりなが》)などを次々と挙げる。名歌に違いないが、これらが「散華のまこと」の教材とされたのは不幸であった。「散華」は戦死の美化にほかならない。

　民族的には共同体験のはずの不幸な時代が、個別的には真冬の山あいの日溜まりのように、そこだけがひっそりと明るく色どられていることのうしろめたさ。〔…〕ほのかな香りまでも呼びおこしそうな色どりが日本語によるひそやかな記憶として抱えられてあることが、私には暗い私の過去なのである。

（金時鐘二〇〇四、五一頁）

伸び盛りの金時鐘少年の柔らかな心に日本語の詩歌の調べが深く染みわたったことが、金時鐘の生涯を貫く痛みとなった。「訥々《とつとつ》しい日本語にあくまでも徹し、練達な日本語に狎《な》れ合わない自分であること、それが私の抱える私の日本語への、私の報復です。〔…〕日本に狎れ合った自分への報復が、行き着くところ日本語の間口を多少とも広げ、日本語にない言語機能を私は持ち込めるかもしれません。その時、私の報復は成し遂げられると思っています。」（同、三〇頁）と金時鐘は述べ、「美しい調べ」から距離をおいた表現を追求している。

植民地時代の短歌教育の鍾を振り返ったうえで、カン・ハンナの作品にもどると、彼女の作品には伝統的な和歌へのすり寄りもなければ、過剰な美への希求もない。五・七・五・七・七の詩形に自分をまっすぐ投入している印象である。さまざまな背景や個性をもつ人がこの詩形を手なずけて自分を表現したら、短歌の間口はもっと広がる。きっかけさえあれば芽を出し大きく育つはずの数えきれないほどの日本語の才能が、〈外国人〉の中にまだまだ埋もれていると思う。

＊李琴峰の小説――「五つ数えれば三日月が」

台湾出身の元日本留学生、李琴峰《りことみ》（一九八九〜　）は、二〇一七年、初めて日本語で書いた小説「独り舞」で群像新人文学賞の優秀作に選ばれて以来、毎年新作を発表しては話題になり、二〇一九年「五つ数えれば三日月が」が芥川賞候補、二〇二一年には「ポラリスが降り注ぐ夜」で芸術選奨文部科学大臣新人賞を受賞し、その秋には「彼岸花が咲く島」で芥川賞を受賞した。李琴峰の快進撃には、日本語を母語としない作家の作品が受け入れられやすくなってきた空気も感じられる。李琴峰の作品は登場人物に台湾出身の在日外国人が含まれ、女性同士の恋愛がテーマになることが多い。二重のマイノリティであるが、その存在への認識は広まってきている。

李琴峰は台湾で中学校の二年生の頃から日本語を勉強しはじめた。このころ、中国語で短編小説を書いたそうである。台湾大学を卒業後、二〇一三年に来日し、早稲田大学大学院で日本語教育を専攻、修了後は東京で会社勤めをしながら日本語で小説を書き始めた。翻訳家としても活動しており、中国語も書くのだが、日本語ならではの表現に可能性を感じ、小説はもっぱら日本語で書いているという。日本語の文脈に中国語や台湾語が片仮名の振り仮名つきで交じっていること、時に中国語のことばの右に振り仮名の要領で小さく日本語訳が付けられるといった二重の表現は日本語でこそできることかもしれない。

『五つ数えれば三日月が』(二〇一九)は、東日本大震災の年に東京のW大学大学院に入学した台湾出身の「私」(林妤梅《りんよばい》)と日本人の浅羽実桜《あさばみお》が卒業後五年ぶりに共に過ごした一日を描いた作品である。「私」は東京の信託銀行に就職し、実桜は台湾の日本語学校に職を得た。実桜は学生時代に西安に留学した経験がある。つまり、二人とも質の差こそあれ、日本語と中国語、台湾語を理解し、日本社会と台湾社会の両方を経験している。決定的な違いは、実桜は台湾で現地の男性と家庭を持っているが、「私」は独身でひそかに実桜に恋愛感情を抱いているということなのだ。冒頭に近い再会の場面の文章を味わってみよう。

陽炎越しに見る実桜の顔は不安定に揺らめいていて、深夜の海に映る月のようだった。髪先から汗の雫が滴り落ちそうなのを感じながら、私は一瞬戸惑いにとらわれた。数年ぶりの再会を約束してからというもの、ずっと今日という日をまだかまだかと待ち焦がれていたというのに、いざ待ち人を目の前にした途端、どんな顔で迎え、何て声をかければいいか分からなくなってしまった。

〔…〕

数えきれぬ名前のない不安をぐっと身体の奥底に押し込めて、実桜に向かって手を振ってみた。すると彼女は白い歯を見せて笑い、手を振り返しながら歩を速めた。その笑顔は五年の歳月が生み出したはずの距離をそっと包み込んで、それを見ただけで絡み合う不安が少し解けたような気がした。

（四～五頁）

このあと、二人は池袋の中国料理のレストランで食事をしながら旧交をあたため、公園で昔話をしながらかき氷を食べ、さらに花火セットを買って荒川の河川敷で花火を楽しんでから別れる。その間に、それぞれの日本と台湾での来し方が回想され、さまざまな時間が錯綜して響き合う。

「私」は実桜への思いを書いたカードを携えていた。これを実桜に渡そうか渡すまいか、その迷いが作品を貫いている。カードに書かれているのは、「私」の万感の思いを込めた一篇の漢詩である。正しく韻を踏み中国の古典を踏まえた七言律詩で、原文、読み下し文、現代語訳の三通りが並ぶのは、漢詩の受容の歴史を踏まえた日本語ならではの表現といえるだろう。中国語文学にも深く通じる李琴峰の日本語の眩しい芸当である。

芥川賞受賞作の「彼岸花の咲く島」は、一転、架空の島での物語で、未来の話として設定されている。架空の島といっても周囲に「ニホン」「タイワン」「チュウゴク」があり、沖縄あたりに位置するようである。意表をつくことには、登場人物の話す言語が架空のもので、それぞれ「ひのもとことば」「ニホン語」「女語《じょご》」と名付けられている。

「ひのもとことば」は、「うつくしいひのもとぐに」に古くから伝わる「やまとことば」に基づく新しいことばで、「ひのもとぐに」の人びとはこれを使う義務がある。漢語を使わず、「やまとことば」を用いるが、「ふさわしい　やまとことばが　ないとき、さまざまな　くにで　コモン・ランゲージである　イングリッシュの　ことばに　いいかえる」。そして、表記は漢字を使わず、かながきのわかちがきを用いる。作品の中では島に流れ着いた少女、宇実が話す「あなたには　シンパシーが　ないんですか?」などがそれである。

一方「ニホン語」は、「ニホン」から逃げてきた人と、「タイワン」から逃げてきた人がこの島で合流し、習慣も文化も信仰もことばも入り混じる中で生まれたことばだと説明されている。「リー、名子《ミンズ》はなにヤー?」（あなた、名前は何ですか）といったもので、「宜蘭《ぎらん》クレオール」と呼ばれる言語を想起させる。簡月真《かんげっしん》・真田信治《さなだしんじ》（二〇一一）によって報告された台湾北東部の宜蘭県の村で少数民族のアタヤル族の人びとが現在も使っているこのことばは日本統治時代に共通語として普及した日本語とアタヤル語とのクレオールで、話しているのを聞くと、日本語話者にはある程度理解できる。二人称の「リー」は日本統治時代の台湾でもよく使われていた。

そして「女語」は、この「ニホン」から逃げてきた人びとが、歴史を語り継ぐためのことばとして女性だけに継承してきた古いことばだと説明され、それは「ひのもとことば」と似ている。違うのは、ひのもとことば」では一掃されている漢語が、「女語」では使われることである。

李琴峰はこうして日本語を大胆に拡張してみせた。なるほど、これは、日本語文学ならではのアクロバットである。芥川賞の受賞会見で李琴峰が「一作ごとに日本文学というものをアップデートしてきた自負はある」と述べたのは印象的であった。李琴峰は、中国語、台湾語とのトリリンガルの強みを最大限に生かし、日本語文学にこれまでの日本語で書かれてこなかった領域を開拓しようとしている。

＊グレゴリー・ケズナジャットの小説――「鴨川ランナー」

二〇二一年、第二回京都文学賞が一般部門と海外部門の両方の最優秀賞に選んだのが、アメリカ出身のグレゴリー・ケズナジャット（一九八四～）の「鴨川《かもがわ》ランナー」だった。京都文学賞というのは「京都」を題材にする小説を国の内外から公募するもので「一般部門」と「中高生部門」と「海外部門」から成る。「海外部門」が海外にルーツをもつ書き手のための部門だとしたら、かつての留学生文学賞のように〈外国人〉による日本語文学を奨励することが期待される。

グレゴリー・ケズナジャットは、アメリカ・サウスカロライナ州出身で、二〇〇七年にクレムゾン大学の文学部英文学科と理工学部情報科学科を卒業した後、外国語指導助手として来日し、同志社大学文学研究科で谷崎潤一郎を研究し、二〇一三年に修士号、二〇一七年には博士号を取得した。その後、日本の大学の教員となって日本に住み続けている。
この経歴は、ほとんど『鴨川ランナー』（二〇二一）の主人公と重なる。自伝的な作品の表現方法として一般的なのは一人称の「わたし」や「僕」を使うことだが、ケズナジャットが選んだのは、二人称の「きみ」だった。書きだしから、「きみが初めて京都を訪れたのは十六歳のときだ。この時点できみはすでに二年間、日本語を学習している。」という調子である。高校に入学して外国語科目を選択するよう指示されたとき、スペイン語、フランス語、ドイツ語と並んで、唯一アルファベットを使わないのが日本語だった。それを理由に日本語の受講を決定するに至る部分を引用する。

紙面の上で珍しい宝石のように輝いていた綿密な文字に気がつくと、きみは思わず手の動きを止めて目を凝らす。意味どころか、発音すら想像がつかない。じっと眺めて理解しようとするものの掴みどころはない。拒まれたというわけではなく、文字はただそこに立っていただけで、きみの視線は文面に触れるたびにするっと滑り落ちる。その無頓着さは魅力的でもあり。挑発的でもあった。きみは日本語を受講すると決意した。（六〜七頁）

未知の言語の初めての文字に接したときの臨場感が伝わる描写である。文体に個性がある。試みに「この時点できみはすでに二年間、日本語を学習している」「きみは思わず手の動きを止めて目を凝らす」の「きみ」を「ぼく」に置き換え、文末を過去の形にしてみると、「この時点でぼくはすでに二年間、日本語を学習していた」「ぼくは思わず手の動きを止めて目を凝らした」と、なじみの文体になって読みやすくはなるが、独特の色彩が色あせる。「二人称」の意図について聞かれて、ケズナジャットは語り手と主人公、そして書き手と主人公の境界線を適度にぼかす「距離感がちょうどよかったから」と答えている。

主人公を「きみ」と呼ぶ語り手のつぶやきを聞きながら、読者は一緒に主人公を見ているような感覚になる。語り手と読者のあいだにもぼかされた境界線があり、わずかな違和感が生じる。ことばで言い表せないものをことばを使って表現するとは、こういうことなのかもしれない。この作品もまた日本語表現の新たな可能性を示している。

冒頭で日本語を全く知らなかった「きみ」は、高校の夏休みに二週間の語学旅行に参加して、初めて「日本という遠く離れた国で日本人というよく知らない人たちが日本語を使っている」光景を、自分の目で確かめた。京都滞在の自由時間に主人公が一人で街を散歩すると「きみの知らないチェーン店が理解不可能な文字で得体の知れない新商品を発表している」。そしてデパートの大きなポスターには「きみの知らないモデルがきみの知らない飲み物を高く掲げ、きみではない誰かに向かって美しい笑顔を見せている」(一二頁)。

京都には外国人観光客は比較的多く、彼らに開かれたサービスもあるはずだが、この時十六歳の「きみ」の感じた疎外感は絶望的である。

インタビュー記事で、ケズナジャットが、「日本語で話すときは身体の異質性がコミュニケーションの妨げになる。読者は透明人間になれるけれど、その世界に参加できない。」と述べ、書き手としてなら、「異質な身体を隠しながら参加できる」と述べている。中国、台湾、韓国出身の人びとと違って、一見して「外国人」と見なされやすい「身体の異質性」がどのような妨げになっているのか、ケズナジャットの作品を読むと理解が深まる。また、この社会に存在する差別や疎外感、違和感による不安が、外国人だけのものではないことにも気づかされる。ケズナジャットは、研究も創作も日本語で行っているので文学の話題は日本語のほうが話しやすく、英語でのインタビューに答えるときには翻訳しているような感覚があるという。努力によって手に入れた日本語で切りひらかれる文学世界は、他の言語に容易におきかえることはできない。

終章　〈外国人〉とこれからの日本語

＊日本語と他言語との間に生きる葛藤は「対岸の火事」か

第六章で触れた二〇一七年上半期の芥川賞候補作、温又柔の「真ん中の子どもたち」について、『文藝春秋』（二〇一七年九月号）に掲載された審査員選評で、奥泉光が「母語とは何であるかの問いが正面から追究され、言語の歴史性の一断面が切りとられる一篇は、多くの日本語話者の抱く、母語としての日本語の「不動性」にゆさぶりをかけてくる」と書く一方で、宮本輝は「これは、当事者たちには深刻なアイデンティティーと向き合うテーマかもしれないが、日本人の読み手にとっては対岸の火事であって、同調しにくい。なるほど、そういう問題も起こるのであろうという程度で、他人事を延々と読まされて退屈だった」と書いた。これが発表された直後、温又柔は「こんなの、日本も日本語も、自分＝日本人たちだけのものと信じて疑わないからこその反応だよね」（二〇一七年八月十一日）とツイッターで怒りを爆発させ、この怒りに共感した人への返信に「その選考委員と似た考えを持つ方々を脅かしたいのでも貶めたいのでもない。ただ、分かち合いたいのです。だからのっけからはねつけられて、もどかしく悲しく怒りに震えました」（同年同月十二日）と、書いた。温又柔がテーマとした日本語と他言語のはざまに生きるアイデンティティーの揺らぎは、在日韓国人二世である李良枝《イヤンジ》（一九五五〜一九九二）が一九八九年に第一〇〇回芥川賞を受賞した「由熙《ユヒ》」でも扱われていた。

国際結婚も多い中、移動する子どもたちの数は相当数に及び、複数言語の間で育つ子どもは決して少なくない。彼らは日本社会の中で、日々さまざまな問題に直面している。その割には、聞こえて来る声が少ないのだ。日本社会の空気が彼らに発信することを諦めさせたりしていないか、考えてみる必要がある。日本語ともう一つの言語とを行き来しながら生まれ育つ子どもたち、ひいては日本社会に生きる外国籍住民や〈外国人〉の問題は、果たして「対岸の火事」なのだろうか。

第六章のはじめに、法務省の在留外国人統計と日本の総人口を挙げて、在留外国人数は日本の総人口の約二・四パーセントに及ぶことを確認した。ということは、日本で暮らす人びとの五十人に一人（以上）である。統計のある「外国人」は「外国籍住民」であって、本書で言語を基準に定義した〈外国人〉とは少しずれる（外国籍をもちつつ日本語が母語である人もいれば、日本国籍をもっていても、日本語は第二の言語である〈外国人〉も存在する）が、だいたいの様子はこの数字から掴めるだろうと思う。

五十人に一人（以上）であれば「対岸の火事」とは言えないはずだが、その人数に比して、聞こえる声が小さすぎるのが現状ではなかろうか。やっとあがってきた声を「対岸」に押しやってしまってはもったいない。聞いてもらえないなら、大抵の人は声をあげる気力を失ってしまう。耳を傾ける人がいると確信できたら、声を上げやすくなる。今後、そうした場や機会が増えたら、日本語文学にも新たな鉱脈がくっきりと姿を現すのではないだろうか。

二〇一九年六月に、外国人への日本語教育を充実させることを法制化した日本語教育推進法が成立した。日本社会において外国人が生き生きと暮らしていくためにも、多数派の使う言語、日本語に通じることの利点は大きい。一方、特に子どもに対して「家庭で使われる言語の重要性に配慮する」ことも明記された。日本語習得とひきかえに家族のことばを失わないように、という配慮である。同年四月の入管法改正によって単純労働における外国人雇用が解禁され、いわゆる出稼ぎ目的の外国人が正式に社会に受け入れられるようになった。また「特定活動（本邦大学卒業者）」という在留資格が追加され、日本の大学を卒業した留学生が日本で就職しやすくなった。日本語と、それぞれの〈外国人〉のもつもう一つの言語が響き合う日本社会を、風通しのよいものにすることは、日本社会を世界に開かれた活力あるものにしていくためにも大切である。

＊帝国主義的な言語教育の「誤った思い込み」

心配されるのは、〈日本人〉の間に、無意識のうちに「言語帝国主義的な日本語観」が潜んでいるのではないかということである。ロバート・フィリプソン『言語帝国主義——英語支配と英語教育』（原著は一九九二年、翻訳は二〇一三年）は、帝国主義的な言語教育の誤った思い込み（fallacy）として、以下の五点を挙げている。この本は大英帝国の英語教育観について書かれているのだが、かつて「大日本帝国」と称した日本における日本語教育観にも通じるものがある。試みに、原著の「英語」を、日本語におきかえてまとめると、次のようになる。

一　日本語は日本語で教えるのが一番よい。

二　理想的な日本語教師は日本語母語話者である。

三　日本語学習の開始は早いにこしたことはない。
四　日本語に接する時間は長ければ長いほどよい。
五　日本語以外のことばの使用は、日本語学習の邪魔になる。

ロバート・フィリプソンは、これらはすべて「誤った思い込み」だと述べる。私は一九八〇年代に日本語教育を学び、八〇年代の後半から教壇に立ってきた。今日から当時を思い返すと、当時はこの「誤った思い込み」が今よりはっきりと共有されていたことに思い当たる。

まず、一つ目。日本語で日本語を教える「直接法」と呼ばれる教授法がこれに当てはまるが、世界のどこに派遣されても教えられるプロの日本語教師の持つべき技能として研鑽を積んだ日々が思い出される。自作の絵教材や実物教材などを一式そろえたりもした。世界各地から来た人びとを同じ教室で教える場合は共通言語がほかにないため、直接法は合理的であった。しかし、中国の大学で中国人の教員とペアになって教えた時、共通言語があるならそれを使わない手はないという当たり前の事実を思い知った。歴史を紐解くと、直接法の教授法マニュアル（日本語教育振興会による日本語教科書の教師用指導書など）は、現地のことばのできない大勢の日本人を、短期集中の研修で日本語教師に仕立てて中国を中心に各地に送り込むときに作られたものであった。マニュアルを開くと、私が学んだ教授法と重なる部分が多いのに驚く。訓練された教員による直接法による指導には確かな実績があり、目標言語である日本語を聴き、話す練習量が多いというのは学習上のメリットだが、まず学習者をことばの使えない存在として船に乗せて教師が船を進めていくような方法は、学習者の持つ言語能力を活用し、能動的な学びを促す今日的な教育観とは隔たりがある。学習者は既に持っていることばを参照しながら新しい言語を学ぶのだから、学習者のもう一つの言語を生かしていく方が全人的で理にも叶っている。

二つ目。一番優れた日本語教師は日本語母語話者であるという思い込みには何度か直面したことがある。私はたまたま、日本語教師になって間もないころに、ブルガリア出身のS先生と同僚になったことがあり、学生たちがS先生を指して質問に来る様子を目の当たりにして、目を覚ますことができた。学習者として同じ道を通って来た〈外国人〉の教師のほうが学習者に近く寄り添うことができる場面があるのだ。発音や作文指導は母語話者教員に適しているとよく言われるが、文法の説明などはこれを得意とする元学習者の教員がいて、学習者のかゆいところに手が届く。しかし、S先生が日本で日本語教師の職を得るまでには筆舌に尽くしがたい苦労があったと聞いた。「日本に来て日本人ではない先生に習いたい生徒はいない」と言われたこともあったそうだ。そう思う学習者もいるかもしれないが、それも「思い込み」かもしれない。よい教師の条件としての知識、技能、資質などをつぶさに考えてみると、〈日本人〉か〈外国人〉かの違いは、重要ではないことに気づくはずである。

外国語の教師になりたい〈日本人〉がいて、実際に大勢の〈日本人〉の先生が外国語を教えているように、日本語の教師になりたいという〈外国人〉も大勢いる。「誤った思い込み」から解放されると、優秀な〈外国人〉の教員の魅力に気づけるのではないかと思う。彼らの活躍は外国人学習者のロールモデルのひとつとして学習者の目標にもなるし、日本で暮らす外国人の先輩としても、たのもしい存在になり得るのではないだろうか。

三つ目から五つ目の内容は、日本語を習得するには早い時期からできるだけ長時間日本語漬けになるのが効果的で、他の言語は使わないのがいい、という考え方である。短期間の外国語漬け合宿などであれば、もとの言語を忘れる心配もなく、一定の効果があると思えるが、長期になると話は変わって来る。この「思い込み」によって多くの言語が失われてきた。たとえば、アイヌ語を滅亡するものと決めてかかったのは、この「思い込み」によるところが大きい。日本語の習得とアイヌ語の保持は両方追求されてもよかったが、当時は、そのような考え方がなかった。

新しい言語を学習することはその人の可能性を広げるものでありこそすれ、損なうものではない。植民地等での言語教育で反省すべき点は、日本語学習と引き換えにもともと彼らの持っていた言語が失われるのを当然とする価値観が押し付けられた点にある。もともと持っていた言語の使用を制限したり禁じたりすることは、その人の表現を奪うことに等しく人権問題に抵触する。現在では、「誤った思い込み」であったことが分かったはずなのだが、現在においてもこうした思い込みは、世代を越えて無意識の中に生きているようだ。意識的に覚醒する必要がある。

＊日本語文学をめぐる「誤った思い込み」

第五章で戦後の台湾、パラオの日本語文学を紹介する際に、日本統治時代には俳句や短歌の担い手はもっぱら内地から来た〈日本人〉で、現地の人には無理だと考える思潮があったのを確認した。南洋諸島においても、現地の人びとが日本語の歌詞を内面化し心から感動しながら歌っていることに日本人はあまり気づいていなかったようである。日本人が去って日本語が残ったとき、改めてのびのびと現地の人びとが日本語の俳句や短歌、歌を楽しみ始めたという事実から、私たちが学べるものは大きい。

〈日本人〉にしか日本語の詩は味わえない、まして、作ることはできない、という思い込みが、現地の人の日本語使用を制限していた可能性がある。現在もなお、このような思い込みはなくなったとは言えない。ここ数年、本書で扱ったような日本語文学を、日本の大学で若い読者とともに読んできたのだが、その経験から、現代の若者の間に共通して見られる「誤った思いこみ」を整理すると次のようにまとめられる。

一　日本語で文学を生み出すのは〈日本人〉の仕事である。
二　日本語は〈日本人〉がもっとも高度にまた的確に使える。
三　特に俳句・短歌は〈日本人〉でなければ、分からない。
四　〈日本人〉がいないところでは、誰も日本語を使いたくないに違いない。
五　日本語を使う〈外国人〉は、日本や〈日本人〉が好きである。

こうした思い込みは、作品を読み、理解を深める中で次第に薄れていくのだが、これまで複数の大学でどのクラスでも例外なく見受けられたものであるから、多くの〈日本人〉にあてはまる可能性がある。先に挙げた芥川賞の選評も同じ線上にあるように思える。

一、二、三については、〈日本人〉以外の人が日本語で文学を生み出すのは、違和感があるとか、〈外国人〉に日本語ですぐれた文学を生み出せるはずがないと思い込んでいる節が見受けられ、〈外国人〉の日本語使用は、〈日本人〉よりレベルが低いのが当然だから、日本語を話す、書く、に際しては、

〈日本人〉は彼らの上位にたち、批評的にものを言ったり、指導的立場に立ったりすることができると思っている。とても素直に出てくることばの中に「日本人が書いたみたい！（というほめことば）」「日本人でもないのにすごい！（というほめことば）」「日本人のわたしよりうまい。恥ずかしい」といったことばが現われる。

ちょっと考えてみると、〈日本人〉の中で、日本語で小説が書ける人より書けない人のほうが圧倒的に多いわけで、不思議とも言える。教室で読むのは一定の評価を受けた専門家による日本語作品なのであって、そうした人びとは専門的に日本語を学び、日本文学を味読し、自らの表現を磨いているのである。さらに言えば、日本語文学の担い手の中には、日本語を学ぶ前から別の言語で詩や小説を書いていたという人が散見される。文学の才能と日本語の能力が比例するわけではないのである。俳句や短歌も〈日本人〉だからといって容易に鑑賞できるとは限らないのは、胸に手をあてたり周囲を見渡してみたりすれば分かりそうである。短詩は比較的入りやすいのは確かだが、それなりに学習しないと思ったようには作れないし、優れた作品を生み出すには「才能」も必要である。それは〈日本人〉でも〈外国人〉でも結局のところ変わらない。

いわゆる西洋音楽について、日本人に本当のクラシックの良さは分からないとか、ショパンが弾けるはずがないと思われていた時代もあったが、近年はショパンコンクールでの優勝者に日本人が含まれても誰も不思議に思わない。世界各地発祥の音楽やスポーツで日本人が活躍していても誰も驚かない。〈外国人〉の日本語使用、日本語文学も同じことではないだろうか。

四については、「旧植民地や占領地、委任統治領の人びとが〈日本語〉を使うと胸が痛む」とか、「本来彼らは日本語を使うべきではないのに、無理に使わされてかわいそう」という声がそれに当たる。日本語は日本人とのコミュニケーション、日本社会とのつながりのためにこそ存在すると思いこんでいる場合、日本人がいないところで日本語を楽しむ人びとがいるのを見ると、とまどいを隠せないようである。植民地時代に学ばされた日本語はいやだろうとか、使いたくないだろうと思い込む。それを裏返すと、五の「思い込み」になる。日本や日本人が嫌いな人が日本語を使うはずがない。日本人でないのに日本語を使う人がいるとうれしくて、感謝したくなる、ということになる。戦後台湾の人びとの短歌、『台湾萬葉集』が日本で紹介されたとき、新聞の投稿欄にはこうした投書がひとしきり飛び交った。思いがけない日本語文学の出現に日本語読者の思いは千々に乱れた。しかし、実際に台湾で短歌を作っている人びとの多くは、趣味として仲間と一緒に楽しんでいるのであって、歌会は笑顔に溢れており、多くの参加者にとって〈日本人〉がどう思うかなどは関心の外である。

表現する言語を選ぶ自由は誰にでもあり、当事者以外が、不自然だとか自然だとか、かわいそうだとかうれしいとか言うべきものとは思われない。日本語文学の担い手が日本語に関心を抱き、その表現の可能性に挑んでいるとしても、それが日本や〈日本人〉への好意を意味するわけではなく、まして〈日本人〉を喜ばせるためでもないから「ありがとう」と言うのもちょっと違う気がする。というのも、私は学生時代にピアノが好きだと言ってドイツ人留学生に「ありがとう」と言われて戸惑ったことがあるのである。聞くと、「日本にも固有の楽器があるのにヨーロッパの楽器を愛してくれるなんて」と嬉しそうに言った。好意のことばなのに、違和感が残った。改めて思うに、私にとってピアノは、子どものころから自宅にあって親しんできた身近な楽器で、それが好きだと言って感謝されるいわれがない気がしたのである。台湾で短歌を楽しむ人びとにとっての日本語も、同じかもしれない。

*言語は「ツール」ではなく「果実」

言語はツールだという考え方がある。海外旅行などで必要な要件を伝えるために現地のことばを使うといった場合は、自動翻訳機（翻訳ソフト）を使って用をすますこともできる。自動翻訳機はまさにツールである。特定の目的をかなえるために必要なツールを選び、それで目的が達成されたら、そのツールを手放すとツールを持っていなかった以前にもどるだけのことである。そのツールが気に入らなければ、別のものに取り換えることも容易である。同じツールを使えば、誰でも同じ結果が得られる。では、人が言語を習得するとは、ツールを手に入れることだろうか。いや、そこには本質的な違いがある、というのが私の考えるところである。言語教育に長く携わり、〈外国人〉による日本語文学やその周辺の活動を身近にしてきて、私は言語は「果実」であるという思いを深くしている。

言語教育は、その言語の種を渡して、収穫までの世話の仕方を教えることに譬えることができる。学習者は受け取った種を植えて育てる。教える方は、学習者の立つ土壌の性質によって、気候によって、その他さまざまな環境の違いに応じて、よりよく育つように方法に調整を加える。これは、どこでどのような目的の学習者に教えるかによって教え方や内容を調整するのに似ている。

耕作の仕方を教わらず、自己流で育ててみても、稀におもしろみのある果実ができるかもしれないが（自己流の日本語で書かれた詩など）、安定した収穫を得るためには、経験ある指導者に栽培法を教わるのが確実である。学習者はそれぞれが自分の土地に植え、肥料をやって水をやり草を引くなど、汗をかいて世話をする。たゆみない努力があって、初めて花が咲いて実が実る。同じ言語の木であっても、枝ぶりもそれぞれ違っていて、実の形も色も味も、それぞれ微妙に違っている。努力を怠れば、望んだ果実は得られない。よりよい肥料をあたえ、心をこめて世話をすれば、よりよい果実が期待できる。

収穫した果実は、その人が自由な方法で食べる権利がある。貧弱な実でも独特のスパイスをかけて、特別な料理法を開発したら、絶妙な味が生まれるかもしれない（日本語の語彙が貧しく、語法が拙くとも、はっとするような詩や文章が生まれることがある）。指導者は基本的な食べ方を教える。古来多くの人に愛されてきた食べ方にはそれなりの理由はあるが、学習者側は、もっと違う食べ方に挑戦してみたいかもしれない。それが、それぞれの人の日本語表現にたとえられる。すでに異なる果樹（別の言語）を有している人がもう一本の果樹として日本語の木を植えたなら、すでに習得した調理法を応用するかもしれない。日本語にとっては従来とは一味違う新鮮な風味の仕上がりになるかもしれない。もう一つの言語としての日本語文学の味わいである。

さて、道具と違って果実は、食べるのだ。滋養豊かな果実はその人を健康にしたり美しくしたりする。常に世話を怠らず、収穫し、毎日食していたら、その人の体はその果実でできているようなものである。あるとき、その果実＝言語を、放棄せよと言われても、取り除くことなどできない。

一度、立派な実を育てたことがあったとしても、世話をするのを放棄してしまったら、畑は荒れて、その木はやがて実をつけなくなる。継続して収穫できるのは、世話を怠っていない証拠である。前者は、昔習った言語をすっかり忘れるケースにあてはまり、ずっと使わず振り返らずにいればきれいに忘れ去ることができる。はるか昔に習った言語を今も話せる人は、後者にあてはまり、よく聞くと、忘れないために継続的な努力をしていることが分かる。

言語の教師は、最初に種を渡し、実がなるまでの世話の仕方を一度教えるだけである。それぞれの木の果実は、汗をかいて育てた当人のもの。どのようにして食べるか。いつまで収穫しつづけるのかは、まったくその人の自由である。

〈外国人〉による日本語文学は、すでに日本語以外の言語の果樹をもっていて、収穫も可能な人が、二本目、三本目の果樹として日本語の木を植え、育てて収穫し、料理をして差し出したものにたとえられる。すでにもっている技術や方法が援用されることもあるから、在来の方法で育てられたものと違った味の実ができるかもしれない。土壌や肥料、スパイスにそれぞれの母文化の香りが加わるかもしれない。

〈外国人〉の参入で果樹園はにぎやかになるに違いない。収穫しやすく、食べやすいもの（やさしい日本語）が普及するかもしれないし、一方で、さまざまな異国の香りのバリエーションも増えていくだろう。私たちは、さまざまな人の育てた果実のさまざまな料理を味わうことができる。

＊〈外国人〉と日本語の未来

こう語ってきたところで、目の前の若者が言った。

「日本語に未来はあるんですか。そもそもマイナーだし、外国人にとって学びにくいじゃないですか」

なかなかの破壊力である。これもあながち特別ではなく、「どちらかというとそう思う」と気分を共有している人は少なくないようである。事実を確認しておこう。

文部科学省のウェブサイトに掲げられている「世界の母語人口」（上位二十言語）（出典：The Penguin FACTFINDER, 2005）によると、その言語を母語とする人の数の一位は中国語で八億八五〇〇万人。二位は英語の四億人、そのあとスペイン語、ヒンディー語（ウルドゥー語を含む）、アラビア語、ポルトガル語、ロシア語、ベンガル語と続き、日本語はその次、九番目で一億一五〇〇万人である。ドイツ語やフランス語などヨーロッパの諸言語より多い。世界に六千とも七千ともいわれる言語の中で、母語話者数が九位である言語を「マイナーな言語」とは言えない。現在、国連の公用語は英語、フランス語、ロシア語、スペイン語、アラビア語、中国語で、日本語は入っておらず、母語話者以外の話者が比較的少ないことは確かで、ことさらメジャーだと言い立てることもないが、「マイナー」と呼ぶのは適切ではない。ついでに、日本を「小さい国」と思っている若者も少なくないようだが、人口でいうと、日本は世界第十一位である（『世界の人口推計 Updated:23-Jul-2019』より）。二三四の国名の並ぶ表の全体を眺めるに、「少ない」とは言えない。面積でいうと六十一位で（「面積［２０２１年］：面積・人口：世界の統計」［帝国書院ウェブサイト］より）、それでもヨーロッパの多くの国々をはじめ、日本より面積の小さい国は多い。あまり「小さい」とは言わない方がよさそうである。

日本語が学習しにくいかどうかについては、さまざまな立場があるとは思うが、日本語教師として長く教育現場に立ってきた実感からすると、文法も発音もそれほど複雑ではなく、特に難しいとは思えない。教授法や教材の蓄積もある。本書で紹介してきたように、すでに多くの〈外国人〉が、日本語を習得し操ってきた。難しいのは表記法の複雑さと語数の多さ（ほぼ同じ意味でも和語、漢語、外来語――「ほほえみ・微笑・スマイル」／「はやさ・速度・スピード」など――があったりする）で、特に表記法は〈日本人〉

にとっても難しい。第六章に登場した全盲のアブディンが漢字の障壁を知らず、初級を終えたあたりで近代文学を録音図書でどんどん「読んだ」、という話は、漢字の困難ゆえに日本語を諦める必要のないことを教えてくれる。

多文化多言語化する日本社会における日本語の未来は、〈外国人〉の日本語の使い手、日本語文学の書き手とともにあってこそ光が見える。〈外国人〉の日本語使用、日本語文学の将来を実り多いものにするためには、それぞれの日本語をのびやかに使える環境を、日本社会が用意することも大事である。第六章で紹介した留学生文学賞が示唆するように、背中を押されたら書いてみようという才能は潜在的に存在する。新しい味を持ち寄る仲間は大勢のほうが楽しいに違いない。

あとがき

最初に会いに行った〈外国人〉は、台湾のヤン媽媽《マーマ》（仮名《かめい》）だった。一九八〇年代の半ば、滞在先のアメリカの冬長き街のキャンパスで、台湾からの留学生のヤンさんが、日本統治時代に育った母親が一番話したいのは日本語だが、自分には分からないので話し相手になってほしい、と言ったのである。手紙を書いたら、すぐに返事が届いた。「ヤン媽媽（ヤンさんのお母さん）」と呼ぶように、と書いてあった。しばらく文通をしてから台南へ会いに行くと、日本語を話す同世代の仲間を次々に紹介してくれた。集まるとおしゃべりに花が咲く。その中のテイさんご夫婦（仮名）には、改めて高雄のご自宅を訪ねてゆっくり話を聞いた。「おじさん、おばさん」と呼ぶように言われた。おじさんは昔、京都で学んだことがある。溢れ出す日本語を書き留めて、修正してもらい半生記が完成したが、非公開の約束である。

一九九〇年代からは調査研究の一環として、戦争中に日本語を教えていた人、学んでいた人に聞き取り調査を行うようになり、国の内外へ会いに行った。その成果は論文や報告書、本にして発表した。

二〇一〇年春、高雄のおじさんが脳梗塞で倒れたと、おばさんから電話があった。日本語にしか反応しないという。その夏、訪ねた。深く倒した車いすの背もたれに力なく寄りかかっていたおじさんに、「おじさん、会いに来ましたよ」と声をかけたら、わずかに目が光った。「反応した」と若い世代のご家族が喜んだ。バイリンガルでも、高齢になるとあとから学んだ外国語を忘れて、青少年期に自由だった言語だけが残る場合がある。おじさんの場合、残ったのが日本語だった。数か月後に訃報が届いた。

一九九〇年代からお話を聞いてきた方々も、ぽつりぽつりとこの世を去って行かれた。目を閉じると、その表情が見え、声が聞こえてくる。と、その奥からさらに昔の人の日本語が聞こえてくるような気がした。私は必ずしも死後の世界を信じる者ではないが、書物の世界は信じられる。聴きに行こう。書物を通して、私たちは過ぎ去った人の声を聴くことができる。そんな思いに支えられて、私は本書を書いた。書名の「日本語はしたたかで奥が深い」というのは黄霊芝のことばによる。

一方で、私は一九八〇年代末から日本語教育に従事し、〈外国人〉の日本語作文の添削をしてきた。使える語彙や文法の限られた学習途上の日本語でも、光るものを書く人はいる。私はそれを愛おしく思ったが、大抵は授業期間だけの交流である。それだけに、元留学生が日本語で書いた文学作品が出版されると、すすんで求めて読んできた。

二〇一八年度から三年間、青山学院大学文学部日本文学科の授業「文学交流特講」で、こうした作品について話し合う機会を得た。二〇二〇年度から杏林大学外国語学部、同大学院国際協力研究科でも授業で扱った。学生からの意見や感想は、凡例や本文に反映した。

本書は研究社の高橋麻古さんのおかげで生まれました。長期間にわたって粘り強くお励ましいただき、共に歩んでくださったご恩は大きく、心からの敬意と感謝を捧げます。

出版にあたって、杏林大学大学院国際協力研究科より出版助成を受けました。心より感謝申し上げます。

これからも〈外国人〉による日本語の作品を楽しみにしています。誰もが、表現したいと思う言語で、のびのびと表現活動のできる社会でありますように。

二〇二三年初夏　生命力あふれる緑の眩しい朝

河路由佳

〈参考文献一覧〉

（配列は編著者の五十音順。同一著者のものは刊行年順。）

青江舜二郎（一九七〇）『大日本軍宣撫官——ある青春の記録』芙蓉書房

浅川哲也／ディーナ・グリブ（二〇一五）「ニコライ・レザノフ『露日辞書』（邦訳）」『人文学報』五〇三、一〇三〜二八四頁

W・G・アストン［著］川村ハツエ［訳］（一九八五）『日本文学史』七月堂

モハメド・オマル・アブディン（二〇一三）『わが盲想』ポプラ社

モハメド・オマル・アブディン［著］河路由佳［聞き手・構成］（二〇二一）『日本語とにらめっこ』白水社

鮎沢啓夫（一九七七）「欧訳された養蚕新説」『農業史研究会会報』三、一〜二頁

有村次郎（一九四二）「南洋の人気男」『週刊朝日』春季特別号、一一二〜一一三頁

アルーペ神父［著］井上郁二［訳］（一九四九）『聖フランシスコ・デ・ザビエル書翰抄（上・下）』岩波文庫

安宇植（アン・ウシク）（一九七二）『金史良——その抵抗の生涯』岩波新書

J・マーシャル・アンガー［著］奥村睦世［訳］（二〇〇一）『占領下日本の表記改革——忘れられたローマ字による教育実験』三元社

李元植（イ・ウォンシク）（一九九七）『朝鮮通信使の研究』思文閣出版

李箱（イ・サン）［著］崔真碩［編訳］（二〇〇六）『李箱作品集成』作品社

池田敏雄［編著］（一九六六）『昭和日本の恩人——S・カンドウ師』中央出版社

石黒寛（一九八六）「ロシアにおける最初の日本語学校」『日本語教育』六〇、一一七〜一二三頁

石田英一郎（一九五〇）「月と不死——沖縄研究の世界的連関性によせて」『民族学研究』一五（一）、一〜一〇頁

板垣俊一（二〇一四）「渡来系古代人と万葉集の短歌体即興歌」『国際地域研究学会〔論集〕』五、一〜一六頁

伊藤徳也［編］（二〇一三）『周作人と日中文化史』勉誠出版

伊藤徳也（二〇一八）「「西山小品」の諸問題——日中近代文学史における」『周作人研究通信第』八

伊藤芳樹（一九九二）『青い目の養蚕秘録——19世紀の日欧蚕糸交流』大日本蚕糸会

井上史雄（二〇〇〇）『日本語の値段』大修館書店

井上靖（一九七四）『おろしや国酔夢譚』文春文庫

伊波和正・喜名朝昭・森庸夫・高橋俊三［訳］（一九八〇）「〈翻訳〉ベッテルハイム著「琉球語と日本語の文法要綱（二）」」『南東文化』二、四五〜七〇頁

伊波普猷（一九七六）「目覚めつつあるアイヌ種族」服部四郎／仲宗根政善／外間守善［編］『伊波普猷全集』一一、平凡

社、三〇二～三一二頁
違星北斗（一九九五）『コタン――違星北斗遺稿』草風館
今西祐一郎（二〇一六）『死を想え『九相詩』と『一休骸骨』』平凡社
今村圭介／ダニエル・ロング（二〇一九）『パラオにおける日本語の諸相』ひつじ書房
今村圭介／ダニエル・ロング［編］（二〇二一）『アジア・太平洋における日本語の過去と現在』ひつじ書房
林容澤（イム・ヨンテク）（二〇〇〇）『金素雲『朝鮮詩集』の世界――祖国喪失者の詩心』中公新書
岩井憲幸（一九七九）「ゴシケービチ、橘耕斎『和魯通言比考』覚書」『早稲田大学図書館紀要』二〇、一一四～一二五頁
アレッサンドロ・ヴァリニャーノ［著］松田毅一／佐久間正［編訳］（一九六五）『日本巡察記』桃源社
上田萬年（一八九五A）「批評 Dichtergrüsse aus dem Osten. ドクトル、フローレンツ訳」『帝国文学』一、九八～九九頁
上田萬年（一八九五B）「フローレンツ先生の比較考を読む」『帝国文学』五、五一～五九頁
上田萬年（一八九五C）「再びフローレンツ先生に答ふ」『帝国文学』九、七二～七六頁
江口泰生（二〇一二）「レザノフ「会話」からみた18世紀末石巻方言のマスとマスル」『国語国文』八一（一二）、一～一二頁
榎一雄（一九七八）「三人の日本学者の逝去――エリセーエフ・ムッチョーリ・アグノーエル」『東洋学報』五九（三・四）、三七〇～三八四頁
セルゲイ・エリセーエフ（一九一四）「年越のまじない（露国風俗）」『心の花』一八（一）、九〇～九二頁
セルゲイ・エリセーエフ（一九七六）『赤露の人質日記』中公文庫
ヴァシリー・エロシェンコ［著］高杉一郎［編］（一九七四A）『エロシェンコ作品集1 桃色の雲』みすず書房
ヴァシリー・エロシェンコ［著］高杉一郎［編］（一九七四B）『エロシェンコ作品集2 日本追放記』みすず書房
王学文（おう・がくぶん）（一九八二）「河上肇先生に師事して」人民中国雑誌社［編］『わが青春の日本――中国知識人の日本回想』東方書店、二四～三七頁
王彩芹（おう・さいきん）（二〇一一）「日本初のグーテンベルク印刷機の歴史的意義」荒武賢一朗／野間晴雄／藪田貫［編］『天草諸島の文化交渉学研究』関西大学文化交渉学教育研究拠点、九一～九七頁
大内田貞郎（二〇〇〇）「きりしたん版について」印刷史研究会［編］『本と活字の歴史事典』柏書房、九～四六頁
大内田貞郎（二〇〇九）「「きりしたん版」に「古活字版」のルーツを探る」『活字印刷の文化史』勉誠出版、一九～六九頁
大島幹雄（一九九六）『魯西亜から来た日本人――漂流民善六物語』廣済堂出版
太田雄三（一九九四）『ラフカディオ・ハーン――虚像と実像』岩波新書

大庭定男（一九八八）『戦中ロンドン日本語学校』中公新書
岡崎郁子（二〇〇四）『黄霊芝物語――ある日文台湾作家の軌跡』研文出版
岡田六男（一九六五）「James Murdoch と若き日の私」『英米学研究　English and American Studies』二、七六〜八七頁
岡本信照［訳］（二〇一〇）「オヤングレン著『日本文典』（その1）」『京都外国語大学研究論叢』七六、二八九〜三二〇頁
小川靖彦（二〇一〇）『万葉集　隠された歴史のメッセージ』角川選書
沖森卓也（二〇一〇）『はじめて読む日本語の歴史――うつりゆく音韻・文字・語彙・文法』ベレ出版
小熊英二（一九九五）『単一民族神話の起源――〈日本人〉の自画像の系譜』新曜社
小熊英二（一九九八）『〈日本人〉の境界――沖縄・アイヌ・台湾・朝鮮：植民地支配から復帰運動まで』新曜社
小沢有作（一九七三）『在日朝鮮人教育論　歴史篇』亜紀書房
小沢有作［編］（一九七八）『近代民衆の記録　一〇　在日朝鮮人』新人物往来社
折口信夫（一九七五）『折口信夫全集第二巻　古代研究（民俗学篇1）』中公文庫
折口信夫（一九七六）『折口信夫全集第六巻　萬葉集辞典』中公文庫
ラザフォード・オールコック［著］山口光朔［訳］（一九六二）『大君の都〈上〉――幕末日本滞在記』岩波文庫
Rutherford Alcock（ラザフォード・オールコック）（一八六三）*Familiar Dialogues in Japanese with English & French Translations* BiblioBazaar
温又柔（おん・ゆうじゅう）（二〇一三）「日本語圏の「新しい」台湾人として書く」郭南燕［編著］『バイリンガルな日本語文学――多言語多文化のあいだ』三元社、二一二〜二二三頁
温又柔（二〇一七）『真ん中の子どもたち』集英社
海後宗臣［監修］（一九七二）『図説　教科書のあゆみ――学制発布一〇〇年』財団法人日本私学教育研究所事業委員会
シュテファン・カイザー（二〇〇五）「Exercises in the Yokohama Dialect と横浜ダイアレクト」『日本語の研究』一（一）、三五〜五〇頁
郭南燕［編著］（二〇一三）『バイリンガルな日本語文学――多言語多文化のあいだ』三元社
郭南燕［編著］（二〇一七）『キリシタンが拓いた日本語文学――多言語多文化交流の淵源』明石書店
郭南燕［著］（二〇一八）『ザビエルの夢を紡ぐ――近代宣教師たちの日本語文学』平凡社
梶川信行（二〇〇九）「東アジアの中の『万葉集』――渡来系の人たちの動きから」『日本大学精神文化研究所紀要』三九、一〜三七頁
梶川信行（二〇一一）「東アジアの中の『万葉集』――半島系渡来人たちの役割」『国文学：解釈と鑑賞』七六（五）、八二〜九〇頁
桂川甫周［著］宮永孝［解題・訳］（一九八八）『海外渡航記叢

書1　北槎聞略』雄松堂出版
加藤九祚（一九九三）『初めて世界一周した日本人』新潮選書
加藤九祚（二〇一二）『完本　天の蛇――ニコライ・ネフスキーの生涯』河出書房新社
金沢朱美（二〇一二）『ヘルンさん言葉の世界――小泉八雲の日本語と明治期の日本語教育をめぐって』近代文藝社
金沢恂（一九七七）「一片の紙屑から私を救った方」森緑［編］『ホイヴェルス神父を語る』中央出版社、六八～七三頁
上村直己（二〇〇五）「明治末の五高の独語教師たち」『九州の日独文化交流人物誌』熊本大学文学部地域科学科、一〇二～一〇三頁
河合満朗（一九九四）「フランスにおける日本研究」『日本研究』一〇、国際日本文化研究センター、一〇一～一一二頁
川上郁雄・尾関史・太田裕子（二〇一四）『日本語を学ぶ／複言語で育つ――子どものことばを考えるワークブック』くろしお出版
河路由佳（二〇〇六A）『非漢字圏留学生のための日本語学校の誕生――戦時体制下の国際学友会における日本語教育の展開』港の人
河路由佳［編］（二〇〇六B）『国際学友会「日本語教科書」全七冊――一九四〇～一九四三』港の人
河路由佳（二〇〇六C）「近代日本の国語教科書に描かれた「日本語普及」――国定国語読本に現れる「国語」「日本語」の用例から」『東京外国語大学論集』七二、二二三～二四一頁
河路由佳（二〇一一）『日本語教育と戦争――「国際文化事業」の理想と変容』新曜社
河路由佳［編著］（二〇一四）『中島敦「マリヤン」とモデルのマリア・ギボン』港の人
河路由佳（二〇一五A）「パラオの日本語人・マリアとSDA教会、そして土方久功――中島敦「マリヤン」の限界と挑戦」『ことばと文字』四、一九六～二〇三頁
河路由佳（二〇一五B）「現代パラオにおける日本語――人々による日本語使用とその学習の諸相」『日本語の多様性を探る――日本を離れた日本語』五、東京外国語大学国際日本研究センター、六〇～六六頁
河路由佳（二〇一六）「成熟した多言語共生社会をつくるために――子どもたちのもう一つの言語」『共生社会Ⅱ　共生社会をつくる』農林統計出版、二九五～三〇九頁
河路由佳（二〇一七A）「呉建堂の「万葉精神」と『台湾万葉集』――戦後台湾の日本語短詩系文芸の担い手、黄霊芝、黄得龍に照らして」『ことばと文字』七、一七六～一八七頁
河路由佳（二〇一七B）「日米戦争中のハワイ大学でドナルド・キーンが学んだ日本現代文学――菊池寛「勝敗」の感想文と教師、上原征生」『ことばと文字』八、一七〇～一八二頁
河路由佳（二〇一八A）「呉建堂の〈台湾万葉集〉と〈国語〉教師、川見駒太郎／犬養孝――日本統治下台湾の短歌教育と戦後台湾の短歌」『ことばと文字』一〇、一九六～二〇六頁
河路由佳（二〇一八B）「日本統治下の台湾における「万葉集」

教育と「台湾万葉集」の誕生」小松靖彦［編］『戦争と萬葉集』一、二一～三一頁
河路由佳（二〇一九B）「南の国の日本語の歌」『文藝家協会ニュース』二〇一九年九月号、八頁
河路由佳（二〇二〇）「昭和初期のパラオからの留学生エラケツ（Ngiraked）の留学前後――日本統治時代のパラオと日本の間」『ことばと文字』一三、一九四～二〇六頁
河路由佳（二〇二一）「柔和なれども尋常ならず（ドナルド・キーンさんを悼む）」ドナルド・キーン記念財団［編］『ひとり灯の下にて――ドナルド・キーン追悼文集』一七〇～一七二頁
河路由佳・淵野雄二郎・野本京子（二〇〇四）『戦時体制下の農業教育と中国人留学生――一九三五～一九四四年の東京高等農林学校』農林統計協会
康遇聖（カン・ウソン）［著］林義雄［編］（二〇〇六）『四本和文対照　捷解新語』専修大学出版局
簡月真（かん・げっしん）［著］真田信治［監修］（二〇一一）『台湾に渡った日本語の現在――リンガフランカとしての姿（海外の日本語シリーズ）』明治書院
S・カンドウ（一九五五）『永遠の傑作』東峰書房
カン・ハンナ（二〇一九）『まだまだです』角川文化振興財団
菊池多嘉子（一九七七）「湖水のような」森緑［編］『ホイヴェルス神父を語る』中央出版社、七六～八二頁
木崎良平（一九九一）『漂流民とロシア』中公新書
木崎良平（一九九七）『仙台漂民とレザノフ』刀水書房
北野寮（一九四二）『寮生教育概要（昭和十七年十二月現在）』北野寮
北村信昭（一九八三）『奈良いまは昔』奈良新聞社
金史良（キム・サリャン）（一九九九）『光の中に――金史良作品集』講談社文芸文庫
金時鐘（キム・シジョン）（二〇〇四）『わが生と詩』岩波書店
金時鐘（二〇一〇）『失くした季節――金時鐘四時詩集』藤原書店
京都大学国語学国文学研究室［編］（一九六二）『慶長三年耶蘇会版　落葉集』京都大学国文学会
京都大学国語学国文学研究室［編］（一九七二）『三本対照捷解新語　本文篇』京都大学国語国文学会
ドナルド・キーン（一九五七）『碧い目の太郎冠者』中央公論社
ドナルド・キーン［著］吉田健一［訳］（一九六三）『日本の文学』筑摩書房
ドナルド・キーン（一九七七）『日本文学を読む』新潮選書
ドナルド・キーン（二〇一三）『私が日本人になった理由――日本語に魅せられて』PHP研究所
ドナルド・キーン／河路由佳（二〇一四／二〇二〇新装版）『ドナルド・キーン　わたしの日本語修行』白水社
金水敏（二〇一四）『コレモ日本語アルカ？――異人のことばが生まれるとき』岩波書店
金素雲［訳編］（一九四〇）『乳色の雲』河出書房
金素雲［訳編］（一九四三）『朝鮮詩集　前期』『朝鮮詩集　中

期』興風館
金素雲［訳編］（一九五四）『朝鮮詩集』岩波文庫
金田一京助（一九八九）『天の涯に生くるとも』講談社学術文庫
金田一京助（一九九三A）「あいぬの話」『金田一京助全集 十四』三省堂、二四一～二六〇頁
金田一京助（一九九三B）「故知里幸恵さんの追憶」『金田一京助全集 十四』三省堂、六二～六八頁
金田一京助（一九九七）『私の歩いて来た道〈人間の記録 六〉』日本図書センター
楠家重敏（一九八六）『ネズミはまだ生きている――チェンバレンの伝記』雄松堂出版
楠家重敏（一九九七）『日本アジア協会の研究』近代文芸社
楠家重敏（二〇〇五）『W・G・アストン――日本と朝鮮を結ぶ学者外交官』雄松堂出版
マイケル・クーパー［著］ 松本たま［訳］（一九九一）『通辞ロドリゲス――南蛮の冒険者と大航海時代の日本・中国』原書房
久保田優子（二〇一八）「「国民学校令」期朝鮮の国語（日本語）教育における特殊性」『九州産業大学国際文化学部紀要』六九、五一～七〇頁
熊沢精次（一九七三）「ロドリゲスの日本語教育観」『日本語と日本語教育』三、慶應義塾大学国際センター、一～一五頁
熊沢精次（一九七五）「幕末、明治期の欧米人の日本語学習――チェンバレンを中心として」『日本語と日本語教育』四、慶應義塾大学国際センター、一～一三頁
熊沢精次（一九八六）「フランスの日本語教育史――レオン・ド・ロニーを中心に」『日本語教育』六〇、一二四～一三五頁
粂井輝子（二〇〇五）「日本政府と二世越境教育――敵之館を事例として」吉田亮［編著］『アメリカ日本人移民の越境教育史』日本図書センター、二五一～二七五頁
粂井輝子（二〇〇九）「友情と友好を結んで――敵之館からラヂオプレスへ」『JICA横浜海外移住資料館研究紀要』四、一～一一頁
倉田保雄（一九七七）『エリセーエフの生涯――日本学の始祖』中公新書
倉田保雄（二〇〇七）『夏目漱石とジャパノロジー伝説――「日本学の父」は門下のロシア人・エリセーエフ』近代文芸社
ドンケル・クルチウス［著］フォス美弥子［編訳］（一九九二）『幕末出島未公開文書――ドンケル＝クルチウス覚え書』新人物往来社
経志江（けい・しこう）（二〇一一）「中日国交断絶期の日本語高等教育機関――建国初期の3校を対象として」『中京女子大学教育紀要』一三、四一～五一頁
経志江（二〇一三）『中日国交断絶期の日本語習得者に関する研究（平成二十一年度～平成二十四年度科学研究費補助金若手研究（B）報告書）』
経志江（二〇一四）「陳信徳――中日国交断絶期北京大学の日本語教師」『日本経大論集』四三（二）、二四九～二六七頁

言語権研究会［編］（一九九九）『ことばへの権利――言語権とはなにか』三元社
黒川創［編］（一九九六）『〈外地〉の日本語文学選Ⅰ・Ⅱ・Ⅲ』新宿書房
グレゴリー・ケズナジャット（二〇二一）『鴨川ランナー』講談社
呉濁流（一九七二A）『泥濘に生きる――苦悩する台湾の民』社会思想社
呉濁流（一九七二B）『夜明け前の台湾――植民地からの告発』社会思想社
呉濁流（一九七三）『アジアの孤児――日本統治下の台湾』新人物往来社
小泉節子（一九二七）「思ひ出の記」『小泉八雲全集　別冊』第一書房、三〇五～三六二頁
小出詞子（一九九一）「父を語る」『日本語教育とともに（小出詞子著作集）』凡人社、一～三頁
デイダコ・コイヤード［著］大塚高信［訳］（一九三四）『日本語文典』坂口書店
国際交流基金日本語国際センター［編］（一九九一～二〇〇九）『世界の日本語教育　日本語教育論集』一～一九、国際交流基金
黄霊芝（二〇〇三）『台湾俳句歳時記』言叢社
黄霊芝（二〇一二）「違うんだよ、君――私の日文文芸（評論）」『黄霊芝小説選』渓水社、二五九～二六六頁
Goshkevich I.（ゴシュケビッチ）［編著］橘耕斎［補］（一八五七）『和魯通言比考』*Въ типографіи Я. Іонсона и литографіи Р. Голике*（国立国会図書館デジタルコレクション）
Goshkevich I.［著編］橘耕斎［補］、岩井憲幸［訳注解］（一九八八）「『和魯通言比考』序文」『明治大学教養論集』二〇七、一五～四八頁
小西潤子（二〇一一）「「涙がこぼれる」感情表現――小笠原に伝播したミクロネシアの日本語歌謡《レモン林》の解釈」『立命館言語文化研究』二三（四）、三七～五二頁
孤蓬万里（一九九四）『台湾万葉集物語』岩波ブックレット
孤蓬万里［編著］（一九九四）『台湾万葉集』集英社
孤蓬万里［編著］（一九九五）『台湾万葉集　続編』集英社
孤蓬万里（一九九七）『孤蓬万里半世紀』集英社
小山騰（二〇一七）『ケンブリッジ大学図書館と近代日本研究の歩み――国学から日本学へ』勉誠出版
小山騰（二〇一八）『戦争と図書館――英国近代日本語コレクションの歴史』勉誠出版
ディエゴ・コリャード［著］大塚高信［訳］（一九五七）『コリャード日本文典』風間書房
ゴンザ［原編］A・I・ボグダーノフ［指導］村山七郎［編］（一九八五）『新スラブ・日本語辞典　日本版』ナウカ
齊藤修一（一九九七）「日本研究の創始者　シャルル・アグノエルフランス」関正昭／平高史也［編］『日本語教育史』アルク、一二二～一二三頁
桜井隆（一九九四）「日本語教育はいつから始まったか？」『明海大学外国語学部論集』六、一一～二〇頁

桜井隆（二〇〇〇）「クルト・マイスナー――板東俘虜収容所の日本語教師」木村宗男先生米寿記念論集刊行委員会［編］『日本語教育史論考』凡人社、三九～四八頁
佐佐木信綱（一九三五）「チェンバレン先生小伝」国際文化振興会［編］『バジル・ホオル・チェンバレン先生追悼記念録』国際文化振興会、九九～一〇六頁
Ernest Satow（アーネスト・サトウ）（一八七三）*Kuaiwa hen, twenty-five exercises in the Yedo colloquial, for the use of students, with notes* Yokohama : Lane, Crawford
アーネスト・サトウ［著］坂田精一［訳］（一九六〇）『一外交官の見た明治維新（上・下）』岩波文庫
アーネスト・メイスン・サトウ［著］鈴木悠［訳］（二〇二一）『一外交官の見た明治維新』講談社学術文庫
アーネスト・M・サトウ［著］楠家重敏［訳］（二〇二一）『変革の目撃者――アーネスト・サトウの幕末明治体験（上）』晃洋書房
佐藤和夫（一九八七）『俳句からＨＡＩＫＵへ――米英における俳句の受容』南雲堂
佐藤文樹（一九六七）「江戸時代の文学の欧訳」『独仏文学研究』一七、四八～五九頁
佐藤文樹（一九六九）「『浮世形六枚屏風』の仏訳本――柳亭種彦の海外紹介」『ソフィア：西洋文化ならびに東西文化交流の研究』一八（二）、上智大学、一四〇～一五四頁
佐藤マサ子（一九九五）『カール・フローレンツの日本研究』春秋社
真田信治（二〇一九）『アジア太平洋の日本語』ひつじ書房
山東功（二〇一三）『日本語の観察者たち――宣教師からお雇い外国人まで』岩波書店
幣原道太郎（一九五六）「日本文学西洋紹介の嚆矢としての「浮世形六枚屏風」――特にその英訳について」『駒澤大学研究紀要』一四、一五八～一六六頁
フィリップ・フランツ・フォン・ジーボルト［著］斎藤信［訳］（一九六七）『江戸参府紀行』平凡社
島田謹二（一九九五）『華麗島文学志――日本詩人の台湾体験』明治書院
嶋津拓（二〇〇八）『オーストラリアにおける日本語教育の位置――その一〇〇年の変遷』凡人社
志村哲也（二〇〇六）「ヘルマン・プラウト『日本語読本』」『上智大学ドイツ文学論集』四三、一九七～二一六頁
下岡友加［編］（二〇一二）『戦後台湾の日本語文学　黄霊芝小説選』渓水社
下岡友加［編］（二〇一五）『戦後台湾の日本語文学　黄霊芝小説選　二』渓水社
下岡友加（二〇一九）『ポストコロニアル台湾の日本語作家――黄霊芝の方法』渓水社
下村作次郎（一九九四）『文学で読む台湾――支配者・言語・作家たち』田畑書店
釈徹宗（二〇〇九）『不干斎ハビアン――神も仏も棄てた宗教者』新潮選書
周作人（しゅう・さくじん）（一九二二）「サイダー売り」『生

長する星の群』一（九）（一九二一年十二月）、四～六頁
徐敏民（じょ・びんみん）（一九九六）『戦前中国における日本語教育――台湾・満洲・大陸での展開と変容に関する比較考察』エムティ出版
申維翰（シン・ユハン）／姜在彦［訳注］（一九七四）『海游録――朝鮮通信使の日本紀行』東洋文庫、平凡社
新村出／柊源一［校注］（一九九三）『吉利支丹文学集Ⅰ』東洋文庫、平凡社
鄒双双（すう・そうそう）（二〇一四）『「文化漢奸」と呼ばれた男――万葉集を訳した銭稲孫の生涯』東方書店
菅宗次（二〇一一）「朝鮮通信使による日本語韻文頁史料――発句、和歌などの短冊色紙をめぐって」『前近代における東アジア三国の文化交流と表象――朝鮮通信使と燕行使を中心に』二九、一〇三～一〇七頁
杉田玄白［著］片桐一男［全訳注］（二〇〇〇）『蘭学事始』講談社学術文庫
杉本つとむ（一九八九）『西洋人の日本語発見――外国人の日本語研究史一五四九～一八六八』創拓社
杉本つとむ（一九九〇）『長崎通詞ものがたり――ことば文化の翻訳者』創拓社
杉本豊久（二〇一〇）「明治維新の日英言語接触――横浜の英語系ピジン日本語（一）」『Seijo English monographs』四二、三五七～三八一頁
鈴木重三（一九五四）「「浮世形六枚屏風」の欧訳書」『日本古書通信』一九（一一）、一～三頁
鈴木健夫／P・スノードン／G・ツォーベル（二〇〇五）『ヨーロッパ人の見た文久使節団――イギリス・ドイツ・ロシア』早稲田大学出版部
鈴木広光（二〇〇九）「嵯峨本『伊勢物語』の活字と組版」張秀民／大内田貞郎／豊島正之／鈴木広光／小宮山博史／宮坂弥代生／佐賀一郎／劉賢国／孫明遠／内田明／小形克宏［著］『活字印刷の文化史――きりしたん版・古活字版から新常用漢字表まで』勉誠出版、一〇五～一二六頁
E・スティーヴンスン［著］遠田勝［訳］（一九八四）『評伝ラフカディオ・ハーン』恒文社
デビット・ゾペティ（一九九七）『いちげんさん』集英社
ソヨルジャブ先生追悼文集刊行有志の会［編］（二〇一五）『ソヨルジャブ・バクシを囲んで――ソヨルジャブ先生追悼文集』ソヨルジャブ先生追悼文集刊行有志の会
宋恵媛（ソン・ヘウォン）（二〇二〇）「尹紫遠日記を読む――戦後日本で在日朝鮮人が書くということ」『アジア太平洋レビュー』一七、四九～六四頁
宋恵媛（二〇二一）「歌人から小説家へ――尹紫遠の〝戦後文学〟」『大阪経済法科大学アジア太平洋研究センター年報』一八、一〇～一七頁
高杉一郎（一九八二）『夜あけ前の歌――盲目詩人エロシェンコの生涯』岩波書店
高橋邦太郎（一九八二）『日仏の交流　友好三百八十年』三修社
高松政雄（一九九六A）「早期の日本学者プフィッツマイヤー」『日本文藝研究』四八（一）、一～一九頁

高松政雄（一九九六B）「プフィッツマイヤーの『日本語辞書』（上）」『人文論究』四六（二）、一五～二八頁
高松政雄（一九九六C）「プフィッツマイヤーの『日本語辞書』（下）」『日本文藝研究』四八（二）、八三～九四頁
翟新（たく・しん）（二〇〇一）『東亜同文会と中国——近代日本における対外理念とその実践』慶應義塾大学出版会
竹田裕姫（二〇一二）「『捷解新語』と改訂版に見られる日本語の一考察」『目白大学人文学研究』八、一八九～二〇一頁
崔実（チェ・シル）（二〇一六）『ジニのパズル』講談社
喬穎（チャオ・イン）（二〇一四）「中国の日本語科教育における「人材育成」の系譜」『早稲田日本語教育学』一四～一六、早稲田大学大学院日本語教育研究科、二七～四八頁
チャンブレン［著］丸山和雄／岩崎攝子［訳］（一九九九）『「日本口語文典」全訳』おうふう
趙新利（ちょう・しんり）（二〇一〇）「日中戦争期における中国共産党の敵軍工作訓練隊——八路軍に対する日本語教育の開始とその特質」『早稲田政治公法研究』九四、一～一一頁
朝鮮人教育対策委員会（一九七八）「在日朝鮮人教育の実情」小沢有作［編］『近代民衆の記録一〇　在日朝鮮人』新人物往来社、三六二～三七〇頁
知里幸惠［編訳］（一九七八）『アイヌ神謡集』岩波文庫（参照したのは二〇一三年の第五一刷）
陳培豊（ちん・ばいほう）（二〇一〇）『「同化」の同床異夢——日本統治下台湾の国語教育史再考』三元社
筑紫磐井・対馬康子・高山れおな［編］（二〇一〇）『セレクション俳人　超新撰二一』邑書林
辻朋季（二〇〇九）「上田萬年との翻訳論争（一八九五年）に見るカール・フローレンツの西洋中心主義」『論叢現代語・現代文化』三、筑波大学人文社会科学研究科現代語・現代文化専攻、六五～九〇頁
坪井秀人（二〇〇九）「二重言語性を生きる——李箱の詩について」『野草』八四、中国文芸研究会、三八～四六頁
田原（でん・げん）（二〇〇九）『石の記憶』思潮社
田原（二〇一四）『田原詩集』現代詩文庫、思潮社
土井忠生（一九七一）『吉利支丹語学の研究　新版』三省堂
土井忠生・森田武・長南実［編訳］（一九八〇）『邦訳　日葡辞書』岩波書店
ケビン・ドーク（二〇一七）「カンドウ神父の日本文化への貢献」郭南燕［編著］『キリシタンが拓いた日本語文学——多言語多文化交流の淵源』明石書店、二一八～二三一頁
冨田弘（一九九一）『板東俘虜収容所——日独戦争と在日ドイツ俘虜』法政大学出版局
中里信一（二〇〇七）「板東人、クルト・マイスナー覚書」『愛知学院大学教養部紀要』五四（四）、三七～四五頁
中西進（一九六三）『萬葉集の比較文学的研究』南雲堂桜楓社
中野重治（一九五〇）『歌のわかれ』新潮文庫
中村健之介（一九九六）『宣教師ニコライと明治日本』岩波新書
中村喜和（一九七〇）「橘耕斎伝」『一橋論叢』六三（四）、

五一四～五四〇頁
夏目漱石（一九八六）『漱石文明論集』岩波文庫
ナディ［著］山口元一［解説］（二〇一九）『ふるさとって呼んでもいいですか――六歳で「移民」になった私の物語』大月書店
南洋群島文化協会（一九四二）『南洋群島』八（五）、南洋群島文化協会
西加奈子（二〇一六）『i』ポプラ社
日独交流史編集委員会［編］（二〇一三）『日独交流150年の軌跡』雄松堂書店
日本語教授研究所［編］（一九四二）『ラジオによる日本語の普及』日語文化協会
日本文体論学会［編］（一九九四）『俳句とハイク――シンポジウム　短詩型表現をめぐって――俳句を中心に』花神社
シリン・ネザマフィ（二〇〇九）『白い紙／サラム』文藝春秋
N・ネフスキー［著］岡正雄［編］（一九七一）『月と不死』東洋文庫、平凡社
ジョルジュ・ネラン（一九九二）『おバカさんの自叙伝半分――聖書片手にニッポン四〇年間』講談社文庫
萩原朔太郎（二〇〇九）『（ちくま日本文学）萩原朔太郎』筑摩書房
長谷川恒雄（二〇〇二）「一九世紀前半の中国における宣教師の日本語学習とその支援者」『国際文化交流と日本語教育――きのう・きょう・あす　椎名和男教授古希記念論文集』凡人社、五一～六一頁
長谷川恒雄（二〇〇三）「興亜院の日本語教育施策――派遣要員の事前研修をめぐって」『日本語と日本語教育』三二、一～一七頁
長谷川恒雄（二〇〇五）「興亜院の日本語教育――「練成」思想と「日本語普及要領（一九三九）」」『日本語と日本語教育』三三、一～一六頁
バチェラー八重子（二〇〇三）『若きウタリに』岩波現代文庫
ハーバード・パッシン［著］加瀬英明［訳］（一九八一）『米陸軍日本語学校――日本との出会い』TBSブリタニカ
ハビヤン［著］亀井高孝／阪田雪子［翻字］（一九六六）『ハビヤン抄キリシタン版平家物語』吉川弘文館
濱田敦（一九七〇）「朝鮮資料による日本語研究」岩波書店
林啓介（一九七八）『板東俘虜収容所〈第九交響曲のルーツ〉』阿波文庫六、南海ブックス
林修二（二〇〇〇）『林修二集』台南県文化局（台湾）
春名徹（一九七九）『にっぽん音吉漂流記』晶文社
ペーター・パンツァー（一九九四）「ドイツ・オーストリアにおける日本学の現状」『日本研究』一〇、日本文化研究センター、七七～七九頁
東山彰良（二〇一五）『流』講談社
マーク・ピーターセン（一九八八）『日本人の英語』岩波新書
マーク・ピーターセン（一九九〇）『続　日本人の英語』岩波新書
マーク・ピーターセン（二〇一八）『英語のこころ』集英社インターナショナル選書

アーサー・ビナード（二〇〇〇）『釣り上げては――詩集』思潮社
桧山真一（一九九三）「東洋学院（ヴラヂヴォストーク）最初の日本人教師」『ロシア語ロシア文学研究』二五、日本ロシア文学会、八九～九二頁
平川祐弘（一九八四）『漱石の師　マードック先生』講談社学術文庫
平川祐弘（二〇〇九）『書物の声　歴史の声』弦書房
平林美鶴（一九九一）『北京の嵐に生きる』悠思社
ロバート・フィリプソン［著］平田雅博ほか［翻訳］（二〇一三）『言語帝国主義――英語支配と英語教育』三元社
テオドール・オーギュスタン・フォルカード［著］中島昭子／小川早百合［訳］（一九九三）『幕末日仏交流記――フォルカード神父の琉球日記』中公文庫
福沢諭吉（一九五九）「学問のすゝめ」『福沢諭吉全集　三』岩波書店、二一～一四四頁
福沢諭吉（一九六二）「西航記」『福沢諭吉全集　十九』岩波書店、六～六五頁
藤本英夫（一九九一）『銀のしずく降る降るまわりに――知里幸恵の生涯』草風館
藤森智子（二〇一六）『日本統治下　台湾の「国語」普及運動――国語講習所の成立とその影響』慶應義塾大学出版会
藤原彰／姫田光義［編］（一九九九）『日中戦争下中国における日本人の反戦活動』青木書店
ヘルマン・プラウト［著］森岡健二／志村哲也［翻訳・解説］（二〇〇六）『日本語読本I』大空社
S・R・ブラウン［著］加藤知己／倉島節尚［編］（一九九八）『幕末の日本語研究　S・R・ブラウン　会話日本語――複製と翻訳・研究』三省堂
ブルボン吉田記念財団［編］（二〇一四）『（特別企画展パンフレット）ドナルド・キーンの直筆原稿が語る『日本文学を読む』』（前期）（後期）ブルボン吉田記念財団
ルイス・フロイス［著］岡田章雄［訳注］（一九九一）『ヨーロッパ文化と日本文化』岩波文庫
カール・フローレンツ（一八九五A）「日本詩歌の精神と欧州詩歌の精神との比較考」『帝国文学』三、一～一七頁
カール・フローレンツ（一八九五B）「上田文学士に答ふ」『帝国文学』七、六九～七六頁
カール・フローレンツ［著］土方定一／篠田太郎［訳］（一九三六）『日本文学史』樂浪書院
パトリック・ベイヴェール（二〇一二）「古代日本文化の鏡を越えて――一九三〇年の沖縄に関する仏国のシャルル・アグノエルのフィールドワーク調査」沖縄国際大学総合研究機構南島文化研究所第二四回南島研セミナー（十月二十九日）講演資料
コリン・ベーカー［著］岡秀夫［訳］（一九九六）『バイリンガル教育と第二言語習得』大修館書店
J・C・ヘボン［著］松村明［解説］（一九八〇）『和英語林集成』講談社学術文庫
ベリッツ（一九〇九）『日本語教科書　ヨヲロッパ版』ベル

リッツスクール

ヘルマン・ホイヴェルス（一九三九）『細川ガラシア夫人』カトリック中央書院

ヘルマン・ホイヴェルス（一九七三）『人生の秋に――随想集増補版』春秋社

ヘルマン・ホイヴェルス（一九七三）『戯曲選集』中央出版社

保坂秀子（二〇〇〇）「古代日本における異言語接触――文献に見る日本人と諸外国人のコミュニケーション」『社会言語科学』三（一）、東京都立大学、四三〜五〇頁

星野五彦（一九八〇）『万葉の展開』桜楓社

星野ルネ（二〇一八）『まんが アフリカ少年が日本で育った結果』毎日新聞出版

D・M・ポズニェーエフ［著］中村健之介［訳］（一九八六）『明治日本とニコライ大主教』講談社

細川呉港（二〇〇七）『草原のラーゲリ』文藝春秋

J・J・ホフマン［著］三澤光博［訳］（一九六八）『日本語文典』明治書院

ボヤンヒシグ（二〇〇〇）『懐情の原形　ナラン（日本）への置き手紙』英治出版

Bishop of Homoco（一八七九）*Revised and Enlarged Edition of Exercises in the Yokohama Dialect*（横浜方言における練習の改訂拡大版）Yokohama

Kurt Meissner（クルト・マイスナー）（一九二七）*Lehrbuch der Grammatik der japanischen Schriftsprache*（文語日本語講座）Deutsche Gesellschaft für Natur- und Völkerkunde Ostasiens

Kurt Meissner（クルト・マイスナー）（一九三六）*Unterricht in der Japanischen Umgangssprache*（口語日本語講座）Kyo Bun Kwan（初版は一九一六）

松井洋子（二〇一〇）『ケンペルとシーボルト――「鎖国」日本を語った異国人たち』日本史リブレット、山川出版社

松岡洸司（一九八二）「オヤングレンの日本文典の一側面（一）」『上智大学国文学論集』一五、五三〜七七頁

松方冬子（二〇一〇）『オランダ風説書――「鎖国」日本に語られた「世界」』中公新書

松下大三郎（一九〇一）『日本俗語文典』誠之堂

松田毅一（一九六五）「日本巡察師ヴァリニャーノの生涯」ヴァリニャーノ［著］松田毅一／佐久間正［編訳］『日本巡察記』桃源社、二三〜一五五頁

松田美緒（二〇一四）『CD　BOOK　クレオール・ニッポン――うたの記憶を旅する』アルテスパブリッシング

松原秀一（一九八六）「レオン・ド・ロニ略伝」『近代日本研究』三、慶應義塾福澤研究センター、一〜五六頁

松宮一也（一九四二）『日本語の世界的進出』婦女界社

マブソン青眼（二〇〇六）『一茶とワイン――ふらんす流俳諧の楽しみ』角川学芸出版

マブソン青眼（二〇一三）『遥かなるマルキーズ諸島――句集と小説』本阿弥書店

フォスコ・マライーニ（一九九四）「イタリアの日本研究」『日本研究』一〇、国際日本文化研究センター、一一三〜一二〇頁

水村美苗（二〇〇八）『日本語が亡びるとき――英語の世紀の中で』筑摩書房
水村美苗（二〇〇九）『私小説――from left to right』ちくま文庫
Maki Mita（三田牧）（二〇〇九）*Palauan Children under Japanese Rule: Their Oral Histories* 国立民族学博物館
南精一（一九九八）「ベルリッツ・メソッドについて――教材を中心に」『日本英語教育史研究』一三、一～一六頁
宮川耕次（二〇一三）「ニコライ・ネフスキーと若水の神話」『宮古島市総合博物館紀要』一七、一～一五頁
宮武正道（一九三一～三二）『パラオ叢書（パラオ語概略・パラオ語テキスト・パラオ語会話・パラオ語彙）』私家版
宮武正道（一九三三）『ミクロネシア群島パラオの土俗と島語テキスト』私家版
宮永孝（一九八四）「ヨハン・ヨゼフ・ホフマン――ライデンの日本語学者」『法政大学教養部紀要』五〇、一一七～一五三頁
宮永孝（二〇〇六）『幕末遣欧使節団』講談社学術文庫
ピーター・ミルワード［著］松本たま［訳］（一九九八）『ザビエルの見た日本』講談社学術文庫
村上政彦（二〇〇二）『「君が代少年」を探して――台湾人と日本語教育』平凡社新書
村山七郎（一九六三）「ア・タターリノフの「レクシコン」の会話篇」『国語学』五五、八九～九七頁
村山七郎（一九六五）『漂流民の言語――ロシアへの漂流民の方言学的貢献』吉川弘文館
望月洋子（一九八七）『ヘボンの生涯と日本語』新潮選書
森岡隆（二〇〇六）「手習い歌の変遷の実相について」『書学書道史研究』一六、二九～四二頁
森川甫（一九八三）「ロニの東洋語学校日本語講座開講講演（一八六三年）」『関西学院大学社会学部紀要』四七、一九～二八頁
保高みさ子（一九七八）『花実の森――小説「文芸首都」』中公文庫
柳谷武夫［編］村上直次郎［訳］（一九六八）『イエズス会士日本通信（上）耶蘇会士日本通信』雄松堂書店
柳谷武夫［編］村上直次郎［訳］（一九六九）『イエズス会士日本通信（下）耶蘇会士日本通信』雄松堂書店
矢部春（一九四三）『日語教師――日支を結ぶ婦人教師の手記』柴山教育出版社
山本聡美（二〇二〇）「「九相詩絵巻」の自然表象――死体をめぐる漢詩と和歌」『アジア遊学』二四六、勉誠出版、一〇一～一一四頁
山崎豊子（一九八六）『二つの祖国（上・中・下）』新潮文庫
楊逸（ヤン・イー）（二〇〇八）『ワンちゃん』文藝春秋
楊逸（二〇〇八）『時が滲む朝』文藝春秋
楊逸（二〇一二）『すき・やき』新潮文庫
湯浅隆（一九九〇）「一八六〇年代のフランスにおける日本蚕書の評価――『養蚕教弘録』仏訳の意味」『国立歴史民俗博物館研究報告』二六、七九～九六頁

湯沢質幸（二〇一〇）『増補改訂　古代日本人と外国語――東アジア異文化交流の言語世界』勉誠出版
尹徳祚（ユン・トクチョ）（一九四二）『月陰山』河北書房
吉浦盛純（一九六八）『日伊文化史考――十九世紀イタリアの日本研究』イタリア書房出版部
吉岡英幸［監修・解説］（二〇一三）『雑誌　華北日本語［復刻版　全三巻］』（日本語教育史資料叢書第七期）冬至書房
吉田小五郎（一九八八）『サヴィエル　新装版』（日本歴史学会編人物叢書）吉川弘文館
吉田悠樹彦（二〇二〇）「林永修と林妙子――台湾と西脇順三郎」『三田文学』一四一、二二四～二三四頁
吉田悠樹彦（二〇二一）「林永修と『風車』――台湾書籍雑誌商組合台南支部・詩書と美装本の展覧会、台南新報の文芸欄、西脇順三郎記念室・資料より」『慶應義塾中国文学会報』五、五二～七六頁
エドウィン・O・ライシャワー［著］NHK取材班［構成］大谷堅志郎［訳］（一九八二）『日本への自叙伝』日本放送出版協会
グスタフ・ヨン・ラムステット［著］坂井玲子［訳］（一九八七）『フィンランド初代公使滞日見聞録』日本フィンランド協会
Rudolf Lange（ルドルフ・ランゲ）（一九〇三）*A Text book of Colloquial Japanese : Based on the Lehrbuch Der Japanischen Umgangssprache, Rev. English edition by Christopher Noss,* Methodist Publishing House
李琴峰（り・ことみ）（二〇一九）『五つ数えれば三日月が』文藝春秋
李琴峰（二〇二〇）『ポラリスが降り注ぐ夜』筑摩書房
李琴峰（二〇二一）『彼岸花が咲く島』文藝春秋
リービ英雄（二〇〇五）『千々にくだけて』講談社
リービ英雄ほか（二〇一九）『セレクション戦争と文学三　九・一一変容する戦争』集英社文庫
劉建雲（りゅう・けんうん）（二〇〇五）『中国人の日本語学習史――清末の東文学堂』学術出版会
劉徳有（りゅう・とくゆう）（二〇〇七）『わが人生の日本語』日本僑報社
柳亭種彦［著］笹川種郎［解題］（一九二六）『柳亭種彦集』近代日本文学大系一九、国民図書
ヴィクター・ルィービン（二〇〇六）「サンクト・ペテルブルグ（ロシア）における日本語学習と日本研究の三〇〇年のあゆみ」『日本研究』三二、国際日本文化研究センター、二六一～二八四頁
ウイリアム・ルイス［著］村上直次郎［編］富田虎男［訳訂］（一九七九）『マクドナルド「日本回想記」――インディアンの見た幕末の日本』刀水書房
ジョアン・ロドリゲス［著］土井忠生［訳］（一九五五／一九九三復刊第一刷）『日本大文典』三省堂
ジョアン・ロドリゲス［著］池上岑夫［訳］（一九九三）『日本語小文典（上・下）』岩波文庫
ジョアン・ロドリーゲス［著］江馬務／佐野泰彦／土井忠生／浜口乃二雄［編］（一九六七）『日本教会史（上）』岩波書店

・ジョアン・ロドリーゲス［著］池上岑夫／伊東俊太郎／佐野泰彦／長南実／土井忠生／浜口乃二雄／藪内清［編］（一九七〇）『日本教会史（下）』岩波書店
若木太一（一九九七）「『唐通事由来書』考」『長崎大学教養学部紀要　人文科学篇』三八（一）、一～八頁
和田敦彦（二〇〇七）『書物の日米関係――リテラシー史に向けて』新曜社
渡辺修［解説］（一九八二）「アストン「日本語口語文典」――初版影印」『大妻女子大学文学部紀要』一四、三九～六三頁

＊　＊　＊

河路由佳（二〇一九A）「偉大なる日本文学者、ドナルド・キーン」『ニッポンドットコム』二〇一九年二月二十一日公開（https://www.nippon.com/ja/japan-topics/c03709/）（英語、中国語（繁体字、簡体字）、ロシア語、フランス語、スペイン語の翻訳あり）
グレゴリー・ケズナジャット（二〇二一）「新たな〝越境作家〟グレゴリー・ケズナジャット『鴨川ランナー』――「日本語と英語、〝2人〟の違う自分を生きる」『nippon.com』二〇二一年十二月十六日（https://www.nippon.com/ja/japan-topics/e00191/）
宗左近／ドゥーグル・J・リンズィー／原千代／藤田晶司（二〇〇四）「座談会「外国人が詠む日本語俳句」」（二・三）『ウェブ情報紙　有鄰』四三六（二〇〇四年三月一〇日）、三～四頁（https://www.yurindo.co.jp/static/yurin/back/yurin_436/yurin3.html）
望月優大（二〇一八）「オレはオレのことをオレの歌で証明。ベトナム難民2世ラッパーが歌う「オレの歌」を聞いてくれ」難民支援協会『にっぽん複雑紀行』二〇一八年七月二十六日付ウェブマガジン（https://www.refugee.or.jp/fukuzatsu/hirokimochizuki02）
帝国書院のウェブサイト（https://www.teikokushoin.co.jp/）「面積［２０２１年］：面積・人口：世界の統計」（https://www.teikokushoin.co.jp/statistics/world/detail/86/）
フランス国立図書館　フランス・日本ポータルサイト「フランスにおける日本語教育」（http://expositions.bnf.fr/france-japon/gallica/enseign.htm）
マブソン・青眼のページ（LE SAIJIKI）（http://www43.tok2.com/home/logos3/saijiki/）
李琴峰の公式ウェブサイト（https://likotomi.com）
デジタル『和英語林集成』（各版）明治学院大学図書館デジタル・アーカイブス（http://www.meijigakuin.ac.jp/mgda/waei/）
二〇一五年九月二一日（月・祝）のキーンによる講演は、柏崎市戦後七〇周年事業・「ドナルド・キーン・センター柏崎」開館二周年記念　ドナルド・キーン特別記念講演・公演会「《思い出の作家たち》～今なお、心の中に生きている五人の巨星～」　於：柏崎市文化会館アルフォーレ・大ホール

《著者紹介》

河路 由佳（かわじ・ゆか）

1959年生まれ。杏林大学特任教授。慶応義塾大学大学院文学研究科（国文学専攻）修了。一橋大学大学院言語社会研究科博士後期課程単位取得退学。博士（学術・一橋大学）。現代歌人協会、日本文藝家協会会員。東京農工大学留学生センター助教授、東京外国語大学大学院教授などを経て、2020年度より現職。専門は日本語教育学、日本語教育史。

主な著書に、『日本語教育と戦争——「国際文化事業」の理想と変容』（新曜社、2011）、『ドナルド・キーン　わたしの日本語修行』（ドナルド・キーンと共著、白水社、2014）、『日本語とにらめっこ——見えないぼくの学習奮闘記』（モハメド・オマル・アブディンと共著、白水社、2021）など。

日本語《にほんご》はしたたかで奥《おく》が深《ふか》い

——くせ者《もの》の言語《げんご》と出会《であ》った〈外国人《がいこくじん》〉の系譜《けいふ》

2023年7月31日　初版発行

著　者　**河路《かわじ》 由佳《ゆか》**

発行者　吉田尚志

発行所　株式会社 研究社

〒102-8152 東京都千代田区富士見2-11-3

電話　営業（03）3288-7777㈹　編集（03）3288-7711㈹

振替　00150-9-26710

https://www.kenkyusha.co.jp/

KENKYUSHA

〈検印省略〉

印刷所　図書印刷株式会社

本文デザイン　亀井昌彦

装丁　金子泰明

ISBN 978-4-327-37751-9 C0081

Printed in Japan